变动的传统

中国古代政治文化史新论

陈侃理　主编

上海古籍出版社

本书为高等学校全国优秀博士学位论文作者专项资金资助项目
"中国政治文化传统的形成与早期发展研究"（201311）最终成果。
本书的出版得到北京大学历史学系出版基金资助。

前　言

　　当人类进入复杂社会,政治秩序的塑造便不可能是赤裸裸的暴力行为,而必定包含文化的因素。政治的文化特征、文化的政治层面,或与政治相关的文化事项,都可以纳入我们所说的"政治文化"范畴。

　　"政治文化"(political culture)原本是比较政治学创造的概念,1956年由美国政治学家阿尔蒙德在论文《比较政治体系》中首次提出。此后,他又在《比较政治学——体系、过程和政策》一书中给出这样的界定:"政治文化是一个民族在特定时期流行的一套政治态度、信仰和感情。这个政治文化是由本民族的历史和现在社会、经济、政治活动进程所形成。人们在过去的经历中形成的态度类型对未来的政治行为有着重要的强制作用。"① 比较政治学借助政治文化概念,研究政治体系(往往以民族国家为单位)之间的异同,把握不同群体在政治方面的特殊的心理倾向。② 其目的是要回

---

① 加布里埃尔·A·阿尔蒙德、小G·宾厄姆·鲍威尔《比较政治学——体系、过程和政策》,曹沛霖等译,上海译文出版社,1987年,第29页。

② 参看加布里埃尔·A·阿尔蒙德、小G·宾厄姆·鲍威尔《比较政治学——体系、过程和政策》,第15页。

答世界上不同政治文化传统中各个政治体系如何应对社会、经济现代化的挑战，可能走上什么样的发展道路，提供什么样的政治产品。

经验告诉我们，传统中的一些因素，即便其所依托的政治制度已经崩溃，意识形态上也丧失了正当性，却仍根植在“集体无意识”中，潜移默化地制约着政治行为，进而影响历史和未来的走向。这些传统本身也有自身形成和发展的历史过程，而无论继承还是革新传统，都需要对其历史加以厘清和重述。对政治文化进行历史研究，是人文社会学术发展赋予历史学的任务。

1977年，美国思想史家墨子刻就曾明确使用政治文化概念，研究近现代中国的新儒学如何应对西方冲击和现代化的挑战。[①]进入八十年代，政治文化概念被引进到中国，很快在学界引起反响，让政治学、历史学等不同学科研究古今中外的学者找到了某些共通的话题和视角。[②]就历史学而言，改革开放后接受学术训练的第一批历史学者，已经开始在这一领域进行探索。比如，北京大学历史学系七七、七八级的高毅、阎步克、陈苏镇、邓小南等，就先后投入了政治文化史的研究。1989年，高毅完成博士论文，两年后修

[①] Thomas A. Metzger, *Escape from Predicament: Neo-Confucianism and China's Evolving Political Culture*, Columbia University Press, 1977. 中译本为墨子刻《摆脱困境——新儒学与中国政治文化的演进》，江苏人民出版社，1996年。

[②] 1993年春，在南开大学召开了一次“中国政治文化学术研讨会”，发起人以政治学者为主，也有从事中国政治思想史研究的学者参与。会上对政治文化的概念、中国传统政治文化的特征及其现代化等问题进行了热烈的讨论，可见当时学者关心的主要问题和基本观点，详见王琳《中国政治文化学术研讨会综述》，《中国社会科学》1993年第4期。有关政治学领域对中国政治文化的研究情况，参看葛荃《走出王权主义藩篱：中国传统政治文化研究》的《绪说》部分，天津人民出版社，2017年，第11—15页。

改出版《法兰西风格——大革命的政治文化》一书，[1]可能是国内首部以政治文化为题的史学著作。高毅从以往的政治文化概念中提炼出"民族的群体政治心态"作为核心，注意区分精英和大众等互相对立的政治亚文化，并强调"群众"在政治文化塑造中的巨大作用。

中国古代政治文化史的研究又有所不同。近代以前，能够直接反映普通大众心态的史料少之又少，像政治学家那样进行问卷调查更不可能，定量分析亦难为无米之炊。因此，有关研究主要以精英的政治亚文化为对象，聚焦于士大夫；相较作为"集体无意识"的心态，更注重有意表达出来的思想观念。阎步克在20世纪九十年代初完成的《士大夫政治演生史稿》一书，就选择更加宽泛地使用政治文化概念，用之指称"在政治与文化的交界面上所发生的事象"，研究兼有政治和文化性质的问题。[2]这既是因为中国古代政治与文化之间关系密切，也是出于上面提到的资料原因。陈苏镇、孙家洲研究两汉儒学与政治文化，[3]余英时、邓小南探讨宋代士大夫政治文化，也都采用了类似的宽泛定义。余英时在《朱熹的历史世界：宋代士大夫政治文化的研究》一书中认为"政治文化"概念"很难下精确的定义"，在书中"大致指政治思维的方式和政治行动的风格"，但又"兼指政治与文化两个互别而又相关的活动

---

[1] 高毅《法兰西风格——大革命的政治文化》，浙江人民出版社，1991年。

[2] 阎步克《士大夫政治演生史稿》，北京大学出版社，1996年，第2页、第23页注1。

[3] 陈苏镇《汉代政治与〈春秋〉学》，中国广播电视出版社，2001年。作者对政治文化概念的界定，见该书第7—8页。此书增订后更名为《〈春秋〉与"汉道"：两汉政治与政治文化研究》，于2011年由中华书局再版，作者对引言做了不小的改动，关于政治文化的表述也略有调整，这里仍以第一版为准。孙家洲《两汉政治文化窥要》，泰山出版社，2001年，第3—4页。书中将政治文化的核心内容界定为影响政治的文化，以及上述两者之间的互动关系。

领域"，用以讨论"政治现实与文化理想之间怎样彼此渗透、制约以至冲突"。[1]前者引申自政治学的经典定义，后一层面则是从中国古代史研究的实际出发，与阎步克的界说基本相同。邓小南也认为，北宋前期政治史中的核心因素"祖宗之法"，"正存在于政治与文化交汇的界面之上，体现着赵宋一代精英世界中流行的政治态度"。[2]上述学者都或多或少地偏离了政治学的经典定义。他们没有创造出更明确的概念，也没有建立统一的研究范式，但各自的成果让人耳目一新。这样的情况，跟政治文化概念在美国被政治学界主动放弃而在历史学界大获成功，颇有相似之处。[3]

回溯20世纪八十至九十年代政治文化史研究在中国的兴起，大的思想背景是"文化热"、中西体用之争、传统与现代之争，而学术上的动因则是跳出窠臼、寻找新路的强烈愿望。

首先，是跳出各种决定论，特别是"经济决定论"的束缚。马克思主义经典理论将经济视作社会变化和政治变革的终极原因，后来在论战和政治运动中被庸俗化、公式化为经济决定论。恩格斯多次明确地批评这种忽视辩证法的思维模式。他强调政治、思想条件与经济条件在历史发展中是交互作用的，承认"甚至那些存

---

① 余英时《朱熹的历史世界：宋代士大夫政治文化的研究》，生活·读书·新知三联书店，2004年，第5—7页。

② 邓小南《祖宗之法：北宋前期政治述略》，生活·读书·新知三联书店，2006年，第14页。

③ Glen Gendzel, Political Culture: Genealogy of a Concept, *The Journal of Interdisciplinary History*, Autumn, 1997, Vol. 28, No. 2, pp. 225-250. 根据作者格伦·根泽尔的介绍，大约在20世纪八十年代中期，政治文化概念由于过于泛化以及在美国政治研究中的解释力遭到质疑而被政治学界抛弃，此后却在美国史学界生根。使用政治文化概念的美国史学家同样不重视概念的精确性和量化研究方法，而采用文化研究的方法，结合参与者的自我理解对政治活动进行"深描"。

在于人们头脑中的传统,也起着一定的作用"。[①]中国新史学获得历史唯物主义理论的指导后取得过丰硕的成果,但在极"左"政治的驱动下,越来越轻视乃至抛弃辩证法,机械地用阶级斗争解释历史上的一切,得出了许多在后人看来相当荒诞的结论。在学术上解放思想,首先就要抛弃经济决定论的教条,重新通过经济、社会、政治、观念的交互作用来解释历史。一旦开始这样做,就会发现中国历史很大程度上就是在其政治文化中体现出鲜明的特色,并始终受到自身政治文化传统的强烈影响。天命、祖先崇拜、皇权专制主义、士大夫政治、儒家经学、礼俗关系等,自然而然地吸引了诸多学者的目光。

其次,是跳出传统政治史的解释模式。政治史研究是历史学的"老本行",但也是现代史学革命的矛头所向。传统的政治史论述建立在普遍人性的基础上,推测历史人物的行为动机;在解释历史事件的发展时,研究者必须假设研究对象与自己拥有同样的人性,按照共通的理性行事,将一切归结到利益、权力。[②]而在实践中,政治史的考证和解释却高度依赖研究者的个人经验和价值取向,结论往往"见仁见智""言人人殊"。随着八十年代以后社会科学理论大量涌入,那样的研究在中国历史学者眼中难免显得粗陋,

---

① 恩格斯《致瓦·博尔吉乌斯(1894年1月25日)》《致约·布洛赫(1890年9月21—22日)》,见黎澍主编《马克思恩格斯列宁斯大林论历史科学》,人民出版社,1980年,第86—88页。

② 修昔底德提出"人性总是人性"(修昔底德《伯罗奔尼撒战争史》,商务印书馆,2004年,第20页)。正因人性不变,人们才能理解过去的人和事,从而理解未来。而从人性入手叙述历史,乃可使读者鉴往知来,历史著作也因此而垂诸永远。这是包括修昔底德、司马光在内的传统史家认识历史的基础。参看易宁、李永明《修昔底德的人性说及其历史观》,《北京师范大学学报(社会科学版)》2005年第6期。

不够"科学"。当时在中国史学界影响很大的"年鉴学派"，更是将事件看作历史表面转瞬即逝的浪花、泡沫，轻视政治史研究。在这样的情况下，引入社会科学中的政治文化概念，一方面顺应历史学社会科学化的潮流，呼应西方史学中"长时段"理论和新兴的心态史学；另一方面，比起时髦的"新文化史"来，又不脱离中国史家最为重视的政治问题。这是一条富有魅力的路径。

最后，是将思想史纳入历史研究的范围，并扩展其维度。在当代中国的学科体系中，思想史的研究多由哲学家以哲学史的形式来完成，一般聚焦于思想中的形而上层面，注重复原思想家个人的理论体系，解释观念发展的内在逻辑，推崇思想的永恒价值。当历史学家感受过马列主义、毛泽东思想的巨大力量之后，便不再能够接受将思想排除在历史研究的范围之外，而是力求打开思想的历史之维。他们更加关心注重思想的变迁以及在社会、政治生活中的作用，也希望扬长避短，更多地将思想放在与外部世界之间的互动关系中来理解。马克思主义史学在中国创建之初，侯外庐就主张将社会史与思想史结合起来。他主编的《中国思想通史》在每一时期的开头总是先说明当时的社会发展阶段、阶级关系状况，作为解释思想及其发展的基本前提。学术立场迥异的余英时，在他的朱熹研究中也旨在"将理学放回它原有的历史脉络中重新加以认识"。[1]如此将思想史置于政治史背景中的做法被认为重新确立了思想史的历史学意味，具有典范意义。[2]对政治思想的研究尤其需要如此。陈苏镇认为，"政治思想通常要在被人们普遍理解和接

---

① 余英时《朱熹的历史世界：宋代士大夫政治文化的研究》"余英时作品系列"总序，第3页。
② 葛兆光《置思想于政治史背景中——再读余英时先生〈朱熹的历史世界〉》，《侧看成峰：葛兆光海外学术论著评论集》，中华书局，2020年，第96页。

受从而形成某种政治文化之后,才能对实际政治生活产生深刻影响"。[①]这就势必要将一些传统思想史不大关注的对象——比如理论化程度较低的策略性表达、不自觉的行为模式及其背后的群体心态或"集体无意识",乃至具有共识性的规范、惯例等——纳入研究范围,甚至作为关注的焦点。随着关注点从个人转向群体,从独创转向一般,从观念转向实践,政治思想史也就向着政治文化史转化了。

中国古代政治文化史研究的初衷在于突破局限,开辟新路。学者没有拘泥于政治学的经典定义,而是保持概念的包容性以适应研究所需,借助概念工具,去发现新的历史现象,提供更丰富而合理的历史解释。得鱼而忘筌,可也。

不过,一味泛化概念,也有可能让这个工具变得迟钝乃至失效,陷入"新瓶旧酒""走回老路"的境地。尽管我们不主张为政治文化史研究划出明确的边界,但还是应该设想其运用于哪些场合、采取哪些方式更为有效。这里提出几点不成熟的想法,供大家批评。

第一,"政治文化"可以认为是政治的惯习及其背后的心态,在文明社会中普遍存在。只要有政治就有政治文化,而文化越发达,政治文化的现象就越丰富,层面就越复杂,文饰就更精致,并且形成自己的特色。因此,中国古代政治文化史的研究不能止步于证明政治文化的存在,或政治与文化之间存在某种关联,而是要揭示和呈现这种关联在特定历史时期的具体特征,也就是政治文化的特殊性。

第二,特殊性需要通过比较才能发现,因此,政治文化史研究

---

① 陈苏镇《汉代政治与〈春秋〉学》,第8页。

不能自说自话，而要带着比较意识来界定研究的对象，为其寻找适当的参照系。比如高毅的《法兰西风格——大革命的政治文化》一书，研究大革命时期的法国政治文化，而以"光荣革命"中的英国和独立战争时期的美国为参照，结果使法兰西特性显得鲜明而易于理解。这样的参照系不一定是不同的民族或国家，还可以是同一民族、国家的不同时期或不同阶层；比较意识不必非要形诸文字，但应该时常保持在研究者的头脑当中。

第三，政治文化史研究的参照系应是具体的历史存在，要在同一时期的经济、社会情况接近，或直接发生接触的民族、国家中寻找。比如，由于马戛尔尼使团居中"串联"，比较中国清代乾隆朝与英国乔治三世时期乃至俄国叶卡捷琳娜二世时期的政治文化是有意义的；但如果要研究汉代的政治文化，那么适当的参照系就不能是18、19世纪之交的哪个国家、民族，而应该选择同时期的匈奴、安息或者罗马帝国。尤其要避免抽象出一个传统中国和一个现代西方来进行比较，那样不仅在学术上缺乏意义，而且将充满历史性谬误。

第四，政治文化处在变迁之中，不宜进行超历史的定性。与政治中的其他因素相比，政治文化更显稳定，政治学者往往对其作结构性的描述。但即便如此，比较政治学家也指出政治文化是系于"特定时期"的，不仅基于本民族的历史传统，也由政治、社会、经济、技术等各种变动中的条件所塑造。重大的政治和文化事件，更往往造成政治文化的巨大变革。在中国古代史上，秦的统一、佛教传入、北魏孝文帝迁都、王安石变法、元朝建立等，对政治文化的巨大影响都清晰可辨。历史研究不应简化为总体定性或结构性描述，将政治文化等同于所谓"国民性"，而要分析具体的因素，揭示现象的变化，历史地理解中国古代政治文化的内容和特色。举例来说,阎步克研究"士大夫政治",是要说明它"绝不是自初如此",而是取代了"文吏政治"而"演生"的。① 那么,这一政治文化的特殊因素便不能说是相对于现代官僚制的"固有"传统,而是从其他因素转化形成,也必将继续它的转化。

这样的历史性理解是有益而且亟需的。政治学研究着眼于当下,旨在寻求可能的发展路径;而比较政治学提出"政治文化"概念,主要的作用即探索不同民族国家政治现代化转型的前景。这样的研究倾向于设置一个确定的政治文化传统,将之视为现代化的既定前提,故而要强调其继承性和稳定性。但若因此便忘记了政治文化是属于特定时期的,忘记了其中的各项因素本身有着生成、变化、消失的历史过程,将当下绝对化,那么,就只能对现代化作出这样二选一的预期:要么冲击并替代传统,要么陷入无法走出的传统。

实际上,现代西方各国有着互不相同的复杂的政治文化传统,除了通过经济、科技、社会的一系列革命,还借助历史解释将各自的传统转化为相应的现代形态,以建立新的自我认同和政治文化。东亚的日、韩、新加坡等国的现代政治文化中也都包含有不同于西方的传统因素,使世界格局更加多元。从近代东西方的历史中不难看出,传统与现代各自是由众多因素构成的可变的组合,传统不是与现代相断裂的前一个阶段,而应视作产生和吸纳各种现代性因素的基底。政治文化一方面有保持传统的倾向,另一方面又具有很强的可塑性。这种可塑性利用得越是适当而充分,现代转型就越顺利,越有创造性。阎步克曾就传统政治文化的现代命运,提出过与"批判—继承"相对的"理解—转化"路径。他说:"我们所

---

① 阎步克《士大夫政治演生史稿》,第10页。

强调的则是'理解—转化'：理解人类在古今中外所曾有过的各种生存状态和生活方式，从那些与'我们的'和'今天的'东西不同的多样性中汲取智慧，并尽力将之转化为创造的源泉。"①

政治文化史研究决心走出"经济决定论"，也要避免陷入另一个决定论——"文化决定论"。政治文化的制约、影响或"重要的强制作用"从来都不是最终的和决定性的。它在今天跟过去一样，仍然与社会、经济、科技、外交以及偶发事件和突破性思想等条件发生着互动。政治文化传统的延续和发展都依赖历史记忆，在历史记忆中被不断认识和重构。面对变动的传统，现代的历史研究者可以重复既有的认识，固化某些印象，也可以通过追溯其构建的过程，解构民族基因的神话，去创造面向未来的新知识。

本书收录的篇章，可以说是尝试创造新知识的结果。全书八章分别题为《祭祀》《历法》《灾异》《佛教》《华夷》《正史》《典志》《谱学》，八位作者都生于20世纪八十年代，都曾受教于中国最早进行政治文化史研究的一代学者，都努力跃出传统政治史、制度史、思想史、科技史、宗教史、史学史的藩篱，寻求以新的视角观察、论述中国古代的种种惯习、心态，也都没有离开政治这个或显或隐的中心议题。他们在各自领域都做过较长时间的探索，已经出版或者正在完成有关的书稿。这次的写作，将研究所得加以提炼、升华、扩展，加入必要的反思，以更加凝练、更加开放的形式呈现给读者，期待引发更多的批判和思考。

"国之大事，在祀与戎。"祭祀先于国家而产生，它所代表的沟融神人、祈福消灾的能力是国家权力的重要来源，自古就受到统治者的高度重视。商周以降，君主往往也是国家的大祭司，围绕他建

---

① 阎步克《士大夫政治演生史稿》，第504页。

立起国家主持并且往往是垄断的"国家祭祀"。田天从《史记·封禅书》的叙事线索入手,探讨秦汉国家祭祀格局的变迁。她认为,秦并天下,整合东方和秦国故祠,并以封禅、巡行的方式亲行祭祀,创造出一个可以称为"封禅套组"的国家祭祀体系,这是统一王朝创建活动的一部分。汉初承秦,文帝试图对"封禅套组"有所改进,加入"改正朔,易服色",但因为新垣平事件而告中辍,直到汉武帝才实践了"封禅套组"原有和新增的全部内容,宣告成功受命和"汉家法式"的建立。但这套国家祭祀体系很快就受到儒生的强有力挑战。元、成时期,一批有儒学背景的官员发动了一场"复古改制"运动,至王莽而极,最终彻底改变了国家祭祀的形态。单一的南郊郊祀取代遍布全国、时时行礼的复杂祭祀体系,祭祀中心并入行政中心。国家祭祀从实质性的王朝创建活动,转为国家礼制的一个组成部分,不再蔓延到政治生活的方方面面。东汉班固编撰《汉书》,也以《郊祀志》代替了《封禅书》。

汉武帝、唐玄宗的封禅,都与历法改革紧密相连,表明了历法作为政治文化要素的意义。郭津嵩撰写的《历法》章,选取颁朔制度、历法校验以及历法在王朝礼乐事业中的位置三个问题,探讨汉唐间历法知识塑造政治又被政治所塑造的过程。他突破科学史研究中"内史"与"外史"的区隔,认为知识的进展既不是单纯依靠内生的进步趋势,也不能抽象地理解为被政治环境所决定。他指出,汉唐王朝并不严格遵循某种历法制定历朔,而由于历朔颁布的种种局限,民间治历者始终能够在王朝控制之外活动并影响社会的时间秩序。王朝也并非如过去以为的那样一味垄断历法知识,反而时常主动引入民间治历者,与体制内的知识垄断者公开竞争。在这种竞争中,民间治历者一方面受王朝以天象校验历法的规则影响,调整知识的发展方向,另一方面又能够促使体制保持对新知识的开放。历法改革还往往与有关天命、圣王、盛世的一系列话语和礼仪联系在一起。帝王为实现雄心，在接受改历主张的同时，往往对附加计划也不得不照单全收，竭力扮演好改历者赋予他的角色。历家由此深度参与了政治文化的塑造，可谓既是知识的实践者，又是政治的实践者。郭津嵩的探讨高度关注知识人物的多重身份，强调个体在历史中的选择和能动性，是以往的历法研究所不及的。

历法之中同时包含着天行之常和休咎之变。关心和记载自然与社会的异常变动和天灾人祸，是人类社会的普遍现象。但中国古人不仅将之用于预测吉凶，而且从汉代开始更加倾向于借以推说天意，回溯人事之过失，从而推动政治上的调整乃至变革，为此还发展出繁复的理论体系，并且嵌入到国家意识形态和官僚行政制度之中。"灾异"因而成为一种特殊的政治文化。儒学是它的首要因素，数术是它的技术凭借，但两者之间又存在张力，与政治构成复杂的三角关系。这种关系在历史上发生过明显的变化。一方面，灾异论说的取向在学理和实用两端之间来回摇摆；另一方面，天人关系虽然在皇权政治体系中始终占据着不可或缺的位置，但对于"天"和"天理"的界定以及解释权的归属却是可以变更的。《灾异》章聚焦于汉、宋、清三个关键的时期，概述灾异政治文化的变迁史；以日食灾异为例，呈现这种政治文化的丰富内涵及其在历史上的表征；也尝试在反思之中提供一点对天命与权力、知识与信仰关系的粗浅看法。

以上几个与政治相关的文化事项都带有信仰的意味，而陈志远撰写的《佛教》一章则深入宗教领域，着力讨论来自域外的佛教如何与本土的文化传统和社会、政治势力产生互动，引发内外的多重变化。佛教的僧传写作起初受中土史学传统影响，依仿名士风度描述僧人，而后逐渐意识到僧人和僧团生活的独特风貌，最终对这种风貌形成贯通性的历史叙述。六朝的宗教论争中，除了"沙门不敬王者"外，并没有太多直接的政治议题。但作者在讨论踞食之争、素食改革时，揭示了政治人物乃至皇帝本人的行动：他们或被僧俗论辩者拉入论争，却有意保持超脱；或以佛教的信徒或同情者的身份，在深入了解佛教教理的前提下，主动介入乃至挑起论争，从而协调儒释关系。这反映出，佛教传入中土数百年后，如何对待其教理和仪轨本身已经不可避免地成为政治问题。作者反思近代佛学研究建立的"佛教中国化"叙事模式，批评简单套用"夷夏之争"解释儒释道论争，并且对南朝人认识儒佛关系的几种思路做了新的精彩归纳和阐发。佛教在中古时期的传入以及与本土文化的融合，是中国近代以前吸收外来文化最为典型和重要的案例。如作者所说，其中蕴含着丰富的有待厘清的历史经验，或许也潜藏着不同历史结果的可能性。

"夷夏之辨"思想萌发于春秋时期，到战国时代形成学说，又被秦汉王朝有选择地接受，演化为上下奉行的政治文化。胡鸿撰写的《华夷》章揭示出"华夷秩序"的基本结构，也指出结构之中存在流动，存在着"用夏变夷"，使之"进于中国"的可能性。然而，是否以及如何利用这种可能性，在实践中会因具体情况，形成多种变数。华夏帝王既有"王者无外"的普世理想，又不能不承认存在并不臣服或名义上臣服却不能进行郡县制统治的族群和区域，因而会酌情运用不同的"华夷秩序"理念来描述和调整与周边国家或族群的关系，时或采取"峻四夷出入之防，明先王荒服之制"区隔政策。至于十六国北朝，"夷狄"入主中原，"华夏衣冠"则南渡蛮、越之地，夷夏的政治关系发生巨变。但总体而言，双方都没有放弃华夷秩序的话语，而是选用各种策略重新定义华、夷，将自身置于华夏的位置。胡鸿还探索了利用宗教超越华夷秩序的可能性。回望公元8世纪以降东亚世界的变化，他提示了"华夷秩序"的另一种可能，即进一步消解和转化，走出自我中心、走向"美美与共"。这一对"华夷秩序"多元、变动性质的揭示值得深思。

中国古代史学的一个重要特征是存在"钦定"的"正史"，而其背后还有一个源远流长的官修史体制。以往对官修史的研究，着重在史学与权力、史实与叙事之间的关系，聂溦萌则另辟蹊径，从史书编纂的文献基础入手，考察官修史体制的形成和影响。她将官修史体制界定为一种"政务运作与修撰运作的联结"，认为汉代以来的史书已经没有条件参综一代文献，而逐渐转向以文书档案为基石。从体例上说，列传从以叙事为中心转向以记人为中心，故而传主丧葬事务运作过程中产生的一系列文书便成为列传编写的文献基础；孝义、四夷等特殊人物类型或国别传记，则与朝廷在旌表异行、接对蕃夷等政务中形成的文书密切相关。《唐会要》中的"诸司应送史馆事例"，正反映出政务运作对于修史的根本性影响。政务运作产生的文书势必按照时间顺序，逐年累积；在此基础上编纂的官修文献最初也往往编年系日，然后在特定的时间被改撰为纪传体。史料本身多元立场和视角所造成的歧义在纪传体史书中易于并存，编年史叙事则需要决异而求同。东晋刘宋时官修史体制中编年史逐渐成为纪传史编纂的前序环节，唐代以后《实录》成熟，促进了官方统一引领历史叙事。在聂溦萌揭示的官修史体制下，史学意识和史家的能动性将获得更真切的"同情之理解"，而对历史书写的辨析也更能够有的放矢。

严密的官僚制度需要成文的规范，对这些规范的整理、编撰构成了官制撰述的传统，结果凝成了"典志"这一重要的书籍和知识门类。黄桢从东汉学者模仿《周官》叙述汉家制度的意图说起，揭示经学和小学对官职撰述之学兴起的启发，强调此学的经世功用。

典志不仅记载当代制度，而且详述历代沿革，并且加以考辨，旨在为君臣提供知识资源，服务于制度建设，有的作者本身就是官制的制定者。由于这个目标，学者在撰述官制时不仅描述制度的规定，还会加入自己的经验和理念，使之有可能溢出明文规定的范围。南朝的官制撰述取材范围扩展，资料来源更加多元，甚至纳入了经注、诗赋中涉及制度的内容。黄桢最后探讨了官修政典的形成动因、过程和影响，指出官制大典实际上成为政权展示其正统性和制度合理性的窗口，而汉魏六朝官制撰述的传统为古代典志之"首席代表"《唐六典》的问世奠定基础。官制撰述从知识阶层的新学术领域成为官方的意识形态装置之后，民间对于官制的书籍编撰和知识生产仍在继续，主要作为历史叙述、知识普及乃至游戏的背景资料。对此，学者还将继续探索。

在《谱学》一章中，陈鹏明确地将中古时代的谱学定位为门阀政治和门第观念的产物。他考察晋唐之间谱学的兴衰和谱牒撰述的类型、目的，指出皇权历代对谱学的介入程度不同：东晋南朝的"氏族谱"侧重审核、认定士族身份的真伪，皇权介入程度较低，而北朝隋唐官修谱牒尤重当朝官爵，皇权介入更直接、深入。他一方面回应和补充了皇权政治的"变态—回归"理论，一方面也补充说明士族"官僚性"或"贵族性"在历代都并非绝对，比如唐代的山东旧族在"旧望不减"的同时失去了制度性特权，正反映出问题的两面。本章的余论，还解释了一个有趣的现象，宋代以后的士大夫一面将自身的理想与理念投射到中古时代的谱学中，一面由于科举社会的来临，已经不可能像中古士族那样重视门第之间的高下，而将注意力转移到构筑宗族内部的伦理秩序上了。似乎可以说，谱学在宋代以后基本丧失了政治性，成为比较单纯的社会文化现象。

以上是本书各章研究的概况。这些研究的结果或许不是彻底解决了问题，更有可能的是，答案在给出之时立刻化生出新的问题，反思在提出之际迅即成为新的反思对象。假如读者有这样的感受，那倒正符合了作者的愿望。因为，相比于提供固化的知识，本书更希望贡献几许素材、若干"线头"，邀请读者自己来省思、择取以及开拓。

中国古代政治文化史研究兴起至今，已经超过三十年。这三十年来，世界风云变幻，"历史终结"已成南柯一梦。互联网发展到社交媒体、短视频时代，极大地改变了人们获取信息和形成、表达意见的方式，塑造着新一代人的思维和行为模式。随着新人们参与政治，并终将主导政治，中国以及世界的政治文化又将发生怎样的变化？这或许已经超出了原有政治理论的想象。在此关头，更需要观察历史、思虑过往，从而把握未来。这种把握不必要也不可能是百分之百成功的预测，但应该体现为某种有效的参与，某种有助于降低文化冲突烈度和政治极化风险的积极的参与。

三十年间，历史学本身也在发生着变化。当下的研究者较少执着于宏大叙事，或多或少地对线性的历史叙述抱有怀疑。毋庸赘言，我们合作完成的这部小书，也带有这样的时代特征。书中没有对中国古代政治文化作整体定性，也没有划分它的历史阶段，而是由各位作者根据自己的兴趣和初步完成的工作，选取古代政治文化中较有影响或尚不为人所熟知的部分因素加以介绍；时代起讫也随问题而定，不求一律。这样松散的形式自有其缺陷，但也不妨说是有意为之。因为，在我们看来，政治文化不是"铁板一块"的僵死之物，它的活力，正源于它的不断变动，以及解析和重塑的种种可能。

陈侃理

目 录

祭祀

田天（北京大学考古文博学院）

司马迁作《史记》,设八《书》,《封禅书》居第六。卷末,太史公曰:"余从巡祭天地诸神名山川而封禅焉,入寿宫侍祠神语。究观方士祠官之意,于是退而论次自古以来用事于鬼神者,具见其表里。"司马迁列举他跟随汉武帝参与的重要祭祀,其中既包括封禅与天地山川之祭,也包括旁观寿宫神君下神。"寿宫神君"是一位巫师,得附体后代神灵发言,武帝每秘受其语。在司马迁看来,这些祭祀活动都值得记录,以求"具见其表里"。对于今天的历史研究者来说,这一表达的指向不免略显模糊。

　　祭祀与神灵在历史研究中应当如何安放,从来都是一个问题。学者或将其关进"宗教信仰"等专门史的隔间;或抛开祭祀中"用事于鬼神者",专注于礼仪行事及其与经典的关联。近年来,研究者则试图将祭祀与礼仪放回更大的历史背景中,开掘它们的政治意涵。在当代中国古代史研究中,政治史具有不言自明的权威,以至于仿佛只要点出相关论题与政治事件的关联,其重要性就获得了保证。然而,何谓"重要"?关联性的存在恐怕还不足以说明问题。

　　相对而言,传统的政治史研究重视事件与人物。的确,重大事件摇荡着高层人物,影响了政策的方向。而促使人们达成或改变认同,并在有意识或无意识中做出共同选择的,则是更为微妙与深层次的力量,此即"政治文化"。如果说,以事件发展、人事变动为主要讨论对象的政治史是一种线性、锐利的解释方式,"文化"则更像是一种场域,用温和的、潜移默化的方式发挥作用。想要理解后者,就不得不回到史料的田野中,寻求更复杂的解释。如果读者愿意相信司马迁的写作某种程度上能够反映时人对时事的看法,就可以首先回到《史记》及相关史籍的记载中,探寻祭祀在秦与西汉到底占据了何种位置，它们何以重要，又如何参与了"场域"的建设。

本章的主题与主要内容，源于2015年出版的小书《秦汉国家祭祀史稿》（生活·读书·新知三联书店）。考虑到本书的主题，本章不拟重复对祭祀对象、仪式等具体细节的考证，而将围绕国家祭祀与秦汉政治文化的关系展开讨论。下文将以《史记·封禅书》和《汉书·郊祀志》的叙事线索为纲，考察秦汉国家祭祀中的重大事件以及它们之间的联系，最终评估国家祭祀在秦与西汉政治中的地位及其变化。

一、国家祭祀与秦的统一

公元前221年,秦朝建立。秦始皇以惊人的效率为郡县制统一国家创设了一套制度,国家祭祀也在其中。秦王朝国家祭祀承故秦国而来:基本形态为空间分布广泛的神祠,皇帝需出行祭祀群神。此外,始皇又吸取了东方的祭祀传统,兼以己意糅合,塑造出统一王朝国家祭祀的独特形态。在秦始皇时代,巡狩、封禅以及与之相伴随的大量祭祀活动,成为宣示王朝权威与国家合法性的重要手段,这一创制的影响直至于西汉中后期。下文试详论之。

从空间分布与祭祀性质上,秦的国家祭祀大致可以东西二分。西方神祠由雍地诸祠畤与山川祠组成,东方的神祠主要为名山大川祭祀和齐地八神祠,二者的区分需略作铺陈。

秦以"上帝"为最高神,于雍四畤郊祭。① "畤"是秦人独有的祭祀场所名称,雍四畤是秦人在春秋战国数百年间逐步设立的四个举行最高祭祀的场所。除雍四畤外,秦人以"畤"为名的祭祀地点尚有西畤、畦畤两处。其次,陈仓有陈宝祠,祭祀陨铁异象,传说文公得陈宝,秦人因此称霸诸侯。武都故道又有怒特祠,祭祀牛神,传说亦为秦文公所立。二者都是秦人独有的高等级祭祀对象,其中陈宝祠至西汉犹被尊奉。此外,雍地还设有春秋战国以来不断营造的百余所大小祠庙,祭祀甚盛。② 雍地诸祠祭祀的对象以自然神为主,较为明确的有日月诸星、四海等。此外,还有祭祀杜主

---

① 《史记·封禅书》载,雍诸畤的祭祀对象是以白、青、赤、黄为名的四帝。本章从《秦本纪》,认为雍诸畤为郊祭,祭祀对象是"上帝"。

② 《史记·封禅书》。

的厉鬼祠。雍地诸神祠似尚处于较为芜杂的状态，未见构建整齐的神谱。总之，战国秦国的祭祀，即由这些分布在关中地区、祭祀对象各异的神祠组成，这一传统不见于东方六国。

秦王朝建立后，全盘继承了战国秦国的祭祀模式与祭祀对象。此外，秦始皇又刻意经营咸阳，赋予政治中心相当的神圣性，与祭祀中心雍并立。析而言之，在秦迁都咸阳后，国之重祭未随国都迁移。雍地之四畤与其他神祠地位不堕，此外还保有秦人历代祖先陵墓与宗庙。[1]雍城仍保持着"神圣之都"的地位。与此同时，秦始皇在咸阳进行了一系列兴建。《史记·秦始皇本纪》载，始皇二十七年（前220）修建信宫。信宫对应天极，后更名为"极庙"，是始皇为自己修建的宗庙。二世时，极庙被奉为"帝者祖庙"。三十五年（前212），秦始皇又修造阿房前殿，其设计与自然景观相呼应，即所谓"表南山之颠以为阙，为复道，自阿房渡渭，属之咸阳，以象天极阁道绝汉抵营室也"。是又以阿房像天极，以渭南宫殿区像营室。可以说，始皇修造的咸阳城有两条通路，一条自渭北至渭南阿房，一条自骊山到极庙。无论生死，始皇所在的位置，总与帝星相呼应。"表南山之颠以为阙"，则是使南山成为阿房的观阙，化自然山川为政治中心功能性建筑的一部分。[2]通过这些手段，秦始皇不断强调咸阳的重要性，以彰显皇权的至高无上。

与西部畤时不同，秦王朝在东方的祭祀活动与皇帝出巡密不

---

[1] 1976年，考古工作者在今陕西省凤翔县南指挥公社南指挥村发现了雍城秦公陵区。参韩伟、焦南峰《秦都雍城考古发掘研究综述》，《考古与文物》1988年第5、6期合刊，第118页。

[2] 这与始皇三十五年"于是立石东海上朐界中，以为秦东门"可以相互呼应，二者之间的时间差也耐人寻味，似乎说明了秦自然景观政治化的做法在空间上的扩张。《史记·秦始皇本纪》。

可分,其组成与意涵都较为复杂,需略费笔墨,作更详细的说明。秦始皇统一六国后在位十二年,出巡共五次,频率极高。五次巡游中四次为东巡,它们与秦帝国对东方的控制以及对东方重要祭祀对象的经营密切相关。

首先,有必要对始皇东巡的路线略作说明。始皇于二十八年(前219)首次东巡,他先经中原核心地带,横穿三晋地区与周故地,经鲁国、齐国故地,继而南下横穿楚故地,自南郡经武关回到咸阳。这次耗时颇久的出游,行经除了燕国外的所有战国东方六国的领土。在第一次东行后,秦始皇东游不再一一经行东方六国,目的性更为明确。二十九年(前218)的东巡,除了至山东半岛的琅邪外,他主要的关注点是三晋地区,祭恒山,从上党郡回到咸阳。三十二年(前215)出行的重点放在北部边境,至碣石后一路沿北部边界,自九原沿秦直道返回咸阳。三十七年(前210)最后一次出行,秦始皇再次进入楚故地,沿江水一路下行,巡行会稽,再至琅邪,周游八神之所在,最后崩于沙丘。[①]

始皇的东巡游有很强的政治性,此点早已为学者所注意。他通过东巡检视六国故地,观兵耀武,显示新政权的威严;同时借此机会督促六国尽除故俗,与秦同制。然而,始皇为何定要反复亲至东方? 在所有可能的原因中,亲行祭祀一定是其中一件。秦始皇的数次东巡,均由密集的祭祀串联而成,封禅是其中最重要者。封禅大典必得君主亲至,不可由他人代行其事。而且,对于秦始皇而言,封禅并非单纯的泰山祭祀而已。他将一系列活动与登封泰山相结合,构成了一个与封禅相关的"套组",用以宣告天下一统、秦王朝的统治具有绝对的合法性。下文即论证此点。

---

① 以上出行时间、路线据《史记·秦始皇本纪》。

封禅是秦汉之际最突出的皇帝祭祀活动。一般认为，封禅是传说中的圣王告成于天的活动，也是帝王施政达到"太平"的证明。不过，具体到秦汉时代，封禅的意义可以说得更为明白，那就是"受命"。《封禅书》开篇即言："自古受命帝王，曷尝不封禅！"在秦代，所谓"受命"，就是宣告自己具有统治这个统一王朝的绝对权力。

封禅并非秦旧有的祭祀，其说具有明确的东方背景。封、禅之所位于泰山与附近的小山。《封禅书》虽追言上古帝王，但叙述中明确提及"封禅"及其实施条件的，仅有管仲对齐桓公的劝说，其来源很可能是《管子》一类的齐地诸子书。①始皇封禅的礼仪，本拟采纳来自齐鲁的儒生之说。祠驺峄山，他"征从齐鲁之儒生博士七十人"，商讨封禅礼仪。唯儒生所说彼此相异，难以施行，最后的泰山封禅之礼，仍以雍诸畤的祭祀礼仪为蓝本。②秦始皇刻意选择封禅之礼，说明他同时接受了这一礼仪背后的内涵。始皇二十八年的东巡，可以看作是为亲行封禅而策划的出行。

其次，秦始皇的封禅之行是一系列祭祀活动的组合。这些活动，皆早有规划。封禅首先与其他山川祭祀相关，如二十八年，始皇召集鲁诸生，"议封禅望祭山川之事"，③即连言封禅与望祭山川。既然特召鲁地儒生商讨此事，始皇的山川祭祀或与《尚书·舜典》"岁二月，东巡守，至于岱宗，柴，望秩于山川"有关。也许是为了仿效《尚书》中所记载的舜的行事，始皇在"东巡狩"的路上遍祭山川，接连至于成山、之罘、衡山、湘山。此外，他还特别行经彭城，希

---

①《管子》原有《封禅》篇，今亡。
②《史记·封禅书》。
③《史记·秦始皇本纪》。

望找到传说中失落在泗水中的周鼎。①春秋以来，"周鼎"象征着权力与天命所归，与封禅泰山的用意一致。二十八年东巡狩中的秦始皇，不断寻求着权威与合法性的确认。

始皇二十八年出行的系列活动中，至少包含封禅、巡狩、祭祀山川、求周鼎几项。当他设计并实现了这一套表达方式后，秦汉皇帝凡拟东巡狩，这套活动总是组合出现。本章希望强调这一组合的意义，因此将之命名为"封禅套组"。接受并追求"封禅套组"的皇帝，都认可其内涵：实现这一组活动，即可宣告受命得天下。

可作补充的是，始皇东巡中的刻石，也是"封禅套组"中的一部分。刻辞中常见"永为仪则""常职既定""以立恒常"等语，②颂扬秦始皇一统天下、为万世法，意在宣扬秦王朝对东方疆土的控制力。③细究文献则可发现，始皇刻石，往往在齐地八神祭祀或海上求仙之后。《秦始皇本纪》载，二十八年，始皇上邹峄山立石，即"议封禅望祭山川之事"。此后，在"穷成山、登之罘"后，始皇立石颂秦德。成山有日主祠，之罘有阳主祠。琅邪刻辞是在同年始皇留琅邪三月之后所作，琅邪有四时主祠。二十九年，秦始皇再登之罘，刻石。三十二年，始皇至碣石求仙人羡门、高誓，随后刻碣石门。三十七年，他"上会稽，祭大禹"，刻辞会稽。在山川上刻石，亦可看作将政治宣言与自然景观相结合的方式。刻石与东巡狩及山川祭祀难以切割，应将它们也看作"封禅套组"中的一部分。二

---

① 《史记·秦始皇本纪》。又，《史记·封禅书》曰："其后百二十岁而秦灭周，周之九鼎入于秦。或曰宋太丘社亡，而鼎没于泗水彭城下。"
② 分别出自始皇二十九年之罘山刻辞、二十九年东观刻辞、三十七年游会稽刻辞，见《史记·秦始皇本纪》。
③ 对秦始皇刻石的介绍与研究可参吴福助《秦始皇刻石考》，文史哲出版社，1994年；[美]柯马丁著，刘倩译《秦始皇石刻：早期中国的文本与仪式》，上海古籍出版社，2015年。

世即位后的行为可以作一旁证。秦二世元年，他模仿父亲东巡郡县。这次出行自咸阳至于辽东，他周遍山东半岛，礼祠泰山，重登会稽，且"尽刻始皇所立刻石"。[①]二世重复始皇的行为，意在强调自己是父亲皇位及其权力的继承人。东行郡县、山川祭祀与刻石勒铭同时出现，似乎指向二世接受了始皇经营的"封禅套组"的意义。

秦王朝的山川祭祀，有一套非常独特的设置方式，需要单独讨论。《史记·封禅书》记载，秦始皇从天下山川中选出"名山大川"若干，又分为"崤以东"和"华以西"两个部分，祭祀方式各不相同。"华以西"名山大川分别为华山、薄山、岳山、岐山、吴岳、鸿冢、渎山，河、沔、湫渊、江水。除蜀地岷山外，诸名山都在今陕西省中南部秦岭一线，自华阴县至陇县东西向排布。名山多在战国秦国故地，它们中的绝大部分，应为原秦国国内之重要山川。除名山大川外，位于京畿一带的大山川也因为"近天子之都"，规格特殊。咸阳周围小山川也因地理位置，祭祀规格升至与名山大川相等。在秦帝国的西部，特别是以首都咸阳为核心的关中地区，形成了一片密集的、等级分明的大小山川，颇有自然山川层层拱卫政治中心之势。这与前文所提及的、始皇对咸阳神圣性的强调可以相互发明。

"崤以东"的名山大川分别为太室（嵩高）、恒山、泰山、会稽、湘山，济水、淮水。这是秦始皇拣选原东方重要山川后所得的名单。六国故地名山大川的数量甚至略少于"华以西"部分，足见始皇曾做过一番刻意删减。曾分属各国的山川祭祀此时被纳入统一王朝的国家祭祀体系中，完成了身份的转变。东方山川及其祭

[①]《史记·秦始皇本纪》。

祀在秦代国家祭祀体系中的功能也略有不同。东周时期，山川是一国最为明确的地理标识，祭祀山川也代表着国家对地域的掌控。如果一个国家被兼并，祭祀其最重要山川"望"的权力，也将移交到征服者手中。始皇对东方山川的巡祭，继承了这一旧有的共识。如《史记·秦始皇本纪》记述始皇二十八年东巡过湘山时逢大风，不得渡水，于是他勃然大怒，征发刑徒三千人"皆伐湘山树，赭其山"。最近刊布的岳麓秦简中有一道始皇二十六年的诏书，曰："〔吾〕登相（湘）山、屏山，其树木野美，望骆翠山以南，树木□见亦美，其皆禁勿伐。"①诏书记录秦始皇登临湘山，见树木丰美，当场下令要求保护湘山、屏山与骆翠山。这两条记载看似矛盾，实则未必。岳麓秦简所录诏书与《封禅书》的叙述都着落于湘山上的树木，恐非偶然。岳麓简所谓"封刊"，即圈禁湘山树木，不允许当地人随便进入砍伐。推想当时情景，皇帝带着他的随从来到湘山后，即宣布封禁。湘山的祭祀方式与管理方式都不复其旧，当地人熟悉的湘山不能再随意进入。《史记》的描述，更像是当地人对始皇"封刊"之举的理解——新统一天下的皇帝将他的权威加诸本地的山川之神。这个例子也可以说明，在祭祀东方山川时，秦始皇更强调自己的"征服者"身份。祭祀当地山川，并刻辞为证，二者不可剥离，同是胜利者在高声宣告所有权。

最后，在东巡狩中，始皇还多次进行八主祭祀。八主祠是齐地原有的八座神祠，又称为"八神祠"。所谓"八主"，即天、地、兵、阴、阳、月、日、四时之主。在地理分布上，八主祠大致可划为两部分：天主、地主、兵主三祠在泰山周围，位置偏西，另外五神则散布

---

① 陈松长主编《岳麓书院藏秦简（伍）》，上海辞书出版社，2017年，第57页。按，如果相信《秦本纪》的记载，二十六年始皇未曾东巡，岳麓秦简中的"二十六年"或为误记。

在胶东半岛南北两岸。①秦始皇屡屡周遍八神祠之所在，亲行祭祀。八神祭祀强调了秦代国家祭祀中的一个关键性因素：地理位置。在逐一征服六国的过程中，"秦每破诸侯，写放其宫室，作之咸阳北阪上"。②秦始皇在咸阳建筑六国风格的宫室，即将异国宫室作为战利品，收集、展示于首都近旁。与此同时，东方六国所奉的神祇，也被纳入了帝国的祭祀体系之中。被征服者的神进入征服者的神谱，这在宗教传播的历史上反复发生，不劳枚举。然而，东方诸神不似宫室，不可随意复制与迁移。神显之所方具有神圣性，必须在神祇所在之处，才能进行有效的祭祀。因此，始皇必须亲至于神祠之所在，作为新的统治者，祭祀护佑着这片土地的古老神明。始皇东巡的"封禅套组"中必包含山川与八主祭祀，其原因在此。

要补充的是，秦帝国东部与西部的祭祀虽可分而言之，但这种分别是在统一框架下的进一步细分。无论是封禅告成，还是出海寻仙，都是东方儒生、方士所持之论，并非秦人旧有的观念。对东方传统的接受与改造，是秦始皇为国家祭祀注入的新鲜血液，也是建立全新统一王朝的一步。

纵观两千年帝制王朝的历史，秦王朝的国家祭祀构成及其运作方式极为特殊。这套祭祀体系是秦人旧制、东方传统，以及始皇全然新创的混合物。细读《秦始皇本纪》与《封禅书》，不难发现，秦始皇东巡的过程中，祭祀、求仙、刻石、治事，始终彼此混合，没有显著分别。这自与今人所习惯的"政治""宗教"两分的理解方式颇有不同。以"封禅套组"串联的祭祀活动，与帝国威权的建立咬

---

① 八主祭祀的最新研究与考古发现，见王睿、林仙庭、聂政主编《八主祭祀研究》，文物出版社，2020年。
②《史记·秦始皇本纪》。

合之深,在古代中国也洵非常事。这应当看作中央集权制王朝最初建立的秦与西汉两朝的特点。安顿诸神所在,本身就是建立统一国家过程中的一部分。

秦始皇所设计的祭祀体系,为汉王朝设置了起点,西汉高、惠、高后三朝,基本因袭未改。直至汉文帝时,才出现了新的动向。

二、更秦立汉:西汉前中期的国家祭祀

(一)文帝与汉之正朔

西汉文帝、景帝时期,天下安定,经济稳定,史称"文景之治",素将文帝、景帝当作一个阶段,与随后的武帝朝区分。事实上,文、景对很多国家事务的处理方式并不一致,国家祭祀就是其中之一。文帝接受了秦始皇设置的"封禅套组"并加以改进。在西汉国家祭祀的改革进程中,文帝也可以看作武帝的先声。

文帝即位后十余年未留心于祭祀,这一情况在前元十三年(前167)发生了变化。前元十三、十四两年,文帝连下了几道与祭祀有关的诏书,包括禁止秘祝之官移过于下、祝祷不再归福于皇帝本人,调整国家祭祀规格、加礼各大祠畤坛场等等。这些变动说明文帝对国家祭祀产生了兴趣,同时也应看作一个明确的信号,透露出他对国家制度的变革有所留意。到文帝设立五帝祭祀的场所时,这一点就表现得更为明白。

文帝朝与五帝祭祀相关的讨论,从正朔之议而起。前元十四年,鲁人公孙臣上书言汉当得土德,丞相张苍则以为汉得水德,驳斥了公孙臣之说。次年,据说有黄龙见于成纪,这次,文帝给予了态度明确的回应：亲自郊祀以报此祥瑞。当年，文帝举行了即位后第一次亲郊雍五畤之礼，祭祀对象为"五帝"。此次亲郊，将改正朔、五帝祭祀与雍五畤系联起来，此三事在文帝朝始终彼此交缠，需要略作梳理。

　　文帝朝的改正朔之议，应追溯至文帝初即位时，由贾谊所发。贾谊以为，汉得土德，应改正朔："汉兴至孝文二十余年，天下和洽，而固当改正朔、易服色、法制度、定官名、兴礼乐，乃悉草具其事仪法，色尚黄，数用五，为官名，悉更秦之法。"①在贾谊看来，改正朔的基础是"天下和洽"，同时，改正朔还要与整体制度改革相配合，最后的目标是"悉更秦之法"。贾谊的看法并非孤例，在汉人的理解中，改正朔、易服色的意义非常清晰：既是对过往施政的肯定，也是更立法式、开万世之治的开端。②在种种外部因素的干预下，贾谊的提议未能施行，但改正朔之议应颇中文帝下怀，数年后公孙臣重提此事，马上得到了他的积极回应。文帝召见公孙臣，拜为博士，并开始"草改历服色事"。③

　　改正朔、制度诸事未就时，文帝首先开展了一系列对五帝的祭祀。第一次即前文提及的前元十五年郊见雍五畤。④紧接着，方士新垣平也加入了建议者的行列，并将文帝朝的五帝祭祀推向了高潮。前元十六年，在新垣平的建议下，文帝在长安东北立渭阳五帝庙。⑤渭阳五帝庙规格颇高，祭祀的仪式和祭品与雍五畤相同，祭

---

① 《史记·屈原贾生列传》。
② 《史记·历书》亦云："王者易姓受命，必慎始初，改正朔，易服色，推本天元，顺承厥意。"
③ 《史记·封禅书》。
④ 《史记·封禅书》。
⑤ 《汉书·文帝纪》。

祀之名亦称"郊"。换言之，在第一次亲郊雍五畤之后，文帝随即在首都近旁建立了一个与雍五畤规格、祭祀对象都相同的祭祀场所。渭阳五帝庙以最高祭礼祭祀，场面撼人，"权火举而祠，若光辉然属天焉"。[1]渭阳五帝庙后代地位不显，常为学者所忽视。事实上，这应看作文帝尝试建立独属于汉王朝的国家最高祭祀的尝试，与数十年后武帝立甘泉泰畤的做法遥相呼应。

从立渭阳五帝庙开始，文帝改制的节奏不断加快，"封禅套组"中的其他活动渐次出现。他首先召集儒家学者，"使博士诸生刺六经中作《王制》，谋议巡狩封禅事"。[2]礼书中多记士礼，无天子礼，每议巡狩封禅，"则幽冥而莫知其原"。[3]始皇即曾与齐鲁儒生讨论封禅礼仪而未成。文帝则是尝试从儒书中总结、设计出一套天子礼，多年后武帝与诸生讨论封禅之典，尚采《王制》之文。[4]此后，文帝意犹未足，又于长安城东南立长门五帝坛，与渭阳五帝庙遥遥相对，唯祭祀规格略低。紧接着，也是在新垣平的建议下，文帝如秦始皇一样，试图寻找"周鼎"。有趣的是，周鼎本传说失落在泗水之中，而新垣平以"河溢通泗"为说，以为周鼎应求之于黄河。他言之凿凿，说汾阴有"金宝气"，于是文帝在汾阴旁修庙祭祀，以求周鼎出河。[5]

自前元十三年开始，文帝改革祭祀制度、亲祭雍五畤，在长安近郊连立两个五帝祭祀坛场，议巡狩封禅、作《王制》、立庙汾阴

---

① 《史记·封禅书》。
② 《史记·封禅书》。
③ 《汉书·楚元王传》。
④ 《史记·封禅书》。今《汉书·艺文志》六艺略礼类中有《古封禅群祀》二十二篇、《封禅议对》十九篇（武帝时）、《汉封禅群祀》三十六篇，小说家有《封禅方说》十八篇（武帝时），其中可能包括了当时《王制》的内容。
⑤ 以上均见《史记·封禅书》。

以求周鼎。前元十六年的改元，使这一切达到了高潮。前元十六年的最后一个月，新垣平向文帝献上玉杯，杯上刻有"人主延寿"四字，文帝"令天下大酺，明年改元"。①改元，已近于贾谊所说的"改历"，可以看作文帝系列改革的标志性事件。不仅如此，《封禅书》中还记载新垣平说"臣候日再中"。"日再中"，即一日内有两个正午，意味着时间再次开始了。新垣平刻意作如是说，意义十分显白，即暗示时间秩序的重建。新垣平精心选择一年之末献杯、候"日再中"，恐怕并非偶然，而是在加速改正朔的进度。有理由推测，如果没有意外发生，改元当年文帝即将宣布改正朔、易服色。然而，改元后不久，新垣平便因为作伪被人告发。②此事带给文帝重大打击，新垣平被夷三族，而文帝从此不再提起改正朔、服色等事。渭阳五帝庙、长门五帝坛等高等级祭祀未被废除，领于祠官，文帝不再亲祭。

文帝在四年之间一系列轰轰烈烈的改革大致如上。这一过程，可以看作是始皇的"封禅套组"在汉代的重现与变形。在极短的时间中，文帝继续或尝试进行始皇即位后所行的几件与祭祀有关的大事：巡狩、封禅、行郊祭、出鼎泗水。这种对应关系正能说明，"封禅套组"的内涵在西汉得到了接受与继承。无论是始皇还是文帝，都用它来宣告自己与王朝"受命"。

与秦代相比，文帝时代的"套组"有所更新。文帝在对政局有完全把控、"天下艾安"之后始行此举，说明"套组"的实现，也需要一些现实的基础。此外，文帝还在"封禅套组"中添加了新的要素，即"改正朔、易服色"。秦始皇统一六国，前无古人，

---

①《汉书·文帝纪》。
② 以上见《史记·封禅书》，又见《汉书·文帝纪》。

16

无需面对"更新"的问题。而汉人始终面对着对秦的继承、反思与自我定位，这是汉初君臣廷议与诸子作品中最常出现的话题。文帝时代，国家元气初复，朝中军功旧臣的影响力开始下降，高祖以来一切承秦的习惯做法也开始松动。文帝明确表现出更新秦法，另立汉制的愿望。而汉家法式的建立，总是寄托在"改正朔、易服色"的实现上。自文帝的改革开始，正朔之议就成为汉家制度建立中的关键一步。可以说，五帝祭祀、巡狩封禅等祭祀事务与"改正朔"的关联的紧密程度，远甚于法律或官制的改革。

改正朔、易服色之说发于贾谊，几成于新垣平，也并非偶然。新垣平的影响，及于武帝时代。即位之初，年轻的武帝锐意改革，他与外戚窦婴、田蚡任用儒生赵绾、王臧，召鲁申公，意欲改革制度。改革的计划大凡包括"设明堂，令列侯就国、除关，以礼为服制"等等。此举触怒了窦太后，她说："此欲复为新垣平邪！"[1]赵绾、王臧的改革涉及祭祀者不多，窦太后却将他们与新垣平联系起来，发人深思。逯耀东就曾敏锐地注意到"复为新垣平"这一表达，他的解读是，这是儒术与黄老之学的冲突，也是新崛起的王氏外戚集团与长久掌握权力的窦氏集团之间的斗争。[2]这一解释固然不错，但似乎还可以更进一步：窦太后深知新垣平故事，她意识到了田蚡改制的目的与新垣平祠五帝相同，都指向更进一步的制度改革，因此反应激烈。说明她完全理解"封禅套组"在文帝朝的国家政治事务中所承担的意义。不过，不难注意到，无论是贾谊、赵绾、王臧，还是秦始皇时的儒生，都无法提供"封禅套组"所需要

[1]《汉书·窦田灌韩传》。
[2] 逯耀东《抑郁与超越：司马迁与汉武帝时代》，生活·读书·新知三联书店，2008年，第113—115页。

的全部资源。这是因为，儒家经典中没有天子祭祀的仪式与制度，更不包含神祠祭祀。而方士没有学说、家派的限制，反倒有可能更灵活地将"套组"中的不同要素串联起来。这就是新垣平在祭祀改革中能迅速占据核心位置的原因。同样的模式，在武帝时代又将再次重演。

文帝的诸种举措，应理解为汉家制度建设的真正开端。自文帝至武帝，国家祭祀与汉家法式之间的联动，仿若一支变奏曲。文帝改正朔、易服色、巡狩封禅、出鼎汾阴等计划，在数十年后被武帝一一实现。而"复为新垣平"事件，便是这支变奏曲中过渡的一章，穿起了汉代国家祭祀改革的大线索。

（二）汉家制度：武帝朝的国家祭祀改革

汉武帝在位五十余年，对祭祀活动始终抱有巨大的热情。西汉国家祭祀在武帝朝进入了最为兴盛、也变动最多的时代。在武帝朝，自秦始皇以来不断变奏的"封禅套组"走向了高潮。武帝时代的祭祀活动，可以分为泰畤—后土祠祭祀、巡狩封禅、海上求仙、五岳祭祀，几个部分彼此勾连。最终，武帝实现了"封禅套组"中的所有核心要素，宣告"汉家制度"的成立。

（1）泰畤—后土祠

汾阴后土祠的建立，是武帝时代的祭祀变革之始。元鼎四年（前113），武帝提出，天子亲郊雍五畤上帝，却无地神配享，因在汾阴立后土祠祭地。[①]但是，武帝的诏书却未说明，后土祠何以立在

[①] 见《汉书·武帝纪》《史记·封禅书》。《汉书·郊祀志》除与《封禅书》相同的段落外，又有关于后土祥瑞的记载："于是天子东幸汾阴。汾阴男子公孙滂洋等见汾旁有光如绛，上遂立后土祠于汾阴脽上，如宽舒等议。"

汾阴？战国与秦，汾阴未见重大祭祀。[1]西汉前期唯一与汾阴有关的祭祀，即文帝在汾阴黄河畔所立之庙。新垣平鼓吹落入泗水的周鼎已随着"河溢通泗"流入黄河。文帝立庙，是为求鼎。此时，新垣平与文帝的祭祀改革已过去多年，但"汾阴有周鼎"的传说显然仍有影响。武帝立"报享上帝"的后土祠于此，同样也是为了求鼎。不久之后，汾阴果然发现了"宝鼎"。

《汉书·武帝纪》载，元鼎元年，武帝得鼎于汾水上，因此改元元鼎，学者颇有疑之者，可置而不论。[2]可以确定的是元鼎四年得鼎于汾水之事。元鼎四年十月，武帝祠雍五畤。十一月，武帝渡河幸汾阴，立后土祠。随即，武帝到洛阳求周后，封为周子南君。当年六月，后土祠的所在即得宝鼎。《史记·封禅书》的记载较《武帝纪》更详，言"汾阴巫锦为民祠魏脽后土营旁，见地如钩状，掊视得鼎"。武帝迎宝鼎至于甘泉，并询问群臣："鼎曷为出哉？"有司的回答颇可玩味，他们追言历史上圣王得鼎之事，云泰帝、黄帝、禹皆曾作鼎，[3]又说武帝于汾阴得鼎之后，出现了"黄白云降盖""有麃"两项祥瑞，因此"唯受命而帝者心知其意而合德焉"。换言之，有司确认这是一件"受命"才能获得的鼎，并要求荐之于宗庙，唯未

---

① 李零、唐晓峰《汾阴后土祠的调查研究》，《九州》第四辑，商务印书馆，2007年，第5—6页。

② 按此事王先谦有考："'得鼎汾水上'五字误文，《通鉴》删之。《考异》云：'《汉纪》亦云六月得宝鼎于河东汾水上。'案《封禅书》栾大封乐通侯之岁，其夏六月汾阴巫锦为民祠魏脽后土营旁得鼎。……盖《武纪》因今年改元而误，增此得鼎一事耳，非两得鼎于汾水上也。"见王先谦《汉书补注》，中华书局，1982年，第92页下。

③ 在这里，还有一条材料值得辨正。《封禅书》记录有司追述鼎的历史，云："周德衰，宋之社亡，鼎乃沦没，伏而不见。"而《汉书·郊祀志》此处却多出一句，为："周德衰，鼎迁于秦，秦德衰，宋之社亡，鼎乃沦伏而不见。"以文献参证之，自以《封禅书》所言为是，秦未曾得鼎，否则皇不必于泗水求之。然而《郊祀志》之说似从侧面烘托了鼎的意义，即"天命"之所归。

明言此即周鼎而已。群臣之议则皆以为，此鼎即失落于泗水的周鼎。[1]如此，武帝特意于汾水旁立后土祠就可以理解，这正为了迎合新垣平的汾阴有"金宝气"之说。[2]他在祭祀途中求周后，也着落在"求周鼎"上。此后的种种祥瑞，也都是为了烘托这只标志着"得天命"的鼎而来。总之，汾阴后土祠的建立与文帝在汾阴立庙的用意相同，是为了求出"周鼎"。而只有将周鼎放入"封禅套组"中，才能够理解后土祠的建立在武帝朝祭祀改革中的意义。此时，"套组"核心要素之一"求周鼎"已得成功。紧接着，其他要素也开始加速出现在武帝朝的大事记中。其中最为关键的，就是甘泉泰畤之立。

元鼎五年（前112），汉武帝在云阳甘泉宫建立泰畤，祭祀对象为太一，性质为郊祭。太一作为西汉国家祭祀中的至上神，享祭直至哀帝时期。在进入西汉国家祭祀体系之前，太一神既是北辰星之名，也有至上神或道的终极物的内涵。[3]太一祭祀在武帝朝的显贵经历了几个阶段。最初，先由亳人谬忌奏请祭祀太一，并以五帝配享。武帝从其说，在长安东南郊建立了亳忌太一坛。太一祭祀由此进入国家祭祀，但尚未体现出与其他祭祀十分不同的地位。此后，武帝于甘泉寿宫置寿宫神君，神君所下之神中，也以太一

---

[1]《汉书·吾丘寿王传》："及汾阴得宝鼎……群臣皆上寿贺曰：'陛下得周鼎。'"本传记吾丘寿王持异说，但事实上寿王并未否定此乃周鼎，而是说这件鼎已经归于汉朝，"此汉宝，非周宝也"，因此令武帝更为欣悦。

[2] 新垣平的"河溢通泗"、鼎在汾阴之说颇为蹊跷。顾颉刚因此认为，此鼎为新垣平所预埋，司马迁不信武帝所得之鼎为周鼎，故记新垣平事时作此微言。《古柯庭琐记（二）》"汾阴之鼎为新垣平豫埋"条，《顾颉刚读书笔记》卷七，中华书局，2011年，第79—80页。顾颉刚的推论虽然没有史籍中的直接证据作为支持，但思路依然可为参考。"汾阴之鼎"如非预埋，则是当地人已知此地大雨后易出铜器，早有此传说。

[3] 李零《"太一"崇拜的考古研究》，《中国方术续考》，中华书局，2006年，第180页。

为贵。①

太一真正成为武帝朝以及西汉国家祭祀改革中的关键角色，与武帝对祭祀改革的整体规划有关。汾阴后土祠祭地的次年秋天，武帝至雍、郊五畤，②可见汾阴后土祠所报享的，仍为雍五畤的"上帝"。太一祭祀的出现与兴起就在这一年之间。可以说，在方士的串联下，太一祭祀成为"封禅活动组"中的核心元素，并带动了整个套组的最终实现。

甘泉泰畤建立的过程中，汾阴所得之鼎、泰帝与太一之间的关系是第一个关键因素。而方士公孙卿提供的一套解说，则是第二个关键因素。先谈前者，前文曾引，武帝询问鼎之来历，有司回复时即将汾阴宝鼎与"泰帝"所作之鼎联系在一起："闻昔泰帝兴神鼎一，一者壹统，天地万物所系终也。"③所谓泰帝，即是太一，④这种说法多见于纬书。⑤在西汉，帝星逐渐被拟人化，成为远古帝王，二名可以混用。太一与泰帝因此相互连结。有司的建言已将"周鼎"与太一相联系，公孙卿则使二者之间的关系更为清晰，并且借由太一祭祀系联起"封禅套组"中的其他数个关键的因素。

《封禅书》载，武帝郊雍之后，齐人公孙卿向武帝进言："今年得宝鼎，其冬辛巳朔旦冬至，与黄帝时等。"此前，公孙卿先有"札书"

---

① 《史记·封禅书》。

② 《汉书·武帝纪》。

③ 《史记·封禅书》。

④ 钱宝琮已论证"泰皇、泰帝、太帝、太一、太乙，只是太古一个人王的尊称，不过文字上面有些差别罢了"。钱宝琮《太一考》，《钱宝琮科学史论文选集》，科学出版社，1983年，第225页。

⑤ 如《史记·天官书》索隐引《春秋文耀钩》云："中宫大帝，其精北极星。"索隐又引《春秋合诚图》曰："紫微，大帝室，太一之精也。"这两种纬书都以"大帝"为北极、太一，亦即小熊座 β 。

进呈，曰："黄帝得宝鼎宛朐，问于鬼臾区。鬼臾区对曰：'帝得宝鼎神策，是岁己酉朔旦冬至，得天之纪，终而复始。'"武帝因此召见公孙卿，他又继续称扬老师申公曾受"鼎书"。"鼎书"中的关键字样有："'汉兴复当黄帝之时。'曰：'汉之圣者在高祖之孙且曾孙也。宝鼎出而与神通，封禅。封禅七十二王，唯黄帝得上泰山封。'"以上所引公孙卿的一系列说辞中有几个关键点，需要略作强调。首先是黄帝。前文有司所言宝鼎的历史，与"泰帝"以下的圣王均有关联，黄帝虽然出现，但仅与其他圣王并列。公孙卿则格外强调黄帝与汾阴宝鼎之间的联系，通过汾阴之鼎，将黄帝与太一（泰帝）关联起来。其次是"终而复始"。郭津嵩最近对"终而复始"的意义有精彩的阐发。他提出，所谓"与黄帝时等"指的是，黄帝在甲子朔旦冬至的元点重现之时登仙于天，八年后的元封元年十一月朔亦为甲子朔旦冬至，武帝将与黄帝一样开启新纪元。[①]这就将"改正朔"这一关键要素系联进来。最后是"封禅"。公孙卿提出"宝鼎出而与神通，封禅"，又说黄帝亦曾上泰山封禅，又将"封禅"与宝鼎联系起来。不难发现，三者中最关键的串联要素是"黄帝"。公孙卿暗示武帝，只要模仿黄帝的作为，就可以达成黄帝的成就。此即郭津嵩所云，公孙卿给了武帝一套"结构性的言说"，为他规定了一种与黄帝相对应的历史身份。[②]而公孙卿之所以提出这套解释方案，说明他深知"封禅套组"的存在，以及武帝对实现它的向往。通过黄帝这一要素，公孙卿将"封禅套组"中的全部重要元素关联起来，使之成为一套相互支持、相互解释的系统动作。这是他的方案最终能够成功，并且推动武帝朝全面祭祀改革的关键。

---

① 郭津嵩《公孙卿述黄帝故事与汉武帝封禅改制》，《历史研究》2021年第2期，第93—99页。

② 郭津嵩《公孙卿述黄帝故事与汉武帝封禅改制》，第107页。

(2)巡狩、封禅、求仙与五岳

随着泰畤的成立,武帝接连进行重大祭祀,一举实现了"封禅套组"中的所有组成要素。此外,武帝还完成了仅见于儒书的五岳祭祀。下文对这一过程略作描述。

元封元年之后,武帝频繁巡行东方,东巡中的祭祀活动以泰山为中心展开,多与封禅和修封有关。[①]得到"周鼎",武帝已经获得了秦始皇、汉文帝都没能实现的成就。元封元年(前110),武帝便策划实现了"封禅套组"中的核心元素,亲赴泰山封禅。在封禅的过程中,异时而同地,武帝几乎重复了秦始皇的所有所作所为。而此后常随武帝东行祭祀的司马迁,似乎也意识到并突出了这种相似性,将之记录在《封禅书》中。封禅之前,始皇"闻此议各乖异,难施用,由此绌儒生"。武帝则是"念诸儒及方士言封禅人人殊,不经,难施行"。封禅之中,始皇上自泰山阳至巅,用郊雍诸畤之礼,从阴道下,"封藏皆秘之,世不得而记也"。武帝封泰山下东方,用郊太一之礼。武帝又独与侍中奉车子侯上泰山封,"其事皆禁",事毕,从阴道下。封禅之后,"于是始皇遂东游海上,行礼祠名山大川及八神,求仙人羡门之属"。方士向武帝游说"蓬莱诸神若将可得,于是上欣然庶几遇之"。[②]如此工整的对应,恐怕是记录者刻意为之。不过,其基础仍然是武帝与始皇同以"封禅套组"为目标,因此必得实现同样的作为。

太初元年(前104),《太初历》颁布,武帝完成了"改正朔"大

---

① 对秦汉泰山封禅和以八主祭祀为重点的东方祭祀,已有不少专门研究,下文仅在必要处提及。可参王睿《"八主"祭祀研究》北京大学博士学位论文,2011年;栗原朋信《秦汉史の研究》,吉川弘文馆,1960年,第25—44页;汤贵仁《泰山封禅与祭祀》,齐鲁书社,2003年。

② 上引始皇、武帝封禅事皆见《史记·封禅书》。

业。①前文已述，公孙卿已将太一祭祀、封禅、改历诸事串联起来。还值得补充的，就是泰山明堂的营建。

元封四年（前107），武帝于泰山作明堂，在其中祭太一、五帝，又祀后土于下房。元封五年，武帝至泰山增封，祠高祖于明堂。此后的太始四年，明堂又增祀景帝。泰山明堂用郊礼，天神、地祇、先祖毕集。武帝为何此时在泰山设置如此高等级的祭祀场所？原因即在明堂并非泛泛的"礼制建筑"，而与改正朔密切相关。颁布《太初历》的当年，武帝行幸泰山，祀上帝于明堂。②这是极为重要的一次祭祀活动，《史记》反复强调其时间点。《封禅书》点明"天子亲至泰山，以十一月甲子朔旦冬至日祠上帝明堂"。《太史公自序》则曰："五年而当太初元年，十一月甲子朔旦冬至，天历始改，建于明堂，诸神受纪。"这里的"纪"，指太初改历所代表的新纪。"十一月甲子朔旦冬至"就是新纪开始的时间点。"诸神受纪"，即指百神降临于明堂，接受武帝的新历。明堂的建设早于太初元年改历，可见武帝对此早有精心策划。太初元年的明堂祭祀，是一个极具标志性的礼仪行为：武帝在新时代开始的时间节点亲至泰山明堂祭祀太一。在泰山，武帝亲告众神，《太初历》所代表的新时代已经开启——明堂的真正作用在此。这次明堂祭祀，关联着改正朔、太一祭祀、汾阴宝鼎、泰山建明堂等一系列事件，元鼎四年以来的祭祀改革至此达到了高潮，公孙卿和武帝共同的策划逐一落实，"封禅套组"至此也全部实现。

泰山封禅还是武帝数次"东巡狩"的中心，辐射至山东半岛的一系列祭祀点。这些祭祀点，主要为八主祠与仙人祠。③武帝东行

---

① 武帝改历的过程，请参本书第二章《历法》。
② 以上皆见《汉书·武帝纪》。
③ 武帝行于海上的路线据《汉书·郊祀志下》。

十一次,有九次至海上,按"过则祠,去则已"的原则,对八主全体或其中之一应皆有祭祀。武帝的求仙也有两个重点,一是东莱,二是蓬莱。东莱有莱山,武帝至东莱,有明文记载的共三次。[①]元封二年,武帝甚至为见东莱山神人而执意东行,却未得其遇,只能以祷万里沙为解。望祀蓬莱之事,亦有三次。[②]武帝频频临幸东方,对东方祠庙建设、行宫兴造及道路修治的刺激可想而知。以泰山为中心,胶东半岛形成了一个祭祀圈,武帝多次巡行周遍。

与武帝的"东巡狩"关联最密的,还是"五岳四渎"祭祀的确立。战国中晚期,儒书中的五岳说已经出现,而直到汉武帝时,才真正实现这一祭祀方案。武帝封禅前后,"五岳"的概念开始出现在皇帝的祭祀活动中。《汉书·武帝纪》载武帝元封元年祭祀华山后,明确地称嵩高为"中岳"。很快,武帝逐一行经"五岳",元封元年封禅祭泰山,又祭华山、嵩高,元封五年祭潜县天柱山,天汉三年(前98)祭恒山。武帝一朝,已不见秦设定的"华以西""崤以东"之名。取而代之的,是对"五岳"概念的强调。如济北王向武帝献上泰山及旁邑,此后,常山王有罪而迁,常山成为汉郡,《封禅书》评论曰:"然后五岳皆在天子之郡。"此外,《封禅书》还记有"今上封禅,其后十二岁而还,遍于五岳、四渎矣"。十二年间,武帝遍祭五岳四渎,说明这是有规划的行为。秦代东西二分的山川祭祀格局已被抛弃,五岳祭祀在汉武帝时已经成立。按照儒书的说法,巡狩五岳是理想中的天子之祭,象征君主对四方土地的控制,"五岳"与"封禅套组"中的"巡狩"紧密关联,也与武帝追求的政治理想正相契合。只不过,此时的五岳祭祀未成制度,五岳四渎"常祠"的定

---

① 分别在元封元年、元封二年、征和四年。
② 分别在元封元年、元封五年、太初元年。

立,犹待宣帝。①

(3)"完成者"汉武帝

至此,武帝时代"封禅活动组"实现的过程已大致分析完毕。在本部分的最后,还有必要略作回顾和总结。自元狩二年起,武帝八年未亲行郊祭,直至元鼎四年冬十月,他才再次幸雍祠五畤。元鼎四年,武帝得鼎,汾阴后土祠始成。汾阴之鼎是一个符号,标志着武帝时代的祭祀大变革开始。《汉书·武帝纪》载武帝为得宝鼎作歌,即今《礼乐志》中的《景星》一篇,其中有一句"参侔开阖,爰推本纪,汾脽出鼎,皇祐元始"。其中"本纪""元始"两语颇值注意。这两个词都有"新开始"的意思,晋灼注"本纪"云:"言今之鼎瑞,参等于上世。"约略得之。《礼乐志》言此歌为"元鼎五年得鼎汾阴作"。然鼎得于元鼎四年六月,公孙卿见武帝于元鼎四年之秋。如果《礼乐志》所记元鼎五年的时间点可信,这首乐歌应是在公孙卿的"鼎书"获进后所作。此时,周鼎对于武帝的意义更为不同。如果说武帝在元鼎四年还只是单纯地渴望得到象征天命的"周鼎",在公孙卿的一番系联之后,宝鼎就指向了其他重要的元素,并成为整个"封禅套组"实现的必要条件。

自此以后,元鼎五年(前112),武帝立甘泉泰畤;元鼎六年(前111),武帝首次东行并准备封禅;元封元年(前110),武帝至泰山封禅;元封四年(前107),建泰山明堂;太初元年(前104),武帝于明堂祭祀上帝,颁布新历。近十年间,诸项重大祭祀改革接连付诸实施,一气呵成。这些行为之间彼此关联,相互支撑。除了前文所提出的几条线索外,《封禅书》中也有一些明确的提示,如"汉兴已六十余岁矣,天下艾安,搢绅之属皆望天子封禅改正度也";"(立后

---

① 详见《汉书·郊祀志下》。

土祠后）天子始巡郡县,侵寻于泰山矣";"自得宝鼎,上与公卿诸生议封禅"。如此种种,都说明周鼎、巡狩、封禅、改正朔彼此关联,构成一个完整的序列。

终西汉一朝,"封禅套组"的存在与内涵都能够被时人识别与认可。在史籍中,颇可见将"封禅套组"与其他事务相并列的提法。《史记·万石张叔列传》云:"天子巡狩海内,修上古神祠,封禅,兴礼乐。"汉哀帝时孔光、何武奏请毁武帝庙,王舜、刘歆反对其议,追美武帝功烈,曰:"兴制度,改正朔,易服色,立天地之祠,建封禅,殊官号,存周后,定诸侯之制。"①首先,将巡狩、封禅、修神祠等事并举,说明了他们都意识到了"封禅套组"中诸要素之间的关系。此外,他们还将"套组"与调整官号、东方诸侯国等制度改革相提并论。时人的评论,说明"套组"正是武帝时代"更秦立汉"的整体制度改革中的一部分。

由秦至西汉中期,"封禅套组"中的核心要素与核心内涵未曾改变。秦始皇在统一之后随即创设并实现了"封禅套组",以展现秦王朝对"天下"绝对的统治权。西汉的皇帝继承了这套话语,并向其中添加了新的元素,这些新元素至少可以归纳成三点。第一点是"改正朔、易服色"。西汉之初,诸事承秦,"改正朔"被看作西汉君臣摆脱秦的影响,确认西汉王朝制度与文化上的独立性的标志。第二点是儒书与儒生之说。秦的"封禅套组"中,依约有受儒家经典影响的痕迹。不过总的来说,秦代"套组"找不到十分明确的模板,更像是秦始皇自出机杼的设计。到了西汉,文帝时"刺六经中作《王制》"、武帝即位之初任用赵绾、王臧,都透露出儒书、儒学与西汉"封禅套组"的密切关系。武帝中期大规模的"制礼作

①《汉书·韦贤传》。

乐"，更是多从儒家经典与儒生之说而来。①第三点，则是"封禅活动组"中的方士因素。秦始皇时代，封禅、名山大川祭祀与海上求仙的组合，本是全新的创制，无需多作说明。而西汉文帝与武帝，似乎都还在寻求一种新的解释方式，将"封禅套组"中的巡狩封禅、诸种祭祀，与"改正朔、易服色"串联起来。在这一点上，儒书一则未记"天子礼"，难以在礼仪设计上提供支持，二则无法涵容"套组"中诸如求周鼎、求仙等诸多要素。因此，尽管采用了儒家成说，文帝与武帝最终都倚重方士成事。新垣平与公孙卿之说，一粗一精，但模式极为相近，他们都提供了灵活而系统性的办法，重新解说了"活动组"诸要素之间的关系。新垣平提供的是"五帝"，公孙卿提供的则是"黄帝"。顾颉刚曾敏锐地点出秦汉间儒生与方士两个群体的存在，事实上，无论儒生与方士，在秦与西汉初期仍面目模糊。正是文帝、武帝对"套组"的追求，使得这两个群体活跃起来，共同推动着前者的进程。

武帝巡狩、封禅、建泰畤—后土祠、颁布《太初历》，在制度与文化上宣告了"汉家法式"的建立，气象为之一新。但与此同时，周鼎已出，封禅已毕，天地之祠已立，文帝以来西汉君臣孜孜以求的政治理想得以实现。武帝之后，"封禅套组"的意义，以及与其相关联的重大、繁费的祭祀，都面临着重新定位与再确认。

---

① 比如，自秦以来，郊祭始终只有祀天神之礼，无祭地之仪。武帝第一次提出了祭地神应为郊礼的一部分，其来源应该就是礼书。在武帝考虑祭祀后土时，祠官云"天地牲角茧栗"，又云"宜于泽中圜丘为五坛"。前者与《礼记·王制》"祭天地之牛角茧栗，宗庙之牛角握"相同，后者与《周礼·夏官·大司乐》"夏日至，于泽中之方丘奏之……则地示皆出"似有关联。当然，要说明的是，武帝时代，《礼记》尚未成书，他所使用的文本不得而知，只能从目前能见的礼书中作一推测。

三、西汉中后期国家祭祀的转型

自秦以来，国家祭祀变更频仍，不遑暇处。经过武帝的经营，汉家制度终于具其大端。理论上，宣帝只需要维持武帝时代设定的祭祀框架即可。不过，"更立汉法"的宏大目标一旦实现，接下来国家祭祀承担的任务也将有所改变。

从大的结构而言，宣帝朝仍维持着武帝时代的祭祀框架。宣帝热衷于"复兴武帝故事"，但他对祭祀体系的理解与经营，均与武帝有所不同。首先，宣帝从不远行巡狩，所亲临者唯泰畤—后土祠而已。其次，宣帝所立新祠，绝大部分位于未央宫、云阳甘泉宫附近或京师近县。最后，与武帝热衷于求仙远方不同，宣帝喜好致神于京师。随着"汉家制度"的建立，武帝朝已经实现的功业，如封禅、修封都没有重复施行的必要，泰畤—后土祠祭祀只需按三年一郊的制度维持，五岳四渎也尽立为"常祠"。从宣帝的作为似可推知，祥瑞并见、神致京师，即是证明治下太平的证据，祭祀已不再是建立"汉家功业"的重要组成部分。换言之，昭、宣以来，祭祀对于国家政治的意义已有所收缩。

除此之外，武帝所铺设的繁复的大范围祭祀，并非毫无隐患。从现实的角度看，长距离巡行与繁复的祭祀所消耗的人力与钱财甚巨，难以长期持续。而从国家祭祀体系本身而言，还有另外两点问题存在。第一，没有理论支持，对兴设的祠祭对象缺乏解释力。第二，祭祀体系中求仙祈福的神祠与国之重祭往往并立，方士所起的作用常与祠官等同。如果没有皇权的强力保障，则难以凭借自有理论达成自我辩护，极易失衡。这两个问题，在"封禅套组"实现之后变得突出起来。终于，在宣帝身后的西汉晚期，汉王朝的国家祭祀体系面临着必然转型的需要，此时，儒生发起了强有力的挑战。

元、成以降，以有儒学背景的官员为主发起了一场波及甚广的复古改制运动，最终改变了国家祭祀的形态。① 自匡衡至于王莽，主张礼制改革的一派经过不断调试、更新，南郊郊祀的理论与仪式得以逐步完善。与此同时，不断受到重创的旧体系渐次瓦解。最终，在平帝元始四年（4），国家祭祀制度发生了彻底变革。②

《汉书·成帝纪》载，成帝即位之初，就建立了南郊郊祀。建始元年（前32）十二月，成帝作长安南北郊，罢甘泉泰畤—汾阴后土祠。建始二年（前31）春正月，成帝赴南郊亲祭。立郊祀之议出自丞相匡衡和御史大夫张谭，《汉书·郊祀志》对他们的奏议有详细的记录。匡衡强调，汉家天地大祀之所泰畤—后土祠，不合经籍所载古制。这一提议下于群臣后引起争论，结果是除"大司马车骑将军许嘉等八人"外，其余五十名参与讨论者都表示赞同。在争论中，匡衡等人特别拈出"俗"与"古"的对立，以复古为要。以支持与反对的人数比例来看，在首次辩论中，复古派占据了绝对优势。

---

① 改制运动的概况可参陈苏镇《〈春秋〉与汉道》第四章《"纯任德教，用周政"——西汉后期和王莽的改制运动》，中华书局，2011年，第307—377页。对西汉末年南郊郊祀制度的成立，学界研究成果颇丰，此不赘引。可参成国《中国礼制史·秦汉卷》，湖南教育出版社，2002年；小岛毅《郊祀制度的变迁》，《東洋文化研究所紀要》第一〇八册，1989年，第123—219页；金子修一《漢代における郊祀·宗廟制度の形成とその運用》，《中国古代皇帝祭祀の研究》，岩波书店，2006年，第141—214页。甘怀真《西汉郊祀礼的成立》，《皇权、礼仪与经典诠释：中国古代政治史研究》，华东师范大学出版社，2008年，第26—58页。
② 按《汉书·平帝纪》载平帝元始四年郊祀高祖以配天，《郊祀志》载元始五年复长安南北郊。

匡衡虽然首次建立了南郊郊祀，但祭祀理论尚嫌粗疏，礼仪也基本仍泰畤之旧。自先秦流传至西汉的礼书，以士礼为主。至元、成之间，礼学理论有了显著发展，学者始发改革国家礼制之倡议。不过，就《汉书》中保存的材料来看，元、成时期郊祀改革的理论尚较为单薄。《汉书·郊祀志》的两段记载，可以证明此点。一是诸儒谈及南郊郊祀之理论层次并不复杂，无非强调天地之祭需从"正位"，并未涉及具体的仪式。[①]二是南北郊郊祀获准后，匡衡批评泰畤的装饰与祭祀仪式过于奢丽。不过，从《汉书·礼乐志》中匡衡对郊祀乐歌的修改来看，南郊郊祀中去除的，唯"鸾路龙鳞""嫋绣周张"二者而已，其余一本泰畤旧仪。匡衡所倡导的"上古"祭祀仪节，并未在此时的南郊郊礼中体现出来。

南郊郊坛建立之后，匡衡、张谭即着手清整原有的国家祭祀体系。首先被废除的是雍五畤和陈宝祠。建始二年首次郊祀举行后，匡衡、张谭再次动议，请求罢废其余神祠："长安厨官县官给祠郡国候神方士使者所祠，凡六百八十三所，其二百八所应礼，及疑无明文，可奉祠如故。其余四百七十五所不应礼，或复重，请皆罢。"[②]复古派的重点在于迁移、合并天地之祭，并不试图彻底废除原国家祭祀中的所有神祠。各地神祠虽被废三分之二以上，但国家祭祀以神祠为主体、分布广泛的特征并未变更。

匡衡的改革并未真正使南郊郊祀制度确立不移，却开启了西

---

① 《汉书》卷二五下《郊祀志下》："右将军王商、博士师丹、议郎翟方进等五十人以为：《礼记》曰：'燔柴于太坛，祭天也；瘞薶于大折，祭地也。'兆于南郊，所以定天位也。祭地于大折，在北郊，就阴位也。郊处各在圣王所都之南北。《书》曰：'越三日丁巳，用牲于郊，牛二。'周公加牲，告徙新邑，定郊礼于雒。明王圣主，事天明，事地察。天地明察，神明章矣。"这段奏议的主要论点化用《礼记·礼运》"故祭帝于郊，所以定天位也"之语。

② 《汉书·郊祀志下》。

汉末期国家祭祀在武帝旧制与南郊郊祀之间剧烈摇摆的几十年。建始元年泰畤虽废，力主维持旧有的祭祀制度的声音始终存在。他们包括支持前代制度的大臣，也包括在经典理解上与复古派不同的儒生，大儒、宗室刘向即是其中之一。因此，南郊郊祀虽然成立，却并未受到足够的礼遇。永始三年（前14），皇太后（元后王氏）下令废除长安南北郊祭祀，恢复泰畤—后土祠。从南北郊建立到被废的这十八年间，成帝亲郊仅建始二年一次而已。接下来的十数年时间，支持南郊郊祀的复古派，与维护原有祭祀制度的现世派反复拉锯。[①]绥和二年（前7）成帝驾崩不久，长安南北郊郊祀旋即恢复。哀帝建平三年（前4），南北郊又被废除。每临皇位更替之时，复古派往往成功，迁延数年后，现世派又能扳回一局。国之重祭更动如此频繁，前所未见。自建始元年匡衡初兴郊祀之议，至元始年间王莽议定郊祀制度，班固总结曰："三十余年间，天地之祠五徙焉。"在复古派对原有祭祀的质疑和冲击中，甘泉泰畤—汾阴后土祠作为最高祭祀的权威屡遭否定，旧制度的合法性受到极大伤害，地方神祠也废黜过半。皇帝无法规律地祭祀天地，泰畤—后土祠及其领起的祭祀体系因此渐渐倾颓。最终，真正改变了国家祭祀性质，使得南郊郊祀真正建立的，则是王莽。

西汉末年平帝元始四年（4）确定的郊祀制度，事实上成于王莽之手。[②]王莽设计的郊祀礼得以成立，最重要的原因，还在于信

---

① 鲁惟一曾将西汉政治家的立场分为modernist与reformist两类，参：Michael Loewe: *Crisis and Conflict in Han China: 104 BC to AD 9*, "Preface", p. 11.阎步克将这两派之名译为"现世派"与"革新派"。阎步克《士大夫政治演生史稿》，北京大学出版社，1996年，第372页。西汉末年的儒生虽以"复古"为行动纲领，但是比起维护现行制度的官员们，他们的确是"革新派"。
② 下文以学界习称的"元始仪"称呼王莽所设计的南郊郊祀制度。

用《周礼》。① 与匡衡不同，王莽整合文献，首次提出了系统的郊祀理论，并且规划了完整的仪式、祭祀序列及乐歌，使天地祖宗群神各安其所。南郊郊祀的基本仪式得以确立后，王莽又上书辨正"六宗"概念，安排郊坛上的配享诸神。此外，他依据《周礼·春官·小宗伯》中"兆五帝于四郊"之语，在长安城外分立五畤。换言之，元始仪不仅改造了南郊郊坛上的典礼，也在空间上改造了武帝时代的祭祀体系，设置了一个百神毕集的巨大神坛，这个神坛的中心就是长安城。② 王莽所建构的郊祀制度，既囊括了西汉中期以来泰畤——后土祠及雍地两大祭祀中心的重要祭祀，也涵盖了其他所有神祠的功能。自元始仪成立，遍布于全国的神祠就此退出国家祭祀，长安南北郊成为国家最高祭祀所在地，也是皇帝唯一需要亲临祭祀的场所。③

元始仪与匡衡等人之改革最大的不同，不在某一仪式细节，而在于其理论来源与指导思想。首先，元始仪寻找到新的经典依据《周礼》，以之为纲，重塑了国家最高祭祀。再者，从国家祭祀体系内部而言，王莽在旧体系已经摇摇欲坠时，创造了一种合于经典又

① 日本学者早已指出王莽郊祀与《孝经》之间的关系，参板野长八《前漢末に於ける宗廟·郊祀の改革運動》，《中国古代における人間観の展開》，岩波書店，1972年，第543—560页；金子修一《中国古代皇帝祭祀の研究》，第152—153页；佐川英治《汉六朝的郊祀与城市规划》，余欣主编《中古时代的礼仪、宗教与制度》，上海古籍出版社，2012年，第194—223页。

② 王莽时代长安礼制建筑的分布示意图，可参姜波《汉唐都城礼制建筑研究》，文物出版社，2003年，第20页，图3；中国社会科学院考古研究所《西汉礼制建筑遗址》，文物出版社，2003年；刘瑞《汉长安城的朝向、轴线与南郊礼制建筑》，中国社会科学出版社，2011年。

③ 作为国家祭祀，五岳祭祀仍然保留在五岳所在地，但除封禅等特殊情况，皇帝极少亲临致祭。参田天《东汉山川祭祀研究——以石刻史料为中心》，《中华文史论丛》2011年第1期，第105—134页。

宽容度较高的新体系，给予旧制度致命一击。此外，王莽所构建的元始仪，彻底改造了以分布广泛的神祠为主体的国家祭祀形态，强调首都南郊的唯一神圣性。这就消解了地方神祠与国家命运的关联，也否定了祭祀对象与特定地理位置的联系。南郊郊祀不再强调神显之所的神圣性，也使巡狩祭祀失去了必要性。西汉末年，统一王朝的行政中心与祭祀中心合而为一。国家祭祀的施行方式及其意义，均被重新定义。

最后，还有必要对南郊郊祀与国家政治事务之间的关系作一总结。在西汉后期的礼制复古运动中，郊祀与宗庙制度都发生了重大变革。天地祖宗之祭，是国之大事，其象征意义自不待言。然而，随着南郊郊祀的成立，国家祭祀与国家政治事务之间的关系事实上开始有所区隔。

这种区隔首先是国家祭祀理论来源的儒学化带来的。统一王朝的国家祭祀，本无成法可依，[①]秦始皇融合了战国时代的东西传统，建立了"封禅套组"，并赋予它彰显王朝合法性的意义。秦的国家祭祀框架及其意义，在西汉中前期被继承。从汉文帝到汉武帝，都在尝试寻找一套合理的解释，关联"套组"中的所有要素。在文帝、武帝所寻求的解释中，虽有儒生与儒学的影响，但总体而言来源驳杂，且包容性极强。只要有助于"封禅套组"的整体实现，皇帝都乐意采纳。而到了西汉后期，无论是匡衡还是王莽的郊祀改革，都只需在儒家经典中找寻依据，方士被驱逐出国家祭祀的设计队伍。"元始仪"之后，国家祭祀基本完成了儒学化。东汉以

---

① 秦始皇在各项国家制度的改革上往往不循成法，自出机杼，还可以作为旁证的是秦始皇的宗庙制度建设。秦统一即在县一级的行政单位建立"太上皇庙"，这也是一项前无古人的创举。西汉中前期的郡国庙制度，也是因袭秦代而来。田天《在县道与郡国：论秦及西汉宗庙制度的演进》，《史学月刊》2022年第10期。

来,对于郊祀制度的争论未曾停歇,但焦点往往集中于礼学与制度的适配,成为儒家内部不同派别的辩难。这些讨论更具体系性,但也更为单一。

其次,秦与西汉中期,国家祭祀是证明王朝合法性的重要手段。皇帝本人往往有强烈的实现"封禅套组"的愿望,这一点在汉武帝身上体现得尤为明显。可以说,对于武帝而言,汾阴出鼎、泰畤郊天、封禅泰山、明堂改历等,本身就是"汉家制度"的一部分。元、成以来,郊祀改革既是礼制复古中重要的组成部分,也是复古派施加影响力的手段。彼时,王朝不再需要借助祭祀来证明自身的合法性。皇帝的身份转变为接收者与施行者,而不再是新制度的设计者与推动者。南郊郊祀改革规范了国之重祭,却不再指向涉及合法性的更高目标。

总结以上两点,可以说,在郡县制统一国家的建立与形成之初,国家祭祀不仅是一种象征,也是施政目标本身。随着"元始仪"的建立,国家祭祀与儒家礼学完全结合,其影响力被规定于国家祭祀的象征意义之上,不再蔓延到政治生活中的方方面面。

四、结语

本章大致勾勒了自秦始皇至西汉末年国家祭祀发展的线索。秦统一六国,继承了前代"郊祭"之名,在其下创造了一套新的国家祭祀体系。战国时秦国地理分布广泛的神祠均被继承,秦始皇又把封禅、八主祭祀、求仙等东方传统加入其中。秦始皇二十八年第一次东巡狩,将封禅、求仙、神祠祭祀、泗水求周鼎等活动构建成为一个整体,并将它们与王朝统治的合法性相连结,本章称之为

"封禅套组"。"封禅套组"的政治意涵，在秦汉之际被接受与传承，成为西汉皇帝孜孜以求的目标。从汉文帝开始，"改正朔、易服色"也被添加到"封禅套组"中。秦汉皇帝的长距离巡行与祭祀，不是彼此孤立的行为，也并不只是出于对个人福祉的强烈追求，同时也应理解为建立国家制度、寻求天命所归的举措。这一理解，可以看作西汉君臣共享的知识背景，也是武帝投注大量人力与财力的祭祀改革能顺利施行的原因之一。《史记·封禅书》云："汉兴已六十余岁矣，天下艾安，搢绅之属皆望天子封禅改正度也。"时人正期待武帝以封禅、改正朔的方式，宣告汉王朝在制度与文化上的独立地位。

从秦始皇到汉武帝所共享的这一语境，是秦汉国家祭祀最不同于后代之处。以封禅为追求的国家祭祀，不仅是政治生活中的一部分，也是政治目标本身。这就是《封禅书》所强调的"自古受命帝王，曷尝不封禅"，"每世之隆，则封禅答焉，及衰而息"。所谓"封禅"，包括了"套组"中的一切事务。理解了这一背景，《史记》中设计《封禅书》一卷的意义豁然开朗。生活在武帝时代的司马迁，正在这一语境之中，他理解并认可"封禅套组"对于国家政治的意义，并察觉到了皇帝在实现它的过程中难以避免的个人企图。他因以"封禅"名篇，记录秦皇汉武所有的祭祀活动。司马迁在其中追寻的，是王朝何以"立正度"，即何以确立自身独立性与正当性。这一意义上的"封禅"事关重大，值得详加记录，"具见其表里"。

武帝实现了"封禅套组"中的全部目标，"汉家制度"通过新的国家祭祀体系的建立得以实现。此后，国家祭祀的意义便开始收缩。元、成之际的礼制复古运动中，于首都南郊进行最高祭祀的国家祭祀制度在平帝朝由王莽建立。自东汉以来，与南郊郊祀的礼仪与制度相关的争论从未停止过，但是往往局限在儒家礼制内部。南郊祭天自然是王朝正统的象征，然而君主只要取得政权就可以主持，不再如秦皇汉武那样，仍需要策划与追求其他祭祀活动的实现。

从对国家祭祀的理解来看，秦始皇至汉宣帝大约在同一语境之中，而元帝以下，则应与王莽以及东汉初年的光武、明、章看作连续的一段。至于《汉书》写作时，"封禅"早已不再是国家祭祀的主题。班固不但以"郊祀"取代了"封禅"，并且在《郊祀志》开篇即引"《洪范》八政，三曰祀"，将国家祭祀规范在一个明确的位置。国家祭祀的定位，是天人秩序正常运转的保障。从《封禅书》到《郊祀志》的变化，反映的正是国家祭祀意义与地位的变化。

总而言之，本章识别秦与西汉国家祭祀的独有特征，尝试从此理解郡县制统一国家初创时运行方式的一个侧面。至于国家祭祀中的具体制度、仪式、对象及其变迁，即司马迁所说的"俎豆珪币之详，献酬之礼"，也是这一问题中重要的一面。限于篇幅，不能包括在本章的讨论中。

最后，还有必要对本章的主题与"政治文化"之间的关联略作分梳。时至于今，学者的研究方向早已超出了传统政治史的范畴，然而曾经的"何谓重要"的成见与焦虑，依然时隐时现。高等级祭祀对于政权的象征意义已成学者共识，研究者每每对此点格外强调。但是，解释若止步于此，新的角度就并不能推进认识的深度，只是为旧说增添了新的证据。《史记》《汉书》等"正史"，基本根据中央所存的档案与书籍编纂而成。从现存史籍中提取的问题，本已多与政治和制度有所关联。作为研究者，也许需要首先放下自证"重要"的焦虑，以解释历史为最终的归依，才有可能照亮史料幽微处的关联，通向新的、更复杂的图景。

历法

郭津嵩（北京大学中国古代史研究中心）

中国古代历法是一套复杂的知识和技术体系，也是政治文化的代表性要素之一。历法的实用功能，是对行政和社会运行所依赖的年、月等基础时间结构做出安排，并在观测和文献记述的双重基础上，对交食和五星运动等天象的发生规律做出数理描述。在实现上述功用的同时，历法也用于对政治和礼仪的时间秩序进行建设和更新，由此促进和调整意识形态认同，甚至还可以通过对大尺度时间周期的诠释，制造王朝兴盛和圣人出世等政治图景。历法知识的丰富内涵与其在政治生活中的广泛应用互为因果。历法的制定、阐述和施行，总是伴随着知识、观念与政治权威之间的紧密联动。有关历法的种种争论和较量，也往往反映出对于政治秩序的不同理解与想象。

在政治文化的视野中考察历法的变迁，有助于我们思考中国古代知识与权力的一般关系。知识与政治权力之间的交涉是十分复杂的。认为知识天然具有自主的发展路径，或是认为政治权力可以随意地操纵知识，都失于简单、片面。历法的演变既受到强势的"外在"政治干预，同时发展出了专深的"内在"知识体系，很能体现出两者之间的互动。尽管国家在理念上希望利用历法建立统一的时间秩序，但在现实中却很难如愿；尽管皇权试图分散和抑制历家的权威，却并不能贯彻对于历法知识的规训；尽管改历（历法的正式变更）时常服务于符命和"圣德"的建构，但历家在其中却并非全然处于被动，而是可以积极地影响礼乐制作，塑造政治图景。历法知识与政治权力既可以合谋与相互利用，也始终保持着相当程度的张力，不能简化为单向的支配和顺服关系。

基于上述认识，本章尝试论述历法在汉唐政治文化中发挥的作用和承载的意义。论述分作三节，对应历法与政治关系的三个层次。第一节讨论历法在塑造社会时间秩序方面的功能，特别关注国家颁朔制度的局限性；第二节讨论历法知识体系的发展，特别关注公开竞争和辩论在其中的作用；第三节讨论改历的仪式性和象征性，特别关注历家在政治图景塑造中的积极角色。

一、"敬授民时"：颁朔制度及其局限

对中国古代国家而言，历法最基础的功能，是为政务和社会的组织、运行提供时间依据。此种功能在形式上主要通过"颁朔"实现。颁朔指由国家向臣民颁授一年的历日安排。关于颁朔制度的最初起源，文献无徵。但可以设想，无论历法以观象授时为主，还是已经建立了一定的推步体系，为了实现疆域内的政令通行，国家都有对历日加以确定和公布的必要。那么，商周时期应该已存在某种颁行历朔的制度。

《周礼·春官》说："大史……正岁年以序事，颁之于官府及都鄙，颁告朔于邦国。"这是"颁朔"一词的出处。又《左传》桓十七年说："天子有日官，诸侯有日御。日官居卿，以底日，礼也。日御不失日，以授百官于朝。"两则记述勾勒出周天子和诸侯分别向域内臣民颁布历日的制度。这些大概都出自战国人的手笔，包含了设计和想象的成分。经典中又有"告朔"一词。《春秋》文六年谓"闰月不告朔"，《论语·八佾》中的"子贡欲去告朔之饩羊"一条亦颇著名。这两处"告朔"指每月朔日在宗庙举行的祭告活动，本意未必与颁授历日有关。但汉代学者的阐释中，却常常将两者合而为一。如刘歆便认定《左传》中关于"底日""授日"的记述，所言即是"告朔"制度。[①]这大概是受了《周礼》"颁告朔"的影响，同时也反映出历日颁授在汉人对于政治秩序的想象中占据了更为重要的地位。《史记·历书》云："天下有道，则不失纪序；无道，则

---

① 参看《汉书·律历志上》载《三统历序》。

正朔不行于诸侯。幽、厉之后，周室微，陪臣执政，史不记时，君不告朔。"可见司马迁即认为，历朔是否有效地颁行是"有道""无道"的重要表征，并由此给予颁朔制度的废坏以历史的解释，将其归为幽、厉之际王政衰微的结果。

进一步分析，司马迁关于颁朔制度兴废的历史叙述，并非仅仅着眼于历日统一颁授在形式上的维系，也强调历日推排正确性的保证，即所谓"不失纪序"。《历书》接下来说："故畴人子弟分散，或在诸夏，或在夷狄，是以其禨祥废而不统。周襄王二十六年闰三月，而《春秋》非之。"即谓颁朔制度遭到破坏的直接结果，是历学传统发生断裂，朔闰推步出现重大失误。而《汉书·律历志》云："周道既衰，幽王既丧，天子不能班朔，鲁历不正，以闰余一之岁为蔀首。"又引述《左传》记鲁国月建错乱之事，谓："自文公闰月不告朔，至此（哀公十二年）百有余年，莫能正历数。"亦将历数之不正归咎于颁朔之不行。因此，司马迁和刘歆理想中"天下有道"之时的颁朔制度，应该既要使诸侯和臣民遵循天子颁行的统一的历日安排，又要确保所授朔闰符合正确的历数。形式和内容两全，才能达到"正岁年以序事"的目的。

司马迁和刘歆对颁朔制度的阐说非仅就史论史，亦有现实指向。他们希望当世王者按照此种设想颁行正确的历数，重新实现"有道"之治。那么，颁朔制度在秦汉时期的施行情况如何？与司马迁和刘歆的期望有多大差距？直接反映颁朔制度设计和执行过程的材料很少。传世文献中，《淮南子·时则训》高诱注云："受朔日，如今计吏朝贺，豫明年之历日也。"谓由上计吏受来年历日。这可能是东汉计吏参加朝贺成为常态之后的制度。出土文献中，悬泉汉简中有汉昭帝元凤元年（前80）一封用以"行历日诏书"之传信的丢失记录，则似乎在西汉是以发诏的形式颁布次年历日。陈侃理的研究通过周家台秦墓所出秦二世元年（前209）历日木牍背面的文字，揭示出秦代历日作为官文书下行传递过程中的宝贵细节。①

包括周家台历日木牍在内的大量出土秦汉简牍历书，则反映出颁朔的实际效果，保存了国家与社会之间如何协调时间秩序的丰富信息。目前所知的年代较为确定的秦汉简牍历书至少有八十余种，而且仍在不断增加。尽管部分学者对历书的内容来源、制作方式和使用情况作了自觉的思考，更多的研究却集中在一种特定的年代学思路之内，尝试利用出土文书中的历日信息来修正朔闰表和验证秦汉时期的历法。对于所用历法不明的秦和汉初，更有学者根据历日信息的数学特征，对传世历法的推算规则进行改造，甚至抛弃传世历法，自行重构一套历法要素，称之为"复原"，以使推排出的朔闰表尽可能多地与出土和传世文献中的历日信息相符合，最好是全部符合。②这些技术性的研究看似不直接讨论颁朔制度及其实践，但暗中却极大地依赖对于国家颁朔效用的假设。其思路认为同一时期各种文书、文献中的历日（少量被判定为"讹误"的朔闰除外）理应是"同质"的，即共同遵循一套推算方法。假如要达成这种同质性，必须具备以下两个条件：第一，国家颁朔必须严格按照历法规则推步；第二，在各个地方、各个场合所使用的朔闰在正常情况下都必须与国家颁朔一致。而如果这两个条件成立的话，意味着颁朔制度早在司马迁之前就已经实现了时间秩

① 陈侃理《秦汉的颁朔与改正朔》，余欣主编《中古时代的礼仪、宗教与制度》，上海古籍出版社，2012年，第448—470页。
② 对于秦和汉初简牍历朔研究的回顾和反思，参看郭津嵩《出土简牍与秦汉历法复原：学术史的检讨》，《浙江大学艺术与考古研究》第三辑，浙江大学出版社，2018年。以下对简牍历朔的讨论多据此文，并就新出材料稍作补充。

序的高度统一，那么他的呼吁岂非无的放矢？

实际上，秦汉时期的历日颁行并不能达到上述程度的严整和统一。首先，出土历书中可以找到很多与历术推算结果不同的朔闰。这种歧异现象在太初以前和以后的历书中都存在。对于秦和汉初的历书，即便用学者改造或重拟的历法要素推算，其中也仍然有部分朔闰是不能符合的。假设出土历日同质性的学者多将这些不合归为在个别历书制作过程中出现的偶然的讹误。但是，通过新出史料的揭示和多种历书的比对，可以证实有一些歧异是发生在国家颁朔层面的。比如张家山汉墓出土的汉初十七年历书中，高祖九年（前198）七、八、九月朔日分别为丁酉、丙寅、乙未，七、八两个月皆为小月，与古四分历的基本原理不合。有的学者认定其中的七月朔日为抄写错误。然而，新近部分公布的荆州胡家草场汉墓所出分年记述秦末至汉初大事的《岁纪》，在高祖九年下有这样的记述："七月，以丙申朔，朔日食，更以丁酉。"此条记录的理解尚有疑难。查日食表，当时确有日食发生，但应在六月晦日乙未，与《汉书·五行志》所载相符。当时却为何认为日食发生在次日丙申？又为何认为有日食便需改动朔日？这些问题需要另作讨论。但在张家山历书和《岁纪》相互呼应的情况下，足以肯定当时由于天象而对以历术推排的朔日做了特别的更改。又如昭帝始元元年（前86）正月朔日，按当时所用太初历推算为戊寅，居延汉简中却作己卯。而海曲汉简武帝后元二年（前87）历书有"十二月己酉大"，据此也可推知次年正月朔日为己卯。远隔数千里的两地出土的历书相互印证，则基本可以排除各自产生讹误的可能性，而确定是国家颁朔如此。值得一提的是，陈梦家早在1960年代研究出土汉代历书时，虽然也以重构朔闰表为主要立意，但与后来的一些研究者不同的是，他一再表示不必要求当时所颁年历与历术推算尽同,少量的出入完全可能是"天官根据天象临时有所更订"所致。[1]新出材料,特别是胡家草场汉简《岁纪》,证实了这种看法的合理性。

不过,国家并非仅在发生日食等特殊天象时才会变更朔闰。朔日在正常情况下亦有前后调整之例,或称之为"阳历""阴历"。《汉书·律历志》述落下闳、邓平历术云:"先藉半日,名曰阳历;不藉,名曰阴历。所谓阳历者,先朔月生;阴历者,朔而后月乃生。"大概是说在推排朔日时可以在小余(计算中产生的不满一日的余数)基础上加上半日,将朔日移至合朔("月生")之后,称为"阳历";不作此调整则称"阴历"。"阳历"与"阴历"并举,盖两者可于不同场合选择使用之意。《续汉书·律历志》载,东汉章帝时,编䜣、李梵等人制定四分历,将历元起始之月设为大月,亦相当于将朔日移后。新历已经颁行之后,又决定改以首月为小月。编、李等后移朔日,是为了"合耦弦望,命有常日",使每月弦望的日子固定;而反对者则认为如此会造成"晦朔失实"。双方在历日与月相的关系问题上有分歧。西汉、东汉两事联系起来,可以看出对朔日进行前后调整的做法颇有渊源,且在操作中未必有一定之准则。不但是否要将推步所得朔日后移存在争议,"藉半日"或"月先大"等不同调整方法产生的效果亦不尽相同。陈久金和陈美东等学者认为,秦和汉初月朔多与传世历法不合,就是由于当时亦用与《汉志》《续汉志》所载类似的方法对朔日进行调整所致。[2]此种观点在近年来的相关讨论中渐趋式微,但考虑到目前所知的汉初分至八节日期皆与传世颛顼历吻合,则仍然不失为颇有价值的推测,且

---

① 陈梦家《汉简年历表叙》,收入陈梦家《汉简缀述》,中华书局,1980年,第231页。
② 陈久金、陈美东《从元光历谱及马王堆帛书〈五星占〉的出土再探颛顼历问题》,《中国天文学史文集》第一辑,科学出版社,1978年。

与另一些学者自行重拟历法要素相比，其实要合理得多。

朔日而外，简牍所见太初历行用时期的闰月安排也与推算有多处不符。有学者从出土历日具有同质性的想法出发，提出这些歧异反映了太初历有一种"特殊置闰"的规则。然而稍加考察就会发现，所谓的"特殊置闰"既无文献依据，从历法原则来考虑亦不合理。造成歧异的原因更有可能是计算操作中不甚严格或出现失误所致。

其次，学者已经逐渐认识到，秦汉国家颁朔的范围和效用有很大的局限。在范围上，西汉前期颁朔可能并不通行于诸侯。《春秋繁露·止雨》载董仲舒教令，首云"二十一年八月庚申朔丙午"，陈侃理考证"二十一年"为江都易王纪年，即武帝元光元年（前134），而"庚申"为"甲申"之误。该年八月朔日依银雀山汉简历书及《汉书·五行志》为乙酉，教令较之早了一日。可见江都国与汉朝历朔并不相同。[①]此外，阜阳双古堆汝阴侯夏侯灶墓中出土有历法残简，记载了四分历的周期，或许原本即用于在封国内推算排定朔闰。在汉初郡国并行制的大背景下，诸侯自行安排朔闰是合乎情理的。

至于颁朔的效用，陈侃理根据对周家台秦墓历书木牍的分析，指出墓主作为南郡郡府的基层吏员，在秦二世元年十二月第六日才收到并誊抄当年的历日。此时距岁首已经过去两月有余。如果历日以发诏形式颁布，尚有可能通过文书的提前下发，使基层吏民及早收到。而按照东汉史料的记载，当时历日由计吏在参加岁首朝贺后带回，延迟到达就势成必然了。姗姗来迟的历日显然无法满足实用的需要，那么地方官署在实际运作中一定有在收到历日

---

① 陈侃理《〈春秋繁露·止雨〉二十一年八月朔日考》，《史原》复刊第4期，2013年。

之前,自行安排月朔的机制。①胡家草场汉墓出土的历书简印证了
上述推测。此批历书简数量很大,共二百零三枚,分作"历"和"日
至"两卷。简上所载并非墓主生前实际用过的历日,而是从下葬的
文帝后元元年(前163)开始,排出了其后一百年的月朔和分至八
节日期。这种长年预推历日类似于后世的"万年历",其存在说明
西汉的地方社会和基层政府完全有能力在国家颁朔之前自行推排
气朔。

　　而之所以有这样的能力,是因为当时存在很多颇为活跃的民
间治历者。西汉时,曾"选治历邓平及长乐司马可、酒泉候宜君、侍
郎尊及与民间治历者,凡二十余人"参与太初改历;东汉时,"学士
修之(甲寅元历)于草泽,信向以为得正",以至"常挟其术,庶几施
行",都反映出民间治历者的影响力。民间治历活动的长期存在,
必然依赖相应的社会需求。由此不难想象,当时社会上流行的历
书中,一定有不少并非直接来源于国家颁朔,而是出自民间治历者
之手。民间制作的历书自然不能保证与国家颁朔一致,但只要治
历者懂得历法原理,稍加调试,就不至于有太大的差异。即便略有
差别,比如月朔相差一日,有稳定的干支纪日作保障,也不会引起
严重的问题,足以满足社会生活和行政活动的一般需要。

　　历日的多种来源还可以从历书物质形态的多样性上得到印
证。陈侃理在陈梦家、刘乐贤等学者所作类型分析的基础上,将秦
汉出土历书按照功能分为二类五型,各型之下又按排列方法分为
若干式。或横读,或纵读,或"环读";或以干支为纲,或以日序为
目,可谓变化多端。其中既体现了地域、用途的差异,更反映出当
时历书制作与流通渠道的不拘一格。目前所见到的各类型出土历

---

① 参看前引陈侃理《秦汉的颁朔与改正朔》一文。

书中，大概既有官府的定式、使用者的自制，也不乏民间治历者的作品，甚至不排除有商业化生产的存在。近年来大量出土的秦汉日书，展示出一个具有相当规模的数术类文本制作和流通的网络。由于日书必须和历书配合使用，这个网络可能也为其受众提供历书。周家台秦简日书中包含有专门针对始皇三十六年（前211）历日的占辞，结合出土时的位置关系，有学者指出，应该将其与一同出土的该年历书视作一个"文本单元"。而且两件文书书体一致，它们的制作可能也是同时完成的。①

以上主要利用出土历书所提供的视角，讨论了秦汉时期的颁朔制度及其局限。我们看到，秦汉国家虽然在形式上具有按照既定历法进行颁朔授时的制度，但实际上既未做到每年的历日都严格遵循同一套推算规则，也不能在基层政府和地方社会实现历日的真正统一。魏晋以下至于隋唐，国家体制进一步发展，行政信息传递的物质载体也从简牍逐渐转变为纸张，但颁朔制度的局限性仍然长期存在。

魏晋南北朝时期在颁朔和实际用历方面缺乏可以引证的大宗材料。这里仅举数事，以略见其概况。《隋书·律历志》载萧梁历法因革云："至〔天监〕九年正月，用祖冲之所造甲子元历颁朔。"此前一年祖暅上疏中亦谓："所上脱可施用，宜在来正。"如果这并非特例的话，则南朝仍然沿用汉代旧制，于每年岁首颁朔。这就意味着，国家颁行的历日仍然要在年始过去一段时间之后才可以到达地方，而基层吏民在收到历日之前只能自行安排朔闰。北朝至隋的民间治历十分活跃。如北魏宣武、孝明帝时期朝廷讨论改历，便有多位民间历家奏上历法。隋代也有数位出于民间的历家参与历

① 陈侃理《出土秦汉历书综论》，《简帛研究》2016年秋冬卷。

法争论。其中如渤海蓨人张胄玄,因献上自撰历法以应贡举,而被征入太史,其历亦在当地流布,"散写甚多"。[①]这些民间历家一定也从事于历日的推排和制作。而北朝碑志记录的朔闰间或与历法推算不合,则更为直接地反映出颁朔不能充分实施的现象。比如仅在北周的最初十年中,就能找到好几例:按照当时所遵行的正光历,明帝二年(558)二月朔应为甲子,《柳遗兰墓志》则显示为乙丑;保定二年(562)应闰正月或二月,而《贺兰祥墓志》则显示当年在三月之前并未置闰;保定四年九月朔应为丙辰,而《圣母寺四面造像碑》则记作丁巳。[②]朔闰歧异的原因或许是政权更迭之际历法推算存在混乱,但更有可能是颁朔未能贯彻所造成的。

唐代文献材料更为丰富,朔闰与历法不合的情况也表现得更为显著。平冈武夫系统调查唐代主要史籍和《全唐文》,此后又有学者搜检石刻文献,都找到很多与历法推算相异的月朔。[③]黄一农在掌握材料并不完全的情况下,在乾封元年(666)至开元十六年(728)间找到五十多个月朔不合于推算。其中仅仪凤二年就可以找出六个月朔不合。唐代历日歧异的一个重要因素是"进朔法"施用的不确定性。"进朔法"规定在朔小余大于四分之三日时计作整日,是与汉代"藉半日""月先大"类似的调整月朔的方法。"进朔法"一般认为始于高宗时颁行的麟德历,但在晚唐之前似乎始终处于时而施行,时而又不用的状态。可是,即便在"进朔法"的使

---

① 参看《魏书·律历志上》及《隋书·律历志》下引刘焯上太子启。

② 参看罗新、叶炜《新出魏晋南北朝墓志疏证》(中华书局,2016年)第91、95号墓志及王昶《金石萃编》卷二三的释文和考证。

③ 平冈武夫《唐代的历》"序说",上海古籍出版社,1990年;黄一农《中国史历表朔闰订正举隅——以唐〈麟德历〉行用时期为例》,《汉学研究》第10卷第2期,1992年。

用已经相当稳定的晚唐，应当进朔而未进的例子仍然很多。可见在颁朔实践中，规则的执行有很大的弹性。唐代还时有君主为回避日食将冬至或正月朔改作吉日，而不顾历法，"强改"朔闰之事。这种情况见诸记载的，在太宗、高宗、武后、玄宗、代宗、德宗等多位皇帝统治时期都有。实际朔闰因为皇帝和历官的主观操作而发生改变的情况可能更多。

同时也应该考虑到，碑志文献中的历日未必反映国家颁朔的结果。从敦煌遗书中的唐代历日来看，其中大部分为当地私撰。而且即便在敦煌脱离吐蕃，重归唐朝之后，通行的仍然是当地私撰历书。敦煌长期维持相对独立的地方政权，固然有其特殊性，但私历的流行却非敦煌特有的现象。实际上，敦煌文献中也有从外地流入的私历，包括现存年代最早的印本实物之一"成都府樊赏家"中和二年（882）历日。①唐代传世史籍中，也有其他地区民间印历的记载。如《唐语林》中便有一则故事，谓僖宗入蜀期间，"太史历本不及江东，而市有印货者，每差互晦朔，货者各征节候"，因而发生争执，闹到公堂之上。地方长官却说："尔非争月之大小尽乎？同行经纪，一日半日，殊是小事。"竟叱去不理。地方私印历书的商业经营一定发展到了相当程度，才会发生故事中所描述的竞争关系。官方历书未能如常下达，只是使得本就存在的历日歧异更加难断是非。商贩"各征节候"，可见其历书亦各自有历术的依据，只不过多半是不同于官方历法的"民间小历"。有的学者因为看到唐代有"天文图谶"之禁，便误认为当时国家对历日有严格的垄断，而民间制作历书需要冒很大的风险。但其实"天文图谶"之禁并不包括一般的历术，上述故事中地方官员置之不理的态度，也说

① 参看邓文宽《敦煌吐鲁番历日略论》，《传统文化与现代化》1993年第3期。

明当时并无以私制历日为非法的制度和观念,而对多样化的民间历书习以为常。

我们把汉代和唐代的情况联系起来,就会看到,民间制作历书的实践跨越了漫长的历史时期,跨越了由简到纸、由写本到印本的转换,而持续存在。汉唐时期国家颁朔与民间历书之间并无强烈的对立关系,反而在事实上相互补充,共同满足了社会对于时间度量的需求,共同完成了时间秩序的协调。雕版印刷的出现和应用,使得民间历书得以在更大的地理范围流通,也推进了商业经营和竞争的发展。正是印刷技术条件下的商业利润,而非政治和意识形态方面的原因,促使国家开始施行历日专卖。北宋王安石变法期间的熙宁四年(1071)二月,诏"司天监印卖历日,民间毋得私印"。这是最早的历日国家专卖政策。司马光《日记》云,此前民间小历每本售价或低至一二钱,"至是尽禁小历,官自印卖大历,每本直钱数百,以收其利",言下颇不以此逐利之举为然。[1]可是自此以后,历日专卖便渐成常态,宋、元、明、清各代都将其作为补充国家或地方财政的重要手段之一。然而即便在国家的禁令之下,民间"小历"仍然持续存在。[2]

汉唐时期颁朔制度的局限和历书的多样性提醒我们,"时间"具有很强的历史属性。我们今天对高度标准化的时间习以为常,甚至视为理所当然。但这种现代的时间形态自有其特定的历史根源,是在19世纪为了适应交通、通信和工业生产的一系列变革,通过精密计时技术的普及而实现,并逐渐成为政治和社会生活的基础要素。而对古代国家而言,"敬授民时"作为政治理想和制度设

① 李焘《续资治通鉴长编》熙宁四年二月。
② 王立兴《关于民间小历》,《科技史文集》第十辑,上海科学技术出版社,1983年。

计固然具有重大象征意义，但在治理实践中，严格统一的时间既非必需，也很难得到全面的贯彻。尤其在印刷术的广泛应用之前，国家与地方社会之间只能维系相对松散的时间协调。基层时间秩序的多样性始终是一种常态。

二、"考定星历"：历术的竞争与校验

上文提到，《史记·历书》论述历与政治秩序存废（"有道""无道"）之间的关系，在历日的统一颁授之上，更关注历法的正确和有序。在此种观念之下，国家在施行颁朔的同时，还应该对颁朔所依据的历法进行考定厘正。国家历法的正式更定，后世通称为"改历"。改历一方面是对历法知识、技术内容的甄别和改订，另一方面也通过重新定义时间秩序，实现对于政权合法性的一种象征性表达。汉唐之间付诸实施的改历约有二十余次。而历次改历的前后，又往往围绕新旧历法的优劣，展开旷日持久、甚或跨越数十年的争论。此种争论，不妨参照《续汉书·律历志》的叫法，称为"论历"。改历和论历，是历法与政治之间交涉最为集中的场合，因此也是本章讨论的重点。本节梳理改历和论历中如何通过公开竞争来确立知识的正当与有效，下节则探讨改历的仪式性和象征性。

在《史记·历书》的叙述中，历法的失正自黄帝以来并不罕见。早在颛顼和唐尧之间，就曾出现"闰余乖次，孟陬殄灭，摄提无纪，历数失序"，即由于置闰的舛误，使得月序（"孟陬"）、斗建（"摄提"）都发生错位，形成历法严重混乱的局面。尧、舜"明时正度"，才使时间秩序得以恢复。幽、厉以后，历法更是长期废坏，经过春秋、战国、秦和汉初，或纷争频仍，或享国日浅，都未遑顾及。

汉文帝时虽然有正历之议，却因为丞相张苍反对和方士新垣平作乱，而终未实现。

汉武帝时代，经过新一轮的斗争和酝酿，包括改历在内的一系列改制计划终于提上日程。在司马迁的认识中，这是西周以后第一次对历法进行认真的董理，长达七百年的历法失序终于将告结束。他本人生逢其时，在继任太史令之后，立即成为改历的核心人物之一。然而，改历的过程却出现意想不到的波折。在对晦、朔、分、至等天象进行了一番观测，初步确定元封七年（前104）十一月甲子朔旦冬至作为历元的天象条件之后，以大典星射姓为首的部分改历人员却提出"不能为算，愿募治历者，更造密度"。于是从各地选募的治历者二十余人，包括邓平、唐都、落下闳等一批民间历家，会聚长安，各自重新制定改历方案。最终，武帝下诏要求司马迁采用邓平所提出的八十一分历。[①]这种新历法与音律之数相呼应，别具神秘色彩。可究竟是什么使先前的改历者"不能为算"，邓平的历法又如何化解了困难，史书语焉不详，我们目前也很难给出令人满意的解答。

虽然司马迁亲身见证他所期待的改历在形式上得以实现，但他对汉武帝选中的改历方案可能并不认同。《历书》对改历的过程言之甚略，全未提及邓平的名字，更没有记载八十一分历，而是在末尾收录了一种以"历术甲子篇"为题的四分历术。四分历术以365.25日为回归年长。汉代流行的各种历法大多为四分历。邓平的八十一分历在基本周期的数值上与四分历非常接近（如回归年长约为365.250 2日，与四分历只差0.000 2日），可以视为四分历的特殊变种。但由于采用了不同的日法（可以理解为年、月周期长度

---

① 《汉书·律历志上》。

的分母），仍然打破了四分历的固有结构，影响到四分历传统下的治历习惯。比如四分历的气、朔安排以七十六年为周期循环往复，因此只要列出一个七十六年之内的数据，其他任意年份皆可类推。此种七十六年周期，称为"蔀"，也称为"纪""府""篇"等。"历术甲子篇"呈现的就是以元封七年十一月甲子朔为起点的七十六年周期，亦即一"篇"中各年的气、朔数据。然而，如果改为八十一分历，气、朔循环的周期就扩大为一千五百三十九年，再全部列出就显得太过繁复了。更重要的是，包括司马迁在内的许多历家相信四分历术传自上古，其结构是宇宙运行节律的反映。突然出现的八十一分历一跃成为汉家正朔，虽然出自武帝的首肯，但他们仍然感到难以接受。学者多认为，司马迁对改历细节的讳言，正显示出他对八十一分历的不满，而"历术甲子篇"所呈现的历法可能才是他心目中改历的正确选择。

在具体的历术选择之外，更使司马迁介怀的可能是知识权威的归属问题。《史记·历书》依据《国语·楚语》中"重、黎氏世叙天地"的故事，在上古历法史的叙述中，格外强调重、黎家族的作用。如谓颛顼时命南正重和火正黎分司天地，使神人秩序恢复平衡；其后由于重、黎"咸废所职"，才导致历数失序；至尧时则又"复遂重、黎之后不忘旧者，使复典之"，立为羲和之官，进而实现历法的拨乱反正。而《太史公自序》中，司马迁又恰恰将重、黎认作司马氏的远祖。在他看来，自己的家族从上古以来就世代传习历法、执掌天官，他父子二人作为重、黎之后而相继担任太史，本身就标志着改正历法的历史时机已经再次到来。而汉武帝应该像颛顼、唐尧等上古圣王一样，尊重这一久远而神圣的家族传统及其所赋予的权威。司马迁的叙述中还暗含了另外一重观念，即历法本为王官之学，应由特定的国家机构执掌和垄断，在特定的家族中传习。"畴人子弟分散"是一种叔世乱象，应该与历数失序的局面一起终结。

然而，司马迁并没有从汉武帝那里得到对其家族传统的充分尊重。武帝在将政治权力高度集于一身的同时，却乐于看到知识权威的分散和多元，以便他自己可以在更大程度上行使最终的裁断权。同时，他也好异喜新，不愿受传统的拘束。比如在祭祀礼仪的改革中，武帝一方面听取公卿群儒引经据典的议论，另一方面却更信用方士闳大不经的奇谈，有时又索性自出机杼。在改历的决策和实施中，虽然兒宽、壶遂、司马迁等朝中儒生都发挥了重要作用，对武帝产生决定性影响的却是方士公孙卿（详下文）。在改历遇到疑难之际，跳出既有建制，从各地征募历家，使其彼此竞争，虽然据记载出自大典星射姓等人的建议，却也符合武帝的一贯作风。他最终选中的邓平八十一分历，恰恰又是打破了四分历传统、最为新奇的一种方案。有的学者认为古代皇权以垄断的形式对天文历法之学加以控制，可是在历史上第一次有确凿记载的重大改历中，汉武帝恰恰没有遵从司马迁所设想的垄断模式，而是通过引入竞争来实现对知识的控制。在此后各代的改历和论历中，具有相对开放性的竞争也仍然经常构成决策的基础。

太初改历对四分历传统的扰乱，在历家群体中引起了持续的抵触。在改历后二十七年的昭帝元凤三年，另一位任太史令的历家张寿王也表达了对八十一分历的不满。与司马迁寄意于史笔不同，张寿王选择公然发难，上书主张改历的不当已经导致"阴阳不调"，甚至造成了"乱世"。他要求恢复一种以甲寅年为元的四分历，张寿王称之为"黄帝调律历"或"黄帝调历"，其他历家又称之为"殷历"。甲寅元历是两汉最为流行的历法，传习者甚多，并且一再对国家历法构成挑战。主历使者鲜于妄人受命诘问张寿王，未能使之诚服，遂提议通过与实际天象相比较，来判定双方历法的优劣。昭帝（实际决策者应是霍光）批准在上林苑的清台开展观测和校验，同时要求丞相、御史、大将军、右将军等京内主要官府各派一人参与其事，充当见证。[①]这显然超越了一般的政务审查程序，而将历法校验设定为一项在公开见证之下进行的展示活动。如此措置，应与政治情势有关。当时儒生对朝政积怨渐深，元凤三年又出现了"泰山卧石自立，上林僵柳复起"的灾异，经师眭弘借机上书，要求昭帝禅位让贤，影响很大。[②]张寿王在同年向太初历发难，很可能也是借助上述异象为说。将灾异归于历法，较之眭弘的主张，在政治上的冲击终究要小一些。摆出较大的阵势来处理历法争论，或许部分地出于转移注意力的考虑。同时，张寿王以天官之长的身份，公然非议现行历法，也确实让执政者不能等闲视之。

通过观测校验来评判历术的做法，在太初改历时就已出现。武帝在诏用邓平八十一分历的同时，要求"罢废尤疏远者十七家"。此后又对新历符合天象的情况进行了覆核，确认"太初历晦朔弦望皆最密"。这是以观测为标准判断历法"疏""密"最早的确切记录。可见邓平历得用的原因之一就是与当时天象较为接近。在元凤论历中，天象校验的作用表现得更为突出。从元凤三年十一月到五年十二月，上林清台的观测持续了两年。张寿王及其支持者的历法始终处于下第，被认定为"疏阔"。但张寿王仍然不服，以致两次被劾以"不道"，虽然得免一死，仍遭下狱。以后见之明的眼光看，这位太史令似乎是咎由自取——如果他真的深通

---

①《汉书·律历志上》。
②《汉书·眭弘传》。

历术,又怎么会用与天象的符合程度明显较差的历法,去挑战更为精密的太初历?在天象校验得到明确结果之后,又何以仍然固执己见?可是,对于当时的历家而言,历法与天象的密近未必是最优先的考虑。从《汉书·律历志》的记述来看,张寿王的申说首先强调历法的神圣起源和悠久传统:"历者,天地之大纪,上帝所为。传黄帝调律历,汉元年以来用之。"既然他坚信自己所习的历术是出于神意的"天地大纪",是传自黄帝的古法,曾长期行用,且能与阴阳协调,那么此种历术是否与当下的具体天象密合,大概就并不是最重要的了。相反,太初历经过刻意修正之后,即便与实际天象更为接近,但只要打破了本来稳定的传统,仍然会造成混乱。张寿王还与数位研治"终始"的学者就黄帝等古帝王的年代展开了辩论。从其陈述可以看出,张寿王号称甲寅元历传自黄帝,并非仅是一句空言,而是有一套与历术相配合的古史年代学说做支撑。尽管此时历法尚未充分学理化,其知识体系的内涵已经不限于安排岁时、推步月日的技术内容,而是涉及到如何认识天人之道、如何理解知识传统、如何阐释经典和古史等多层次的问题。

《汉书·律历志》给元凤论历下断语说:"故历本之验在于天。自汉历初起,尽元凤六年,三十六岁,而是非坚定。"再次明确历法之本应该取验于天。如果把现代科学的实证观念套用在古代历法上,会认为这样的想法再自然不过。可是,班固的表述恰恰说明,这在当时并非根本性和经典性的常识,而是一种相对晚近才确立的观点,是在经历一番斗争和波折之后才获得的历史经验。在判断其价值之前,我们更需要理解产生此种经验的特定政治情境:强势而集中的政治权力,为了抑制知识权威而引入竞争,却又没有能力与意愿从知识传统的内部对竞争各方的意见进行折衷、整合,达成共识,便只有扮演外部仲裁者的角色,并选择一种最为简明直观，可以为众人所见证的标准加以评判。历法相对于天象的"疏密"，就是这样一种标准。它便于度量，便于比较，便于见证，可以像考核官员政绩一样课其殿最，也就可以让当权者在不必理解历法学说和技术的情况下，对其做出裁断。

太初改历及元凤论历所确立的观测校验原则，虽然本是服务于政治权力对历术的仲裁和控制，却也对历法知识体系的发展起到了意想之外的推动作用。西汉末年到东汉，"历本之验在于天"的观念，促使历法与天象之间建立起更为紧密的关系。历法的功能逐渐从月日安排转变为系统的天象测算，形成了更为坚实的实证基础和更为专深的技术方法。历法知识体系的规模也在此过程中得到明显扩大。历法所统摄的天象类型从直接用于时间标定的太阳南北至和月相等，扩展到交食和五星运动，对日月运动的研究也深入到行度迟疾等更为精微的层面。历法推算和验证的适用范围，也从当下的天象实测，扩展到各种古今文献中的天象记述。历术也因而渗入经学等文本阐释领域，作为一种兼具建设性和批判性的分析工具，为许多重要学者所研习和援用。经过这一时期的发展之后，历法虽然仍然在很大程度上受到政治环境的影响和塑造，但其知识体系的专深、复杂和延展性，却使得各种外在的权威都更难对历法贯彻控制和规训。也正因为如此，东汉以后国家对于历法上的争议和疑难，仍然时常采取公开辩论的形式，以寻求解决。

西汉末及新莽时期的学者刘歆作有三统历，这是历法知识体系扩展和学理化进程中的重要里程碑。在太初历"以律起历"的基础上，刘歆引入《易》数来解释天文常数的来源，形成一个统一的以数为基础的宇宙论。三统历在沿用八十一分历气朔结构的同时，首次将五星运动纳入历法的数理系统，并通过改造和扩大五星周期,构造出2626560年的"会元"大周期,大幅扩展了历法周期的时间尺度。此外,刘歆更将历法与其经学和古史研究紧密结合。三统历岁星、辰星周期的确定可能与对《左传》《国语》天象纪事的分析有关。刘歆又作成一部题为《世经》的上古以来历史年表,利用三统历对经典和古史文本中提到的各种天象和日期进行考算、系年。①刘歆有效地利用历术进行释经和考古,向其后的学者示范了新的方法,也开启了很多新的论题。东汉郑兴、郑众、服虔、贾逵、蔡邕、郑玄等众多学者都究心于三统历或其他历术,在文献考释中加以自觉的运用。如许多学者所强调的,三统历之作与王莽的政治构想密切相关。《世经》的德运次序,也确实与王莽以舜后土德代汉的宣称相合。但是,三统历宏大的数理体系和严整的历史秩序,却不能简单化约为王莽统治合法性的论证,其影响更远远超越了短命的王莽政权。经过西汉国家的长期使用和刘歆等人的推动,太初历及其所衍生的三统历(东汉常对二者不作严格区分)形成了与四分历并立的传习脉络,甚至在东汉改历之后仍然持续了相当长的时间。

东汉元和二年(85),汉章帝宣布废止太初历,"改行四分"。新历是一种以庚申年为元的四分历,其具体制定工作由编䜣、李梵两人完成,而理论阐述则主要出自经学家贾逵。元和改历一方面体现出四分历传统的强大惯性,另一方面也在恢复和重塑传统的过程中,完成了知识的革新和观念的转变。新四分历所确立的以实测确定冬至日所在、日月行度以黄道为准和月行有迟疾等原则和认识,都具有重要意义。更值得注意的是,贾逵首次从天象校验

① 关于《世经》的最新研究,参看王雨桐《〈世经〉与殷历:两汉之际的周初年代考算》,《文史》2022年第3期。

的理念出发论证了改历的必要性。通过用太初、四分两历考校春秋以来的天象，贾逵指出天道"不可以等齐"，因此每经过数百年就必须根据实测度数更改历法，"取合日月星辰所在"，以顺天应人。贾逵通过附会经、谶，又将此观念追溯至上古三代。①经过他的论述，改历不再仅仅附庸于德运转换，而具有了相对独立的政治象征意义。

国家历法回归四分历传统，却并没有因此消除历家的异见。东汉中后期，一再出现要求恢复太初历或改行甲寅元历的声音。支持太初历的一派，主要认为汉武帝功业宏伟，享国长久。恢复其所制定的太初历，就可以承其福泽，平息灾异，协调天人。同时，他们还针对太初历的累积误差，提出在太初历基础上加入每一百七十一年削减一次朔余的修正方法，以使其与东汉时的天象更为接近。而甲寅元历，虽然在元凤论历中败北，但仍然非常流行，以至于为谶纬所吸收。纬书《春秋元命苞》《易乾凿度》等都载有甲寅元历的内容，这些记述在尊崇图纬的东汉，又成为历家挑战现行庚申元四分历的有力依据。②

东汉朝廷对于这些反对现行历法的呼声表现出颇为宽容和重视的态度，数次将反对意见下发官员和学者，进行大范围的公开讨论。《续汉书·律历志》形容说："每有讼者，百寮会议，群儒骋思。"从《志》中对历次讨论的记述来看，参与者的确既有刘恺、陈忠等公卿重臣，也有张衡、蔡邕等著名学者。讨论有时采取书面形式，有时则将百官召集一处，现场展开口头论难和集议。如灵帝熹平四年（175），因五官郎中冯光、沛相上计掾陈晃上言要求改用甲寅

① 参看《续汉书·律历志中》"贾逵论历"。
② 参看《续汉书·律历志中》"延光论历""汉安论历"及"熹平论历"。

元历，便在司徒府召开群臣会议进行讨论。李贤注引《蔡邕集》对当时场景有宝贵的记述："三月九日，百官会府。公〔卿〕殿下东面，校尉南面，侍中、郎将、大夫、千石、六百石重行北面，议郎、博士西面。户曹令史当坐中而读诏书，公议。蔡邕前坐侍中西北，近公卿，与光、晃相难问是非焉。"可见参与人员包括京内各级各方面的官员，范围很广。这些人中的大多数恐怕很难对历法的专门问题发表意见，他们主要的任务应该仍是充当见证人。我们再次看到，国家并不把历法视为禁密，而是看作一种需要以公开竞争和论辩为基础做出决策的事务。

东汉的改历和论历，每每引述谶纬。但不应因此过于高估谶纬对历法的影响，甚至认为历法的制作及其争论都聚焦于王朝符命。实际上，无论是皇帝诏令，还是历家骋说、学者驳议，据纬书以论历法，都在很大程度上服务于论证所持历术正当、有效的实用目的，而且具有很强的选择性。甲寅元历的支持者反复强调该历明确地见于图谶，而反对者则或举出异文，或谓纬书所载需经修改才能施用。此外还有贾逵在元和改历时所定下的论调，即《春秋保乾图》"三百年斗历改宪"等谶文显示每种历法都有一定的时效，施用数百年之后就应由王者进行改革。蔡邕在此基础上提出"古今之术"的区分："今〔术〕之不能上通于古，亦犹古术之不能下通于今也。"历家刘洪也主张纬书"明历兴废，随天为节"。在对冯光、陈晃的驳难中，蔡邕还指出，纬书中的内容也必须与其他天文文献相校，并接受天象实测的检验。而光、晃所据《考灵曜》之文，既与史官《甘氏》《石氏》两种星经"错异"，又与浑仪实测"不合"。二人如要证明其术可用，不仅需要"远有验于图书"，更应该"近有效于三光"。"但言图谶"，则无法令人信服。历法争论中对纬书的考辨，在实质上削弱了纬书的有效性和约束力。而古今历术相代的观念却在此过程中不断强化，最终推动历家做出更为激进的变革。在灵帝朝历法争论中脱颖而出的刘洪，后来完成了《乾象历》，将年长定为约365.246 2日，彻底突破了四分历术的格局，打开了历法发展的崭新局面。

魏晋南北朝时期，公开的历法辩论仍然时常见诸史籍。如曹魏文帝黄初年间徐岳、韩翊等人论历，以及刘宋孝武帝大明年间祖冲之与戴法兴论历，都引起了当时朝野的广泛参与，在历法发展史上产生了很大的影响。北魏明元帝、宣武帝、孝明帝，西魏孝静帝，北齐后主等统治时期也曾就历法问题进行反复讨论。对于这些争论的内容和意义，限于篇幅，不能具述。下面仅再就隋代的历法争论稍作分析。

随着南朝祖冲之历术的北传和北齐历家张子信对"日行迟疾"等天文现象的发现，北朝末年至隋的天文历算之学经历了剧烈的变动和斗争。在此背景之下，隋代论历的经过也格外曲折。隋文帝受禅，任用以符命干进的道士张宾制定历法，于开皇四年（584）颁行，或称为开皇历。同年便有河北学者刘孝孙、刘焯上言驳难，其意见一度受到张宾及太史令刘晖的压制。但刘孝孙反复激烈相争，甚至怀抱书稿，由弟子拉着棺材，直诣阙下，伏地恸哭，引起了文帝的注意，获准与张宾的历法"比校短长"。供职于太史的历家张胄玄也加入了反对张宾历的行列。双方的争论持续十余年而不决，其间刘孝孙亡故，张胄玄在杨素、牛弘等人的支持下继续与旧历相争。直到开皇十七年，文帝终于认定太史所行历法"疏舛"，改行张胄玄所制历法。但刘焯对张胄玄历仍有不满，奏上根据刘孝孙历改定的皇极历。被张胄玄和领太史令袁充排挤之后，刘焯又试图寻求太子杨广的支持，坚持申讼。直至于炀帝大业四年（608）去世。皇极历终未施行，但"术士咸称其妙"，甚至张胄玄也在刘焯死后参照皇极历修改了自己的历法。[1]唐初著名历家李淳风的麟德历也受到刘焯的深刻影响。

隋代论历展现出历法知识与政治之间更为复杂的互动关系。一方面,争论中显然带有很强的政治性。刘孝孙等历家激切陈词,乃至以死相争,其具体目标无外乎得到皇权的认可。无论是争论初期的张宾、刘晖,还是后期的张胄玄、袁充,虽然在知识和技术上逊于对手,但却可以利用政治和制度上的地位压制反对意见。而另一方面,争论也并未完全被权力所操纵,而是维系了相当程度的开放性。缺乏政治背景和政治手段的刘孝孙、刘焯,仍然可以长期坚持己见,施展知识上的说服力,建立声誉,影响决策。

当时的著名学者颜之推自谓曾亲历"山东学士与关中太史竞历"。"山东学士"即刘孝孙、刘焯,而关中太史则是刘晖。颜之推认为,包括自己在内的朝中"议官"应该避免参与历法争论。他承认,历法孰疏孰密,可以通过晷影和交食的校验做出明确的判断。但是双方的争执涉及到更为复杂的学理问题。历法较为疏阔的一方主张,日月运行与人间政治相感应而迟速不定,因此历法有差,未必是推算的失误;历法较为精密的一方则强调日月虽有迟速,但完全可以用历术推算,并非因人事而起的灾祥。如果采用疏阔之历,则不能取信于人;而如果采用精密之历,则又似乎过于依赖数字计算,而违背了传统经学学说。而且,作为缺乏专门知识的一般学者,对技术和学理问题的认识必定远不及争讼双方,只能"以浅裁深",难以服人。颜之推还描述了一位礼官积极参与其事的经历,作为反面例证。此人耻于推让,不顾学识有限,勉强对历法之争加以考覈,"采访讼人,窥望长短,朝夕聚议,寒暑烦劳",付出大

---

[1]《隋书·律历志中》及《律历志下》。

量心力，却无果而终。①

　　颜之推的观察和态度很能说明历法作为政治事务的微妙处境。官员、学者，乃至于皇帝，出于对历法重要性和复杂性的理解，多认同对于历法上的疑难应该审慎考察，容许历家之间的异见和辩论。与此同时，他们作为评判者和决策者，面对愈加专深的历法知识，又很难避免"以浅裁深"的尴尬。即便是简明直观的天象校验方法，在更为复杂的技术和学理争论中，有时也难以充分发挥效用。按照颜之推的描述，历家可以通过引入灾祥学说来为天象测算的疏失进行辩解。而根据《隋书·律历志》的记载，开皇十七年，在刘孝孙、张胄玄的历术已被证实对近代日食的计算更为精密之后，维护旧历的刘晖等人则指出，若用历代晷影记录进行勘验，张胄玄历术的符合程度反而不及张宾；进而又谓张胄玄在日食计算方面，若细加考校，也"不能尽中"。双方同样利用天象校验方法，以己之长，攻彼之短，以致"高祖（文帝）惑焉，逾时不决"。历法问题和其他所有国家事务一样，在形式上服从于皇帝的绝对权威。可是，当皇帝面对历法争论而迷惑不决，便显露出其权威的效力其实是相对的，并不能贯彻对知识的控制。

　　同样值得注意的是，隋代历法争论与当时经学上的变革有密切的关系。特别是刘焯，不仅精研历术，同时也是重要的经学家。他与刘炫共同研究五经，各有著述，号称"二刘"。两人的学说多为唐初官修《五经正义》，尤其是《书》《诗》《春秋左传》三疏所继承。"二刘"的学术特色是采取"现实、合理"主义的解经路径，其主要表现之一便是对于经传中的天象，主张以历术为基础进行解说，而

---

① 《颜氏家训·省事》。

旗帜鲜明地反对以灾祥立论。[1]如《左传》载昭公七年四月日食，晋侯以问士文伯，士文伯对以"不善政之谓也"云云。而正义则断然地说："日月之会，自有常数。每于一百七十三日有余，则日月之道一交，交则日月必食。虽千岁之日食，豫算而尽知，宁复由教不修而政不善也？"这则疏文反映的就是"二刘"的学说。其中说的"一百七十三日有余"，用现代天文术语来说，是交点年周期的一半。在一个交点年中，太阳两次经过黄道与白道的交点，构成交食的基础条件。交食是否发生，当然还取决于其他许多因素，但疏文却从这个周期出发，认定日月食本质上"自有常数"，甚至不惜因此而否定《左传》本文所载的灾异论说。"豫算而尽知，宁复由教不修而政不善也"等语，恰好可与颜之推转述的"预知其度，无灾祥也"相印证。通过《五经正义》的呈现，"二刘"的观点对传统经说中的天文灾祥理论造成了重大的冲击。在东汉蔡邕等人以历术驳难纬书之后，历法再次成为从实证出发挑战权威学说的有力武器。

进入唐代，公开的历法竞争和争讼仍然时有发生，如唐初武德、贞观年间有围绕傅仁均戊寅历的辩论，开元二十一年则有瞿昙　撰等非难新颁行的大衍历。不过，相较于唐代改历九次之多，论历活动的频繁和激烈程度似乎不及前代。这其中既有史料残缺的缘故，也反映出历法之学的发展进入了一个相对平稳的时期。

总的来说，在汉唐时期，历法上的公开竞争是十分突出的现象。认识这种现象何以存在，对于理解历法知识的演进，乃至中国古代知识与政治的一般关系，有着重要的意义。我们不应该简单地认为古代历法是一种天然具有进步趋势的"科学"，但同样不应

---

[1] 乔秀岩《义疏学衰亡史论》第二章第一节，生活·读书·新知三联书店，2017年；陈侃理《天行有常与休咎之变——中国古代关于日食灾异的学术、礼仪与制度》，《"中研院"历史语言研究所集刊》第83本第3分，2012年。

该简单地认为历法的发展只是被动地适应政治的需要，而是应该具体和动态地考察知识传统如何平衡与政治权威的关系，如何在争取权力支持的同时，维系自身的活力和开放性。

三、"推本天元"：历家作为
政治文化的塑造者

改历的基本意义固然在于维系历法的精密和有序，但在此之外，还有另一层更具象征性的意义，即对天命转移的宣示。《春秋繁露·三代改制质文》云："王者必受命而后王。王者必改正朔，易服色，制礼乐，一统于天下，所以明易姓，非继人，通以己受之于天也。"值得注意的是，改历往往需要与其他礼制改作活动相配合，形成整体性的礼乐运动，共同完成对天命归属的象征性表达。天文学史研究中比较传统的看法认为，"受命改正朔"的观念在东汉以后逐渐式微，而改历在技术更新方面的意义则愈加突显。但近年的研究表明，汉唐时期的改历始终与天命论的意识形态和礼制学说有密切的关系。改历的时机、过程和意义也因此需要结合与之邻近的政治表达和礼仪活动来加以理解。

在上文的讨论中，我们已经看到，改历及与之相伴的论辩为历家提供了进取的机遇和竞争的舞台。很多历家积极参与，锐意施展，赢得国家的认可和支持，从而在天象测算、仪器制作等方面展开进一步的探索。然而历家在改历中的角色往往并不止于技术修正和知识更新。运用对天象和实践的精深把握，他们在改历象征意义的设计和实现中，也可以发挥十分关键的作用，甚至参与塑造包含改历在内的更大规模的礼乐运动。这是现有研究较少注意的。

下面就以西汉太初改历和唐代开元改历为例,说明改历在王朝礼乐事业中的位置,并重点探讨公孙卿、僧一行等历家在整体的礼制改作中所发挥的作用。①

太初改历的发端,过去学者多依据《汉书·律历志》的叙述,认为在元封七年。元封七年始自十月,至十一月便改元太初,至五月则太初历颁行。如此则改历仿佛是改元之年到来时的临时起意,与此前武帝郊祀、封禅等礼仪活动在计划和实施中并无确切、紧密的关联。同时,整个筹备时间也显得过于短促,很难容纳我们在上文中提到的"不能为算""募治历者,更造密度"等种种波折。实际上,还有其他一些较为隐晦的与改历有关的材料,可以证实改历的计划在元封七年之前数年即已成形。其中最主要的是《史记·封禅书》中所载方士公孙卿于元鼎四年(前113)秋向汉武帝讲述的黄帝"迎日推策"故事:

> 黄帝得宝鼎宛朐,问于鬼臾区。鬼臾区对曰:"帝得宝鼎神策,是岁己酉朔旦冬至,得天之纪,终而复始。"于是黄帝迎日推策,后率二十岁复朔旦冬至,凡二十推,三百八十年,黄帝仙登于天。

理解这则故事的关键,在于辨认出"己酉朔旦冬至"和"三百八十年"在四分历术宏观周期中的位置。关于四分历的周期结构,《续汉书·律历志下》云:"岁首至也,月首朔也。至朔同日谓之章,同在日首谓之蔀,蔀终六旬谓之纪,岁朔又复谓之元。"冬至、月朔重合的周期为一章19年(故事中表述为"二十岁"),两者重合时刻

---

① 以下对两次改历的讨论,多据郭津嵩《公孙卿述黄帝故事与汉武帝封禅改制》,《历史研究》2021年第2期;郭津嵩《僧一行改历与唐玄宗制礼》,《"中研院"历史语言研究所集刊》第93本第2分,2022年。

回到一日之首（通常为夜半）的周期为一蔀76年，两者重合于日首之日回到起始干支（通常为甲子）的周期为一纪1520年，在此基础上年份也回到起始干支的周期则为4560年。由于干支纪年在西汉前期尚未确立，此时的四分历术即以1520年为最大周期，故又称为"大终"。每经过1520年，冬至和十一月朔会同时出现在甲子日的日首夜半，即"甲子朔旦冬至"。在组成1520年周期的二十个蔀中，己酉朔旦冬至是第十六蔀的第一日（蔀首）。由此日向后推380年，即五蔀，就将回到甲子朔旦冬至，迎来一个新的"大终"循环。[①]汉武帝于元鼎四年夏于汾阴得宝鼎，公孙卿则在当年秋向其讲述"迎日推策"故事，意在表明汉武帝和黄帝一样，皆受到宝鼎和神策（即历法周期，并非有形的筹策）所传达的启示，肩负迎接甲子朔旦冬至之宇宙新纪元的使命。完成此项使命，即可达成不朽，"仙登于天"。

在此之后八年多的元封七年，武帝恰恰是在"十一月甲子朔旦冬至"来临之时亲至泰山明堂举行祭礼，宣布改元，稍后改历。这个时间点在公孙卿构造"迎日推策"故事时必已拟定。而黄帝的所谓"迎日推策"，就是通过推算历法来把握"神策"，迎接新纪元。武帝处在与之等同的位置上，自然也要从事于历法的董理。《史记·封禅书》说："其后二岁（元封七年），十一月甲子朔旦冬至，推历者以本统。""以本统"即谓用作历法的推算起点。这里说的"推历者"，自当以公孙卿为首要代表。由此可见，在公孙卿讲述的故事中，已经包含了在八年之后的特殊时间点进行改历的设想。而在《汉书·律历志》的叙述中，正式上书改历和"议造汉历"都由

[①] 最早发现"迎日推策"故事暗中指向"甲子朔旦冬至"的研究是Christopher Cullen, "Motivations for Scientific Change in Ancient China: Emperor Wu and the Grand Inception Astronomical Reforms of 104 B.C.", *Journal for the History of Astronomy*, 24.3 (1993), pp. 185–203。

公孙卿领衔，壶遂和司马迁居其后，这也是因为改历之最初构想出自公孙卿。

在理解公孙卿述黄帝故事的基础上，不但可以将改历发轫的时间前推数年，同时也可以认识到改历与郊祀、封禅等礼仪活动之间的紧密关联。《封禅书》说："（元鼎五年）十一月辛巳朔旦冬至，昧爽，天子始郊拜太一。……其赞飨曰：'天始以宝鼎神策授皇帝，朔而又朔，终而复始。'"这是武帝初次在甘泉施行以太一神为祭祀对象的新郊礼，时间在公孙卿进言之后不久。"宝鼎神策"写入赞飨辞中，可见武帝已经全面地接受了公孙卿的学说，将其作为礼制改作的依据。而既然"宝鼎神策"已成权威表述，那么武帝将效仿黄帝"迎日推策"，从事于历法的协调和更定，也就是题中应有之义了。元封七年十一月甲子朔旦冬至在泰山明堂祀太一，赞飨则云："天增授皇帝太元神策，周而复始。"两则赞飨辞同样紧扣"神策"之主题，遥相呼应。如果说甘泉初郊赞飨辞表明武帝接受"宝鼎神策"的启示，那么元封七年祠明堂则是为了宣告迎接新纪元之使命的完成。

至于改历与封禅的关系，武帝在改元诏书中说："盖闻古者黄帝合而不死，名察发敛，定清浊，起五部，建气物分数。"其中"名察发敛"以下，结合《史记·历书》中对黄帝"考定星历"的记述，大致可知是指定阴阳消息及闰余、立五行和设"天地神祇物类之官"等事，唯有"合而不死"一语似乎难以解释。其实这个奇怪的表达出自齐地方士的封禅说。《封禅书》载，筹备元封元年初次封禅时，齐人丁公说："封禅者，合不死之名也。"太初二年（前103）修封前，又有济南人公玉带说："黄帝时虽封泰山，然风后、封巨、岐伯令黄帝封东泰山，禅凡山，合符，然后不死焉。"如果"合而不死"指封禅的话，那么改元诏书的文意应该是说黄帝先封禅成功，然后才从事于改历,二事有特定的先后次序。

而武帝改历的计划恰恰也是在元封元年封禅之后定下的。封禅刚刚结束时,武帝在泰山明堂接受群臣上寿。《汉书·兒宽传》引述其上寿之辞说:

> 间者圣统废绝,陛下发愤,合指天地,祖立明堂、辟雍,宗祀泰一。……将建大元本瑞,登告岱宗,发祉阊门,以候景至。癸亥宗祀,日宣重光;上元甲子,肃邕永享。

这里节引的文字,前一句说的是武帝在改制进程中已经达成的功绩,包括封禅("合指天地")和建立明堂、辟雍等。"将建"以下,按照东汉注家苏林的解释,是对六年以后甲子朔旦冬至降临并将进行改历的展望。后世的学者对此或有怀疑,认为兒宽不应该在元封元年就预先指称太初元年之事。但我们现在知道,"迎日推策"故事已经包含了对甲子朔旦冬至的期待,改历的设想也初具雏形。那么在封禅告成之后,君臣拟定六年之后再次"登告岱宗",祭祀天神,并宣告改历,就是合情合理的了。《汉书·律历志》说"汉历初起"在元凤六年之前三十六岁,亦即元封元年;《续汉书·律历志》也说,太初历的兴起"发谋于元封"。这些都表明改历是在元封元年封禅之后正式提上日程的。

由上所论可知,改历的礼仪和象征意义并非独立自足,而是与郊祀、封禅等仪式相呼应和衔接,共同达成宣示天命、变革礼制、求取不朽的目的,其背后有一套整体性的规划。公孙卿是这套规划最主要的设计者。他所讲述的黄帝故事并不止于"迎日推策",还包含了黄帝举行封禅、巡游名山、沟通众神,直至铸鼎飞升等情节。恰恰是这些驳杂、荒诞的情节,推动和影响了武帝改制运动的一系列举措。比如公孙卿谓黄帝曾"郊雍上帝","其后黄帝接万灵明廷。明廷者,甘泉也"。雍实际上是秦和汉初举行郊祀的地点。而公孙卿的叙述中,黄帝的事神活动从雍转向甘泉,为武帝跳出雍地祭祀传统,在甘泉开辟新郊礼,提供了直接的榜样。此后,又是在公孙卿的建议下,武帝在甘泉立益延寿观和通天茎台,由公孙卿在其处候神,并在甘泉朝见诸侯,兴建诸侯宅邸,使得甘泉宫室盛极一时。

公孙卿及其他方士讲述的黄帝事迹,尽管荒诞无稽,却一再成为武帝事天改制中密切追随的榜样。这并不是因为武帝对方士各种妄说都不加怀疑地信从,而是因为他接受了公孙卿所构拟的一种结构性语境,即由于他作为汉家改制之主,在相同的宇宙时间节点被赋予与黄帝相同的角色,因而构成了特殊的对等关系。公孙卿将这种关系表述为"汉兴复当黄帝之时"。在此语境之下,武帝便成了现世的"活黄帝",具有了超迈往古的地位和权威,但同时也被规定了一种与黄帝相对应的历史身份,在完成其自身使命的过程中,必须密切地追随和重现黄帝的行事。尤其是武帝将"宝鼎神策"写入初郊太一的赞飨辞中,便意味着将与黄帝的对等关系确立为改制的依据,不但公之于臣民,也公之于天地神明。自此以后,武帝及其改制大业就都被笼罩于"汉兴复当黄帝之时"的宏大语境中。他一方面非常享受"活黄帝"的身份,另一方面也必须承担起重现黄帝行迹的任务,即便明知方士所言虚诞,也不便拆穿,甚至有身不由己、越陷越深之势。我们固然可以说,武帝是为了达成自己的雄心奇想,而利用了公孙卿的学说,但反过来看,武帝自己又何尝不是被公孙卿等方士所利用和摆布的对象。

公孙卿的黄帝故事虽然驳杂,但其核心基础仍是四分历的宏观周期。他正是利用历法的大尺度时间结构,在黄帝和武帝之间建立起具有宇宙论意义的对等关系,不但奠定了太初改历的基础,也在整体上深刻影响了武帝的改制事业。

时间转至八百余年之后。在唐玄宗开元时期，我们不但再次看到改历与封禅等礼仪活动之间衔接、配合，共同体现出整体性的周密设计，而且可以从中看到对汉武帝改制的刻意模仿。主持改历的僧一行，同样积极参与到玄宗礼乐事业的整体规划之中。他尽管没有扮演公孙卿那样的核心角色，但也发挥了显著的作用。

一行原在嵩山和荆州当阳山等处为僧，开元五年受召入朝，但未脱僧籍，不能为官。然而他作为丽正院（开元十三年改称集贤院）的特殊成员，却得以主持改历，开展大规模的仪器制作和天象观测活动。而丽正院（集贤院）又恰是玄宗礼乐事业的中枢。因此，讨论一行改历及其与玄宗礼乐制作的关系，需要先从丽正院说起。丽正院的缘起，可以追溯到开元五年十二月玄宗命褚无量等刊定洛阳内库藏书。次年，书籍和人员移至长安东宫丽正殿，故得名"丽正书院"。除整理藏书之外，书院还从事于史书、类书的修撰和侍讲、备对等活动。至开元十年，以新任宰相张说接掌院事为标志，书院的功能重心转向礼书编纂和重大仪式的筹谋。[1]以张说领导下的丽正院为核心筹画和宣传写作班底，玄宗在开元十一年至十三年间密集开展了多项重要的礼仪活动：十一年正月，巡行潞州、并州等处，于汾阴祀后土，四月至八月间完成庙制改作，十一月亲行南郊；十二年十一月登祀华山，闰十二月正式定封禅之议；十三年东封泰山，祭孔子，将这场礼乐运动推向高潮。

一行可能在开元九年之前就加入了丽正院的修书活动，为其从祖张太素的《后魏书》补撰《天文志》。张说早在一行入朝之前

---

[1] 关于玄宗时代的集贤院，可参看池田温《盛唐之集贤院》，《北海道大学文学部纪要》第19卷第2期，1971年。

便与之有私谊,因此在张说掌书院之后,一行在院中发挥了更为积极的作用,先后参与改撰《月令》、侍讲《易经》等事。在玄宗北巡、登华山、封泰山等行程中,一行都在侍从之列,还撰写了部分颂铭文字。开元十一年,书院从丽正殿迁至大明宫外命妇院故地,辟出外西院专供一行起居,并设有用以测候天象的仰观台。

在此期间,玄宗曾两次下诏命一行改历。第一次在开元九年。一行受命后请求先由太史令测候星度,而太史却说没有黄道游仪,无法观测。改历因此在开始的两三年左右时间里处于搁置状态。第二次下诏在开元十二年。此次下诏之后,一系列制器、测天活动立刻紧锣密鼓地展开。同年四月遣太史官驰驿往南北各处测量影长和北极高度。六月,黄道游仪造成,由太史用之进行恒星测量。次年十月,浑仪铸成。这些工作所以能在十二、十三年迅速推进,正是为了配合以封禅为中心的礼乐制作及政治宣传。其中浑仪的作用尤其值得注意。此前制成的黄道游仪是确定星度所必需的观测仪器,而开元浑仪则是一种演示仪器,可以在水力推动下,实时地模拟天体和日、月的运行。又附有木人钟鼓,可以每一刻一击鼓,每一时辰一撞钟,学者认为堪称世界上最早的机械钟表。[1]浑仪的设计可谓极尽精巧,但对改历并无显著的实用意义。其主要价值在于将阴阳之数、天地之运具象于眼前,从而展示玄宗对天道的把握和与天意的契合。张说《进浑仪表》形容为:"绍唐尧钦若之典,遵虞舜玉璿之义,上皇能事,于斯备矣。"意谓玄宗通过改历法和制浑仪,将尧、舜等上古圣王的盛事更完备地集于一身。该仪器奏进之后,便置于东都武成殿前,"宣示百寮";仅八日之后,玄宗

---

[1] Joseph Needham, Wang Ling, and Derek J. de Solla Price, with supplement by John Cambridge, *Heavenly Clockwork: The Great Astronomical Clocks of Medieval China*, Cambridge: Cambridge University Press, 1986 (1960), pp. 74–82.

车驾就从洛阳向泰山出发。浑仪于此特殊时机奏进、宣示，其实就是东封行前的献礼和动员。

次月封禅礼成，玄宗君臣在颂铭文字中继续发挥改历及制器、测天的象征意义。如张说作《大唐封祀坛颂》，用"羲轩皇图""唐虞帝道""三代王制"来概括和比附玄宗的功绩。其中"唐虞帝道"对应的事迹便包括"立土圭以步历，革铜浑以象天"。"立土圭"指测量日影，"革铜浑"则指创制浑仪。

封禅前后的政治宣传中还多次引述太阳"应食不食"作为祥瑞，也与改历有关，其证认和阐释应出自一行。所谓"应食不食"，是指推算应有日食，但却未能观测到的情况。张说《封祀坛颂》述群臣奏请封禅语说："前年祈后土，人获大穰；间岁祀圜丘，日不奄朔。"意谓开元十一年先后祀后土和南郊之后，谷物丰收，本应出现的日食未见发生，显示出天意对玄宗的肯定。对照一行的《大衍历议》，可知"日不奄朔"的确切所指，是开元十二年七月朔（724年7月25日）推算应食而未食。又，苏颋有《贺太阳不亏状》，对照《历议》可知为开元十三年十二月朔（725年1月19日）应食不食而作。当时封禅礼刚刚结束，君臣尚在自泰山西返途中，故《状》文说："陛下昭事于上天，上天昭答于陛下，若是之速，其何响会。"意谓日食未发生是上天为答复封禅而降下的祥瑞。《状》文中还对应食不食的征祥性质做了简单的阐说："且畴人察序，太史宣职，以历而推，式闻常度；至时不蚀，乃自殊祥。"意谓历家通过历术推算，可以准确地把握符合"常度"的日食，但如果日食未按推算发生，就说明偏离了"常度"，便应视为"殊祥"。数年后成书的《历议》中对日食"常"与"变"的辩证关系做了更详细的论证，但基本观点与此如出一辙。考虑到一行与张说、苏颋同在"礼乐之司"集贤院，同为礼乐运动的筹画班底成员，其天文研究也与封禅紧密配合，则可以推想，上述颂贺文字中对应食不食祥瑞的引述，在很大程度上反映的就是一行的认定和阐说。

关于"应食不食"，一行在《大衍历》的《略例》中还有这样的辨说："使日蚀皆不可以常数求，则无以稽历数之疏密。若皆可以常数求，则无以知政教之休咎。"此处词句与我们上文引述过的《左传正义》"日月之会，自有常数"及"宁复由教不修而政不善也"等表述有明确的对立关系，是一行对刘炫、刘焯及唐初经疏的有意识的回应和修正。二刘通过强调日食可以用"常数"预推，挑战传统灾祥解释的效力；而一行则将"常数"下降到相对可信、相对有效的地位，实质上是削夺了历法所具有的确定性，转而将其输送给"政教"的权威。一行之所以站在隋唐之际日食论的对立面，部分是由于他所面临的实实在在的技术难题。南北朝后期以来推步方法的进步，已经使得历家可以对大多数实际可见的日食做出预报，同样也能够对经史文献中大多数可靠的日食记录给予验证。二刘的自信正来源于此。但是，由于对视差效应的把握仍有较大的缺陷，不能准确地求得食分（日食大小）和加时（时间和方位），导致推算得到的日食明显多于可以观测到的日食，便形成"应食不食"。这个尚无法解决的难题，在一行总结和批判前人历法时，显得尤为突出。而开元十二、十三年接连出现"应食不食"，正值改历进程之中，更成为一行无法回避的紧迫课题。在此种情形下，对历法"常数"的有效性提出质疑，也未尝不是合理的选择。不过，一行力辩日食与"政教休咎"的关系，又不仅是对技术困难的消极化解，同时也是对玄宗礼乐运动的积极响应。综合来看，后者的成分恐怕还要更大一些。

郊祀、封禅等仪式与改历之间的关系不仅限于文字上的借题发挥，也体现在开元礼乐运动的整体设计中。此种设计的重要蓝本，恰恰是汉武帝的事天改制。玄宗和武帝同在封禅之前先行完成后土祀礼和郊礼。由汉武帝创立的汾阴后土祀礼，西汉以后七百余年中废而不行，却在玄宗手上得到复兴，其效法之心，可谓昭然。武帝初郊，在"得天之纪"的辛巳朔旦冬至；玄宗亲郊的时间，则是大衍历近元所在的甲子年岁前冬至。二人都在郊礼之后两年的十一月行封禅礼，封禅后数年改历。玄宗封禅时，由张说进称"天赐皇帝太一神策，周而复始，永绥兆人"等语，也明显仿照武帝元封七年祠明堂的赞飨辞。[①]可见玄宗礼乐运动的整体安排出于刻意模仿和精心设计，而改历则是其中的一个重要元素。

正如汉武帝的太初改历号称"大元本瑞"，开元改历也被塑造为表示玄宗圣德天眷的瑞应。开元十六年，在一行去世之后，大衍历正式修成颁行，君臣命之为"握乾符"，意谓"持有天命"，百官纷纷进献颂文。张说的《开元正历握乾符颂》云：

> 自《尧典》命羲和修重黎之旧，理颛顼之历，上元甲子，千五百余岁，得孔圣而《春秋》之历序；暨开元十二年甲子，凡三千四十岁，遇圣上而大衍之历兴。是时也，土德入生数之元，天命当出符之会，信矣。

"出符"的说法，当来自纬书《尚书中候》："昔古圣王功成、道洽、符出，乃封大（泰）山。"而一行和张说将其阐释成一个周期性事件，而周期的长度，据《颂》前文及《大衍历经》，就是1520年。"出符之会"的具体意义是，每隔1520年，就会出现一位王者，上承天命，董理历法，重新协调宇宙秩序。此前两次"出符"分别对应唐尧和孔子。尧"修重黎之旧"，出自《史记·历书》，本文前面的讨论中曾

---

① 《旧唐书·礼仪志三》及《礼仪志四》。

有引述；孔子修历，则出自纬书《春秋命历序》。开元改历当尧后3040年，意味着玄宗将成为第三位这样的圣王。3040同时也是大衍历的核心参数"通法"。一行和张说利用1520年周期将玄宗比附于古代圣王的思路，与公孙卿对"宝鼎神策"的阐释十分相似。

　　不过，玄宗却并未采纳一行预先编织于大衍历中的"出符之会"作为改历瑞应的理论依据，而是援用了一则与汉武帝有更明显关联的谶言。该谶言出自魏晋间的杂传书《益部耆旧传》，谓参与太初改历的落下闳预言，八百年后将有圣人更定历法。玄宗便以这位圣人自居。张说在其《颂》文中对此表示了委婉的异议。他虽未否认谶言本身的效力，但强调落下闳不过是一名"巧历"，其预言缺乏"史策之明文"，显得暧昧无稽。的确，与落下闳谶言相比，一行的"出符"说巧妙地附会历术和历史年代，更为精微有据。玄宗弃而不用，或许与张说此时在政治上的失势有关。但这同时也透露出，玄宗对于张说、一行等人的种种设想和阐说，未必都能理解和欣赏。玄宗虽然在郊祀、封禅等各种重大仪式中是形式上的主角，但在规划和实施制礼作乐的过程中，其实并不处于主导的地位。礼乐运动的实际设计者和驱动者，是张说和他领导下的集贤院，而一行也在其中发挥了十分重要的作用。

　　太初和开元两次改历都是历法史上里程碑式的事件。深入发掘两次改历背后更大规模礼仪运动的脉络，寻绎当时人对改历意义的阐说和展现，可以帮助我们把历法放回到中国古代政治文化的环境中加以观察，而不是孤立地谈论历法的政治性。而公孙卿和僧一行对礼乐运动的参与和塑造，则提示我们不能低估历家的政治行为能力。无论在技术的更新还是在礼制和天命学说的创革中，他们都并非注定是被驱使的服务者，而完全可以扮演更为积极和活跃的角色。

四、余论

知识与政治权力之间有怎样的关系？这是研究中国古代天文历法经常会触及的问题。以往研究者的意见似乎主要集中在两种看法上，一种认为天文历法这样带有"科学"性质的知识天然地趋向于合理、进步的发展途径，而政治作为外在于此的力量，一旦施加影响，大多数情况下只会产生干扰甚至阻碍的效果。包括天文学史在内的科学史研究中区分"内史"和"外史"——知识"内在"发展的历史和社会、政治等"外在"环境的历史，原本就是由上述观点而来。近年来，越来越多的学者持另外一种看法，认为在中国古代，天文历法之学在本质上就是政治权力的工具，其存在是为论证统治的神圣与合法而服务，其发展也几乎不可能脱离国家的支持和控制。两种看法从各自的假设出发，描述的历史脉络颇为不同，但无论主张知识有内生的进步趋势，还是主张政治环境具有不可动摇的支配结构，似乎最终强调的都是某种抽象的、固有的、决定性的特质或模式。而我们借助政治文化的概念来探讨知识与政治权力的关系，则希望更多地关注不同场域之间的交错，不同力量之间的互动，以及个体的选择和能动性。本章就是这种想法的一次很不成熟的尝试。

用更开放的视角去考察历史，往往并不能期许更为清晰明朗的解答，反而要准备面对线索更为纷繁、层次更为多样的场景。然而这样的纷繁多样，却可以丰富对于一些基本范畴、基本关系的思考。比如，我们可能会意识到，历法的发展并不能截然区分出"内史"和"外史"。从天象校验原则，到日食推步方法，历法中最核心的观念和技术都是经过历家在特定政治情境和思想氛围中进行调适、反馈和探索，才得以确立和改进。但也不能认为，这些观念和技术是被政治所决定的。无论是内生逻辑，还是外在推动，任何单一的模式都不足以解释知识传承和演变的复杂过程。

在政治文化的视野中讨论历法知识的问题，反过来同样也关系到我们如何理解政治和政治中形形色色的人。即便身处高度集中的皇权体制下，即便身份相对低微，历家却并非始终处于被支配的地位，而是仍然在相当程度上拥有行动的可能性和选择的余地，可以以自己的方式参与到政治的运行和博弈之中。非但得以接近权力中枢的公孙卿和僧一行如此，其他投身于改历、骋说于朝廷辩论，甚至在民间制作历书的历家，又何尝不是在权力实现和表达的不同层面，施加了自己的影响？他们既是知识的实践者，同时也是政治的实践者。

灾异

陈侃理（北京大学中国古代史研究中心）

通过自然或人为制造的现象来预测吉凶，或者将异象、灾难看作神的惩罚，这是世界古代民族所共有的心理，也存在不少共通的技术。然而，只有古代中国发展出了繁复的理论体系，来解释人事、天谴、征兆、灾祸之间错综复杂的因果关系，由此推测天意、论说治道，推动政策、人事调整。不仅如此，这套理论还成为国家意识形态的组成部分，并且转化为具体的实践，嵌入到官僚行政制度之中，编写进官方认定的"正史"，影响着人们在政治生活中的心态和行动。从皇帝到庶民，从学者到官僚，几乎所有的政治参与者都会注意灾异，自觉不自觉地想象灾异的政治意味——尽管这些想象时常各不相同。因此，探讨灾异政治文化，探讨其成因和生长的土壤，也是在探索中国文化的独特性和可能性，是一个足够丰富的研究课题。

灾异政治文化的首要因素是儒学。灾异论的前提是能够表达自身意志的人格化的天，而天意的内容正是由儒学赋予的。司马谈将诸子之学归纳为阴阳、儒、墨、名、法、道德六家，并说这六家都是"务为治者"，都要讲求如何建立统治的秩序。为治之道，道家认为是自然、自化，法家认为是君主制定的法令、规则，名家认为是名实相符，墨家认为是人人平等、相爱，阴阳家认为是符合天时节令；而在儒家看来，"政者正也"，是要实现正义。所谓"正"，具体一点说是"君君臣臣，父父子子"，恰当地调节人与人之间的各种关系，让不同的人们各得其所，故其术最为复杂，只能在繁多的经典文献及其阐释中寻绎，通过对人的陶冶和规训来实现。司马谈批评儒家"博而寡要，劳而少功"。然而从今天回望，正是这种繁琐而又灵活的特点，使得儒家思想在指导复杂社会运作方面更胜一筹，维系了中国古代王朝的长期稳定。但在秦汉之际，儒家尚未取得独尊的地位，儒者首先要设法说服为政者采纳自己的主张，而最直接有效的办法，就是将之包装成天意。于是，儒家强调"天"的人格属性，主张"天"会借助特定的灾异对统治者发出各式各样的告诫，将政治引向正轨，若告诫无效，则继之以惩罚。

灾异天谴论在儒家经传、战国诸子中原本并不重要。秦汉之际天谴论的发展，不能不与当时最根本的政治变革——帝制国家的建立——联系起来。秦始皇确立的制度中，皇帝一统天下、高度集权，有庞大的官僚机器为其工具，却没有强大的宗教权威、社会组织与之抗衡，也没有并立的对等政权构成牵制，犹如用野马驾车，短时间内可以跑得飞快，但时间稍长难免倾覆。秦之速亡，即是前车之鉴。如何维系王朝长治久安，这是"务为治者"共同的难题。秦始皇时，诸生以"先王之道"讽刺今上，结果横遭焚坑。汉初皇权主动收缩，缓解了危机，而到景武之际，随着国力和集权体制的恢复，皇权的扩张如何与"正义"且稳定的政治秩序结合起来，成为新的问题。儒家灾异论的兴起适逢其时。

儒者借灾异称说天意，既要依据经典，还要借助数术。战国秦汉之际，整个社会沉浸在天人感应、阴阳五行观念的氛围之中。儒墨道法虽为显学，但只能吸引少数为政决策者的兴趣，在普通平民和低级官吏中并无系统性的影响。秦至汉初官吏墓葬中随葬最多的文献是记载各种数术择吉之法的"日书"。作为数术的"通用语言"，阴阳五行、天人感应观念并不为某个群体所特有，而是一般的思维模式和普遍心态。上起帝王，下至氓隶，老少男女，无不近之信之，百吏群儒，概莫能外。不仅如此，数术从殷周时代起就与政治紧密结合，是国家统治体系中的重要因素。秦汉以后官制保留着太史、太卜、太祝等职，掌管皇家数术事务；直到明清，礼部、钦天监等仍有类似职能。因此,儒家的灾异论、天谴说在进入政治文化的过程中自然要借力于数术,其灾异解说中常用的理论和技术也往往脱胎于数术。

但儒学与数术之间也有根本的分歧。一方面,儒学是高度伦理性的,数术则几乎不包含人伦的价值取向;另一方面,儒家对天人关系的反思越来越趋于否定天人感应,其中也包含了对数术的超越。两者的矛盾,又由于政治,而转为动态平衡的张力。"王者所畏唯天",儒学为感动人间的至上权威,不能不保留"天人相关"的一席之地,借神道以设教化。神道助教的技术基础却是数术。因此,儒学在自身足够强势时弃绝数术,大部分时候则仍需祈灵于数术。儒学、数术、政治这组三角关系,可以作为考察灾异政治文化发展史的基本框架。

本章的写作以拙著《儒学、数术与政治:灾异的政治文化史》(北京大学出版社,2015年)为基础,沿用了书中的基本框架和主要观点,希望以更明快的形式呈现出来,并融入一些新的思考。下面要讨论的问题包括:灾异论特别是儒家灾异理论的传统是如何形成的,在政治制度及其实践中有何表现?儒学与数术在灾异政治文化中的关系如何?而灾异政治文化在历史上又遭遇过怎样的挑战,发生过何种转变?最后,聚焦于日食灾异的个案,以见其一斑。

一、灾异论传统的起源与形成

（一）灾异观念溯源

灾异观念渊源甚早。作于西周的《诗·小雅·十月之交》有云："日月告凶，不用其行。四国无政，不用其良。彼月而食，则维其常。此日而食，于何不臧。"诗人认为日食预告凶祸，而凶祸的原因则是人间政治之不良。春秋时代鲁国史书记载的灾异达到数十上百条。这些灾异记录隐含了天人感应或天谴的意味，但并未配有明确的解说。成书于战国时代的《左传》《国语》则呈现了丰富的灾异解说，比如《左传》昭公七年（前535），士文伯向晋平公解说日食，既预测了吉凶，又表达出"国无政，不用善"而引发灾异的思想；僖公十六年（前644），陨石于宋，宋襄公询问灾异预兆，叔兴却回答说"吉凶由人"，主张与其妄测天意不如专注人事，改善政治。前者融合了灾异的预言式和回溯式解说，后者已经体现出天人相分的意识。当时，不仅形成灾异救禳仪式，而且还出现了否定祈禳救灾之法的人物。

春秋末期至战国时期的诸子百家，对天人关系众说纷纭，但都还没有形成系统的灾异理论。墨家最讲畏天，认为天代表伦理是非的标准，并对政治施加赏罚，天子面对灾异必须祭祀祷祠，改过自新。道家则大体上消解了天的人格和至上属性，将之作为"自然"的一个表象，只有规律，没有意志，因而也不讲灾异。儒家的天人关系思想介于两者之间，层次最为丰富。孔子一面怀疑鬼神，一面对天保持敬畏，相信天能够主持公义。他的弟子后学往往执其一端。战国儒家所传的《尚书》记载有商周时期的灾异故事，反映出灾异应人事而至以及修德修政可以消灾的思想；而《洪范》将五项人事处理的好坏分别对应五种好的表征和五种坏的表征，给出了由人事引发灾异的规律性和系统化的表述。《礼记·中庸》云"国家将兴，必有祯祥，国家将亡，必有妖孽"，又云"至诚之道，可以前知"。这是说上天启示祥瑞或者灾异，预告国家的兴亡，而至诚之人可以通过天预知人事。荀子反对上述天人感应说，倡导天人之分，对灾异论提出了挑战。他认为，各种怪异现象为世所常有，无关吉凶，也无涉政治的善恶；至于祈禳仪式，也没有止灾的实际作用，不过是在愚夫愚妇面前做做样子，以利安抚、教化罢了。

儒家的天人关系论从一开始就包含着内在的张力。儒者强调天人关系中的人事一方，必然削弱天的权威，进而影响人伦道德的约束力。荀子索性抛弃天人相关论，不再试图借助天约束人君，只能将政治的善恶寄托于人君的自律，再进一步便导向法家。另外一些儒家学者则一面以正刑德为应对灾异的首要任务，同时不废祭祀，主张保持对天的敬畏。[1]这种敬畏，已经不同于上古蒙昧，而是反复思考天人关系之后的结果，与孔子的天道观最为接近。后来董仲舒的灾异论也上承这一传统。

（二）董仲舒的灾异论创说

董仲舒在灾异论的历史上占有特殊地位。班固认定他最先用阴阳观念阐释《春秋》公羊学，推说灾异，并将他排在汉代说灾异者的首位。[2]此后，学者都推董仲舒为儒家说灾异的鼻祖。但如前所述，天人相关思想和灾异论说早已有之，董仲舒并未凭空创造

[1] 参看陈侃理《上博楚简〈鲁邦大旱〉的思想史坐标》，《中国历史文物》2010年第6期。
[2] 参看《汉书·五行志序》《眭两夏侯京翼李传赞》。

出一个全新的事物。他论说灾异为什么会被班固说成是"为儒者宗"，究竟在哪些地方与众不同，发人所未发呢？

要回答这个问题，首先应考察董仲舒与《春秋公羊传》之间的关系。董仲舒在后世以公羊家闻名，但推说灾异并非《公羊传》的主旨。传文解释《春秋》灾异，一般只说"记灾也""记异也"，并不将之与人事相联系。只有宣公十五年"冬蝝生"和僖公十五年"震夷伯之庙"两处例外，明确从天人关系的角度解说灾异。但在这两处，董仲舒的解说却都与《公羊传》大相径庭。可见，他论说灾异是自出心裁的。

这样说，并不是要否认董仲舒说灾异可能从《公羊传》得到过启发，但应该明确指出，直接激发他创造出灾异理论的还是他所处的政治环境，是他所要解决的实际问题。汉武帝元光元年（前134），董仲舒被举贤良，参加对策，有机会直接回答武帝的问题。此时，武帝有意尊儒，力求大有作为，实现永久的太平。他在策问中对王朝盛衰的循环提出疑问，质疑为何圣王死后，他们所秉持的大道都会逐渐缺损毁坏，最终导致王朝覆灭。如果改朝换代的循环是天命所定，非人力可为，那么励精图治又有何意义呢？与此相关，当时"阴阳错谬"，灾异纷起，究竟是因何而来，是否说明天命未至，改良无门？[①]董仲舒的对策首先就要来回答这些问题，解除武帝的疑虑。他在灾异理论上最大的创新，起初是为此而发的。

此前的灾异论说都将灾异看作凶兆或谴责，都是坏事。董仲舒则将灾异解释为天心仁爱的表现，认为天降灾异旨在给人君提醒，目的在于延续王朝的统治。他将全过程析分为"失道—灾—不自省—异—不知变—伤败"六个阶段，指出人君政治失道之后，天

---

① 参看《汉书·董仲舒传》载武帝策问之二。

命并不会马上转移,而是先降下灾害作为谴告,若不知反省,再显示怪异使之警惧。经过两次提醒,人君还不知悔改,才会受到真正的惩罚。因此,灾异不仅不是最坏的结果,反而是上天照顾人君,想要帮助他终止乱政。至于人君,只要努力改过从善,就能避免伤败,重新赢得天命的眷顾。[①]这是对灾异理论最早的系统阐述,对灾异的理解,层次比汉代以前要丰富得多。

针对武帝的担忧,董仲舒提出的"天心仁爱人君"之说,可谓是对症下药。那么,武帝一朝遭遇的灾异究竟表达出什么样的天意呢?董仲舒经过一番分析,指出天意要求"任德不任刑",汉政以文法吏治天下,是为任刑,故而违逆天意,导致灾异。这是利用灾异假称天意,要将汉政引向儒家主张的"任德教"。武帝策问主动提出灾异缘起的问题,深论灾异就成了申说政治主张的必要和有利的切入点。这样看来,灾异论成为董仲舒学术的重要方面对他本人而言颇有偶然性;但武帝的策问应可反映当时主流的政治和思想氛围,在此氛围下创说儒家灾异论又是自然而然的。

除了天心仁爱之外,董仲舒的灾异论还有一些贡献和特色。第一,如班固所说,他"始推阴阳",最早将阴阳消长运用到灾异解说中,比如将洪水、日食等解释为阴盛、阴侵阳。相比阴阳家的"自然主义",董仲舒主张阳尊阴卑,以佐证人事中的君尊臣卑、男尊女卑,体现出"人伦主义"的特色,将"天道"的内涵转化为儒家的"王道"。第二,董仲舒论说《春秋》灾异,宗旨不在于解经,而在于将之作为历史上出现过的成例,与当代灾异进行类比,论证他想要说明的天意。最典型的例子是他在"高庙对"中,将《春秋》定公

---

① 参看《汉书·董仲舒传》载董仲舒对策以及《春秋繁露·必仁且智》篇。

二年和哀公三年的两次鲁国宗庙火灾合并解说，认为都是上天焚毁不当立者，警示鲁君，要他除去乱臣而任用圣人；由此论证上天焚毁于礼不合的辽东高庙和高祖陵园中的便殿，也是毁所不当立，如同告诉汉武帝，要他诛灭诸侯王和近臣中的不正之人，矛头直指淮南王刘安和丞相田蚡。这种历史性的类比论证，后来成为儒生解说灾异的基本范式。第三，董仲舒的灾异解说表现出高度的灵活性，解释灾异时不仅偏离《公羊传》，而且可以一事多解，随时变通，明确把说灾异当作贯彻儒家之道和个人政治主张的工具。讲求权变的实用取向，也影响了后世多数说灾异者。

从当时的效果来说，董仲舒说灾异是失败的。汉武帝策问灾异缘起，旨在求得天不降灾，实现太平盛世。董仲舒则把太平设定为可望而不可即的愿景，认为在永无止境的"致太平"过程中，灾异还会不断发生，以帮助人君纠正失德失政。汉武帝对此并不满意，反而大为欣赏公孙弘提出的迅速致治之术。结果，公孙弘平步青云，拜相封侯，董仲舒则仕途惨淡，终老于家。

后人可以清楚地看到，汉朝在武帝时期正处于上升、鼎盛之时。灾异论影响的扩大必须具备三个条件：一是灾异论自身的完善，二是儒学权威的提升和扩张，三是汉朝由盛转衰。这些在董仲舒的时代都还不具备。到了元、成时期，历史形势发生改变，上述条件逐一满足，才终于出现说灾异者蜂起的局面。董仲舒灾异论的典范意义，需要通过他的后来者，才能真正得到认识。

（三）刘向、刘歆的灾异论集成

董仲舒以后，武帝时期稍晚的夏侯始昌、元帝时的京房等人先后依托《尚书·洪范》《周易》等儒家经传，扩充了灾异理论。成帝时，刘向撰著《洪范五行传论》，"集合上古以来历春秋六国至秦、

汉符瑞灾异之记","著其占验,比类相从",①完成了历史上第一次
灾异理论、记事、解说的集成,可以视作灾异论儒学传统形成的标
志。刘向之子刘歆又修订《洪范五行传》,在理论层面将灾异论与
各大儒学经典更加紧密地结合起来。他们的成果被《汉书·五行
志》所继承,确立起灾异在历史编纂和政治文化中的基本形态。

不过,回到刘向所处的历史情境,不难发现,他的灾异论集成
工作并非纯粹是学术事业,而是服务于残酷的政治斗争。刘向是
楚元王之后,父祖以上长期担任宗正,他自己也在元帝即位后就
任此职,掌管皇族亲属事务。这个背景让他对宗室身份有强烈认
同。在他看来,当时政治的问题,一方面是汉家制度驳杂,多有不
合上古圣王之道的地方,另一方面是外戚与宦官相勾结,蒙蔽君
上,侵蚀皇权,阻挠改制。他所面临的特殊困难在于,外戚、宦官与
他们的支持者也已经掌握了利用灾异影响政局的能力。初元二年
(前47)春发生地震,刘向受到抨击,为了避嫌,假借他人名义上书,
说:"臣闻《春秋》地震,为在位执政太盛也,不为三独夫动,亦已明
矣。"所谓"三独夫",指萧望之、周堪和刘向。从上书的反驳语气
可以看出,他的政治对手已经将灾异归咎于他们几位儒臣了。然
而,老辣的政敌识破刘向冒名上书,将他与前事合并问罪,免为庶
人。类似的事件在数年后再度发生,永光元年(前43),刘向为了帮
助周堪等稳固地位,冀望自己能重新起用,再次上封事言灾异,将
矛头直指元帝左右的宦官佞幸。但这道上书反而促成戚宦同仇敌
忾。这一年"夏寒,日青无光",戚宦遂以灾异为由,"皆言堪、猛用
事之咎",说服元帝将周堪、张猛逐出中央朝廷,而刘向直到元帝驾
崩,再没有被重新起用。

---

① 《汉书·刘向传》。以下所引刘向事大都出自此传,不再一一出注。

灾异在政治斗争中反为戚宦所用，与"说灾异者蜂起"的局面有关。元、成以后，大量不同知识背景、不同社会阶层、不同性格和利益取向的人加入到说灾异者的行列。由于灾异解说本身可以相当灵活，当说灾异成为禄利之途，说者在解说上的选择，常常是取决于利益权衡，很容易因利益而分化，加入不同的政治集团。儒臣的敌人借助依附于他们的说灾异者，适应新的政治文化，掌握了灾异的话语权。这对于刘向来说，不仅意味着个人政治生涯的灾难，而且预示着汉朝的统治危机，极其危险、亟待扭转。

成帝即位后，刘向得以重新进用，而此时外戚王氏专权的问题更为突显，甚至开始对皇权构成威胁。这让刘向感到天下易主的隐忧，他私下对陈汤说："灾异如此，而外家日盛，其渐必危刘氏。"刘向在成帝时几次解说灾异，都针对外戚王氏而发。然而，王氏党羽中也有说灾异的高手，他们善于为王氏开脱，一般的灾异解说很难动摇其地位。汉武帝时，董仲舒面对的问题是如何通过灾异促使朝廷接受儒家之"道"。到了元、成时代，儒家之"道"的优越性已经无需证明，摆在刘向面前的问题变成：如何维系灾异论说中的"道"？这促使他对灾异论说进行大规模的整合与完善，力求在理论和技术上压倒对手，限定灾异解说的方向。为此，他尝试将灾异与儒家经典结合得更加紧密，并把不同经典与灾异论的单线联系整合成互相交叉的网络。在这个网络中构成纲纪的是《洪范五行传》。

《洪范五行传》是武帝时期《尚书》学者夏侯始昌的作品，后来被编入《尚书大传》。但在西汉后期以前，此传仅在少数夏侯《尚书》学者中传习，而刘向很可能直到河平三年（前26）受命校阅皇家藏书才首次得见。夏侯始昌"明于阴阳"，深通数术，将数术与《洪范》中的五行、五事等系联起来，赋予丰富的内容，建立起一套完整的灾异分类和对应体系。《洪范五行传》的第一部分，即五事皇极咎征部分，以貌、言、视、听、思五事之失加上皇极不建作为分类，各自对应妖、孽、祸、痾、眚、祥等灾异。这些灾异又以五行五事为媒介，与人事对应起来，如下表所示。其中除咎、罚、六极、五福出自《尚书·洪范》外，其余妖、孽、祸、痾、眚、祥以及对应月份等项的推定都与数术有关，只是其间的逻辑现在已经很难完全复原了。

表1 《洪范五行传》五事皇极咎征表[①]

	貌	言	视	听	思	皇极
咎	狂	僭	舒	急	霿	眊
罚	恒雨	恒阳	恒奥	恒寒	恒风	恒阴
六极	恶	忧	疾	贫	凶短折	弱
（五福）	攸好德	康宁	寿	富	考终命	—
妖	服	诗	草	鼓	脂夜	射
孽	龟/鳞虫	介虫/毛虫	蠃虫/羽虫	鱼/介虫	华/蠃虫	龙蛇
祸	鸡/羊	犬	羊/鸡	豕	牛	马
痾	下体生上/鼻	口舌	目	耳	心腹	下人伐上/下体生上
眚、祥	青	白	赤	黑	黄	—

[①] 西汉末，刘歆对《洪范五行传》作过改编，其文见《汉书·五行志》引，唯十二月条见《洪范五行传》郑玄注引"子骏传"。这个表格以陈寿祺所辑《尚书大传》为主，刘歆传的异文则在"/"后注出。

	貌	言	视	听	思	皇极
沴	金沴木	木沴金	水沴火	火沴水	金木水火沴土	（日月乱行，星辰逆行）
十二月	二月、三月	四月、五月	六月、七月／十月、十一月	八月、九月	十月、十一月／六月、七月	十二月、正月

　　夏侯始昌的《洪范五行传》一面提供灾异分类体系，一面建立起人事与灾异对应的公式，使灾异论获得权威依据，在具体解说中也有很强的解释力和可操作性。相对于董仲舒灾异论的实用取向，这是灾异论学理化的表现，也为刘向规范灾异论提供了可资凭借的基础。

　　刘向的工作是将《春秋》所记以及上古至汉代的灾异行事系于《洪范五行传》的分类体系之下，并予以解说。他为此而作的《洪范五行传论》十一篇，虽然被《汉书·艺文志》著录于"六艺略"，被《隋书·经籍志》著录于"经部"，但本意却并不在解经。《春秋》经文和《公》《穀》《左氏》传文在《洪范五行传论》中，都只取作为灾异行事的史料意义。这一做法继承了董仲舒的"历史类比论证"法，而进一步将取材的范围从《春秋》扩大到整个历史时期。如此，一方面削弱了《春秋》的经学意义，一方面又使所有历史上的灾异行事都与《春秋》所载一样具有了历史比附的价值。如果说《洪范》五行五事构成了刘向灾异论集成中的纬编，源自《春秋》而又超出春秋时限的灾异行事则可谓其经线。经纬交织，显现出学理化的面貌。

　　不过,严格来说,刘向并没有拘泥于《洪范五行传》的框架,而是将注意力集中在解说灾异事应的有效性上。他有时将同一种灾异事项分别排入两个不同的类别,而对传文中的一些类别却没有找出相应的灾异行事,还有些行事则无法纳入传文的分类中去。不仅如此,他还时常脱离传文的设定来解说灾异。激烈的政治斗争促使刘向的灾异论说始终保持强烈的实用取向,《春秋》各家之学的异说以及《洪范五行传》与历史行事配合的缺陷都不足以成为他的阻碍或困扰,重要的是将理论和行事最大限度地整合起来。

　　但是,实用取向的灾异论集成却没有在实践中带来胜利。无论是将灾异论说运用于政治斗争,还是与当时各色说灾异者的对抗,刘向都没有占到上风。实用取向何以并不实用? 对这个问题,其子刘歆有近距离的观察和反思。

　　刘歆也有关于《洪范五行传》的著述,从灾异体系到行事解说,都与其父有异。由于父子二人之间的学术分歧,特别是在灾异论上的差异,古今学者的讨论大都将刘向、歆置于对立的位置,对两人间的承袭关系不够重视。实际上,刘歆的学术生涯始于辅助刘向校书,同为百科全书式的大儒,关注的问题也与之高度重合,除了校雠,还有天文历法、礼乐、灾异等等。可以说,刘歆的很大一部分学术活动都在其父的规模之下展开,观点或有异同,而继承性不可否认。刘歆肯定研究过刘向的《洪范五行传论》,也比我们更了解刘向所遇到的问题。他的灾异论说与刘向存在不少差异,有些议论很可能就是针对刘向说而发。比如《汉书·五行志下之上》载《春秋》庄公十八年"秋有蜮",刘向认为蜮生在南越而至北方,刘歆则认为不是南越的特产,显然有所针对。《汉书·五行志》所载刘歆灾异说远少于董仲舒、刘向,且所举刘歆说或与刘向不同,或为刘向所无。这并非班固删略的结果,而是因为刘歆的"五行传说”本就是为完善刘向《洪范五行传论》而作。

刘歆改动了《洪范五行传》中孽和祸的事应，旨在配合《礼记·月令》。①他关于痾的两处调整，其一以为“下人伐上”不能算“痾”，以“下体生上”取而代之，其二貌传改配以“鼻痾”，与言、视、听三传分别对应口舌、目、耳贯彻相同原则。这些改编，使《洪范五行传》在形式上更为齐整、逻辑上更为合理，为紧扣传文解说灾异创造了前提。

正如板野长八所指出的，刘向的灾异解说法则性不明确，刘歆则严格按照《五行传》设定的原则解释具体灾异。②对于刘向不紧扣传文的解说，刘歆都加以驳正，对事应归类重复之处和缺乏事应的分类也都作了调整弥缝。这样一来，传文逻辑和与事应的配合更加严格，但对事应的解说却无法像刘向那样充分、自如了。在具体灾异无法找到相应的人事咎过时，刘歆便不说事应。这样的例子很多，最为明显的是他的日食说。《左传》共记载了三十七次日食，除哀公十四年一次为《左传》所独有外，其余三十六次，董仲舒、刘向皆有事应之说。刘歆指出具体事应的，则仅有桓公三年、昭公七年、昭公二十四年共三次。③这是因为，他认为日食之异必须针对当时太阳运行所在分野对应的国度，从而大大缩小了日食事应解说适用的范围。刘歆对不合分野之事一概不取，绝大多数日食就只能注明分野所在，而找不出具体的事

---

① 其说据小林信明《中國上代陰陽五行思想の研究》第三章《洪範五行傳考》，大日本雄弁会講談社，1951年，转引自鎌田正《左傳の成立と其の展開》，大修館書店，1963年，第415页。
② 板野长八《儒教成立史の研究》第八章《災異説とり見た劉向と劉歆》，岩波書店，1995年，第314—319页。
③ 还有昭公十七年日食，刘歆虽引《左氏》传文为说，但未及灾异事应，见《汉书·五行志下之上》。

应了。这一做法，取自《左传》昭公七年所载晋士文伯的日食解说。如此严格地按照《左传》设定的原则解释日食，是灾异解说规范化的一种表现，其缺陷则是让绝大多数日食失去了劝诫的意义。不仅如此，刘歆还将自己的灾异解说限于《春秋》，又退回到董仲舒《灾异之记》的阶段，取消了《洪范五行传论》中近三分之一事应的历史比附价值。

毋庸赘言，刘歆的收缩是为了加强灾异论的学理性。他要面对的现实首先是父亲刘向灾异说在政治上的失败，而失败的原因则是过度的实用取向使灾异解说过于灵活乃至随意。西汉后期蜂起的说灾异者大多受过儒家教育，也能饰以儒术、托于经义；灾异解说若不能严守法则，坚持学理上的纯粹，也就难免在实践中泯然众人。事实上，就服务于政争的实用目标而言，刘向与偏离儒家之道的各种灾异解说并无不同。因此，刘歆试图扭转其实用取向，理顺逻辑，规范解说，完善体系，进一步走向学理化。他的目的是克服董仲舒以至刘向灾异解说的随意性，建立更为严格的解说规范，以约束"动机不纯"的说灾异者，保持灾异论说中的儒家之"道"。

刘歆的政治生涯至少在大部分时候是比较顺利的，无需也未曾尝试借助灾异说实现具体的政治目标。因此，他对灾异论说学理化的"负效应"似乎认识不足。就灾异论在政治活动中的运用而言，刘歆的工作使灾异事应的解说重新回到经学和数术的双重束缚之下，丢失了灵活多变以利谏诤的特点。灾异论说从一开始就与政治思想和政治实践紧密联系在一起，并在实际运用中不断发展变化。学理化走向极端，会抹杀灾异论说在政治中的实用价值，削弱灾异论的生命力。

如何在学理和实用之间取得平衡，也是后世说灾异者的共同课题。东汉以后的灾异论大体越过刘歆，上承董仲舒和刘向，仍是各取实用，杂说纷纭。这个问题直到宋代才基本解决。

二、灾异政治文化的制度表征

上面着重讨论灾异的观念和学说。作为一种政治文化，灾异不仅停留在思想层面，而更要在政治制度、意识形态装置中显示它的存在，延续它的传统。接下来，我们将从历史编撰、官方记录、问责制度等方面，来认识灾异政治文化传统的表现，尝试进一步理解其延续的机制。

（一）灾异纂录与占候

从董仲舒到刘向、歆，灾异论虽然是政治实践，但始终依托儒家经典，戴着经学传记的面纱。东汉明帝时，班固编写《汉书·五行志》，将西汉的诸家灾异论说汇集起来，编入纪传体史书，稍后马续补作《天文志》，收录天文灾异。此后历代的纪传体史书几乎都继承了《汉书》的这个传统，包含不同名目的五行、天文志。这样，灾异论就进入历史编撰的传统之中，成为所谓"正史"不可或缺的组成部分。

在魏晋南北朝时期编撰的史书中，《洪范》经传体系的重要性逐步下降，灾异行事自身的属性逐渐成为《五行志》编排结构的主导因素。魏收《魏书》甚至放弃"五行"之名，改称"灵征志"，其中不再出现五行、五事、皇极这些类别，而仅仅采用了《洪范五行传论》中的一部分咎征类目和解说。这个结构完全打破《洪范》五行体系，反而与《开元占经》中占象的次第相似。

不过，灾异论与经学的联系并不是线性地渐次减弱。唐初的著名天文数术家李淳风主持编纂《晋书·五行志》《五代史志·五行志》(即今《隋书·五行志》),分类结构又回向《汉书·五行志》,恢复了"经—传—说—行事"的框架,其中引述的经传说几乎是《汉志》的翻版。特别是《晋志》,灾异行事解说的内容绝大部分承袭《宋书·五行志》,结构上却大动手脚,显然是有意为之。编者李淳风对魏晋以降的灾异占验之学深表不满,而大力称扬汉儒的灾异论说。他改变《五行志》体例,复归于向、歆、班固,显然是要扭转近代颓风,重归汉儒之道。

接下来进一步反思《五行志》《天文志》体例的是欧阳修。他主持编撰《新唐书·五行志》,在序言中就反对灾异事应说,主张"著其灾异,而削其事应",仅编录灾异名目和发生的时地,不再推论其与人事的关系。这一原则被此后诸种官修正史所继承。①但即便如此,欧阳修并未彻底改变《五行志》的性质,也没有完全脱离经学。事实上,他不仅认为政治失道产生灾异,而且认为灾异与失道往往同类。他反对的只是机械地将灾异与特定的人事一一对应起来,反而丧失对天的敬畏和体会天意的审慎。他不过是反汉儒而尊孔子,用宋儒之经学取代汉儒之经学罢了。此后诸史,也大体如此。虽然我们无法认定史文中冠冕堂皇的说法一定出自作者的至诚,但至少可以认为,敬天意、慎人事仍是普遍的政治观念和情感;对儒家经典的信仰,仍然支撑着中国古代政治文化中的灾异传统。

除了儒家经学以外,记载灾异的政治制度和官方数术传统也是维系灾异政治文化的重要因素。《五行志》《天文志》都属于历史

---

① 参看游自勇《试论正史〈五行志〉的演变——以"序"为中心的考察》,《首都师范大学学报(哲学社会科学版)》2006年第2期。

编纂，而编纂所用的资料主要来自官方的灾异记录。不间断的历史编纂背后，也必然存在一个连续的灾异官方记录传统。

官方的灾异记录通常是与占候联系在一起的。史官在观测和呈报记录的同时，还要附上对灾异的解说。这种解说当然不是追溯成因，而是预言征兆，需要数术占验之书作为依据。历代王朝大都重视编纂官方的数术占验书，内容主要是天文星占，也涉及其他类型的灾异。汉代天文星占之学散在民间，而魏晋以后，国家在阻断民间觊觎的同时，又注重加强官方的占验力量。官修数术占验书历代有之，层出不穷。这些官修数术占验书有一个共同的特点，即汇集众家占术，对同样的灾异现象往往给出多个不同的甚至是互相矛盾的占辞。这是由官方星占学的性质决定的。天文星占的预兆关乎国家和皇帝的命运，皇帝为防止臣下随意解说，要求官方机构必须依据经书作出占验。但如果官方占验由一家之说垄断，占测结果单一，造成的政治风险也将增大，这又是皇帝所不愿意看到的。因此，官修占验书集成众说，便于检索，使用时又可据之给出多种占测结果，通过降低占验书编撰者和使用者的主观性，既提供行动参考，又分散政治风险。魏晋以后，历代多在禁中设立与正式天文机构并立的"内灵台"；宋代在司天监、太史局之外，在翰林院中设立天文院，各自独立运作，互相比对占测结果，彼此监督。这些措施与官修占验书采取集成汇编办法，用意是一致的。

除了官修占验书，中国古代国家对灾异占验的控制还包括很多方面，如禁止民间私习天文图谶占验之学，官办天文教学，对官方占验机构人员进行严格管理等。这种控制，反过来也说明皇帝多少相信数术占验之说，并且对灾异预兆心存畏惧。在这个前提下，儒生士大夫称说天人感应和灾异天谴才可能保持其效力。

官方灾异占候和记录的存在，数术占验书的修纂和使用，以及对灾异占验的严格控制,表明灾异的数术传统是中国古代国家运作机制的一部分。儒家灾异论利用了早已与国家结合起来的数术传统,而为皇帝所信从,为国家所承认。可以说,国家运作机制中的数术占验传统,是灾异政治文化存在的必要基础。

(二) 罪己与问责

灾异论归咎于人事,自然引发追责问题。是否追究灾异责任,向谁追究,如何追究,不仅是灾异理论的问题,还是实际的政治活动。在实践中,既有君主罪己,也有问责大臣。这方面论者甚多,而日本学者影山辉国独具慧眼地指出,灾异咎责在汉代发生了从罪己到问责的历史变化。[①]那么,灾异问责为什么会发生这样的变化,而汉代以后又有怎样的发展呢?

西汉吕后七年(前181)正月和文帝二年(前178)十一月,先后发生了两次日食。吕后将这次日食看作凶祸的预兆,汉文帝却下了一道罪己诏书,这是史书所见首次天子因灾异罪己,可谓灾异应对方式转变中的标志性事件。此后,宣、元、成、哀诸帝也都有灾异罪己求言诏。其中常见"在予一人""罪在朕躬"等措辞,都是出自经典的成语,可以看作儒家影响的结果。不过,这类成语所代表的思想原非儒家所独有。"万方有罪,罪在朕躬"出自古《汤说》,据称是成汤告天禳旱之语,见于《墨子·兼爱下》《国语·周语上》等书所引。"百姓有过,在予一人"应出自古《周书》,在《墨子·兼爱中》《尚书大传》《淮南子·主术》《韩诗外传》中都有称引。这两个典故在战国时代已经形成,成为诸子著书立说的学术资源。

---

① 影山辉国《漢代における災異と政治—宰相の災異責任を中心に—》,《史学雑誌》第90卷,1981年。

诸子生在周室衰微、诸侯力政之时，鼓吹"在予一人"和"罪在朕躬"的圣王德音，可以理解为对新王者的呼唤。而汉文帝的罪己诏可以说正回应了这一呼唤。

汉文帝还在十三年（前167）夏废除了秘祝之官。秘祝传统悠久，其职守是在发生灾异征祥时，通过巫术手段移祸于臣下。《史记·孝文本纪》载诏曰："盖闻天道，祸自怨起，而福繇德兴。百官之非，宜由朕躬。今秘祝之官移过于下，以彰吾之不德，朕甚不取。其除之。"废除秘密的移祸而通过公开颁布罪己诏来应对灾异，一方面是将灾异从君主的私人领域转移到国家的公共领域，表示君主的命运与国家政治捆绑在一起，一方面也意味着灾异应对不再是逃避凶祸，而是要追究责任。废秘祝诏中所谓"百官之非，宜由朕躬"，更明白表达群臣并非无过，只是文帝愿由"朕躬"一人代受咎责。在这层意义上，不妨将文帝变移祸为罪己看作后来以灾异问责大臣的伏笔。

因灾异问责大臣，典型表现是策免三公。汉代以灾异免三公之制，是汉唐间灾异咎责方式变化中的关键一环，它的确立与废除都具有标志性意义。

从汉元帝时期开始，罪己诏有时会包含督促乃至斥责臣下的内容，但并非要求大臣直接承担灾异之责。《汉书·元帝纪》所载永光二年（前42）三月日食罪己诏中就指出，日食与"有司执政，未得其中"有关，但最后仍说"天见大异，以戒朕躬"，承认灾异是谴告天子，应由天子负责。诏书大意可以概括为：天子对灾异负责，大臣向天子负责。灾异发生后，天子问责有司本身即是修德修政的措施，并非认为大臣对灾异负有直接政治责任。截至汉成帝时期，仍未见三公大臣直接为灾异负责的实例。

以灾异为由策免三公，始于哀帝时的大司空师丹。《汉书·师丹传》载建平元年（前6）策免诏书云：

> 间者阴阳不调，寒暑失常，变异娄臻，山崩地震，河决泉涌，流杀人民，百姓流连，无所归心，司空之职尤废焉。

所谓"司空之职"与《韩诗外传》中所说的三公分职相近。《韩诗外传》卷八：

> 三公者何？曰：司空、司马、司徒也。司马主天，司空主土，司徒主人。故阴阳不和，四时不节，星辰失度，灾变非常，则责之司马。山陵崩竭，川谷不流，五谷不植，草木不茂，则责之司空。君臣不正，人道不和，国多盗贼，下怨其上，则责之司徒。

在这一理论中，阴阳不和主要由"主天"的司马负责。山崩地震、农业灾害以及人事失和导致的社会异象等，也属于广义灾异范畴，责任分别由司空和司徒承担。此后，建平二年策免丞相孔光，元寿二年（前1）策免大司马董贤，诏书都以阴阳不调、灾异并臻为三公之责。因此，建平元年之免司空可以看作汉代以灾异免三公制度的滥觞。

影山辉国已经注意到，灾异责任方式的转变与绥和改制有关。[①]汉成帝绥和元年（前8），廷尉何武建言，主张废除丞相独自主政之制，法古而立三公，结果形成丞相、大司马、大司空三公鼎立的格局。但事实上，在此之前，这从来都不是现实的政治制度，究竟是哪三公也说法不一。三公分职为灾异负责，来自儒家称述的所谓"古制"，依据是"天""地""人"三分的宇宙观。虽然汉初就有宰相燮理阴阳之说，但直到绥和改制完成，灾异问责三公才具备理

---

① 参见影山辉国《漢代における災異と政治》，第55页。

论依据和制度基础。

理想的制度运作起来并不真的适用，但当时复古改制的风潮正劲。三公制度经历废兴，而改革的方向明确、坚定，并且经由王莽之手进一步精致化和复杂化了。原本丞相、御史和诸卿组成的中央朝廷家产制色彩浓重，"古制"中的三公却能越过天子，直接对应宇宙中的三大要素，他们领导的官僚系统在理论上获得独立于皇室的公共性，更像现代意义上的"政府"了。从灾异咎责的角度看，以三公为灾异负责，似乎利于君主推脱责任。但君主负责制往往缺乏实质意义，天子对灾异负责只能停留于下诏罪己、避正殿、罢乐、不举等象征性措施，修政的行为仍需通过官僚系统完成。天子独揽灾异责任，也意味着垄断天的赏罚，成为唯一秉承天意的神权。按照三公分职之说，三公在分担天子责任的同时，也打破对天赏天罚的垄断。他们与天子不同，可以因灾异责任而罢退，使得朝廷更有可能在政治上对灾异作出实质性的回应。

然而，现实的行政事务终究无法均衡地划分成"天""地""人"三块，汉代长期形成的中外朝制度和相应的行政惯例也不可能在短时间内改变。三公之职既不能分明，相应的灾异责任无从落实。西汉末年以灾异策免三公，不像理论设计的那样出于追究灾异责任，而往往成为实现其他意图的工具。前面提到的师丹，本已为外戚丁、傅子弟所陷，诏书称述灾异，不过是重其罪责，提供罢免的借口。孔光也是受朱博和外戚傅氏谮毁，利用灾异排挤出朝廷。至于董贤，则因保护人哀帝驾崩，被当权者斥退，罢免诏书中所谓"阴阳不调，灾异并臻"和"非所以折冲绥远"云云，无非是套话。[1]另一方面，三公在现实中也并不都被诿以灾异之责。王莽天凤二年

---

① 事见《汉书·董贤传》。

二月，地震，大司空王邑上书引咎辞职，自称"司空之职尤独废顿，
至乃有地震之变"。王莽却加以慰留，不了了之。

无论实质如何，以灾异免三公的形式毕竟在汉末王莽之际反
复上演，逐渐形成制度性的政治惯例。王莽天凤元年（14）到三年，
先后以日食策免了两位大司马，此外还有一位因"日中见星"之异
左迁，[①]都与"司马主天"之职相应。灾异与三公政治责任的关系
得到朝廷公认，灾异问责成为策免三公的合法依据。

东汉灾异免三公制度渊源于西汉，却并非直接继承的关系。
东汉沿用三公鼎立制度，但理想色彩已经淡化。三公分职近乎成
为单纯的行政分工，与"天""地""人"的对应关系松动。东汉安
帝以前，没有再出现以灾异策免三公的事例。灾异免三公制度的
复活，如影山辉国所说，与外戚和宦官专政有关。灾异责任本身逐
渐形式化，变得有名无实。[②]

经过儒家改制运动，执政大臣对灾异负有责任已成为朝廷的
共识，以灾异策免三公本有其正当性。但这种正当性在戚宦政治
中逐渐销蚀。天子可以根据"罪己"原则不追究大臣，但对于外戚
和宦官来说，"罪己"则可能将舆论矛头引向皇帝身边的实际当权
者，危及他们权力的合法性。因此，他们更需要利用灾异问责三
公的共识来分散咎责。东汉殇帝延平元年（106）六、七月，邓太后
各有一道诏书涉及灾异，虽都声称"忧惶"，但含糊其辞，未见罪己
之意。翌年九月庚午，遂因太尉徐防"自陈过咎"，以灾异策免之，
次日又用同样的理由策免司空尹勤。外戚和宦官不仅借此分散咎
责，还用以排斥异己。延光三年（124）春，太尉杨震以地震之异弹

① 以上王莽时事皆见《汉书·王莽传中》。
② 参见影山辉国《漢代における災異と政治》第七、八节，第57—62页。

劾"中臣近官",反而因"天变"被策免。①这样围绕灾异的政治斗争在东汉后期反复出现,结果总是戚宦获胜。

外戚和宦官滥用灾异问责三公之制,使之逐渐丧失正当性,遭到质疑。安帝时陈忠以及东汉末的仲长统都表达过明确的反对意见。魏文帝代汉,即位不久便发布诏书,永久性地废除了已经施行一百多年的灾异免三公制度。此后,中国历史上再也没有出现过以灾异的名义问责和策免大臣的事例。这道诏书代表着灾异应对方式的转折:即由"问责"转向并固定于"罪己"。

"汉魏革命"论为理解灾异咎责的变革提供了很好的视角。②这一学说认为,在"汉魏革命"中,士大夫进入内廷终结了内廷、外朝二元对立的皇权结构,将皇帝的私权力从政府中剔除,实现了由士大夫组成、向士大夫开放的统一政府。皇帝不再处于士大夫政府之外,而是进入这个政府,成为它的首脑。这就消除了宰相作为政府首脑承担灾异责任的制度基础,使灾异免三公制度失去了生存的土壤。魏文帝在诏书中称"灾异之作,以谴元首",与汉代皇帝诏中的"在予一人"和"罪在朕躬"均有罪己之义,但内涵已经有所不同。汉代皇帝罪己,是以一人承担百姓和百官作为个人的责任和凶祸。而灾异免三公制度长期实行,强化了灾异与政治责任相关的属性,削弱了其凶兆意味。"汉魏革命"之后皇帝的罪己,已经是以士人政府首脑的名义,代表政府承担公共行政上的责任。这个转变是不能不予以重视的。

灾异免三公制度废除以后,宰相燮理阴阳、与天子分担灾异责任的思想和习惯,仍作为政治文化的一部分保留下来。只是灾异

---

① 见《后汉书·徐防传》《杨震传》。
② 徐冲《中古时代的历史书写与皇帝权力的起源》,上海古籍出版社,2012年,第143页。

咎责主要不再用作政治斗争的工具,而获得了新的政治功能。魏晋以后,皇帝通常以罪己的方式应对灾异,公卿大臣也多有主动承担灾异责任的表示。于是"宰臣引咎乞退—皇帝罪己慰留"的故事不断上演,几乎成为固定的模式。在这个模式中,君臣双方都不会受到负面的影响。相反,通过宰臣上表乞退,皇帝制答慰留,他们不仅共同表现出敬畏天戒的勤慎,而且向官僚集团和天下万民展示了君相之间的和谐互信,在书奏往复之间,履行了确认彼此地位的仪式。这实际上成为君臣之间表现互信和宣示权力正当性的合谋,发挥着维系和调整士人政府内部关系的政治功能。

汉唐间灾异责任分配方式的变化,反映出灾异论影响并最终融入政治体制的过程。最初,灾异论作为体制外的学术,试图从外部干预政治运作,设计出三公分职的理想政治构架。随着儒学意识形态化,灾异论逐渐进入体制,先后建立起三公分职和因灾异策免三公的制度。然而,初入体制的灾异论显然有些难以适应,往往被政治斗争利用,成为政治运作中的不稳定因素。直到魏晋以后,因灾异免三公制度废除,"宰臣引咎—皇帝罪己"的灾异应对模式则作为惯例保留下来,较为温和地在政治运作中发挥作用。经过长期磨合,灾异论终于融入到政治体制之中,成为一种建制性的因素。于是,它的政治批判性和对君权的约束力,也不可避免地削弱了。

三、灾异政治文化的转变

魏晋至隋唐,灾异政治文化的影响时有起伏,但没有发生根本性的变化。其中若干有趣的现象在第四节中将有所提示,这里不再详论。到了宋代,情况就大不相同了。概括言之,主要有三个方面发生了转变：首先，天人感应论在士大夫中遭到普遍的质疑；其次，机械的灾异事应说从理论上被基本否定；最后，运用灾异论进行"神道设教"的主客体发生转换。

此前，沟口雄三、小岛毅、韦兵、游自勇等学者已经充分揭示出天人观、灾异论在宋代的转折性变化。[①]他们的研究多以宋代为中心，强调宋人思想的原创性和独特性。其实，汉唐乃至更早时期的天人观、灾异论已经相当精致和多元，讨论宋代的转变，不仅要看思想的创造，更要关注其影响的扩大，关注少数思想家的认识如何成为士大夫的一般性知识，如何进入意识形态，改变了灾异政治文化。

（一）质疑灾异论

先秦时代的天人关系思想，已经包含了否定灾异论部分内容乃至否定灾异论的基础"天人感应论"的因素。《荀子·天论篇》云："天行有常，不为尧存，不为桀亡。"又云："夫星之队、木之鸣，是天地之变，阴阳之化，物之罕至者也。怪之可也，而畏之，非也。"他拒绝将"天"人格化，认为"天"和"人"各自运行，互不相关，灾异变怪也非天意，不足畏惧。这样的观点在当时影响有限，仅为暗流。东汉王充在《论衡》中逐一批判流行的择日、卜筮、感应、瑞异思想，深得近世学者之心。但他批驳天人感应之说的立场，一是命定论，一是幸偶论，却并不考虑政治影响。在他的命定论下，"教之行废，国之安危，皆在命时，非人力也"，"世之治乱，在时不在政，国

---

① 见沟口雄三《论天理观的形成》、小岛毅《宋代天谴论的政治理念》，收入沟口雄三、小岛毅主编《中国的思维世界》，江苏人民出版社，2006年；韦兵《星占历法与宋代政治文化》第六章《士大夫天文灾异观念的政治意义》，四川大学博士学位论文，2006年；游自勇《试论正史〈五行志〉的演变——以"序"为中心的考察》。

之安危,在数不在教"。①若然,则儒学的中心问题"政"和"教"便丧失意义,政治本身也变成虚无。其说既然远离灾异论试图解决的政治问题,也就不能对灾异论构成严重威胁。

真正有力的反思,来自深谙经学并了解政治的大儒。西晋的杜预,隋代的刘焯、刘炫已经意识到,天人之间本无感应,灾异说是圣人用以神道设教、警诫人主的手段,因而在经学内部扬弃了天人感应论。此后,荀子思想影响的暗流逐渐浮现,最著名的论述是柳宗元《天说》和刘禹锡《天论》。柳宗元将天解释为自然之物,绝无赏功罚祸的能力,刘禹锡更揭示出天人关系思想的社会根源。他认为,世道在治乱之间时,是非混淆,赏罚不明,人们或将人间的不公平归因于天命,或求助于"天"的赏罚以获得公正,天人相关论由是产生。此说承认了天人相关论存在的合理性,是透彻理解现实的产物。

北宋前期,柳宗元的天人相分说就颇有影响,在一般知识阶层中已有相当的接受度。在它的影响之下,旧的天人观产生了调整的需要和可能。欧阳修的《新唐书·五行志序》奠定了宋以后灾异论的基调。他认为,《春秋》不书事应,有其深意;如果推说事应,则灾异与人事必然有不能完全对应吻合的情况,导致人君懈怠,失去敬畏之心。类似态度并非欧阳修所独创和独有,而已通过经学的重新阐释,形成共识。仁宗时,刘敞的《春秋》学否定了汉儒的灾异事应说。他认为,天命对常人而言是不可知的,因此不管遇到什么灾异,都不必劳心探究其对应的人事,而要心存畏惧,端正各方面的行为。②在《洪范》学方面,同时代的学者也有类似观点。宋仁宗时,张景著《洪范解》一卷,其书今已不存,据南宋学者

---

① 《论衡·治期篇》。

② 刘敞《公是集》卷三九《畏天命论》,《丛书集成初编》本,商务印书馆,1935年,第464页。

的引述，他批评《汉书·五行志》和何休的《春秋公羊解诂》以事应配说灾异，离开圣人本意，是学末而弃本；进而主张儒者学《洪范》应抓住其中关于政教的内容，不必学有关灾异的部分。稍晚的学者刘彝也主张五事、五气分而为五不过是表象，其本质仍是合一的，故而应对灾异必须抓住根本，正心修德。①将灾异贬为末学，五征归于外形，都包含轻视灾异论的意味。

以上北宋中期否定灾异事应的论说有一个值得注意的共同倾向，即都举出汉儒作为批评对象，而理解往往标签化。董仲舒、刘向等汉儒称说灾异事应，绝非都拘泥于阴阳五行、天文星占的固定规则，本旨同样是阐明儒家之道，劝诫人主修德，并不如宋儒所说那样机械。至于对汉儒事应说的批评，也非宋儒原创。西晋杜预揭橥灾异"神道助教"之义，②《诗·十月之交》孔颖达正义中也已经指出，汉儒的灾异事应说不是劝诫人主的良法。欧阳修以下诸儒之说，很难说完全未受注疏的影响。所不同的是，前人多从方法策略上考虑，宋儒则在本与末、内与外、德与形的对比中，否定事应说的表面功夫，强调敬天畏天的根本诚心。

宋儒反对推类说事应，还与宋代《洪范》学中"皇极"地位的特殊化有关。《洪范口义》记录胡瑗之说，认为皇极为九畴万事之本，只要"皇极行"，则五行五事等另八畴都能理顺。③刘彝"一德正于中，则五事治之于外，一气正于中，则五气顺之于时"的观点，是承自胡瑗的。苏洵在《洪范图论》中又极力申说"皇极"为九畴

---

① 张景、刘彝之说都见于林之奇《尚书全解》卷二五，《通志堂经解》第5册，江苏广陵古籍刻印社，1996年，第473页下。
② 《左传》僖公十五年六月条杜预注，《春秋左传注疏》卷一四，阮元校刻《十三经注疏》，艺文印书馆，2001年，第234页下。
③ 《洪范口义》卷上，《文渊阁四库全书》本，台湾商务印书馆，1986年，第7—8页。

端始之义,认为从"人"或政治的角度而言,皇极才是根本。他将
五事之失一并归诸皇极,则类推咎征以分别五事之失就毫无必要
了。①"皇极"地位的变化,是宋代儒学吸纳佛学的结果。佛家《华
严经》有"三观"之说,程颐概括其义,曰"万理归于一理"。陈植
锷认为,"万理归于一理"是宋代性理之学十分重要的命题,程颐从
张载《西铭》中总结出的"理一而分殊",王安石的"物变极万殊,
心通才一曲",以及程颐本人的"一物之理即万物之理",都是从中
而出。②《洪范》学以皇极统九畴,以五事归皇极,也是"万理归一"
思想的体现。

　　佛学影响宋代儒学进而作用于灾异论的另一方面,是"道德性
命"之学。这一学说眼光向内,要求人君"正心诚意",然后行"外
王"之道。据此,"诚心"和内在之"德"的重要性大幅度提高,超
过很多衡量政治的外在标准,包括灾异。熙宁七年(1074),宋神
宗因为旱灾而忧虑,欲废新法。王安石却说"水旱常数",意谓当
前的灾异并非政治失误所致,因此虽要求"益修人事",但并不认
为需要改弦更张。此说不限于这一特定场合,而是王安石一贯的
立场,并且有系统的理论支撑。他暗引释、老之说,以儒家的面目
讨论"道德性命之理",开创了宋儒的"内圣"之学。③其学更重心
性,以为"王霸之异在心"。④因此,王者不必关心灾异事应,只需

① 参看苏洵《洪范论》,《嘉祐集笺注》卷八,上海古籍出版社,1993年,第204—
　　226页。
② 据陈植锷《北宋文化史述论》第四章《宋学与佛老》第一、二节,中华书局,2019
　　年,第383—424页。
③ 王安石与"内圣"之学的关系,参考余英时说,见《朱熹的历史世界:宋代士大夫
　　政治文化的研究》,生活·读书·新知三联书店,2004年,第45—64页。
④ 参钱穆《初期宋学》,《中国学术思想史论丛》第5册,生活·读书·新知三联书
　　店,2019年,第6页。

坚持自己认为正确的方针政策即可。

王安石对《尚书·洪范》有系统的论述，其中就阐发了这一灾异观。此前的《洪范》解说把庶征中"时雨若""恒旸若"的"若"训为"顺"，意思是庶征顺应五事休咎而至。王安石则将"若"解释为"如同"的意思，用"若……然"描述庶征与五事的关系，意思是五事休咎如同自然的时或不时。在天人关系方面，他主张人君当"以天变为己惧"，又"不曰天之有某变，必以我为某事而至"，而是要"以天下之正理考吾之失"。① 在他看来，由于有"性命道德"之学的支撑，有"内圣"的修养工夫，人君可以不拘外物，求诸本心，不泥于灾异事应之说，而将自己的得失直接质诸自己所认定的"正理"。这就将判断是否响应灾异的权力交给了君主。

（二）从正理到天理

王安石之学在思想和效果的层面，都达到了宋代天人观的一个极致，在灾异政治文化转变过程中迈出了突破性的一步。走出这一步至少有两方面的条件。首先是他与宋神宗"君臣道合"，在共同理想的基础上，结成了不同于以往的君臣关系。因此，王安石无须顾忌灾异对人君的约束作用，倒是反对派常以天变为由阻挠变法，使灾异成为君臣共同面对的阻力。当他确信"正理"在"我"时，便告诉神宗无需理会天变。毫无疑问，王安石与宋神宗是极端而独特的例子，但这个例子仍有更大的时代背景。其一是儒学成为官方意识形态以后千年之中建立起的自信，其二是君臣关系在唐宋之际由"策名委质"的恩义转向"得君行道"的道义联系。

第二个条件是儒学与数术的疏离。儒学在天人之学层面上依

---

① 王安石《洪范传》，《临川先生文集》卷六五，中华书局，1959年，第695页。

赖数术资源的情况，在佛学传入后便有所改观。佛学的宇宙论、天人论较之传统数术深刻和丰富得多。它不仅直接影响儒学，而且间接地通过促使道家从黄老之学转向老庄之学，共同改造士大夫的思维世界。宋代儒学复兴，在天人关系层面上已有丰富的理论，不需外求数术。汉代儒学中已经产生出尊"大道"、反"小数"的思想传统，使得宋学排斥数术的进展能够较为顺利。而宋儒反对灾异事应说，主要就是反对灾异论说中的数术占验因素。这为灾异政治文化的转变做好了学术上的准备。

不过，宋代灾异政治文化的转变，主要意义不在于"变"，而在于"存"。变是必然的，尤其需要注意的是变的结果，却在巨大的挑战下基本保存了政治文化中灾异因素。当王安石将灾异观推进到"天变不足畏"的极致，天人相分思想便展示出它的危险性，促使宋儒展开反思。程颢、程颐的"天理观"就是这种反思的产物。

"天变不足畏"取消了制约人主的最重要的外部权威。当时一些富有政治经验者认为，这十分危险。苏轼曾转述富弼的话，说："人君所畏惟天。若不畏天，何事不可为者？去乱亡无几矣。"[1]此论虽是老生常谈，却切中君主专制政体的要害，即人君缺少制约。苏轼自己也有类似的观点，他说："人君于天下无所畏，惟天可以儆之。今乃曰天灾不可以象类求，我自视无过则已矣。为国之害，莫大于此。"[2]所谓"我自视无过则已矣"，可以理解为王安石"以天下之正理考吾之失而已"的另一种说法。富弼、苏轼与王安石在灾异论上的分歧，不是天人是否相关的学术问题，而是人君是否需要制约的政治问题。

---

[1]《苏轼文集》卷一八《富郑公神道碑》，中华书局，1986年，第534页。
[2] 苏轼《书传》卷八，《儒藏》精华编十三，北京大学出版社，2014年，第228—229页。

　　扭转王安石所代表的思潮，首先要维持对人君的约束机制，找回"天"这个外在权威。其次，"天"回来以后，儒学如何能够不走上与数术结合的老路呢？"天理观"要解决的就是这两个问题。

　　二程对发明天理观颇为自负，曾说："吾学虽有所受，'天理'二字却是自家体贴出来。"①他们所谓"天理"与前人到底有何不同？沟口雄三认为，其独创性在于"一方面要立足于自然法则式的天的观念，同时在政治方面又要赋予天以道德根源性，通过对这一矛盾的扬弃，达到在新层次上对天人合一关系的重组，但这新层次又保留了天（自然）—政治—道德—天这一传统循环系统"。②沟口氏对二程天理观的描述是准确的，但在说明其独到之处时，却与王安石所谓"天下之正理"有混同之嫌。事实上，二程天理观的独创性首先恰恰在于对王安石天人关系思想的反拨。前面已经指出，王安石的"天下正理"来自"内圣"的修养工夫，求诸心性而不必就正于"天"。因此，这个"正理"不是"天理"，而是与"天理"相对立的"人理"。

　　二程处在新儒学的潮流之中，其学与王安石有着很多共同点。但在灾异论上，二程重新肯定了天人感应，其论曰：

　　　　大抵《春秋》所书灾异，皆天人响应，有致之之道。如石陨于宋而言"陨石"，夷伯之庙震而言"震夷伯之庙"，此天

---

① 《河南程氏外书》卷一二载程颢语，《二程集》，中华书局，1981年，第424页。《朱子语类》卷九八（中华书局，第2518页）又云为程颐语。《宋元学案》卷一四《明道学案下》黄百家案："先生自道'天理二字，是我自家体贴出来'，而伊川亦云'性即理也'，又云'人只有个天理，却不能存得，更做甚人'，两先生之言，如出一口。"（中华书局，1986年，第580页）可见天理观是二程共有的。程颢、程颐观点基本相同，语录又常混淆，难以分别，故沟口雄三合称二人为"程子"，本章则于难分别处和不必分别处用"二程"指代程氏兄弟或其中之一。

② 沟口雄三《论天理观的形成》，《中国的思维世界》，第224页。

> 应之也。……然汉儒言灾异，皆牵合不足信，儒者见此，因尽
> 废之。①

二程认为，《春秋》书法，"陨石""震夷伯之庙"等句省略的主语
都是"天"。他们主张灾异确是天应对人事而发出的行为，不同
意因汉儒之非而否定灾异论。程颐说："董仲舒说天人相与之际，
亦略见些模样，只被汉儒推得太过。亦何必说某事有某应？"②可
见，二程大致赞同董仲舒的天人感应说，反对的是某事有某应的
机械事应说。③在他们看来，天变与人事之间存在响应关系，只是
不能通过阴阳五行之类的具体规则推知，而属于一般的、普遍的
联系。

二程受过刘、柳以来天人相分思潮洗礼，否定灾异事应说的
态度十分坚决，同时对天人交相胜之说又有保留，认为说"天人之
际甚微，宜更思索"。④其微妙难言之处在于："理"的主体是人，但
是人却难以在缺乏外在约束的条件下贯彻"理"；因而必须找回在
刘、柳、欧、王那儿已与"人"分开的"天"，作为"理"在名义上的
持有者和裁判者。《河南程氏外书》卷五载：

> 天人之理，自有相合。人事胜则天不为灾，人事不胜则
> 天为灾。人事常随天理，天变非应人事。如祁寒暑雨，天之常
> 理，然人气壮则不为疾，气羸弱则必有疾。非天固欲为害，人

---

① 《河南程氏遗书》卷一五《入关语录》，《二程集》，第159页。
② 《河南程氏遗书》卷二二下载伊川先生语，《二程集》，第304页。
③ 二程尽管在支持"天人相关"这点上与董仲舒一致，但他们理解的"天"与董仲舒
是有根本区别的。二程所说"天理"中的"天"，不是人格化的神，而是宇宙的普
遍法则。二程与董仲舒的这个区别，决定了宋以后的天人相关论不可能再完全回
到汉人的认识上去。论者已多，此不赘述。
④ 《河南程氏遗书》卷一八，《二程集》，第238页。

事德不胜也。^①

可见，在天理观的语境中，二程并没有改变人的主体性、决定性，而只是给刘禹锡所谓"人理"、王安石所谓"正理"增加了"天"作为外在的约束力，称之为"天理"。虽名为"天"，而根本在"人"。^②在二程看来，"在天为命，在义为理，在人为性，主于身为心，其实一也"，^③天人合一，"天理"和"人理"是二位一体的。他们独到的心得，正在于往"理"上加了一个与"人"合而为一的"天"。

儒学发展到宋代，在伦理道德的基本内容上已经没有根本的内部分歧。二程的"理"与王安石的"理"，分歧仅在于如何实现"理"、维护"理"。程颐说：

> 如介甫之学，他便只是去人主心术处加功，故今日靡然而同，无有异者，所谓一正君而国定也。^④

二程以"整顿介甫之学"为务，原因正是王安石试图让人君掌握"天下之正理"，认为只要如此便可以不惧天变、不恤人言、不法祖宗，不受外界干扰地安邦定国。王安石相信"正理"在"我"，自然可以无视一切约束。在新法的反对者看来，错误的蔓延也恰恰是因为"理"完全依附于人。二程发明"天理"，就是赋予"理"以与人合一而又外在于人的属性，因"天"之名，增强"理"的客观性和约束力。

灾异论从刘、柳到二程的发展，扬弃了特定灾异与具体人事

---

① 《二程集》，第374页。
② 陈植锷认为，所谓"天理"就是"人理"，是正确的。见陈植锷《北宋文化史述论》，第297页。
③ 《河南程氏遗书》卷一八，《二程集》，第204页。
④ 《河南程氏遗书》卷二下，《二程集》，第50页。

之间机械化的因果联系，也重新肯定了董仲舒以来基于天人感应的灾异论。思想前沿上的这些变化实际上离不开灾异政治文化的大背景。小岛毅注意到，欧阳修、刘敞、王安石都主张否定灾异事应说，但在实际政治活动中，仍有利用事应说的情况。他认为，北宋的论者没有完全排除天人感应这个大前提，甚至正是因为拥护这种理论，才探索建立新框架以替代缺点突出的事应说。[①]进一步说，无论王安石还是二程，称说天人感应都是考虑到它作为政治工具的实际功能。[②]从董仲舒以来，儒家灾异论的实用性一直是其存在的依据。

欧阳修等在理论上反对事应说，而在上奏中却又称说事应，这可以从两个方面去解释。一方面，说灾异事应习惯上一直被当作政治批判工具不断使用，只是表达政见的一种方式，并不代表说者的学术思想或信仰。另一方面，君主专制的政治制度没有根本变化，名义上对人君有约束力的权威十分稀少，"天"是其中最重要的；即使不考虑警惧人主的需要，在人主自己意识到错误，需要找一个台阶转变政策的时候，"天"也是最好的借口。因此，即使在学理上反对天人感应论者，在现实中往往表现出灾异政治文化的影响。从欧阳修的"著其灾异，削其事应"，到王安石的"以天下之正理考吾之失"，再到二程的"天理观"，实际上都在探索如何维持灾异的政治功能，本身即是灾异政治文化存续的表现。

二程的天理观为朱熹等南宋学者继承，开创了"理学"。新的灾异论也在思想界占据了主导地位。如小岛毅所说，南宋对事应说已有局部的肯定，但已"不像汉儒那样在事实的因果关系层面模

---

① 小岛毅《宋代天谴论的政治理念》，《中国的思维世界》，第290—293页。

② 二程指出《春秋》书灾异，旨在说明天人感应在经学层面是成立的。这不是宇宙论，而是伦理意义上的。

式化地解释天人关系,而是把端正君主的心术当成根本目标"。①

最后必须说明,宋代以后灾异论制约人主的作用是在减弱的。原因很简单。其一,灾异论建立在天人感应这个虚构的基础之上,必须借助超越性的因素来维系。宋学揭开天人关系的神秘面纱后,对灾异论的信仰不可能保持虔诚。其二,宋人强调正心,认为"天有谴告,为人君者事事当修饬";②而"事事当修饬"实际上取消了说灾异的针对性,结果往往是"事事不修饬",使灾异说变成空话。这个过程不断发展,终于,灾异论"神道设教"的主体和客体竟在清代倒转过来。

(三)"神道设教"的主客转换

"神道设教"一词,本义是指圣王教化臣民的方式,最早见于《易·观卦》象辞所谓"圣人以神道设教,而天下服矣"。对此,古人有不同的解释,但都将其理解为"圣人"统治"百姓"的方式。这里的圣人是圣王,百姓是他的臣民;"神道设教"的主体是君,客体是臣。

战国秦汉时期,政治文化中的"神道设教"一般也是指君主借鬼神之事教化臣民。然而,到了西晋,杜预却将《春秋》记灾异说成是圣人"神道助教"的手段,目的在于劝诫、警惧人主。他在《春秋经传集解》中说:

> 隐恶非法所得,尊贵罪所不加,是以圣人因天地之变、自然之妖以感动之。知达之主则识先圣之情以自厉,中下之主

① 小岛毅《宋代天谴论的政治理念》,《中国的思维世界》,第314页。
②《群书会元截江网·敬天》"汉唐玩天之心",《文渊阁四库全书》本,第39页。

亦信妖祥以不妄。神道助教,唯此为深。①

杜预认为,无论是"知达之主"还是"中下之主",都是"圣人"感动、教化的对象,也就是"神道设教"的客体。"神道设教"的主体名义上还是"圣人",但已经不再是内圣外王合一的王者。在杜预看来,《春秋》是孔子所作,通过书灾异神道设教的"圣人"当然是孔子。孔子"有德无位",不是君,而是臣。因此,圣人成了儒家政治伦理的代表,"道"的化身;现实中的君王则未能得"道",反成为教化的对象。这是"道统"与"治统"分离意识的产物。

杜预将"神道设教"的主体规定为圣人,尚未点出圣人背后的士大夫群体,而在唐代的官方经学论述中,"士"已经名正言顺地获得了"神道设教"的主体地位。《左传》昭公七年四月日食条孔颖达正义曰:

> 人君者,位贵居尊,志移心溢,或淫恣情欲,坏乱天下。圣人假之神灵,作为鉴戒。……天道深远,有时而验,或亦人之祸衅,偶与相逢。故圣人得因其变常,假为劝戒。知达之士,识先圣之幽情,中下之主,信妖祥以自惧。②

这段话的最后一句显然出自杜预"知达之主则识先圣之情以自厉,中下之主亦信妖祥以不妄"之语。但杜注"知达之主",孔颖达正义却作"知达之士"。无独有偶,《毛诗正义》中也有一段几乎相同的话:"使智达之士,识先圣之深情,中下之主,信妖祥以自惧。"③

---

① 《左传》僖公十五年六月"震夷伯之庙"条杜预注,《春秋左传注疏》卷一四,第234页下。
② 《左传》昭公七年四月日食条孔颖达正义,《春秋左传注疏》卷四四,第761页下。
③ 《毛诗注疏》卷一二之二,阮刻《十三经注疏》,第406页下。

亦作智达之"士"。孔颖达正义还删去"识先圣之情以自厉"中的"自厉"，使这句话的意思从"人君通过认识圣人之意而自我勉励"变为"士大夫了解圣人隐含的深意"。据此，儒学士大夫是圣人弟子，可"识先圣之幽情"，至于庸常君主，则只能寄望于他们"信妖祥以自惧"，听从儒家的教化。作为圣人弟子的"士"被推上前台，成为现实中"神道设教"的主体。这一新解受灾异政治文化影响，也概括出了灾异政治文化在实际运作中的表现。

从"圣王"以神道教化百姓，到士大夫通过说灾异劝诫和教化人君，汉唐之间，"神道设教"的主客体发生了第一次倒转。到了清代，两者再一次倒转过来。

在儒家"道统"与"治统"分离意识的影响下，儒学士大夫一方面以"道统"所在自居，对代表"治统"的朝廷抱有异己感；但另一方面又还怀有"内圣外王"、"治统"与"道统"合一的理想，因而积极参与政治，试图用"道统"改造"治统"。不仅士大夫欲合"道""治"，帝王也不愿治下存在一个异己之"统"。有两个办法帮助人君避免受制于"道统"，一是以"势"制"道"的对抗政策，二是收"道"入"势"的结合政策。①前者很不成功，后者却在清代收获奇效。

清廷入关以后，政治严明，将专制统治的严酷和开明君主的魅力很好地结合起来。特别是清圣祖玄烨，重视文化、改善民生、大兴儒教，个人学识的深广远超过一般士人，十足有"圣君"之相。②自康熙朝开始，皇帝经常利用灾异督责臣工，清《圣祖仁皇帝圣训》

---

① 参看黄进兴《清初政权意识形态之探究——政治化的道统观》一文对明太祖与康熙的对比，氏著《优入圣域：权力、信仰与正当性》，陕西师范大学出版社，1998年，第127—129页。
② 见黄进兴前揭文《优入圣域：权力、信仰与正当性》，第141页。

卷一〇《敬天》记录了康熙关于灾异的上谕，一般程式都是先表达自己敬天修德之诚，然后批评督促臣下。他痛斥官吏的恶行，要求他们"公廉自效""留心民事"，同时也以自己为证说了不少修德修政，敬畏天命的话。这些话很符合儒家对"内圣外王"的期待。

儒家的政治理论向往"势""道"合一，却对其实现方式缺少彻底的思考。现实政治总是"霸王道杂之"，接近以"道"为"治"的目标需要多种力量的监督和制衡，绝不可能在专制政体下实现。专制政体下的"势""道"合一，总是"势"兼并"道"，非但不能实现"道治"，反而会消解"道"对"势"的约束力。

当然，灾异论在清代也不是毫无作用，它仍在代表"道统"鼓吹儒家的伦理道德。但清代士大夫终究很少主动因灾异上言，归咎帝王，制造政治压力。这时，他们已经倒持泰阿，将灾异的剑柄交到了他们的君主手中。这恐怕是汉宋诸儒做梦也想不到的。

四、日食灾异：一个个案

在所有的灾异之中，日食是最为古老的之一，其意义直接而凶险，应对的方式也相当丰富。在梳理了基本的发展脉络之后，日食最合适作为个案，来帮助我们深入观察灾异政治文化的细节，理解它的机制。

作为周期性的自然现象，日食的规律渐渐地被人们所认识；但由于其规律较为复杂，人们又长期无法精确掌握。因此，日食灾异论不断遭到挑战，又不断地自我完善，在天行有常和休咎之变之间保持平衡。它的发展不仅是学术问题，而且还在礼仪制度和政治活动等方面体现出来，折射出灾异政治文化变迁的各个层面。

（一）日食推步与经学论述

早在周代，日食已经被认为是人事的重大凶兆。《春秋》经传一共记载了二百四十多年中的三十七次日食，而《左传》还叙述了当时人对日食凶兆的预测和解释。在战国秦汉时期的天文星占之学中，日食仍是大凶之兆，被认为危及人主。这种观念不仅影响到社会各个阶层，连帝王本人也颇为相信。

然而，将日食当作灾异的前提，是日食属于"异"，即反常现象；一旦日食发生的原理和规律被揭示出来，"异"变为"常"，势必要动摇日食灾异论的基础。而古代天文学，特别是历算推步的进展，恰恰在逐渐获得日食的预报办法。秦汉之际的人们已经对日食原理和规律有所了解。到了东汉后期，刘洪所造的《乾象历》不仅推算出较为精确的日食周期，而且引进了食限概念，从而成功地预报过日食。汉献帝时，太史已有推算和预报日食的职掌，而魏晋时期的历算专家普遍认为日食可以预测。北朝隋唐时期，日食推步技术又有新的发展。北齐的张子信基本掌握了日食推步的正确原理和各项因素。隋代的刘焯、张胄玄在他们各自编制的历法中，明确列出日食的详细推算方法，其术被纳入隋唐的官修历书。此时，中国古代的日食推步技术可以说达到了极点。

日食推步技术的发展对经学深有影响。汉唐时代的经学家，往往也是天文历法专家，经学著作吸收天文学成果的效率很高，能迅速与日食推算技术的发展接轨。西晋的杜预精通历数，曾上推春秋朔闰、日食。他说"日食，历之常也"，[①]明确指出日食是天体运行的自然常理。只是当时日食推步难以精确，因而他又对"历之常也"

---

①《春秋左传注疏》卷一〇，第174页上。

的判断有所保留,含糊其辞地说太阳、月球都是能动之物,运动大致规律,但又免不了有小幅的变化。①唐初,日食推步技术已经实现关键性的突破,预测水平大幅度提高。孔颖达撰写《五经正义》,其日食解说多承袭隋代的刘炫、刘焯二人,②比杜预要大胆和透彻得多,甚至敢于指出《春秋》经文的记载不合乎自然规律。《春秋》襄公二十四年经文记载七、八月连续两次日食,而七月那次还是日全食。按照二刘和孔颖达的认识,日全食之后绝无次月日食之理,故正义曰:"盖古书磨灭,致有错误。"③这怀疑的不是经书本身,而是古书传抄中可能出现的错误。但考虑到经书在当时的权威,不难想见隋唐的经学家对历算学的接受和信仰已经到了何种程度。

在发现日食规律的基础上,刘焯明确指出,日食与人事绝无相关。他说:"日轮所照,日光所临,何关大地!近验应符,乃华言之饰辨,非忘私之至公。"④这一观点也为《五经正义》所继承。《左传》昭公七年"夏四月甲辰朔日有食之"条正义曰:

> 日月之会,自有常数。每于一百七十三日有余则日月之道一交,交则日月必食,虽千岁之日食,豫算而尽知,宁复由教不修而政不善也!⑤

这是说日食是天体运行的常理,可以预测,与政教无关。正义还明确指出,日食为阴侵阳的说法,是圣人借日食而设教劝诫,并非实

---

① 见隐公三年经"二月己巳日有食之"杜注,《春秋左传注疏》卷三,第49页上。
② 参看乔秀岩《义疏学衰亡史论》第二章第一节,生活·读书·新知三联书店,2017年,第40—61页。
③《春秋左传注疏》卷三五,第608页上。
④《开元占经》卷一引《皇极历》,《文渊阁四库全书》本,第40页。
⑤《春秋左传注疏》卷四四,第761页上一下。

有其事。[1]可见，经学家已经将日食看成有规律的自然现象，不再真的以为关乎人事政教了。

不过，经学家并未放弃日食灾异说的劝诫功能。相比于汉儒，隋唐经学家理想中的灾异解说不应建立在迷信的基础上，而是深明天道物理之后的理性选择，是所谓"神道设教"。《诗·十月之交》正义中批评汉儒道：《春秋》经文只记灾异，不明说引起灾异的失政、恶行，而《公羊》家董仲舒、何休以及刘歆等汉儒则认为有灾必有应，这是知圣人称说灾异之义，却不明白劝诫人君的方法。[2]正义说："神道可以助教，不可专以为教。神之则惑众，去之则害宜。故其言若有若无，其事若信若不信，期于大通而已。"[3]正确的做法，是将灾异设诫作为教化的辅助手段，"揣着明白装糊涂"。

由于儒家的神道设教思想，日食规律的发现只能影响经学层面的学理讨论，而意识形态层面并没有因之改变。灾异政治文化就是在这种意识形态的支撑下长期存在，持续影响着历法、礼制和政治活动。

（二）历数与政教

经学家在历算推步技术发展的推动下，已经认识到天体运动的规律性，在经学注疏的场合承认日食是"历之常也"。然而，专业的历算家、历法的实际制订者必须用固定的数学模型来把握天体运动，往往测不准，算不对，要说"历之常也"，谈何容易！天体运动本身的复杂性，加上观测技术和数学水平的制约，使得古代历法本身

---

[1]《左传》昭公二十一年"秋七月壬午朔日有食之"条正义，《春秋左传注疏》卷五〇，第869页上—下。
[2]《毛诗注疏》卷一二之二，第406页下。
[3]《春秋左传注疏》卷四四，第761页下。

难以解决变与常的矛盾,不得不将"历数"与"政教"结合起来。

中国古代的日食推步一直无法精确把握月球视差对日食的影响,因此预报往往失准。[①]这种失准在唐以后多是食时不准,此前则经常表现为"当食不食""不当食而食"。张子信发现月球视差对日食的影响后,隋代刘焯还在《皇极历》中专门设立"推应食不食""推不应食而食"两术。经过唐人的发展,预测水平虽有提高,但预报失准的问题始终无法彻底解决。因此,历算家对日食的态度也颇为矛盾。一方面,他们相信日食是常数,有一定的规律,日食预报失准经常成为历法改革的动因;另一方面,他们也多认为历法不能通于古今,必须定期修改,而具体到日食的预测,也提出过很多测不准的理由。

到了南北朝末期,日食推算技术获得重大突破,历法制订者对于天体运行之"常",以及自己把握"常"的能力,信心倍增。隋代刘焯就反对天人感应说对天文历算之学的干扰,极具胆识,但他预报日食的方法,后来也被证明还不够精确。《新唐书·历志三上》载,唐玄宗开元年间,"《麟德历》署日蚀比不效"。《麟德历》即唐初李淳风在刘焯制定的《皇极历》基础上修正而成。它的失准,迫使后来的历法制订者重新反省天道和历法中变与常的关系。开元九年(721),唐玄宗"诏僧一行作新历",所成新历就是著名的《大衍历》。一行的天文学成就很高,《大衍历》以大量实测工作为基础,在中国历法史上具有里程碑式的崇高地位。[②]这里要关注的是《大衍历》的另一个特色,即其中儒学意识形态的影响和"休咎之

---

① 参看陈遵妫《中国天文学史》第四编第四章《日月交食》,上海人民出版社,2006年,第547—551页。

② 参看陈美东《中国科学技术史·天文学卷》第五章第十节《一行大衍历的成就》,科学出版社,2003年,第376—390页。

变"思想的表现。

一行奉命修历后，有条不紊地开展了一系列准备工作，包括翻译印度天文学著作、仪器制作、天文观测等。他组织发起全国范围内的天文测量，为历法制订准备了重要的数据，也加深了他对日食规律的认识。《新唐书·历志三》收录了一行的《大衍历议》，其中有一篇《日蚀议》，肯定了杜预"日月动物"的说法，并加以论证。一行总结开元九年以来的观测结果，指出每年同一时刻的日晷长度大致是常数，但也随时变动，每年都有不同。他认为，这说明太阳不是严格沿着黄道运动，而是有时偏南有时偏北，这种变动导致有时日月交会而不发生日食。在此，天体运动"大数有常"和"与时推移"之间的辩证关系重新获得了重视。

一行将天文研究之法分为两个方面，一方面必须根据历代的天文观测记录反复比较推求，寻找共同点，取其"中"值，获得"常数"；一方面也要辨析观测记录的差异，了解其变动。天体运动不均匀的特性，决定了历法的"常数"不能涵盖一切天文现象，必须在历法之"常"外，辨所"异"、知其"变"。在一行看来，这就需要引入"占"，作为"历"的补充；历与占分别负责天文的常与变，将两者相互配合，才能掌握天道。

若以现代天文学标准评价一行的观点，当然很容易指出他的不足和错误，为他保留天人感应的一席之地深感惋惜。但如果回到一行的时代检查他的工作，不难发现他确以实测验天为先，已经做到了尽可能地揭示天体运行的规律。在他那里，"占"的作用范围已经缩小到少数当时实在无法用历数之常来解释和反映的不均匀、不规则运动，所占的"变"也已经不同于传统星占学的占象了。

一行还在儒家经典中找到了天文之"变"的依据。《日蚀议》的开头就讨论了一个经学问题，指出《诗经·小雅·十月之交》因日食而批评政治,但所记载的却是一次可以推算的日食,本就应该发生。那么为何古代君子仍然视之为天变呢？一行认为,这是因为日食终究是阴侵阳、臣壅君的结果,由诗文的批评反而可以推断上古太平之世太阳理应不会亏蚀。这里显然存在矛盾：既然日食是天体运动造成的经常现象,"日不蚀"又如何可能呢？为了化解这个矛盾,一行举出四种天体运动的变化,包括月亮临时改变运行方向躲避太阳,五星救护太阳,太阳方盛,上天隐匿,认为四者都是由于"德教"而产生的。这样的解释当然不符合自然,却合乎经学的逻辑。

为此,一行还找到了现实中的证据。他将开元十二、十三年连续发生的两次推算当食而不食,都归因于唐玄宗圣德动天。根据现代天文推算,这两次日食在中国境内都几乎观测不到,当食不食是由于很小的计算误差。一行称"若因开元二蚀,曲变交限而从之,则差者益多",在当时的条件下是不无道理的。既然不能更改历数,当然只能归因于政教了。一行在《略例》中说：

> 使日蚀皆不可以常数求,则无以稽历数之疏密。若皆可以常数求,则无以知政教之休咎。

在他看来,"常"与"变"同时存在于天道之中。"历数"和"政教"结合起来,正好可以解释这对矛盾。

我们不能简单地认为一行的用意是为唐玄宗歌功颂德。他在历法修订工作上未有任何懈怠,《大衍历》的精度也超过了刘焯、张胄玄。承认"常"与"变"共同存在,并非因为技术上的倒退,而是反思和超越张、刘的结果。一行说：

> 黄初已来,治历者始课日蚀疏密,及张子信而益详。刘

> 焯、张胄玄之徒自负其术，谓日月皆可以密率求，是专于历纪
> 者也。

在尽可能地提高精确度之后，一行批评前人的自负，再度承认了天有变数。古代历法本就是观察天人之际的技术，依附于天人合一的政教观。一行批评刘焯、张胄玄等人"专于历纪"，说明他心目中还有与历数相互配合的"政教"。这一政教思想，正与儒家的灾异论相合。

在《大衍历议·五星议》中，一行认为天用天文灾异吉凶之象"阴骘下民""警悟人主"，相比《五经正义》中"神道设教"之说，更相信天人感应。毫无疑问，一行肯定更懂"科学"，但他的"科学"和天人感应信仰之间并非截然对立。正因为他对天体运行中的规律和不规律有更深切的了解，又将"历数之常"严格地理解为数学上可以定量推算的，故而主张历数只能代表天道中"常"的一面；此外还有"变"的一面，唯有从政教的角度才能给予解释。因此，在历法的层面，灾异论与日食推步得以共生不悖。

（三）日食祥瑞与救日礼仪

日食推步往往失准，但日食预报的出现还是给灾异政治文化的礼仪、制度带来显著的影响。一方面，预报日食而观测不食或食分小于预测，有时日食还会由于天气因素观测不到，古人通常称之为"当食不食"或"阴云不见"。儒家灾异论认为，人君修德则灾消福至。那么，"当食不食"或"阴云不见"是否可以看作圣德动天，消灾致福，因而属于祥瑞呢？另一方面，古人对于日食很早就有一套救禳的礼仪，日食预报会对这些礼仪的安排产生怎么样的影响呢？

  "当食不食"和"阴云不见"意义的突显,始于唐玄宗时期。上文已经提到,一行将开元十二、十三年两次推算当食而不食归因于唐玄宗圣德动天,不过他还不是始作俑者。《资治通鉴》卷二一一开元二年条载:"二月庚寅朔,太史奏太阳应亏不亏。姚崇表贺,请书之史册。从之。"此举赋予日食以新的涵义。《唐会要》载:"仪制令:诸祥瑞若麟凤龟龙之类依图书大瑞者,即随表奏。……告庙颁下后,百官表贺。"①姚崇表贺"太阳应亏不亏",无疑是将之视为祥瑞之大者,请书之史册,则是根据史馆掌"天地日月之祥"这一条。②这种做法,此后逐渐形成朝廷惯例,至唐德宗时,竟将食不及分也当成了稍次于当食不食的祥瑞。③

  唐后期至五代,当食不食和阴云不见的记载屡见于史籍;唐中叶以后,群臣贺太阳不亏的表状也多有存世。通过日食祥瑞,皇帝减少了"天谴"的危险,增加了"天眷"的机会,成为最大的受益者。而当时的士大夫不仅未曾反对,而且竞相献媚求宠。

  这种情况,到宋代才有所改变。司马光在《资治通鉴》开元二年八月乙酉条下评论唐玄宗、姚崇称说祥瑞之事,说:"日食不验,太史之过也,而君臣相贺,是诬天也。"司马光对明君贤相的"诬天"之举深表惋惜,而欧阳修对这一事件的书法也颇可玩味。《新唐书·玄宗纪》开元二年条载:"二月壬辰,避正殿,减膳,彻乐。"此条《旧唐书》无,是欧史之笔。欧阳修没有写当食不食以及姚崇表贺之事,而记载日食发生之前玄宗的修省救日举动。这不仅暗示当时预测将有日食,而且表明修省救日的合理性以及当食不食

①《唐会要》卷二八《祥瑞上》,中华书局,1955年,第531页。
②《唐六典》卷九《史馆》,中华书局,1992年,第281页。
③ 见《唐会要》卷四二,第760页。

说不足为法。笔削之间，体现出微言大义。

原本，宋初继承了唐末五代制度的遗产，太宗淳化五年（994）开始就有"贺日不食"之事。[1]此后从真宗朝到仁宗至和元年（1054）间共有十次日食祥瑞，君臣表贺也屡见于史载，大约已经形成制度。但到仁宗嘉祐六年（1061），这一制度遭到质疑。根据《续资治通鉴长编》和《宋会要辑稿·瑞异》二之二的记载，六月壬子朔日食发生时，忽降雷雨，太阳仅食四分即为云层掩盖不见。负责观测天象的浑仪所认为，食分不及预测的六分半，故不算灾异，反是祥瑞。按照惯例，群臣将上表称贺。然而，王畴和司马光分别提出了反对意见。王畴认为日食发生之初，看得非常清楚，后为云所掩而不见，并不能说日食没有发生，因而请仁宗阻止群臣表贺。司马光也批评表贺日食祥瑞之风，认为虽然京师阴云笼罩而不见日食，但四方必有见者。这象征人君为阴邪所蒙蔽，天下皆知其危险而唯独自己不知，比一般的日食为祸尤深。由于二人的劝诫，仁宗下诏令百官不得称贺，改变唐代以来惯例。士大夫成功地迫使皇帝放弃了日食祥瑞说带来的权益，这与在仁宗朝高涨的"士"气和"共治天下"的政治文化是分不开的。

值得注意的是，司马光和王畴的意见都以天人感应说为基础，通过强调日食的灾异性质来反对日食祥瑞说。他们相信日食可推步而知，但仍坚持日食灾异说并据此陈说天意。这样看似矛盾的做法，只能用"神道设教"来解释。司马光大概已经认识到，灾异论和祥瑞说建立在共同的理论基础上，一味强调"天行有常"，用自然规律来解释，无疑会削弱"休咎之变"的影响力，打击祥瑞说

---

[1] 李焘《续资治通鉴长编》卷三六淳化五年十二月戊寅条，中华书局，2004年，第802页。

的同时也将摧毁灾异论。

在坚持神道设教的前提下，对日食祥瑞说的反对意见终究难以彻底和有效。仁宗朝的改变没能维持下去。神宗即位不久，便有表贺日食祥瑞事。熙宁二年、六年两次日食阴云不见，先后担任宰相的富弼、王安石带头称贺，恢复了仁宗废止的旧制。据《文献通考·象纬考六》，神宗一朝共有九次日食记载，其中阴云不见、当食不食或食不及分者竟有七次，占了绝大多数，比例较真宗、仁宗朝的约有30%大幅度提高，也是宋代历朝的顶点。这种变化很难用历法、天气等因素解释，它与表贺日食祥瑞的恢复一样，有其政治原因。当时，神宗锐意革新，任用王安石进行变法。但新法遭到元老重臣的激烈反对，改革派和保守派共处朝堂，激化了士大夫群体内部的矛盾，形成尖锐的党争。两派都力图获得神宗支持，击倒对方，制约君权的需要也因此让位于党派斗争。哲宗朝，新旧两党斗争仍然十分激烈，日食祥瑞的比例也很高。在激烈党争之中，两派大臣谁都不愿意冒违忤皇帝的风险否定日食祥瑞。此后，宋高宗时期秦桧为相，明世宗时期严嵩执政，都是日食祥瑞的高发期。

日食祥瑞直到清代才销声匿迹。清代钦天监兼用中西历法，日食推算水平有较大的提高。而清代帝王对科学技术的兴趣和了解程度，也远过前代。尤其是圣祖玄烨，好学善思，富有科学精神，在天文历算学上颇具造诣，对于天变灾异说的虚实十分清楚。然而在实际政治活动中，玄烨始终遵奉儒家灾异论，不仅不作"玩天"之态，而且善于利用天变，常以日食灾异督责臣工。清《圣祖仁皇帝圣训·敬天》和《清朝文献通考·象纬考》载此类上谕甚多，此不赘录。至于日食阴云不见，玄烨也强调其灾异的意义。康熙五十八年（1719）正月，谕大学士、九卿曰："元旦日食，以阴云微雪未见，别省无云之处必有见者。况日值三始，人事不可不谨。政或有阙失，诸臣确议以闻。"①要求大臣讨论政事缺失上闻，绝无以为祥瑞之意。清帝以日食灾异督责臣工的传统长期保持，直到同治十一年（1872）仍有类似诏书。②大臣以日食祥瑞之说求宠者，多无功而返。雍正八年（1730）六月日食，山西巡抚石麟以至期阴雨不见食称贺，江宁织造隋赫德以是日阴雨过午晴明日光无亏称贺，都受到"切责"。胤禛还因此谕大学士等，通过亲身观测经验说明观测失误的可能，痛斥"怠忽天戒"的大臣。③

日食祥瑞说始于唐代，与当时历算技术进步有密切关系，但又是历算技术不够发达造成的。理论上说，天文历算的发展动摇了天人感应论，但在实践中，却往往由于知识技术本身的局限和政治的各种实际需要而生成新的灾异说和祥瑞说。日食祥瑞的盛行或消歇中，知识和技术都不起决定性的作用。日食灾异论和日食祥瑞说，同样以"休咎之变"为理论基础，都是儒家意识形态的组成部分。人臣是否坚持天人感应说以制约君权，人君是否接受这种制约甚或反过来用以戒饬大臣，简言之，"神道设教"的意愿和贯彻能力，决定了意识形态的实际效果。

再来看救日礼仪。日食救护礼仪大致可以分为救禳和修省两个方面。救禳是通过厌劾或祈禳的方式，救护太阳和消除日食的灾难性后果。这类礼仪起源于古代巫术或数术。修省是人君通过暂停一般政治活动，降低服装和饮食规格，行凶丧礼节，表示自省悔过，以求平息神怒。具体而言，前者主要是伐鼓、用牲，后者则包

① 《清朝文献通考》卷二六三《象纬考》，《十通》本，浙江古籍出版社，1988年，考第7218页中。
② 见刘锦藻等《清朝续文献通考》卷三〇一《象纬考八》，《十通》本，考第10478页下。
③ 《清朝文献通考》卷二六三《象纬考》，考第7218页下。

括素服、避正殿、减膳、彻乐、不视事等。两者原本都在日食发生后实施。

理论上，古人一旦发现日食规律，就应该明白救禳和修省不能阻止日食发生，也无法缩短其持续时间，至于所要平息的天怒、消除的凶兆实际上并不存在。但是，在日食预报制度建立后，救日礼仪不但没有取消，而且变得日益细致、隆重。原因大致有二：一是通过预报日食，救日仪式的准备时间大幅度增加；二是儒学对礼制的影响扩大，促使国家按照经典的论述而非现实传统安排仪式。日食能够预报之后，儒家经典关于救日礼仪的理想化描述才得以在国家礼制中实现。

不过，文献记载的晋唐时期的救日礼仪制度都过于复杂，动员人数众多，皇帝不视事又与处理日益繁忙的政务所需的理性行政倾向相背离。它们是否能够执行，值得怀疑。救日礼仪反映了儒家敬畏天命的思想，但人君自身无疑更关心日食的凶兆意义。随着日食推步技术的发展，后一种意义不断削弱，救日礼仪也难免遭到皇帝的怀疑和抵制。《新唐书·礼乐志六》记载贞元三年八月日食，德宗阻止有司伐鼓救日，即便太常指出伐鼓有经书依据，亦未能打动上意。此后终唐之世，再没有举行伐鼓救日礼仪的记录。在修省仪式方面，汉代日食发生后，皇帝必须素服避正殿，不听事时间长达五日。到隋代，皇帝不视事的时间已经缩短为一天。唐《开元礼》也规定皇帝仅日食当天避正殿不视事。唐德宗废止伐鼓救日仪式后，素服避正殿的礼仪保留下来，被宋代所承袭。救日祈禳仪式在唐亡以后也逐步恢复，并逐步接近儒家经典的记载。

与宋同时，金朝也实行了日食救护仪式。元代制度中，儒学的影响力衰落，未闻有救日礼仪。明太祖时，又迅速恢复。但宋代以后，日食预报行之既久，知识阶层大体都认识到日食的规律性，难免产生"玩天"之心。明人谢肇淛云：

> 使日食不预占，令人主卒然遇之，犹有戒惧之心。今则时
> 刻秒分已预定之矣，不独人主玩之，即天下亦共玩之矣。予观
> 官府之救护者，既蚀而后往，一拜而退，杯酌相命，俟其复也。
> 复，一拜而讫事。夫百官若此，何以责人主之畏天哉！①

这段话反映出明代官员执行救日仪式也极为懈怠，不仅迟到，甚至
在过程中以饮酒消遣，毫无虔敬之心。救日礼仪至此已经名存实
亡了。

然而，到了清代，情况又是一变。清代救日礼仪的制度大致与
明代相仿，但在执行上十分重视。高宗时曾数次要求百官严肃从
事。举行救日仪式时，京师各部衙门众官被要求齐集到场行礼，且
个个严肃认真，始终不能懈怠。日食初亏、复圆时大臣齐行三跪九
叩大礼，其间则轮番长跪等候日食结束，甚至有人坚持不住倒下或
"徙倚蹲踞"，千姿百态。看来清代的救日仪式在皇帝的亲自过问
下，是动真格的。此外，弘历还规定凡遇日食，百官皆降服而着常
服。②这也是根据儒家经义，表示敬畏天戒。

与此相映成趣的是，皇帝本人的修省救日礼仪在明清时代大
幅度削减，最终取消。明代仪式中虽然保留了当日"皇帝常服，不
御正殿"的规定，"不视事"一条则已经废除。至清代，连日食避正
殿减膳的制度也一并罢废。《大清会典》中找不到任何日食时皇帝
的义务。每逢日食，百官被驱使至礼部衙门救日，皇帝则照常起居
听政，仿佛日食与他全然无关。在明清时代高度专制集权的制度

---

① 谢肇淛《五杂组》卷一《天部》，上海书店出版社，2001年，第8页。
② 《大清会典则例》卷九二《礼部》。

下，免除皇帝的日食修省义务，一方面是行政理性的表现，另一方面也与前文所论"神道设教"主客体的转换有关。

从历代救日礼仪的变化中，大致可以归纳出两点认识。第一，历代救日礼仪实际受重视的程度趋于下降；第二，这些变化都不是单向推进，而呈现不断的波动和反复。日食规律的发现和日食预报，确实对救日礼仪产生了重大影响，但还不足以将之完全取消。即使在承认日食为天道常数的前提下，救日仪式也往往因为儒学意识形态中"敬畏天戒"的诉求而得以保存甚至强化。

隋唐以后，日食推步技术的发展和日食预报制度的完善，改变了经学解释和思想观念，却没有从根本上动摇儒家意识形态。儒家意识形态中的"神道设教"之意，很大程度地抵消了"天行有常"的认识在政治制度和政治活动中的影响。日食如此，其他灾异的情况也大体类似。清末经学家皮锡瑞说："近西法入中国，日食、星变皆可豫测，信之者以为不应附会灾祥。然则孔子《春秋》所书日食、星变，岂无意乎？言非一端，义各有当，不得以今人之所见轻议古人也。"[1]孔子的微言大义是经学的根基，只要前提还在，灾异论说就可以在传统中找到正当性的来源。

灾异论终究还是在清末民初走向了衰亡，那是因为传统知识体系遇到了全新的挑战。这个挑战不是"科学知识"的积累，而是从西方传来的"科学"观念在意识形态层面战胜了包括儒学在内的本土信仰。由于"赛先生"，也就是作为意识形态的"科学"的胜利，灾异论才被视为"反科学"的知识体系，而名誉扫地。

---

[1] 皮锡瑞《经学历史》，中华书局，2004年，第69页。

五、再思灾异政治文化

自从开始研究灾异，每逢异象，就会被问："主何吉凶？"书稿完成后，又读到沈艾娣写的《梦醒子》，研究清末民国时期山西乡绅刘大鹏的日记。刘大鹏在1914年春夏记录了一连串异象：深夜异响、日冕三重、仲夏雨雹，还有报纸上说的江苏落下红雨。这位"梦醒子"认为，那都是乱臣篡逆和日军侵华的征应。看来，灾异论虽然退出了主流学术和正式制度，但作为文化，依旧余音不绝。

探究灾异政治文化的历史，可以得出什么结论呢？小书出版后，"澎湃新闻"的"私家历史"栏目相约做过一个访谈，将题目定为："中国古代灾异论能够制约皇权吗？"①这恐怕是大家对"灾异论"最普遍的关切，无疑也是研究的出发点之一。然而，任何研究都会被要求用一句话来概括，也都不应该只一句话就足以概括。研究应当带我们越来越远离出发时的预设，去往未曾想见之处。虽然儒学士大夫在理念中长期将解说灾异当作神道设教、制约皇帝行为的一种手段，但实际情况却往往并非如此。董仲舒大一统，尊皇权，他的灾异解说，矛头所指是朝廷内外对于皇权、德治的种种威胁；刘向、刘歆父子的灾异理论或偏于实用，或偏于学理，但其对手都不是皇帝，而是宦官、外戚这些被认为侵夺皇权的政治势力；汉代有因灾异策免三公之制，而宋代士大夫称说灾异，除了要求皇帝修省，还多用于政敌之间的互相攻讦；至于清代，皇帝甚至亲手握住灾异论的武器，将剑尖儿指向了他们的臣僚。当我们提

---

① 《澎湃新闻·私家历史》2016年5月21日，记者钱冠宇，https://www.thepaper.cn/newsDetail_forward_1455980。

出"能否制约皇权"的问题时，显然带上了怀疑、否定皇权的现代预设，但晚清以前的士大夫却从未在皇帝制度以外设想过任何其他政体——他们都是皇权的忠实拥护者，对皇权的理想是"内圣外王"。古代中国与世界其他主要文明不同，"天命"信仰终究没有发展出独立于世俗政体之外的宗教组织。君权得自天命，却并不仰赖教权代天授命。皇帝作为"天子"，垄断着祭祀天的权力，控制着占测天的知识，因而也是灾异论理所应当的服务对象，并且不难掌握对灾异的最终解释权。由此看来，灾异论不是从外部制约皇权，而更应该理解为皇权政治体系内部的一项自我调节的工具。

我曾倾向于从理性化的角度去解释灾异论和政治文化的发展，但此刻却越来越感到理性人的假设并不可靠，信仰、情感等非理性因素才是灾异政治文化形成和维系的根本缘由。相比于世界其他各大文明，帝制中国的政治高度世俗化，从未出现过与"皇权—官僚"体系并立的组织化的强大教权。然而，皇权的合法性来源却终究无法在世俗生活中得到一个具有普遍说服力的理性解释，最终仍需诉诸超越性的存在。"惟德是辅"的主体"天"，即便民本主义的解释"天视自我民视，天听自我民听"（《孟子·万章上》引《泰誓》），也只是将"民命"作为"天命"外化，而无法否认"天"的根本作用；"马上得之"的王者，也需要自证"天命所归"，才能"坐稳江山"。只要"天"还是人们心目中合法性的根本来源，对"天"的信仰、崇拜便会绵延不绝，而天人关系在政治生活中既无法回避，又往往可资利用。

进入现代世界，科学革命带来的对于科学的信仰获得了取代宗教的力量，在宗教本就薄弱的中国，效果尤为明显。意识形态化的科学用自然规律取代"天"，用历史规律取代"天命"，这才剥夺了灾异论在主流意识形态中的地位。但灾异政治文化衰微而未消亡。科学无法彻底取代宗教，理性无法完全压抑情感，人类终究逃不脱死生的循环重启。当自然和社会显现出巨大的威势和不可知性，最坚固的理性之盾也将被击穿，任由神秘的天幕笼罩人心。于是，在历史的巨变之中，在权力的高压之下，在规律的必然之外，往往能够听到灾异的隐约回响。

灾异政治文化研究远未到结束的时候。小书是求学过程中的急就之作，匆忙搭起一个架子，不料此后再无心力弥补改进。所幸这个题目近年来仍不乏学者关注，比如，张书豪、程苏东侧重于文献学和经学史的探究，对《汉书·五行志》的体例、《洪范五行传》的早期形态以及董仲舒、刘向、刘歆等汉儒灾异论说的文本和旨趣进行了深入细致的研究，多有发覆、推进之处；[1]张吉寅从宋仁宗时期的几起火灾、水灾入手，研究北宋皇室和士大夫如何在政治实践中运用灾异论说；[2]刘力耘则通过苏轼对灾异事应说态度的两次转变，反思学界对宋代天人关系、理性化等问题的认识；[3]等等。无疑，学者们还将续有新作，而管见未及的研究肯定还会越来越多。新旧研究中都有观点与本章互有出入，在此无法一一检讨、回应，但读者完全可以自行评断。我相信，任何唯一的答案都不会终结对灾异政治文化的追问。我们的认识将与时俱进，在古今的对话中不断更新。

---

① 相关研究主要有：张书豪《汉书五行志疏证》，学生书局，2017年。程苏东《〈洪范五行传〉成篇与作者问题新证》，《国学研究》第37卷，北京大学出版社，2016年；《流动的文本：刘向〈洪范五行传论〉佚文考辨》，《中华文史论丛》2017年第1期；《〈汉书·五行志〉体例覆覈》，《中国史研究》2020年第4期；《〈汉书·五行志〉的编纂意图与策略》，《文学遗产》2021年第3期。
② 张吉寅《火灾视阈下北宋刘太后与士大夫的权力博弈》，《河北大学学报（哲学社会科学版）》2019年第4期；《"水不润下"与北宋濮议》，《北京社会科学》2019年第7期。
③ 刘力耘《宋代士大夫灾异论再认识——以苏轼为切入点》，《史学理论研究》2021年第6期。

佛教

陈志远（中国社会科学院古代史研究所）

倡导出世生活的佛教，在何种程度上能够参与人间的政治文化传统之构建？在佛教内部，问题可以转换为信仰者的修行理想和此世生活二者之间的安顿；在世俗政治的领域，则需要考虑现实的制度、礼仪、风俗是否存在超越性的维度，是否可以和佛教的修行理想调和？将佛教作为政治文化的构成要素加以考察，意味着探寻政与教、公与私、俗与真之间的复杂逻辑，从而丰富对古代政治意涵的理解。

在世界主要佛教传统中，学界对南传佛教主导的佛教政治体研究较多，原因不仅在于南传佛教传承有序的教理体系，也由于东南亚迄今仍然存在以佛教为政治文化主干的区域社会，可以展开人类学意义上的田野调查。[①]

语境转到中古中国，讨论佛教政治文化显得格外困难。一方面，汉地佛教的主要思想来源，是西北印度经由丝绸之路传来的北传佛教。公元纪年初期的几个世纪里，佛教在犍陀罗地区发生了许多重要的变化，举其要者如佛像崇拜、净土信仰的兴起，转轮圣王观念的流行，大乘经典的编撰等等。这些新出现的佛教形态对

---

① 代表性研究成果参见: Paul Mus, "Etudes indiennes et indochinoises", *Bulletin de l'École française d'Extrême-Orient* 28.1 (1928), pp. 147-278. S. J. Tambiah, W*orld Conqueror and World Renouncer: A Study of Buddhism and Polity in Thailand against a Historical Background,* Cambridge: Cambridge University Press, 1976. Robert Lingat, *Royautés bouddhiques. Aśoka—La fonction royale à Ceylon,* Deux études éditées par Gérard Fussman et Éric Meyer. Paris: Éditions de l'École des Hautes Études en Sciences Sociales, 1989. Melford E. Sprio, *Buddhism and Society: A Great Tradition and Its Burmese Vicissitudes* (2nd edition), University of California Press, 1986. 中译本: 香光书乡编译组《佛教与社会: 一个大传统并其在缅甸的变迁》, 香光书乡出版社, 2006年。

东亚佛教的影响极为深远，然而这些关键变化的记载极为稀少，至今仍然迷雾重重，难于推进。[①]另一方面，佛教传入以前，中国已经形成了高度发达的本土文化传统，以至于佛教无法成为单一的构建要素，而只能附丽于华夏政教传统的固有结构之上，与之取得调和。并且由于繁荣的历史撰述活动，以及宋代以降儒家意识形态的重新抬头，中古时期的原始记录难免遭受涂改和删略，整体的历史认识也受到新的意识形态的左右。

　　本文论述的范围，即是拙著《六朝佛教史研究论集》涵盖的东晋南朝，既是时代的断限，也包含了地域的分野。这一时段既是佛教参与政治文化传统构建的关键时期，也是反思性的当代历史撰述的形成期。我们希望从佛教引起的若干争论中，抽绎出对中古佛教政治文化的宏观认识。不过，作为预备的考察，首先需要对历史记录的形成过程做一番清理。

---

① 关于犍陀罗佛教影响中古前期汉地佛教的概述，参见：Ann Heirman and Stephan Peter Bumbancher, *The Spread of Buddhism*, Leiden: Brill Academic Publisher, 2007, pp. 49–74；孙英刚《魏晋南北朝时期犍陀罗对中国文明的影响》，《复旦学报（社会科学版）》2022年第1期，第144—121页。

一、佛教史书撰述传统的形成

研究某一断代的历史,当对涉及该时段的全部史料之范围、性质有所了解,这似乎是基本的要求。我关心六朝佛教史书撰述传统的确立,还有另外两方面的考虑。一是技术层面,相比北朝和隋唐时期,东晋南朝的佛教史料主要是传世文献,新出资料极少,但这些文献反复转抄,通过辑佚等手段,还可以剥离出比较丰富的文本层次。近年受到后现代史学思潮的影响,配合以电子检索技术的便利,颇多研究者非常乐于挖掘作者的撰述意图,乃至将早期禅宗史研究中的某些激进的认识引入六朝佛教史料的研究,[①]结论似多有未安。这促使我系统地梳理六朝佛教史料连续积累的过程。

随着研究的深入,思考触及到另外一个层面,即思想史的层面。虽然佛教传入汉地是在两汉之际,在世俗史书中留下了零星的记载,但以佛教人物、史事为主要题材的自觉的历史书写,是在东晋南朝出现并确立的传统。如果从更广阔的比较史学视野来看,相比欧洲中世纪的史料形态,中国官修史传统的强大给人突出的印象,甚至令人感到压抑。试想今日所传各种文献,不在《四库全书》范围内的有几种? 逸出《隋志》《汉志》者又几何? 在这个背景下,能够摆脱朝廷的推力而独立存世的史料,佛道典籍、地方志和文集蔚为大宗。这些文献是通过什么载体得以流传,背后的精神力量又是

---

① 关于欧美学界禅宗史研究的综述,参见龚隽、陈继东《中国禅学研究入门》,复旦大学出版社,2009年。

什么？从知识—权力的角度，对教史文献和国家权力的关系做一反思，颇觉这类作品的存世本身，就是政治文化的一道风景。[①]

　　记载六朝佛教最重要的史传作品，是梁慧皎撰《高僧传》和初唐道宣撰《续高僧传》，此外还有梁僧祐撰《出三藏记集》《弘明集》，隋费长房撰《历代三宝纪》，以及道宣撰《广弘明集》《集古今佛道论衡》《集神州三宝感通录》等等。台湾学者曹仕邦曾撰长文，指出中国佛教史传与目录，出于律学沙门的事实，对其原因的解释似未达一间。[②]依曹氏所论，律学僧人撰述史传一则因毗尼为三藏之一，律宗僧人特重师资传承；二则惩于伪滥横行，故此褒扬高蹈，以为僧行之示范；编定目录的目的也在于区别经籍之真伪。需要指出的是，所谓"伪滥"是一个包含强烈价值判断的称谓，其中包括无视戒律规约的散漫怠惰之徒，也包括一些真诚地奉行其所理解的佛教价值观，而被正统的律师视作异端的人群。僧祐有巡行地方检括僧徒的经历，对异端的识别在道宣的《续高僧传》中

[①] 这当然不是说教史文献能够完全摆脱国家权力的控制，恰恰相反，方广锠等学者研究表明，隋唐以降，皇室日益介入到大藏经编纂乃至佛典翻译事务之中。参见方广锠《中国写本大藏经研究》，上海古籍出版社，2006年。季爱民以初唐非皇室敕准的《陀罗尼集经》之翻译为例，考察了该经传播过程中遭遇的阻力。参见氏著《隋唐长安佛教社会史》，中华书局，2016年，第87—91页。然而必须指出，皇室对大藏经目录的审定和监控，程度始终是有限的，许多时候只有程序上的确认权；《开元录》明敕禁断的书目，在敦煌发现了同时期的写本，宋代江南藏经的编目更加灵活多变，天台、华严等宗祖师作品纷纷入藏，背后有各宗僧人的积极推动。更不要说不入藏而以单刻形式流传的诸多禅宗语录、文集。可以说，藏经修造史就是社会力量和国家权力围绕文本经典性（canonicity）纠缠角力的历史。限于篇幅，这个话题暂不展开。

[②] 曹仕邦《中国佛教史传与目录源出律学沙门之探讨（上）》，《新亚学报》第6卷第1期，1960年8月，第415—486页；同文（中），《新亚学报》第7卷第1期，1961年8月，第305—361页；同文（下），《新亚学报》第7卷第2期，1962年2月，第79—155页。

体现得更为明显，他甚至打破了慧皎定立的规则，收录了颇具争议的卫元嵩、明琛等人事迹。律学僧人撰作史传，体现的是律师群体对存在于世俗世界的僧团现状的密切关注，和以戒行防范异端的高度警觉。

此外，目录的编定也是此种关注的体现。如前所述，异端实践之"邪"，多半来源于其所奉经典之"伪"。为了编定目录和撰作史书，都要进行文本的搜聚，书籍的流传和僧人的实践，共同构成了历史时空中的教团存在和知识形态。因此我认为，在佛教史学的语境中，目录也是广义的史传，二者是相互转化的。例如《高僧传·译经篇》所载译师的事迹，主要来源是《出三藏记集》代录。《历代三宝纪》代录每位撰者的书目之下，附录一篇小传，又是融裁僧人的传记。

最后还有一类护教文献，较多保留了僧俗作品的原始形态。史传作品往往收录这类作品，但难免加以删削、点窜，有时还强加了撰者的叙事逻辑，例如习凿齿与道安的书信，并见于《高僧传》与《弘明集》，宋文帝与何尚之论佛教事，散见于《高僧传》《弘明集》《集古今佛道论衡》，读者参互以求，不难窥得其中迁改之迹。

关于上列史传、目录、护教文献的整理进展和利用方法，我曾做过简单梳理。[1]本文想讨论的是，在成熟形态的僧传体裁成立以前，六朝佛教史书经历了怎样的发展历程。这个问题的考察，很大程度上是通过对《高僧传》史源的调查实现的，该书卷一四所附慧皎自序和王曼颖的书信提供了重要线索，学者对这两篇重要文献做了详

[1] 拙著《六朝佛教基本史料参考目录》，《慢读漫笔》，上海文艺出版社，2020年，第133—155页。出版年代较早的导读参见苏晋仁《佛教文化与历史》，中央民族大学出版社，1998年；宿白《汉文佛籍目录》，文物出版社，2009年。最近日本出版的《仏典解题事典(第三版)》(春秋社，2020年)也值得参考。

细的笺释和考证。①这里在先行研究基础上，做几点个人的观察。

（一）僧人单传与士人文化

僧传写作最初的形态是单个僧人的传记，目前所见都不早于东晋时期，更确切地说，是东晋中后期。传记的作者多为传主的俗家弟子，其文体也多脱胎于当时世俗史学的书写习惯。有如下几个类别：

（1）别传

别传是指相对于正史本传的杂传，同时也区别于家族亲属所撰之"家传"，具有鲜明的私撰性质。②"别传"之体魏晋间已经甚为流行，文献所见僧人别传，涉及的人物年代较早者，有高座上人帛尸梨蜜、佛图澄、道安、支遁、单道开等等（诸家转引题目或有微异），除佛图澄以外，都是东晋时期的僧人。③

其中传主年代最早，作者身份也最为明晰的是王珉所撰《高座别传》。王曼颖云"王秀但称高座"，纪赟指出"秀"当为"季"之误，盖指王珉，字季琰，丞相王导之孙，中领军王洽之子。④琅邪王氏自王导礼接僧人如帛尸梨蜜、竺法深等人，至其子王洽传闻有供养竺法汰之事，不过法汰渡江，王洽已然卒没，年代容有错乱。至王

---

① 王曼颖《与皎法师书》又见《广弘明集》卷二四。相关研究参见汤用彤《慧皎〈高僧传〉所据史料》，《汤用彤学术论文集》，中华书局，1983年，第28—34页；纪赟《慧皎〈高僧传〉研究》第四章《〈梁传〉与早期传记类资料之史源学研究》，上海古籍出版社，2009年，第151—252页；吉川忠夫、船山徹訳《高僧伝（四）》，岩波书店，2010年，第403—419，420—433页。
② 熊明《汉魏六朝杂传研究》，中华书局，2014年，第34—35页。
③《高僧传》卷一《安清传》曾引《别传》（慧皎撰，汤用彤校注，中华书局，1992年），第7页。安世高虽然生于汉末，而从引文可见，其所涉及的主要是安世高在江南的行迹，并且年代、人事多有舛误，绝非时人所作，很可能也晚至东晋以后，甚至更晚。
④ 纪赟《慧皎〈高僧传〉研究》，第152页。

珉、王珣兄弟,始有请僧译经与舍宅为寺之举,《冥祥记》还记载了王珉之字为胡僧转世的逸事。这都可以说明,到王珉、王珣这一代,已经建立了虔诚的家族信仰。[①]

《高僧传》云王珉师事帛尸梨蜜,其实并不准确,后者咸康中(335—342)卒,其时王珉(351—388)尚未出生。[②]王珉为高座上人立传,与其父王洽供养竺法汰,都是后代对先祖奉佛事迹的追述,其间容有增饰的成分。从《世说新语》刘注辑佚所得的引文看,僧祐、慧皎所立传记,主要史源即是王珉《高座别传》。其中提及时人为之标目,固然是魏晋名士之惯习,又说其人不作汉语,而谈论之际"神领意得,顿尽言前",则分明体现了魏晋玄学"得意忘言"的审美价值。《高僧传》又引王珉之"序",将他与汉世金日磾相比,以称说"天授英伟,岂侯于华戎",这些细节都可以看出身为名士的王珉在用汉地士人的伦理和审美,来书写胡僧的事迹,为其异域的生活方式辩护。

(2)碑诔

相比于别传和行状,碑诔是传主去世后的悼念性文字,区别在于碑文铭刻于石上,诔文常有请谥的目的。

李猛对东晋南朝僧尼碑志做了全面的调查,[③]据其所考,僧人圆寂士人为碑诔者,东晋时期有支遁(约314—366),卒后"郗超为之序传,袁宏为之铭赞,周昙宝为之作诔"。[④]支昙谛(347—411)去世,丘道护撰诔文,文载《广弘明集》。[⑤]慧远(334—416)卒,"谢

---

① 以上所考参见纪志昌《两晋佛教居士研究》,台湾大学出版社,2007年,第190—199页。

② 纪志昌《两晋佛教居士研究》,第194页。

③ 李猛《制作哀荣:南朝僧尼碑志之兴起》,《中国历史研究院集刊》2021年第1辑,第34—88页。

④《高僧传》卷四《支遁传》,第163页。

⑤《广弘明集》(T. 2103)卷二三,《大正新修大藏经》(52),第265页下—第264页上。

灵运为造碑文,铭其遗德,南阳宗炳又立碑寺门"。①是为六朝僧人立碑之始。慧远的碑文,谢灵运撰文,张野撰铭,谢灵运还为慧远撰作了诔文,亦载《广弘明集》。

（3）经记

经典翻译的过程中,往往需要交代经本的来源,于是翻译者或经文携带者的传记往往在出经后记里加以叙述。经记是僧传的一类比较特殊的来源。《出三藏记集》第二部分题为"诠名录",第三部分"总经序",第四部分"叙列传",通过对该书编纂程序的考察可知,经记是一手材料,根据经记作成目录和传记。②

由经记敷衍成僧传的典型例子是朱士行求取《大品经》事。史载朱士行"尝于洛阳讲《小品》,往往不通"。他到于阗求得经本,决定派弟子传回中土,受到当地小乘学僧的阻挠。《出三藏记集·朱士行传》记载士行烧经为证,这段记述亦见于《冥祥记》,而文字更为生动:

> 仕行曰:"经云'千载将末,法当东流。'若疑非佛说,请以
> 至诚验之。"乃焚柴灌油,烟焰方盛。仕行捧经,潸流稽颡,誓
> 曰:"若果出金口,应宣布汉地,诸佛菩萨,宜为证明。"于是投
> 经火中,腾燎移景。既而一积煻烬,文字无毁。皮牒若故。③

该条末尾云"慧志道人先师相传,释公亦具载其事",交代了文本的信息来源。慧志道人事迹无考,"释公"从文献中的用例看,无一例外是指道安,盖因道安首倡僧人以释为姓,故以此称之。考《出

---

① 《高僧传》卷六《慧远传》,第222页。

② 参见笔者为陈金华《佛教与中外交流》所撰书评,拙著《慢读漫笔》,第38页。

③ 周叔迦、苏晋仁《法苑珠林校注》卷二八,中华书局,2006年,第866页。王国良《冥祥记研究》,文史哲出版社,1999年,第75页。

三藏记集》卷三"安公失译经录"有"仕行送《大品》本末一卷",①
正是其来源所自。

　　历览《高僧传》各篇,史料来源大致分为两途,一为灵验记,
二为单传。前者的写作目的是劝化,每多灵异之谭;后者则比较
平实。相较而言,后者占比更重。单传之中,除经记产生于译场内
部以外,碑诔传状之类的作品,都脱胎于东晋中后期的士人社会,
服从于世俗史传的书写习惯和价值观。具体而言,它们一般强调
传主的郡望家世,举止风神,记载其卒年和年岁,行文则多以典雅
高华的文体出之,及其甚者有慧皎指摘的"或褒赞之下,过相揄
扬;或叙事之中,空列辞费"的毛病。这也是中古谀墓文字的典型
特征。

　　今人研究中古佛教史传,多谈及"圣传"(hagiography)概念。
这个概念起初是用于西欧中世纪史研究,是指基督教的圣者传
记。②在佛教史的语境中,它似乎更强调按照佛教经典的理想型书
写人物事迹的体裁,因而与世俗的传记文学存在较大差异。③然而

---

① 苏晋仁、萧炼子点校《出三藏记集》卷三,中华书局,1995年,第108页。
② 圣传研究的奠基者是20世纪初用法语写作的中世纪史学家Hippolyte Delehaye,
晚近的圣传研究影响较大的人物则是 Peter Brown,其研究历程的介绍参见刘寅为
其代表作《穿过针眼》中译本撰写的导读:《古代晚期史家彼得·布朗以及"穿过
针眼"的一些线索》,彼得·布朗著,刘寅、包倩怡等译《穿过针眼:财富、西罗马
帝国的衰亡和基督教会的形成(350—550年)》,社会科学文献出版社,2021年,第
1—35页。
③ 中国佛教圣者传记的先行研究,参见: John Kieschnick, *The Eminent Monk: Buddhist
Ideals in Medieval Chinese Hagiography,* Honolulu: University of Hawaii Press, 1997;
John Jorgenson, *Inventing Hui-neng, the Sixth Patriarch: Hagiography and Biography
in Early Ch'an*, Leiden: Brill Academic Publisher, 2005; Stuart H. Young, *Conceiving
the Indian Buddhist Patriarchs in China,* Honolulu: University of Hawaii Press, 2015;
李熙《僧史与圣者传记:〈禅林僧宝传〉的历史书写》,中国社会科学出版社,2014年;刘
学军《张力与典范: 慧皎〈高僧传〉书写研究》,商务印书馆,2022年。

如果考虑汉地佛教史传的起源，特别是如果将汉语佛教史传与印、藏佛教传统的同类作品加以比较，则不难感受到其与世俗传记明显的亲缘性。

（二）僧人类传与教团分科

同样在东晋中后期，出现了将僧人群体分类作传的体裁，其中又可分成两种，一种以地理范围划分，一种是以修行德目来组织。后者到梁初还有比较明显的变化，在此着重讨论。

《高僧传·序》提到"沙门法济偏叙高逸一迹，沙门法安但列志节一行，沙门僧宝止命游方一科"。[1]法安、僧宝生平不详，《高逸沙门传》的作者竺法济是东晋时人，其书散见《世说新语》刘孝标注征引。"高逸"之类的德目，反映了时人仍以方外隐逸的传统眼光来认识僧人群体，与正史中"隐逸""孝义"等类传的设置互为表里。此外，孙绰的《道贤论》将两晋名僧与名士一一匹配，并作赞语，虽非严格意义上的传记，归类的意识却同属一脉。

众所周知，慧皎《高僧传》以科类编排，分为译经、义解、神异、习禅、明律、遗身、诵经、兴福、经师、唱导十科，此后道宣《续高僧传》、赞宁《宋高僧传》都延续了这一传统。慧皎之前的宝唱撰《名僧传》，设置外国法师、神通弘教外国法师、高行中国法师、隐道上中国法师、中国法师、律师、外国禅师、神力、兼学苦节、感通苦节、遗身苦节、索苦节、寻法出经苦节、造经像苦节、导师、经师等十六个门类，高行、隐道、兼学等名目，较多地借鉴了传统世俗史书的划分，法师、律师、禅师的设置，以及感通、遗身等名目，又接近后

---

[1]《高僧传》卷一四，第523页。

来"高僧传"类作品的分科方式,呈现出明显的过渡性。[①]

从世俗史书的类传,到"高僧传"类作品的分科设置,变化在于突出了教团内部的修行专长的差异。在印度早期佛教教团中,甚至佛陀生前,已经出现了持法僧(Dhammadhara)、持律僧(Vinayadhara)等名号。[②]初期大乘佛教的经典,譬如《郁伽长者所问经》(*Ugrapariprcchā*)的最早译本也有"明经者""奉律者""山泽者"等等分科。[③]汉地对教团内部分工的认识,是随着对僧籍管理的加强日渐明晰的。东晋末年,桓玄与慧远在关于僧团存废的问题上反复争执,其中就谈到"一者禅思入微,二者讽味遗典,三者兴建福业"等等类型的僧人。[④]刘宋时期,周朗上言,"今宜申严佛律,裨重国令,其疵恶显著者,悉皆罢遣,余则随其艺行,各为之条,使禅义经诵,人能其一",[⑤]再次肯定了习禅、义解、诵经的合法性。在北朝,不仅诸科皎然有辨,僧人还往往对诸科之高下加以轩轾。北周道安勉励弟子说:"学无多少,要在修精。上士坐禅,中士

---

① 李尚晔认为,《名僧传》中"师"与"苦节"的分别,可以从是否士族出身、有无皇室支持、有无弟子集团等方面加以考察,反映了当时社会的士庶差别,参见上引 Sangyop Lee, "The Invention of the 'Eminent Monk': Understanding the Biographical Craft of the *Gaoseng zhuan* through the *Mingseng zhuan*", *T'oung Pao* 106 (2020), pp. 87–170.
② 塚本启祥《(增改補訂)初期佛教教团史の研究》第Ⅲ篇第5章《教团における伝法の形態》,山喜房佛書林,1980年,第388—409页。
③ 安玄、严佛调译《法镜经》(T. 322),《大正新修大藏经》(12),第19页上一下。较晚的异译本开列的僧团内部不同分工,参见: Jan Nattier, *A Few Good Men: The Bodhisattva Path according to 'The Inquiry of Ugra' (Ugrapariprcchā)*, Honolulu: University of Hawai'i Press, 2005, pp. 347ff., "Appendix 3".
④ 慧远《与桓太尉论料简沙门书》(T. 2102),《弘明集》卷一二,《大正新修大藏经》(52),第85页中。
⑤《宋书》卷八二《周朗传》,中华书局,1974年,第2100页。

诵经，下士堪能塔寺经营。"①《洛阳伽蓝记》载北魏比丘惠凝入冥故事，甚至借阎罗王之口声称："讲经者心怀彼我，以骄凌物，比丘中第一粗行。今唯试坐禅、诵经，不问讲经。"②

至此我们看到，《高僧传》标立义解、习禅、明律、兴福、诵经五科，是南北朝僧俗间反复讨论的实践活动，而译经、神异两科，某种程度上可以视为伴随译经目录的编撰和志怪小说的流行而形成的门类。遗身、唱导两科，有学者做过专门的研究。③笔者也曾讨论过专门记录转经与梵呗的经师门的史料来源。《高僧传·经师门》的主体，主要继承自宝唱《名僧传·经师》，此外加入了萧子良咏《古维摩》，次日在府邸中召集的众僧。此外还加入了若干人名和简略评语，疑出自《法苑集》著录"旧品序元嘉以来读经道人名并铭"。

慧皎在《高僧传·序》中批评以地域划分的僧人类传"竞举一方，不通今古"，以修行德目划分的僧人类传"务存一善，不及余行"，而根据王曼颖的说法，只有刘宋法进所撰《江东名德传》，以及萧齐王巾《僧史》"意存该综，可擅一家"，而"唱公纂集，最实近之"。④从刘宋到梁初，从偏局到综括，一方面史家对僧团整体面貌的认识愈发清晰，另一方面也是齐梁时期史料的激增促成的结果。

（三）齐梁之际的编纂与造藏

齐梁之际，僧祐和宝唱都系统整理过佛教文献，产生了一大批

① 郭绍林点校《续高僧传》卷二四《道安传》，中华书局，2014年，第920页。
② 范祥雍《洛阳伽蓝记校注》卷二，上海古籍出版社，1978年，第79—81页。
③ 关于《高僧传·遗身门》的研究，参见：James Benn, *Burning for the Buddha*, University of Hawai'i Press, 2007. 以往学界对唱导的含义多有误解，对此问题的最新研究，参见曹凌《关于南朝的唱导》，《敦煌吐鲁番研究》第16卷，上海古籍出版社，2016年，第21—34页。
④《高僧传》卷一四，第524,552页。

佛教的传记和类书。这批书很多散佚了，但还有一些目录和片段流传。他们之所以能够进行如此规模的编撰，和聚书、造藏事业密切相关。

僧祐的工作地点是钟山定林上寺，该寺创立于刘宋元嘉年间（424—453），起初是异域色彩浓厚的禅寺，①寺名"定林"即来源于此。宋齐之际，由于僧远、法献二人与建康皇室的接触，定林上寺声名鹊起。永明年间（483—493），在萧子良的崇佛运动中，此地成为学术中心。《高僧传》本传说僧祐"凡获信施，悉以治定林、建初，及修缮诸寺。并建无遮大集、舍身斋等，及造立经藏，搜校卷轴"。②僧祐先后主持了光宅寺丈六金身像铸造、摄山石窟开凿和剡县新昌发佛营建三项巨大的工程，主要是在梁天监八年至十五年之间。可以推想，此时有大量资金流入寺院，可以视为定林、建初两寺造立经藏的经济基础。

《高僧传》又云：

> 初，祐集经藏既成，使人抄撰要事，为《三藏记》《法苑记》《世界记》《释迦谱》及《弘明集》等，皆行于世。③

案，《出三藏记集》《释迦谱》《弘明集》皆入藏流传至今，《法苑记》，目录见于《出三藏记集》卷一二，题为"法苑杂缘原始集"。该书的主旨是以当时僧团中流行的修行实践为基准，寻找其在佛教经律上的依据，以及传入汉地以后的历史流变。总体来看，这些

---

① 《续高僧传》卷二一《习禅篇论》云："逮于梁武……又于钟阳上下，双建定林，使夫息心之侣，栖闲综业。"第810页。考之史实，定林寺的肇建当然不是从梁武帝朝开始的，但道宣所述定林寺在南朝禅定实践中的地位当属可信。
② 《高僧传》卷一一《僧祐传》，第440页。
③ 《高僧传》卷一一《僧祐传》，第441页。

撰述作品是以世俗知识的结构重新梳理卷帙浩繁的佛教经典，具有史书的性质。

僧祐弟子宝唱的工作地点转到了华林园宝云僧省，那里也有造藏活动。《续高僧传·宝唱传》云：

> （天监）十四年（515），敕安乐寺僧绍撰《华林佛殿经目》，虽复勒成，未惬帝旨，又敕唱重撰，乃因绍前录，注述合离，甚有科据。一帙四卷，雅惬时望。遂敕掌华林园宝云经藏，搜求遗逸，皆令具足。备造三本，以用供上。①

《历代三宝纪》云"〔僧〕绍略取祐《三藏集记》目录，分为四色，余增减之"。②同书又载宝唱自撰《众经目录》，书成于天监十七年（518）。③可见对华林园内目录的搜集整理，是以僧祐《出三藏记集》为基础，由僧绍、宝唱逐步完善而成。

从《历代三宝纪》和《大周录》中可以辑得《宝唱录》佚文，由此考察其收录范围。其收录上限是东汉摄摩腾所译《四十二章经》，下限是普通元年（520）译出的《十慧经》，对北朝同时代译出的勒那摩提译《宝积经论》四卷、《宝性论》四卷，菩提流支译《菩萨境界奋迅法门经》十卷也有著录。

另外，从宝唱编《经律异相》的引书和结构，也能看出其对僧祐《法苑集》有很强的继承性。《名僧传》三十一卷，更是对僧祐《出三藏记集》"叙列传"部分的扩充。上文指出以修行科目加以整合的类传，在宝唱这里第一次具有了全面而系统的形态。

---

① 《续高僧传》卷一《宝唱传》，第8页。三本，宋、元、明、宫本皆作"三卷"。
② 《历代三宝纪》（T. 2034）卷一一，《大正新修大藏经》（49），第99页中。
③ 《历代三宝纪》（T. 2034）卷一一，《大正新修大藏经》（49），第99页中。

（四）慧皎的创制及与宝唱优劣

《名僧传》三十一卷，目前比较方便利用的是《卍新纂续藏经》所收日本平安时代僧人宗性的《名僧传抄》一卷。其实此本是根据东大寺所藏宗性撰《名僧传指示抄》《名僧传要文抄》和《弥勒如来感应抄》三种写本糅合而成，在录文中也多有讹误。[①]

过去一个世纪，学者研究《名僧传》多注意到该书逸出慧皎所记内容的史料价值，纪赟先生认为虽然慧皎自言"自前代所撰，多曰名僧，然名者本实之宾也。若实行潜光，则高而不名；寡德适时，则名而不高。名而不高，本非所纪；高而不名，则备今录。故省名音，代以高字"，对宝唱提出批评，实则慧皎创获较少。[②]

笔者认为，除了书名中"高僧""名僧"的名实之辨，王曼颖对宝唱的批评值得注意："其唱公纂集，最实近之。求其鄙意，更恨烦冗。法师此制，始所谓不刊之鸿笔也。"[③]《高僧传》十四卷，除去序目一卷，本文十三卷，篇幅只相当于《名僧传》的不到一半。从现代史学的需要考虑，自然希望记载越多越好，然而从时人对史笔追求来说，慧皎之删简或许正是识断所在。

举例而言，求那跋陀罗的事迹，《名僧传》记载跋陀干犯刘义宣名讳，直陈起兵是不义之师，又引《华严经》"聚墨"之典，形容臧质的军队是乌合之众，这些都出于事后的粉饰，慧皎尽数删落，行文

---

① Sangyop Lee, "The Invention of the 'Eminent Monk': Understanding the Biographical Craft of the *Gaoseng zhuan* through the *Mingseng zhuan*", *T'oung Pao* 106 (2020), pp. 87–170.

② 纪赟《慧皎〈高僧传〉研究》，第198—234页。

③ 《高僧传》卷一四，第552页。

减少了枝蔓。^①有关义理的讨论，《名僧传》载录远较《高僧传》为多，最著名的是卷一六昙济传引《七宗论》，《高僧传》有意删削这类教理的议论，此后《续高僧传》《宋高僧传》大体遵循了这一传统。这种删落恰恰体现了史家对于史体的自觉追求。

如果剥除僧祐、宝唱的前期工作，考察慧皎撰作的创新之处，以下两点值得称道。一是《高僧传》全书体现出明确的通史意识。全书的上限是东汉明帝永平十年，下限是天监十八年，吉川忠夫还指出，是年梁武帝受菩萨戒。全书限断代表了慧皎所理解的佛教传入汉地，到皇帝朝臣共同领受菩萨戒从而迎来佛教极盛时代的完整历史进程。^②此外，慧皎还在每一分科之末附以赞论，总叙其源流，为此前诸家僧史所未见。

二是《高僧传》在每一卷各传之间，创造了相互参引的体例。陆扬先生曾指出：

> 慧皎巧妙地改变了一些材料在叙事中的呈现方式。他同时更广泛地利用文本间的相互参引（Inter-textual reference），来对僧祐的鸠摩罗什传记进行改善。比如，僧祐选出了一些重要的佛经翻译者，然后按年代顺序来编排他们的传记；慧皎则有所不同，是以一种对佛学上的关联与佛教发展的更为清晰的把握来组织他的作品。
>
> ……
>
> 从这一角度来说，慧皎的文本不仅在内涵的丰富方面要胜过僧祐的文本，也提供了一个更为复杂而有深度的阐释框

① 参见拙文《六朝前期荆襄地域的佛教》，《中山大学学报（社会科学版）》2019年第2期，第108—123页。

② 吉川忠夫撰译者解说，吉川忠夫、船山徹訳《高僧伝（一）》，第382—384页。

架,同时又不至于使鸠摩罗什传的叙述中承载过多的细节。这也可以说是对《史记》《汉书》以来中国纪传体史书中的注重剪裁的特色的创造性运用。[①]

其实不仅鸠摩罗什,卷四支道林,卷五道安、慧远诸传都有此种特色,读者翻检即知。

以上介绍了东晋中后期出现的僧人单传,齐梁创立的以修行科目为划分依据的僧人类传,以及齐梁两代繁荣的书籍搜聚活动对僧史撰作的贡献。史体的演进,反映了时人对僧人形象认知的变化。僧史撰者起初依仿名士风度描述僧人,逐渐意识到僧团群体生活的独特形态,最终构造了通贯该博的多样性僧团样态。

二、六朝教诤举要

当僧人日益以群体的面貌突显在世俗社会之中,围绕出家生活的合法性和僧团的独立性,六朝僧俗之间展开了激烈的论争。这里选择其中三个案例,关于其经过和性质,前贤所论都需要做些修正,在此略申鄙见。

(一) 沙门不敬王者之争

东晋末年,发生了一场牵动朝野的辩论,争执的议题是出家的僧人是否要对世俗的君主行屈膝跪拜之礼。此事在东晋咸康年间已经讨论过一次,这次辩难展开得更为充分,留下了丰富的记载。

---

① 陆扬《解读〈鸠摩罗什传〉:兼谈中国中古早期的佛教文化与史学》,刘东主编《中国学术》第23辑,商务印书馆,2007年,第42页。

在此之后，沙门致拜君主（或加上双亲）的话题被反复提起，成为皇权打压佛教的口实。[1]

晋末的沙门不敬王者之争，发生在桓玄主政时期的元兴元年至三年之间（402—404）。元兴二年四月，桓玄与尚书八座重提沙门致敬王者，并与中书令王谧就此往复辩难，相关书信收入《弘明集》卷一二。桓玄还致书当时的僧界领袖慧远，两人往复书信共三篇，收录于上述文献之后。同年十二月，桓玄篡晋称帝，旋即取消了沙门致敬的礼仪。元兴三年，此时桓玄已经退出建康权力中枢，慧远撰《沙门不敬王者论》，收录在《弘明集》卷五，可以视作对先前思想的总结。

论争的两方，并不存在宗教信仰或政治立场的显著冲突。[2]谯郡桓氏自两晋之际的桓彝开始即礼接僧人，道安在荆襄建立教团，就处在桓氏的羽翼之下。桓温死后数十年间，荆、江、豫诸州刺史太半由桓氏诸子侄充任。慧远教团由道安教团分化而来，在庐山聚徒修行，仍然托庇于桓氏。慧远致信桓玄说："幽情所托，已冥之在昔。是以前后书疏，辄以凭寄为先。"[3]案之史籍，则桓温、桓冲诸人早与道安门下昙翼、法汰诸人相熟，慧远初到庐山，拓展寺宇，得江州刺史桓伊之助，慧持上蜀，途径江陵，桓玄叹为"今古无比，大欲结欢"，都可以作为此句注脚。

---

[1] 关于唐代沙门拜君亲的讨论，参见砺波护《唐代における僧尼拝君親の断行と撤回》，《東洋史研究》1981年9月，中译本收入韩昇、刘建英译《隋唐佛教文化》，上海古籍出版社，2011年，第87—95页。吴丽娱《唐高宗朝"僧道致拜君亲"的论争与龙朔修格》，《学术月刊》2020年第4期，第154—168页。

[2] 周一良先生认为桓玄家族信仰天师道，为其提倡沙门致敬王者之因。参见《魏晋南北朝史札记》"灵宝"条，中华书局，1985年，第106—107页。

[3]《与桓太尉论料简沙门书》，《弘明集》(T. 2102)卷一二，《大正新修大藏经》(52)，第85页中。

与此相关,还有一个背景值得注意。桓玄与王谧书透露:"曩者晋人略无奉佛,沙门徒众皆是诸胡。且王者与之不接,故可任其方俗,不为之检耳。今主上奉佛亲接法事,事异于昔。"[1]桓玄与尚书省官员的来往书信,还反复提到"八日垂至""比八日令得详定也",此处"八日"就是"四月八日"佛诞日。时人在此日行浴佛之礼,还举行行像的仪式。[2]君主已然归信佛教,成为佛教礼仪秩序中的一员,这是整场讨论的前提,沙门是否致敬王者,是佛诞日礼佛仪式中的一环。即便是主张沙门应当礼敬王者的一方,其目的也是在不触动佛教教义的前提下,实现佛教礼仪的变更,即所谓"信其理而变其仪"。

如果说,东晋初期咸康年间的论争,有政治阵营对立的意味,[3]东晋末年的这次论争中,与桓玄论难的王谧等朝臣,皆是桓氏主政时期的股肱之臣,他们与桓玄的政治利益是一致的。这也显示了古代政治文化的复杂性:思想的分歧有可能与政治阵营的分裂重合,彼此激荡产生"共振"效应;也有可能表现为同一阵营内部比较单纯的学理讨论,甚至可能敌对的阵营共享相同的理念,因而彼此争夺执行该理念的领导权。

仔细爬梳相关文献,可以看到桓玄入主建康以前,东晋朝廷已经采取了沙汰僧人的断然措施,取代桓玄主政的刘裕,也保持了对佛教教团的高压态势。礼仪的问题被严肃提起,反映的是晋宋之

---

[1] 《桓难》,《弘明集》(T. 2102)卷一二,《大正新修大藏经》(52),第81页中。

[2] 参见周一良《魏晋南北朝史札记》"灌佛"条,第157—158页。

[3] 纪志昌指出,成帝时期礼敬问题之争的双方,庾冰、蔡谟等人以及与之相对立的何充、褚裒等人,不仅对佛教的态度迥异,在康帝死后立储问题上也表现出明显分歧,东晋中期佛教向皇室和高级官员的渗透,与何氏、褚氏作为外戚构成的姻亲网络密不可分。参见《两晋佛教居士研究》,第155—165页。

际佛教教团在士人社会眼中形象的深刻变化。简单地说，在两晋之际，僧人第一次展露在士人主流文化圈子之中。如上文所述，东晋中前期时人以名士比拟僧人，以方外之士认识佛教的修行生活。

从北方流落江南的道安教团，具有高度的组织化特征。襄阳名士习凿齿致信谢安，描述了他眼中的道安及其弟子：

> 来此见释道安，故是远胜，非常道士。师徒数百，斋讲不倦，无变化伎术，可以惑常人之耳目；无重威大势，可以整群小之参差。而师徒肃肃，自相尊敬，洋洋济济，乃是吾由来所未见。[1]

此中不难感受到北来教团给南方士人观感上的冲击。正是由于这样迥异的存在方式，道安的教众无法大规模渗透到建康，而只能通过新野、襄阳两次分张徒众，在荆襄地区逐步建立寺院。经历了教团规制和毗昙之学的建设，僧团生活的面貌也悄然发生变化。东晋末期，王坦之撰《沙门不得为高士论》，言："高士必在于纵心调畅，沙门虽云俗外，反更束于教，非情性自得之谓也。"[2]已经敏感地注意到僧人与名士生活原则的差异，寺院的生活并不简单地是方外隐逸，而是遵循戒律的规定。至此佛教僧团作为社会群体第一次突显在时人的视野之中，戒律和礼仪的冲突也成为东晋南朝历次僧俗交诤的焦点。

（二）踞食之争

刘宋元嘉初年，建康祇洹寺的供养人范泰与寺僧慧义等人曾就戒律中进食的坐法有过一次争论，相关的文献保存在《弘明集》

---

① 《高僧传》卷五《道安传》，第180页。
② 余嘉锡《世说新语笺疏·轻诋篇》，中华书局，2006年，第845页。

中，是为祇洹寺踞食之诤。此前研究者大多把这场论争理解为儒家礼仪与佛教戒律之间的冲突。[①] 然而仔细阅读争论各方的立论，可以确认佛教语境中的"偏踞"（及其同义词"偏企""偏坐""企踞"），都是指臀部坐在较高的坐具上，双脚下垂的姿势，亦即近代以来中国人的坐姿。而"方坐"之"方"，当训为"并"，所谓"方坐"，是指结跏趺坐。因此，无论方坐、偏坐，都是僧人的坐姿，而与华夏礼法无涉。

在此基础上，重新考虑这场论争的实质。慧义认为，偏踞的坐法在法显新译的《摩诃僧祇律》中可以找到依据，律中"说偏食法凡八议"。范泰要改偏从方，是因为看到进食之时，僧众的坐法不能统一，因而希望改为佛教修行中更为普遍的结跏趺坐。范泰作为虔诚的佛教徒和寺院的檀越，追求的是僧制的统一、僧团的和合，而不是"以夏变夷"。

这场论争发生的时间，乃至论争双方所在的祇洹寺之建立，都在法显译出《摩诃僧祇律》之后不久。4—5世纪之交，在整个中国境内，也发生了一场浩大的律典翻译运动。四部广律几乎是在这前后短短数十年内集中译介出来的。戒律的引进带来僧团教制的自我完善，但也有出人意料的结果。范泰在论争中说了这样一段话：

> 外国风俗还自不同。提婆始来，义、观之徒莫不沐浴钻

---

① 吉川忠夫从范氏家族学问的继承性着眼，讨论范泰在踞食论争中的思想立场。参见吉川忠夫《关于踞食论争》，《六朝精神史研究》第四章，王启发译，江苏人民出版社，2010年，第115—127页。近年国内的研究参见李小荣《〈弘明集〉〈广弘明集〉述论稿》，巴蜀书社，2005年，第265—279页；纪志昌《南朝踞食论议所反映儒、佛交涉的理论思维与文化意涵》，《台大文史哲学报》第76期，2012年，第67—105页。

> 仰，此盖小乘法耳，便谓理之所极，谓无生方等之经，皆是魔
> 书。提婆末后说经，乃不登高座。法显后至，《泥洹》始唱，便
> 谓常住之言，众理之最，《般若》宗极，皆出其下。以此推之，便
> 是无主于内，有闻辄变，譬之于射，后破夺先，则知外国之律，
> 非定法也。①

这段文字集中概括了晋宋之际佛教义学的疾速发展。随着佛教经
典的大量传入，一方面使佛教义学的研讨更为兴盛，另一方面也使
各派学说之间的缝隙和张力展现在世人面前，新说与旧说之间的
冲突、取代，有时会引起教净，有时甚至会导致相对主义的认识。
基于"外国风俗还自不同"的观察，范泰形成了他对戒律的理解。
上宋文帝表云：

> 臣请此事自一国偏法，非经通永制。外国风俗不同，言语
> 亦异。圣人不变其言，何独苦改其用。言以宣意，意达言忘。
> 仪以存敬，敬立形废。是以圣人因事制戒，随俗变法，达道乃
> 可无律。②

按照这个思路，原本佛陀制定的，具有普世意义的戒律，就降格成
了外国地方的一种风俗，从而是历史的，相对的。范泰主张"达道
乃可无律"，直接撼动了戒律作为成文法的权威和寺院生活的基
础。而论争的另一方，寺僧慧义等人则援引儒家解经体例，坚持恪
守戒律的字面意义。

---

① 范泰《与生、观二法师书》，《弘明集》(T. 2102) 卷一二，《大正新修大藏经》(52)，
第78页下。
② 范泰《论据食表》，《弘明集》(T. 2102) 卷一二，《大正新修大藏经》(52)，第78
页下。

论争双方之外，作为最高裁决者的宋文帝态度颇值得玩味。尽管范泰上表，请求皇帝出面为这场论争定调，宋文帝却刻意与论辩双方拉开距离，不肯轻易表态。如果联系到他对慧琳所倡《白黑论》的支持，以及元嘉八年会见求那跋摩，对"道在心不在事"之语的嘉许，皇帝的立场是不言自明的。这样看来，宋文帝自云"不看佛经，无缘制以所见"便不是一句谦辞，而可能真的表达出几许无奈。

（三）僧尼素食改革

梁武帝天监、普通年间，先后推行了祭祀制度和僧团的素食化改革，这是六朝佛教史上僧俗论争的巅峰，其历时之长，涉及话题之多，调动的思想资源之广，都可谓空前。改革对后世的影响也极其深远，祭祀制度的素食化造成"宗庙不血食"，成为后世批评梁武帝"佞佛"之治的焦点。僧团的素食化运动却迅速在南北朝末期中国全境内得到巩固，从而奠定了汉传佛教区别于其他佛教传统的独特实践性格。

改革运动大体遵循了"梁武帝自身—宗庙—郊祀—僧尼"的顺序渐次推进。祭祀系统的改革，集中在天监七年至十六年之间，阻力相对较小。僧团实践的改革更为艰难。普通初年，梁武帝欲以白衣匡正律仪，自封"白衣僧正"，遭到僧人智藏的激烈抵抗。[1] 是后不久，梁武帝亲自上阵，与诸寺僧官和律学僧人两番辩论，经过记录于《断酒肉文》。从文本的内证考虑，该篇作于普通三年至四年。

---

[1] 参见拙文《内律与俗法——从〈续高僧传·智藏〉再探南朝政教关系》，《中华文史论丛》2017年第4期，第231—252页。

按照主流的僧团戒律规定，僧尼许食"三净肉"（*Skt.*
trikotipariśuddha），如《十诵律》云：

> 三种净肉听啖。何等三？若眼不见、耳不闻、心不疑。云
> 何不见？自眼不见是生故为我夺命，如是不见。云何不闻？
> 可信优婆塞人边，不闻是生故为我夺命，如是不闻。云何不
> 疑？心中无有缘生疑，是中有屠儿家、有自死者，是主人善，不
> 故为我夺命，如是不疑。[①]

而梁武帝则援引《大般涅槃经》《楞伽经》等如来藏系统的大乘经
典，主张全面禁止肉食。为了论证大乘经典对戒律的优越性，提出
阶级制律的观念。在这一理解里，戒律中前后不同的规定，是一个
标准不断提高，禁网不断收紧的过程。随着时间的推移，僧团的自
我约束越发严格，最终导向全面素食。

与踞食论争中僧人的态度相似，律师群体中虽然有立场激进、
保守之别，主要的倾向则是维护广律的规定，反对全面素食。与之
前不同的是，梁武帝饱读释典，意态也非常坚决。全面素食化的主
张，早在梁武帝发起改革以前，已有许多理论准备。

如来藏系的经典，大约在刘宋时期译出。主张素食的段落，
皆有抄略本流行。《出三藏记集》著录萧子良有"抄《央掘魔罗经》
二卷"，[②]同书"新集续撰失译杂经录"有"《楞伽阿跋多罗宝一切
佛语断食肉章经》一卷"。注云："《大楞伽经》所出，或云《楞伽抄
经》。"[③]是则僧祐撰录以前，刘宋译本并无分品的这一段落，被冠以

---

① 《十诵律》（T. 1435）卷二六《医药法》，《大正新修大藏经》（23），第190页中。
② 《出三藏记集》卷五，第218页。
③ 《出三藏记集》卷四，第170页。

"断食肉章"的题目抄出单行。《续高僧传》则记载光宅寺法云少年时从夷陵县渔人网中得《泥洹·四相品》事,[1]这也正是重云殿法会上梁武帝敕命法云宣讲的章节。

这场论争的复杂之处在于,素食作为一种生活伦理,并非仅植根于佛教传统内部。作为梁武帝与僧人辩论之理据的如来藏系大乘经,也不是触发素食运动的唯一诱因。梁武帝改制以前,本土传统中业已存在有利于引入和确立全面素食的若干动向。中古时期,儒、释两教的斋戒都提倡素食,儒家礼仪规定服丧期间不能饮酒食肉,并且社会上普遍出现了父母去世后长期蔬食的现象。素食的对象还从儒家士大夫自身,推及祭祀的对象,尤其值得关注的是,在中古薄葬风气的影响下,士人主动要求子孙在祭祀中去掉荤食,以素馔供养。南齐永明后期,周颙在佛教伦理观的指导下自觉践行素食,他对食材的刻意讲究,以肉食为"无明之报聚"的严肃思考,以其鲜明的自律性格,引起时人的广泛关注,代表了完全不同于以往的居士佛教形态,也成为梁武帝素食改革真正的先导。可以说,梁武帝动用了国家行政的力量,以"快进"的方式集中推动了东晋南朝数百年间散发的素食尝试。

梁武帝的素食改革,是对儒佛关系的一次全面的整合。传入汉地以后,一直面临着佛教不杀生戒与儒家祭祀用牲的尖锐矛盾,东晋的孙绰,刘宋的颜延之等人,都试图对此棘手的问题加以解释。梁初沈约作《均圣论》《究竟慈悲论》两文,合而观之,业已构建起一套全新的历史观,在这个奇异的历史叙述里,祭祀的素食改革呼之欲出。

---

[1]《续高僧传》卷五《法云传》,第164页。"四相",别本作"四法",此从元、明本。《涅槃经》无"四法品"。

《均圣论》云：

> 炎昊之世，未火未粒，肉食皮衣。仁恻之事，弗萌怀抱。
> 非肉非皮，死亡立至。虽复大圣殷勤，思存救免。而身命是
> 资，理难顿夺。实宜导之以渐，稍启其源。故燧人火化，变腥
> 为熟，腥熟既变，盖佛教之萌兆也。何者？变腥为熟，其事渐
> 难。积此渐难，可以成著。……自此以降，矜护日广。……周
> 孔二圣，宗条稍广。见其生不忍其死，闻其声不食其肉。草木
> 斩伐有时，麛卵不得妄犯。渔不竭泽，佃不燎原。钓而不网，
> 弋不射宿。肉食蚕衣，皆须耆齿。牛羊犬豕，无故不杀。①

在沈约的叙述里，人类的历史从茹毛饮血的蛮荒时代开始，到周
公、孔子制礼作乐，是一个"导之以渐"的过程，儒家的礼法被视为
"佛教之萌兆"。与此相配合，沈约又在《究竟慈悲论》对未来做了
展望。其中回顾了佛陀制戒从许开三净肉，到全面素食的历程，佛
教内部的各种教说也被认为是"设教立方，每由渐致"。最终，沈
约主张彻底禁止使用桑蚕，这其实是《涅槃经》里明确拒绝的。之
所以能做出超越经典规定的激进提议，沈约给出的理由是：

> 夫常住密奥，传译遑阻，《泥洹》始度，咸谓已穷。中出河
> 西，方知未尽。关中晚说，厥义弥畅，仰寻条流，理非备足。又
> 案《涅槃》初说阿阇世王、大迦叶、阿难三部徒众独不来至，既
> 而二人并来，惟无迦叶。迦叶佛大弟子，不容不至，而经无至
> 文，理非备尽。昔《涅槃》未启，十数年间，庐阜名僧已有蔬食
> 者矣，岂非乘心暗践，自与理合者哉？且一朝裂帛可以终年，

---

① 《广弘明集》（T. 2103）卷五，《大正新修大藏经》（52），第121页下。

烹牢待膳亘时引日。然则一岁八蚕,已惊其骤,终朝未肉,尽室惊嗟。拯危济苦,先其所急,敷说次序,义实在斯。^①

他认为,佛陀的所有教说都是因应时势的,经典中没有明文规定,甚至明确否定的文字,也不妨碍读者根据佛教慈悲的原则,做出自己的推演。此种不拘泥于文字的灵活理解,其实基于南朝佛典翻译繁盛局面之实感。^②先前译出的经典,无论多么卷帙浩繁,在理论上也只是佛陀全部教说的一部分,仍然需要读者根据经文的原则去补完。竺道生在《涅槃经》大本尚未传到江南之时,孤明先发,提出一阐提有佛性,虽然一时受到僧团的排斥,终于被后出的经典所肯定。沈约这里也援引了庐山僧人率先实践素食的行为。正是这类"乘心暗践,自与理合"的先例,给了南朝僧俗,特别是居士群体,对经典加以灵活解释的自信,从而在实践上推导出更严苛的道德要求。这种带有进化论、目的论色彩的史观,向未来敞开的自信,如果参用福柯的概念,可以说是一种南朝独有的"知识型"(episteme)。

三、几点认识

(一)域外与中国

近世以还,西学东渐,域外的文化强烈冲击了中国本土的传统,甚至危及中华民族的生存。在这种情境之下,学者自然地把目光投向了佛教。在中国历史上,来自印度的佛教也曾经大规模地

---

① 《广弘明集》(T. 2103)卷二六,《大正新修大藏经》(52),第293页上。
② 本文上节介绍蔬食论争前后新译经典的疾速涌入,已经谈到这个问题。

渗入中国社会，更重要的是，经历了数百年的冲突与融合，它不仅没有终结本土的文化传统，反而成为中国文化的组成部分。这是前现代中国唯一一次与外来文化的遭遇，从佛教在中国的接受与变容之中寻求镜鉴，以期"一方面吸收输入外来之学说，一方面不忘本来民族之地位"，[①]这是20世纪早期几乎所有中古佛教史研究者的初心。

在这种心态影响下，形成了"佛教中国化"的叙事。在这个叙事里，佛教从一个异质性的事物，逐渐向中国文化的本位偏移，汉地接受佛教的历程，也被描述成被动接受外来文化的影响，到独立发展，最终消融在中国文化的受体之中。与佛教的发展形态平行的，是政治形态的变化，佛教的传入被认为是汉末国家意识形态松动的结果；六朝时期对佛教的被动接受，则与政权的分立、皇权的低落相表里；隋唐一统，佛教也迎来了宗派林立的黄金时代，并产生了佛教中国化的代表——"禅宗"；最终在宋代出现了作为儒学新形态的理学。

"佛教中国化"的叙事预设了本质化的中国文化和印度佛教，所谓的"中国化"意味着从标准的、纯粹的印度典范，向保守的、世俗的中国文化本位的屈服，既忽略了佛教在域外发生、发展的社会—历史维度，也否定了佛教参与创造中国新文化的贡献。在这个描述里，佛教从传入到最终被"消化"的几个世纪，被认为是政治、文化双重意义上的衰世，是历史的一段弯路。佛教与儒学的关系，也在相当程度上被理解为敌进我退的零和模式。

20世纪末，英语世界的学者开始越来越多地反思"佛教中国

---

① 陈寅恪《冯友兰中国哲学史下册审查报告》，《金明馆丛稿二编》，生活·读书·新知三联书店，2001年，第284页。

化"叙事框架。这一转向是由多种思潮促成的。一方面，研究印度佛教的学者，日益关注考古、碑铭和艺术史材料，他们批评以往建立在文本之上的印度佛教图景背后渗透了启蒙运动以来的新教预设，[①]从而消解了作为评判标尺的纯粹佛教，而致力于探索具体的社会—文化语境中的"复数的佛教"（Buddhisms）。另一方面，研究中古时期三教交涉的学者，受到美国社会科学的影响，经常使用"repertoire"或者"toolkit"之类的概念，其核心要义在于取消了本质化的文明、传统观念，而强调历史上的行为主体（historical agent）可以根据其生存处境的需要，灵活地调用文化总集（repertoire）中的要素。[②]在这一研究范式下，中国佛教自身的自主性和问题意识日益突显。在技术层面，早期佛教写本的整理与刊布推进了对古译期汉译佛经的认知，古译佛经不再是了解同期印度佛教的透镜，翻译的过程本身反映了中国人的教义理解和伦理诉求；围绕佛教的所有交锋、论争，也都是在汉语环境中发生的，因此"中国化"的

---

① 代表性的研究参见：Gregory Schopen, "Archaeology and Protestant Presuppositions in the Study of Indian Buddhism", in Gregory Schopen and Donald Lopez, *Bones, Stones and Buddhist Monks: Collected Papers on the Archaeology, Epigraphy and Texts of Monastic Buddhism in India*, Honolulu: University of Hawaii Press, 2012, pp. 1–22. 中译本见笔者《印度佛教研究中的考古学与新教预设》，《中外论坛》2022年第3期。

② 将宗教作为repertoire的研究范式，起初被运用于道教仙传的研究，用以考察仙人如何利用文化总集中的要件，建构区别于常人的修道者形象，参见：Robert Campany, *Making Transcendents*, Chapter 2 "The Transcendent's Cultural Repertoire", Honolulu: University of Hawai'i Press, 2009, pp. 39–61. 中译本：康儒博著，顾漩译《修仙：古代中国的修行与社会记忆》，江苏人民出版社，2019年，第41—65页。康儒博后来将这一考察延伸至佛教灵验和佛道关系的研究，参见：*Signs from the Unseen Realm: Buddhist Miracle Tales from Early Medieval China*, pp. 30–43; Stuart H. Young, *Conceiving the Indian Buddhist Patriarchs in China*, Honolulu: University of Hawaii Press, 2015.

过程,从佛典被翻译的那一刻已经开始了。[①]

如果说"佛教中国化"叙事中描述的被动影响模式投射了20世纪上半叶中国知识界对于全盘西化的隐忧,工具箱模式则或多或少反映了20世纪末海外学界对中国文化韧性的观感。[②]认识似乎从一个极端走到了另一个极端。问题在于,如果将佛教理解为一个由各种要素组成的工具箱或者文化总集,这个总集并不是现成在手的,而是经由具体的路径自域外传来,历史地形成的。尽管不能以汉译的历史完全重建认识相当模糊的印度、中亚佛教的进程,至少可以确认佛典传来有相当多的因素外在于中国固有的思想传统,包括佛典成立地区的学术思潮、僧人求法—弘教的热情、交通路线的通塞、供养译场的政治环境等等。

由于汉地发达的目录学传统,我们可以相对准确地把握外来思想传入的时间节奏。佛典的翻译时断时续,其所承载的域外思想传播的强度自然也不是均质的,与译场的时空距离不同,面对这些思想所持的心态也不尽相同。另一方面,运用佛教这一文化总集的需求,固然有与其他信仰传统别异,相互争夺信徒的考量,[③]也

---

① 对佛教中国化叙事的反思,参见: Robert Sharf, *Coming to Terms with Chinese Buddhism: A Reading of the Treasure Store Treatise*, "Introduction: Prolegomenon to the Study of Medieval Chinese Buddhist Literature", Honolulu: University of Hawai'i Press, 2005, pp. 1–27.

② 类似的转变也发生在北美的近代中国研究领域,1970年代以来战后第二代学者开始反思费正清提出的"冲突—反应"模型,而试图寻找中国自身的演进逻辑,参见柯文著,林同奇译《在中国发现历史:中国中心观在美国的兴起》,社会科学文献出版社,2017年。

③ 康儒博特别强调宗教传统的竞争环境中调用文化总集中的元素标示彼此区隔的作用,上引Eric Greene对素食主义的研究正是受到这一思路的影响。其研究方法具有明显的结构主义色彩,即偏重共时性系统中区隔的相对性和任意性(arbitrariness),而忽略了历时性的建构过程和传统内部积极的伦理诉求。

承载了建立寺院生活轨范,增强世俗王权合法性等诸多方面的诉求。这些诉求的产生,也是域外思想不断积累,与本土思想相互反馈的结果。

在此,笔者尝试以翻译史为线索,在比较细致的时空单元上,描述南朝佛教内外协同连动的历史。在4—5世纪之交,在中国北方形成了一种新的译场形态,其特点可以归纳为:(1)皇室供养;(2)外来译经僧携来比较完整的经典体系;(3)汉地义学僧担任笔受、证义等辅助工作;(4)工作方式以讲、译兼行,与翻译相配合的,是各种形式的注释作品。这一译场的新形态在石赵时期佛图澄的教团中初具雏形,典型代表有二:一是以道安、鸠摩罗什为中心,苻、姚二秦的君主支持的关中译场,二是以昙无谶为中心,北凉沮渠氏支持的凉州—高昌译场。

十六国政权覆灭以后,由于赫连夏的残暴以及北魏太武帝的灭佛,北朝没有继承这一遗产,关中和北凉译场中的僧人及其弟子,纷纷流落到南朝。刘宋一朝因此出现了一段佛典翻译的高潮,经典文本从西域、关中、南海三个方向汇入到江南,[①]教义之多歧也引起了佛教内外的许多争议,既有"阐提佛性"之类义理上的论争,也有偏坐、方坐之类涉及戒律的讨论,更有儒学对佛教的种种攻讦。总览《弘明集》全书,思想论争最为活跃的,恰是刘宋元嘉时期。僧俗交诤的焦点,在于如何调和儒家的祖先祭祀制度和出家生活之间的矛盾。在家居士希望在承认佛教的核心教义和伦理教化功能的同时,对寺院生活的仪节做出某种灵活的解释,僧界的主流则利用新传来的律藏文献努力捍卫寺院生活的制度。宋文

---

① 船山徹《インド中国における佛教文献の伝播と仏教徒の地理的移動に関する基礎知識》,《中国印度宗教史とくに仏教史における書物の流通伝播と人物移動の地域特性》,研究成果報告書,2011年,第3—62页。

帝支持僧人慧琳挑起"白黑论"，意在取消出家对于在家的优势地位，标志着僧俗分歧的显在化，慧琳最终被僧团排斥，则意味着居士干预寺院生活的挫折。

降及南齐，翻译进入低潮，但这并不意味着佛教的衰落，而是进入了一个教理、实践的整理期。[1]这个整理佛教知识的运动，起源于刘宋后期。宋明帝命陆澄整理内府所藏僧俗撰述，南齐永明时期则以萧子良和僧祐为主导；后来被梁武帝和宝唱所继承。齐梁两代的变革总体来看是实践指向的，总体目标是以菩萨戒的框架整合僧俗的生活仪节。

南朝后期历史上还有一个经常被忽略的因素，就是北魏迁都后造成的正统性压力。迁洛和汉化改制，意味着北魏以中原文化的正统自居。为了与之拮抗，南齐永明中后期开始了制礼作乐的运动，佛教也在这个时期参与到国家礼仪的建构之中，最终在梁武帝统治时期达到顶点。一些南齐居士个人化的实践，诸如舍利崇拜、舍身、素食，在梁代走向前台，演变为强制性的制度规定和大型的仪式展演。从效果上来看，在一个较短的时期内，南朝的做法确实成为北朝后期，特别是东魏、北齐模仿的对象。

南齐短祚，几乎没有重要的翻译活动。梁武帝天监年间，曾主动派遣使节到南海诸国求取佛经。及真谛来华，已是太清年间。侯景之乱摧毁了建康的士族文化，也中断了由皇室赞助译场的工作模式。真谛的教团只能依托地方割据势力，其学派真正发生影响，要到隋初摄论学派弟子陆续入关。江左末代的陈朝、后梁，佛教形态尚待深入研究，但不难看出，最为活跃的群体是距离建康京

---

[1] 关于六朝时期的译场制度和翻译史，本文的论述参考船山徹《仏典はどう漢訳されたのか─スートラが経典になるとき─》，岩波書店，2020年，以及同作者《六朝隋唐仏教展開史》，法藏館，2019年。

邑较远的摄山三论学派,智顗在天台山、玉泉寺创立的教团,以及有点异端色彩的傅大士教团,[①]它们与政治中枢的离心趋势是明显的。这类建立在笃实的修行者群体之上的地域性教团,和北朝末期佛教的形态已经相当接近,隋唐宗派佛教正是在这样的环境中孕育而生。

(二) 居士与僧团

在整个南朝佛教的发展史上,居士群体发挥了极其重要的作用,[②]域外传来的佛教新说一直需要面对居士在家生活所遵守的伦理价值的审视和诘难,不断做出调整。居士与僧团这两个群体的形成以及二者交流方式的确立,也经历了一个历史的过程。这个过程大致跨越了从佛教初传到晋宋之际的漫长时段,一方面士人阶层逐渐接受佛教,一方面佛教参照汉地士人的学问形态,找到自身的形象定位。成熟的译场制度,严肃的礼、律讨论,都是该过程的结果。

众所周知,佛教传入中国的初期,大致从两汉到西晋末期,信

① 傅大士教团的特异之处不仅在于教众采取烧身等极端的宗教实践,更在于教团领袖目不识丁,且以弥勒自居,这与中古早期教团崇尚学问的风气形成鲜明的对比,而肇启了唐代禅宗的形象塑造方式。关于傅大士教团的组织结构,参见魏斌《南朝佛教与乌伤地方》,氏著《"山中"的六朝史》,生活·读书·新知三联书店,2019年,第213—273页;拙文《傅大士弥勒分身形象的思想渊源》,魏斌主编《新史学》第14卷"中古时代的知识、地域与信仰",社会科学文献出版社,2021年,第45—57页。
② 佛教将在家众称为优婆塞、优婆夷,汉译佛典中的"居士"特指在家信众中拥有财富的家主,参见辛嶋静志《妙法蓮華經詞典》,创价大学国际仏教学高等研究所,2001年,第148页。《注维摩诘经》(T. 1775)卷二《方便品》引罗什的解释云:"外国白衣多财富乐者名为居士。"《大正新修大藏经》(38),第340页中。本文是在比较特殊的意义上使用"居士"这一称谓,强调其作为士人的身份特征和知识修养。

仰佛教的群体多是域外译经僧、侨民后裔，有名姓可考的汉地僧俗无法知其生平事迹，但从东汉末期以洛阳为中心译出的佛经保留了较多口语成分推测，经文的受众应当属于社会的中下层阶级。[①]变化发生在西晋末叶的洛阳，支孝龙等僧人凭借其风神谈吐，受到名士的激赏，跻身士人的交往圈。此风从西晋中朝，一直延续到东晋中期。

名士与高僧，在宽松随意的清谈氛围里研讨义理，甚至彼此嘲谑，《世说新语》的《言语》《文学》等篇记录了许多这类情境。[②]士人感兴趣的，可以说先是僧人其人，而后才是佛教之学。清谈在学术上的成果，是僧俗对彼此义理的融贯和发挥。支道林的逍遥新义，殷浩之解释《小品般若》，共同辩论"才性四本"，此皆谈家口实。将僧人比拟为名士的做法，也体现在历史书写之中。孙绰撰《道贤论》，以两晋名僧拟配竹林七贤；竺法济撰《高逸沙门传》，标题即反映以僧人为逸士的认知。更重要的是，这类作品糅合了士族间流行的碑诔传状文字和佛教名相，创造出一种典雅的"佛教混合汉语"，奠定了后世佛教史传和仪式文书的文体风格。

更大的冲击来源于北方，这就是笔者反复提及的佛图澄—道安—慧远一系。尽管迭经战乱，由北入南，环境发生了很大变化，然而三叶相承，教团的组织和学术形态仍有一些共通的特点，可

---

① Erik Zürcher, "Late Han Vernacular Elements in the Earliest Buddhist Translations", in Jonathan Silk ed., *Buddhism in China: Collected Papers of Erik Zürcher*, Leiden: Brill, 2014, pp. 27-62. 值得注意的是孙吴时期汉译佛经对洛阳译经的重译或者改动，风格上明显更为雅驯，而孙吴的两位译师康僧会、支谦，都有与孙吴皇室接触的经历，这或许反映了孙吴时期佛经读者群的阶层变化，然而迄今相关记载仍然不足以详细描绘孙吴佛教的整体面貌。

② 嘲谑是名士清谈的重要内容，后来又被纳入讲经仪式、佛道论衡，中国古代的笑话文学作为文体形式，尚待深入研究。

以归纳为：(1)组织化的寺院主义生活;(2)搜聚图籍的强烈意识;
(3)繁荣的祈愿活动(devotional practice);(4)僧俗的儒学素养等
四点。前面两点先行研究多有论及,笔者也曾撰文加以描述,第三
点需要结合艺术史、物质文化的研究,暂不展开。仅就有限的篇幅
着重谈谈最后一个方面。

佛图澄作为学问僧的形象,经常被僧传中大量的神异书写所
掩盖,只能通过道安的回忆窥其仿佛。[①]石虎明令准许汉人出家,
此举大大改变了佛教僧尼的社会阶层和知识构成。佛图澄的弟子
道安、僧朗、法汰、法雅都具备较高的儒学知识素养,可以说是这
一变化的直接后果。唐长孺先生论及魏晋之际的新学风,特别重
视河南地区,认为洛阳周边地区兴起的玄学,在东晋以后流传至江
左。[②]若从儒佛交涉的历史来看,魏晋玄学在东晋中后期与佛教思
想合流固然是一条线索,河北地区的经学,对于佛教的发展也可能
具有相当重要的贡献。[③]

道安"家世英儒",慧远"年十三随舅令狐氏游学许洛,故少为
诸生,博综六经,尤善庄老",[④]都出身于儒学背景的家族。道安在
翻译戒律之时,拒绝了随意删略律本的做法,提出"戒犹礼也",又

---

① 关于佛图澄对僧团建设的贡献,目前最详赡的研究仍然是塚本善隆《中国佛教通
  史》,铃木学术财团,1988年,第248—284页。
② 唐长孺《读〈抱朴子〉推论南北学风的异同》,氏著《魏晋南北朝史论丛》,河北教
  育出版社,2000年,第337—367页。胡宝国对"南人""北人"的所指做了修正,但
  也认为河北地区的经学风气偏于保守,参见《两晋时期的南人与北人》,氏著《将
  无同：中古史研究论文集》,中华书局,2020年,第119—137页。
③ 两晋直至唐初的儒者,以河北居多,北朝后期河北大儒与地论学派的学僧交往密
  切,参见吉川忠夫《六朝末隋唐初の儒林仏教》,氏著《六朝隋唐文史哲論集》,法
  藏館,2020年,第257—287页;古胜隆一《隋代儒教的地域性：以山东儒者为中
  心》,氏著《汉唐注疏写本研究》,中国社会科学出版社,2021年,第181—193页。
④ 《高僧传》卷五《道安传》,第177页,卷六《慧远传》,第211页。

引此土《尚书》及《河洛》为譬，以儒家对待先王法言的态度对待佛教戒律。[1]在刘宋踞食论争中，慧义效法儒生"谨守夏五"，其精神与此一脉相承。

慧远早年经道安特许，讲经不废俗书。他在庐山建立教团，吸引了宗炳、周续之、雷次宗等一众士人，与之研讨经义，内容涉及《周易》《丧服》。[2]慧远与弟子对僧人服丧的仪节做了创新，已如上述。宗炳与时人关于佛教的长篇论议，占《弘明集》卷二全部，可以视为慧远教团思想对各方诘难的集中回应。后世流传的"十八高贤""虎溪三笑"等等美谈，虽不尽是历史的真实，至少表明庐山曾是晋宋之际僧俗交流的密集点位。

道安、慧远分别在荆襄、庐山弘教，与支遁为代表的建康僧界时代部分重合，双方也有密切的信息往来。来自北方的新学风，逐渐向首都建康渗透。如果说道安、法雅等人是以儒生而为僧人，慧远到庐山以后，则建立了一种新的僧俗关系。士人对佛教的信仰愈发虔诚，舍宅为寺之事屡见，僧人从朱门座上的谈客，变成了寺院、山林里的修行者。居士和僧人之间的关系，是从学和供养的关系。

笔者之所以重新检讨东晋南朝几次教诤，原因便在于痛感以往的认识存在错位。历次论争之中，虽然不乏传统的儒学士大夫和信仰道教的人士，批评者几乎很少以全面清除佛教为目的，在大

---

[1]《出三藏记集》卷一一《比丘大戒序》，第413页。
[2] 关于慧远的俗家弟子，参见许理和著，李四龙等译《佛教征服中国：佛教在中国中古早期的传播与适应》，江苏人民出版社，2017年，第311—313页。唐长孺先生也对慧远及弟子的经学素养有所考述，《南朝高僧与儒学》，氏著《山居存稿（续编）》，中华书局，2011年，第202—211页。慧远与殷仲堪论《易》，对其思想的分析参见谷继明《释〈易〉以感为体》——兼论六朝易学诠释中的玄佛结合，《哲学动态》2020年第4期，第33—39页。

多数情况下，他们的身份是受戒的居士，至少是同情并接受佛教的基本教义的士人。居士与僧人，二者共享对佛教的信仰和士人的知识修养，所不同的只是对出家生活的态度。居士与僧人之争，争的不是简单的政治权力，当然更不是华夷身份，而是在佛教信仰的屋檐之下，争夺对具体的教义或实践的解释权，探索修行生活与世俗生活的界限。桓玄与慧远论沙门不敬王者，范泰与慧义诸僧论踞食，梁武帝围绕戒律问题与僧界的两番争论（白衣僧正、素食），其指向莫不如此。

（三）儒道与佛教

论及中古思想，学界一般认为这是一个儒学相对化的时代。随着汉帝国的解体，儒学不再是唯一的价值，而与新兴的佛、道思想并存。随着中唐新儒学的兴起，标榜出世的佛、道两教遭到猛烈批判，糅合了佛、道思想的中古儒学也被扬弃。儒学复兴运动带来两个流行的误解：一是过分夸大了中古时期儒学的衰落，而从价值上否定了融合形式的儒学的积极意义；二是往往错失了中古时期三教交涉的阵营格局。历览各类护教文献，冲突几乎总是发生在儒佛、道佛之间，儒家与道教很少互相攻讦。换言之，三教论争一以贯之的问题在于对佛教的态度，对域外文化的态度。

从实际的历史进程来看，我们已经指出，不存在本质化的佛教与儒教。佛教作为一种世界宗教，通过翻译活动进入汉语的文化体，借鉴了儒家文化的某些要素，建立起汉传佛教的教团组织和经院主义学术；儒教作为一种高度内在包容性的思想体系，在中古时期也吸纳了佛教的心性之学和某些仪式实践。道教的建立与发展，也在与儒、佛竞合的环境中发生。然而在人们的观念意识中，三教并存，高下判然有别；价值多元，隐然有各自行用的畛域。这些框限不是关于儒释道的具体知识，却能够影响时人在实然的争端中所做的决断，甚至也导向不同的集体心态。

陈弱水曾将中古时期的思想基调概括为一种"二元世界观"：

> 这个"二元世界观"，简单地说，就是认为世界是由两个领域所构成的，对应于这两个领域，存在着两组不同的人生理想或指导原则。这两个领域是什么呢？一个是社会（包括政治）与家庭生活，或抽象点说，人际关系和人间集体秩序；另一则是个人生活与精神追求的范畴。前者最主要的指导原则是以古代经典为依据的儒家思想，诸子百家、文史知识也可包括在内。至于后者，则以古典道家、玄学、佛教、道教为主要思想资源。[①]

这段描述敏锐地注意到佛教与儒学等本土传统分别作用于个人的精神生活与集体的政治秩序，这一独特的心智结构兴起于汉晋之际，随着佛教的传入得到加强，在唐初已是流行的俗见，中唐以后则渐趋瓦解。[②]在中古时期的多数时间里，它的确是时代思潮的主流。

然而，细读六朝思想文献，似乎还可以分辨出另外几种思想流派，存在于特定的时代、特定的社会圈层。以下按照对佛教的接受程度，分述其立场，并简要叙述其流变和可能的现实影响。

（1）佛出于道

这派主张认为，佛教的来源在中土世界，是老子或者圣人为

---

① 陈弱水《墓志中所见的唐代前期思想》，氏著《唐代文士与中国思想的转型》，台大出版中心，2016年，第113页。
② 陈弱水在《排佛论说与六、七世纪中国的思想状态》一文中对消解二元世界观的三种潮流（国家全体主义、儒家至上主义、自然主义）做了辨析，上引《唐代文士与中国思想的转型》，第137—156页。

了降服凶悍的蛮族所设计的方便教化,即"老子化胡"之说。值得注意的是,在汉魏时期的论述里,化胡说的主旨并非对佛教的贬抑,而是强调其与本土思想之同源。[①]西晋道士王浮因与僧人争胜,改治《化胡经》,论旨为之一变,强调佛教相较本土的文化是低劣的、后出的,乃至虚妄的。东晋末年,桓玄与王谧论辩时说:"佛教之兴亦其指可知,岂不以六夷骄强,非常教所化,故大设灵奇,使其畏服?既畏服之,然后顺轨。"[②]北魏太武帝灭佛之时,诏书说佛教:"虽言胡神,问今胡人,共云无有。皆是前世汉人无赖子弟刘元真、吕伯强之徒,接乞胡之诞言,用老庄之虚假,附而益之,皆非真实。"[③]

至此为止,佛教仍然不失为一种教化手段。南齐时代,佛道关系趋于紧张,为了宣扬佛教的社会弊害,则进一步将之描述成种族灭绝的阴谋。《三破论》云:"胡人无二,刚强无礼,不异禽兽,不信虚无。老子入关,故作形像之教化之。又云:胡人龐穢,欲断其恶种,故令男不娶妻,女不嫁夫,一国伏法,自然灭尽。"[④]这已经近乎谩骂,无烦置辩。

这派学说立论的缺陷,在于老子教化佛陀的史实性易招攻难。佛教的护教者以种种方式对佛陀与老子生灭年代先后做了详细的论证,大概在武周时期,化胡之说趋于衰歇。另外,佛教的护教者

---

① 汤用彤先生指出:"汉代佛教依附道术,中国人士如襄楷辈,因而视之与黄老为一家。但外族之神,何以能为中华所信奉而以之与固有道术并重?则吾疑此因有化胡之说为之解释,以为中外之学术本出一源,殊途同归,实无根本之差异,而可兼奉并祠也。"氏著《汉魏两晋南北朝佛教史》,中华书局,1983年,第42页。
②《桓难》,《弘明集》(T. 2102)卷一二,《大正新修大藏经》(52),第81页上。
③《魏书》卷一一四《释老志》,中华书局,1974年,第3034页。
④ 刘勰《灭惑论》引《三破论》,《弘明集》(T. 2102)卷八,《大正新修大藏经》(52),第50页下。

还发展出"三圣化遗"之类的反制说法，宣称道教的教主老子是释迦弟子，终因护教意味过于强烈，之后不为所重。[1]

（2）道佛分途

这派主张认为，道与佛在终极的原则上完全一致，只是在实践的层面上适合于不同的人群，不同的文化风俗。这一立场并非表面上所显示的文化相对主义，字里行间仍然隐含了胡汉—道佛优劣的价值判断，只是对佛教的敌意相对缓和而已。

最典型的论述发生在宋齐时期。元嘉年间，何承天与宗炳释《均善论》云：

> 华戎自有不同。何者？中国之人，禀气清和，含仁抱义，故周孔明性习之教；外国之徒，受性刚强，贪欲忿戾，故释氏严五戒之科。来论所谓"圣无常心，就之物性者也"。[2]

回顾上述化胡说的立场，无论是教化，还是灭绝，华夏与夷狄处于同一统治秩序，二者的治理方式同源，最终的目的也归于一统。这里的论述，虽然对中国与域外的文化做了优劣的区分，但似乎传达出某种包容共存的政治秩序：佛教与道教分别由各自的圣人，根据各自的民性（"物性"）所创造，后者当然不应该效仿前者，但也不

---

[1] 关于《化胡经》的早期形态以及佛教的回应，参见许理和著，李四龙等译《佛教征服中国》第六章《蛮族的皈依》，第436—455页；刘屹《敦煌道经与中古道教》第十五章"敦煌本《老子化胡经》"，甘肃教育出版社，2011年，第385—408页。佛诞年代的讨论，参见拙文《辨常星之夜落：中古佛历推算的学说及其解释技艺》，《文史》2018年第4期，第117—138页。三圣化遗之说，参见刘屹《中古佛教的"三圣化导说"——以七寺所藏〈清净法行经〉为中心》，《唐研究》第22卷，北京大学出版社，2016年，第27—48页。

[2] 何承天《释均善难》，《弘明集》(T. 2102)卷四，《大正新修大藏经》(52)，第19页下—20页上。

必要用前者同化后者。

永明年间,顾欢撰《夷夏论》,将中外的差异展示得更为淋漓尽致:

> 道则佛也,佛则道也。其圣则符,其迹则反。……是以端委搢绅,诸华之容,剪发旷衣,群夷之服。擎跽磬折,侯甸之恭;狐蹲狗踞,荒流之肃。棺殡椁葬,中夏之制;火焚水沈,西戎之俗。全形守体,继善之教;毁貌易性,绝恶之学。……在鸟而鸟鸣,在兽而兽吼。教华而华言,化夷而夷语耳。虽舟车均于致远,而有川陆之节,佛道齐乎达化,而有夷夏之别,若谓其致既均,其法可换者,而车可涉川,舟可行陆乎?今以中夏之性,效西戎之法,既不全同,又不全异。……且理之可贵者,道也;事之可贱者,俗也。拾华效夷,义将安取?若以道邪?道固符合矣。若以俗邪?俗则大乖矣。[1]

顾欢从服饰、坐姿、葬法、发式诸多方面对佛教戒律和华夏礼仪做了对比,他与何承天同样强调实践的差异来自"性"的不同,从而将经典中具有普世性的教说定位为特定地域或民族的风俗。[2]其与化胡说都具有强烈的民族主义色彩。

重要的是,顾欢在"俗"的差异之上,安置了一个作为终极原则的"道",佛道精神实质的统一,确保了表面迥然不同的仪节完全等效,从而论证了"舍华效夷"之不可取。顾欢对礼仪及其背后

---

[1] 顾欢《夷夏论》,《南齐书》卷五四《顾欢传》,中华书局,1972年,第931—932页。
[2] 笔者曾指出,将佛教的戒律、实践视为印度风俗的看法,可能是法显巡游印度,将佛教的内部差异展示给汉地僧俗所导致,参见拙文《祇洹寺踞食之净再考》,《中国中古史研究》第5卷,中西书局,2015年,第38—54页。

精神原则的理解，无疑得自魏晋玄学的洞见。魏晋标举名教、自然"将无同"，将礼法建立在人的自然本性之上。郭象注《庄》，运用"迹—所以迹"这对概念，来说明圣人教化的宪章法度及其背后的依据，它既在某种程度上论证了具体的政治秩序之合理性，同时又暗示了外在的宪章法度随时迁变的可能。

在郭象的哲学里，圣人无为、无心，圣人之治是"因物之自行"，联结"无为"与"迹"的，是物（人）之"自性"。"性""性分"这类概念，被用于解释政治秩序中的不同阶层、角色的分化，并且是难于改造和转移的。整个郭象政治哲学的原则，便在于安住性分，即所谓适性逍遥。[①]道佛分治论的主张者明显继承了"迹—所以迹""性"等等分析概念，但在护教的语境里，"性"被赋予了新的内涵，成了与特定文化传统联系的民族性。华夏与夷狄"性"的不同，可以解释由同一的精神原则，开出不同文明形态的分化过程。

这派主张的弱点在于，在经典文字的层面论证佛道玄同极易招来攻难。北周武帝一度希望采取佛道调和的措施，结果佛教方面对道经窃取佛经的迹象做了无情的揭露，武帝只得二教并废。此后直到唐初，佛道论衡文献里仍然充斥着对道教经典的这类批评。[②]另一方面，将佛教的起源地与威胁中原王朝的夷狄联系在一起，也不是基于史实。顾欢的批评者和后世的佛教护教者都刻意对"胡"与"梵"做了地域和种族上的区分，早期佛教经典中的

---

① 关于"迹—所以迹""性分"概念的分析，参见汤一介《郭象与魏晋玄学（增订本）》，中国人民大学出版社，2015年，第185—191页；杨立华《郭象〈庄子注〉研究》，北京大学出版社，2010年，第179—186，119—130页。

② 刘林魁《三教论衡与唐代文学》，人民出版社，2021年。

"胡"字也被系统性地替换为"梵",[1]极力撇清域外文化与来自外部的军事威胁之间的叠合。

上述两种学说尽管在策略上承认佛教与本土思想传统的联系,最终目的仍然是要贬抑佛教,甚至取消佛教。以下的两种立场则总体上倾向于接纳佛教,前一种比较温和,后一种则更为激进。

(3) 佛体儒用

这是中古时期流传最广,影响最深远的一种调和方案。其立说的要旨及其流变,陈弱水先生已经做了精彩的论述。这里再做几点辨析。

第一,在佛教传入前后,儒家,特别是孔子作为圣人的地位发生了降格。魏晋之际,士人祖述庄老,好尚玄虚,他们认识到在社会性的礼法、名教之上,有一个终极的原则,可以称之为"无""道",或者"自然",后者是前者得以成立的依据。但自从王弼主张圣人体无,老不及圣以后,孔子与道为一,而无所言说;老庄见道,与道为二,因此申述阐释,滔滔不绝。魏晋玄学通过对孔子形象做道家化的解释,保留了孔子作为圣人的崇高地位,从而维护了《汉书·古今人表》的圣贤等次。在佛教传入以后,这个格局被打破了。东晋孙绰《喻道论》云:"周孔救极弊,佛教明其本耳。"[2]刘宋文帝对何尚之说:"六经典文,本在济俗为治,必求灵性真奥,

---

[1] Yang Jidong, "Replacing *hu* with *fan*: A Change in the Chinese Perception of Buddhism during the Medieval Period", *Journal of the International Association of Buddhist Studies* 21.1 (1998), pp. 157–70. 布歇指出早期汉译佛经中胡与梵的区分可能反映了原本由佉卢文与婆罗米文书写的不同,但仍然同意在隋唐时期,随着前者逐渐退出使用,"胡"被赋予了负面的印象。"On Hu and Fan Again: the Transmission of 'Barbarian' Manuscripts to China", *Journal of the International Association of Buddhist Studies* 23.1 (2000), pp. 7–28.

[2] 《弘明集》(T. 2102)卷三,《大正新修大藏经》(52),第17页上。

岂得不以佛经为指南耶！"①《高僧传》还记载了一段康僧会与吴主孙皓的对答，很可能并非当时之实录，而反映了齐梁之际的思想：

> 会对曰："夫明主以孝慈训世，则赤乌翔而老人见；仁德育物，则醴泉涌而嘉苗出。善既有瑞，恶亦如之。故为恶于隐，鬼得而诛之，为恶于显，人得而诛之。《易》称'积善余庆'，《诗》咏'求福不回'，虽儒典之格言，即佛教之明训。"皓曰："若然，则周孔已明，何用佛教？"会曰："周孔所言，略示近迹，至于释教，则备极幽微。故行恶则有地狱长苦，修善则有天宫永乐，举兹以明劝沮，不亦大哉。"②

在这里，周孔和周孔所言之六经典文被等同起来，都被认为是某种临时的、权宜性设置，而更为根本的，则是探寻、发显人的"灵性"，这个任务只能由佛或者佛所说的经典来完成。换言之，佛教（以及因之而起的道教）彻底接管了"二元世界观"里形而上的一层。

第二，关于心性的讨论，在佛教传入以后被大大拓展。"性""性分"，本来是郭象哲学的重要概念。性之不同，构筑起社会的身份差异和等级秩序。但魏晋玄学对"性"的分析比较简单，仅仅随顺性的差异，而没有探究这种差异的来源，也较少揭示超越自性的上升途径。东晋后期，慧远提出"定己性于自然"，乃以因缘果报为自然，从而解释性分不同的根源。③《涅槃经》译出以后，南朝僧俗喜言佛性，借助佛教修行阶位的理论，发展出精致细密的修行次

---

① 《高僧传》卷七《慧严传》，第261页。
② 《高僧传》卷一《康僧会传》，第17页。
③ 参见曹凌《玄佛相即：双重性视野下的慧远思想研究》，"胎动与蜕变中的六朝佛教"学术研讨会论文，北京大学人文社会科学研究院，2019年。

第。从玄学之性,到佛教之空性与佛性,其中的思想史脉络有待深入研究。

第三,"体用"这对概念的成立,是在5—6世纪之交的思想文献中,而与佛教的如来藏思想有密切的关联。所谓"体",是指心觉悟的可能性,而"用"则是指心因应外境变化而表现的作用。[1]使用"体用"这对概念来界定儒佛关系,不仅包含了陈弱水先生所强调的内与外,个体与社群的分野,也隐括了作为精神原则的心性对于现实存在的典章制度、社会生活的导引作用。

以佛教为体,将佛教等同于心性的讲求,也有其解释上的困难。问题在于佛教教团组织庞大的现实存在,以及佛教寺院的实践与华夏礼仪的重重冲突。破除佛教戒律的束缚,缩减寺院和佛事活动的规模,将对佛教的信仰返回到人的内心,这类呼声不绝于耳。[2]然而,二元世界观得以存续,要义在于时人相信佛教关于心性的讨论,与儒家的礼仪制度,足以互相维持。新儒学运动兴起后,建立起儒家自己的心性之学,佛教的心性论被认为是谬误,从而会妨害公共的社会生活,佛体儒用的结构则趋于崩坏。

(4) 儒佛递进

这是所有调和方案中最为激进的学说。这派主张认为,儒家的礼制典章,是一种权宜的措置,佛教之弘传,是一个真理逐渐开显的过程。儒与佛,各自有其实践的方式,二者是时间上先后递进

---

[1] 岛田虔次《"體用"の歷史によせて》,《塚本博士頌壽紀念佛教史學論集》,1961年,中译本收入邓红译《中国思想史研究》,上海古籍出版社,2009年,第219—231页;船山彻《体用思想の始まり》,收入氏著《六朝隋唐仏教展開史》,第39—59页。

[2] 吉川忠夫《仏は心に在り—「白黒論」から姚崇の「遺令」まで—》,福永光司编《中国中世の宗教と文化》,京都大學人文科學研究所,1982年,第47—102页。

的关系。当然难以想象，中国古代曾经设想过全面废除儒家的制度，代之以佛教的实践；但笔者依然认为，儒佛递进构成了南朝后期的某种普遍心态，这一心态诱使时人对经典的规定做出灵活的解释，并对礼仪实践的细节做出大胆的改革。

我们已经在沈约关于素食的讨论中看到周孔之教—小乘戒律—《涅槃经》所说断食肉法，最终导向禁绝绢衣的完整历史图景。此外，在齐梁士人的自述里，早年好六经，晚年归释道，成为描述个体生命成长的典型叙事。[①]传为梁武帝所撰《舍事李老道法诏》甚至说"老子周公孔子等，虽是如来弟子，而化迹既邪，止是世间之善，不能革凡成圣。其公卿百官侯王宗族，宜反伪就真，舍邪入正"，[②]更对儒释道三教做出决然的轩轾。这类惊世骇俗的言论很可能在后世的文献流传中经历了严重的删改、淘汰，以至于今日仅能在佛教文献中考见其鳞爪。

是什么塑造了这一带有目的论意味的历史观呢？笔者认为以下三方面的动向值得关注。第一，魏晋玄学"寄言出意"的解释原则。一方面，圣人之"意"超越了经典之"言"，另一方面，为了达致圣人之意，又必须通过对言的研求加以实现。这一解释原则，使此后东晋南朝的思想家得以对经典做出灵活的解释。[③]

---

① 梁武帝在《孝思赋》中回顾了自身的信仰变化，参见《广弘明集》卷二九。吕博还分析了阮孝绪的精神发展历程，其人少时遍读五经，中年归隐，约在天监、普通年间于钟山听讲，晚年转向佛教，参见《〈七录序〉与阮孝绪的知识、思想世界》，《学术月刊》第52卷，2020年9月，第159—172页。

②《广弘明集》(T. 2103)卷四，《大正新修大藏经》(52)，第112页上一中。此文题天监三年，与文中涉及人物年代不合，其真伪历来存疑，学界观点莫衷一是，先行研究此处从略。笔者判断当作于梁末。

③ 参见汤用彤《言意之辨》《向郭义之庄周与孔子》诸篇，收入《汤用彤学术论文集》，中华书局，1983年。

第二,佛教内部用于调和不同经典教说的判教,在南朝时期的主流是以"说时"为依据。也就是说,经典教说之不同,被判教者安置在佛陀生涯的不同时间阶段之中,形成由浅入深的教理体系。①这一策略大大发展了玄学中"寄言出意"的解释原则,不仅"言"相对于"意",是一种权宜的设置,前者指向后者;而且,在不同经典之"言"中间,还区分出了若干阶次,前一说时的经典,对于后一说时的经典来说,也同样是善巧方便的说法,其全部真意,要在后一说时的经典中,方能全部显现。这一阐释思路,也被用于调和儒释之间的矛盾。

第三,佛典的翻译实践,导致经典观的深刻变化。儒家的经典是古代圣人所作,经典的解释可以增加,然而经典本身的规模在孔子之后是确定的、封闭的。而对于汉地佛教徒来说,佛典是经过翻译而获得阅读的,因此时人所掌握的经典,相对于佛陀金口所说的全部经义都只是残缺的、部分的真理,经典文本的规模是流动的、开放的。站在现在的时点,经典中没有明确支持,甚至明确反对的学说,将来有可能被新传入的、更高级的经典所肯定。

儒佛递进的时间感受只存在于一个相对短暂的时段,与梁武帝在位期间的一系列礼仪创制相联系。"侯景之乱"事实上宣告了梁朝国祚之终结,制礼作乐、迈入新时代的激情旋即消退。在思想领域,唐初的儒家注疏系统性地刊落了援引释教的南朝解经方式,佛教祖师也放弃了以说时先后为单一维度的判教方式,创立了更为复杂多元的教理体系。内典与外教,被安置在不同的社会单元里。

---

① 关于佛教判教的概述,参见藤井淳《中国における教判の形成と展開》,《大乘仏教とは何か》,春秋社,2011年,第222—251页。

　　以上对中古时期三教调和方案的描述，自然无法涵括绵历数百年之久的所有思想动向。不过，当我们回望19世纪以降，近代中国与西方遭遇时的种种新奇变怪之论，却又仿佛看到了中古思想史的若干桥段在以不同的形式复现。[①]那么中古后期这些调和方案的走向，以及宋明新儒学的缔构，会不会成为这一轮文化交流与融合的归趋？或者说，在学术与政治的激荡之中，我们还可以期待怎样不同的结果？这个话题有些沉重，也超出了笔者的学力所及，就此搁笔。不妨尽此余生，继续思考这个问题。

---

① 可参读丁伟志、陈崧《中西体用之间》，中国社会科学出版社，1997年。章清《会通中西：近代中国知识转型的基调及其变奏》，中国社会科学出版社，2019年。该书第二章特别介绍了明清之际流行的"西学中源说"，与本文讨论的"道出于佛"的调和方案相对应。

华夷

胡鸿（北京大学中国古代史研究中心）

古代中国的政治文化中，有一部分涉及主体人群华夏（或汉人）与边缘族群关系的内容，研究者常称之为"华夷秩序"。"华夷秩序"脱胎于"夷夏之辨"，作为一种区分我群与他者的观念，渊源甚为久远。在春秋战国时期，不论在儒家经典及其注疏中，还是诸子百家的著作中，都或多或少对这一问题有所论断，形成了多种不完全一致的学说。到秦汉时期尤其是两汉，这些学说被王朝有选择地接受，不仅在诏令王言等权威文本中加以表达和论述，还通过一系列的制度安排和文化展演，逐渐内化为帝国上下奉行的政治文化。这类政治文化又与帝国的政治实践互相影响，从而让理念部分地成为现实。究其本质，"华夷秩序"仍是华夏单方面主导的秩序规划，虽然在一定场合与一定层面上也为"四夷"所接受。

"华夷秩序"不能简单类比于现代意义上的民族关系或国际关系，而是发挥着复合性的功能。一方面，它是在面对文化与族群多元性时构建的一种解释，借此建立一个简明的分类体系，化未知为已知，化混沌为秩序；另一方面，华夷秩序的核心要点在于描述一个有着明确中心和边缘、兼具内外与高下区分、按照差序布局的世界图景。无论是周天子还是秦汉皇帝，都宣称对于普天之下的统治权，但现实中仍存在大量尚未完全臣服或拒绝臣服的人群，为了弥合这一明显的矛盾，华夷之辨以及与之相应的华夷秩序被建构出来。在对普世性皇权的论证中，华夷秩序是不可缺少的一部分。

关于古代华夷秩序的问题，前人的研究已经蔚为大观。根据本书体例，在此不拟做出详细的回顾。^①在拙作《能夏则大与渐慕华风：政治体视角下的华夏与华夏化》（北京师范大学出版社，2017年）一书中，也论及了先秦至南北朝时期华夏作为政治体的发展，以及其政治文化如何保证了非华夏政权向着华夏化方向转变。该书第三章着重论述了"符号化的"华夷秩序，尤其以占星术中的华夷话语为个案进行了剖析，第四章分析了华夏知识精英如何在经学和史学中建立起维护华夷秩序的"四夷"框架。总体而言，该书对于华夷秩序的内涵和演变，未能做出全面和系统的阐释。借着写作这篇文章的机会，我想试着正面讨论一下华夷秩序从理念到政治文化的演变，以及此种政治文化在不同时代政治实践中的表达、展演和变形。学力所限，本文的讨论范围仍是唐代以前的华夷秩序政治文化，唐以后此种政治文化仍然继续存在，还发生了很重要的变化，这与辽金元清等北族王朝的统治有很大关系。这方面我没有做过专题研究，与其言不及义，不如留待方家吧。

---

① 在此仅列举几种重要研究文献，供读者参看：邢义田《天下一家——中国人的天下观》，收入刘岱编《中国文化新论：根源篇》，生活·读书·新知三联书店，1991年，第425—478页；罗志田《夷夏之辨的开放与封闭》，《中国文化》1996年第2期；渡边信一郎《中国古代的王权与天下秩序：从日中比较史的视角出发》，徐冲译，中华书局，2008年；葛兆光《历史中国的内与外——有关"中国"与"周边"概念的再澄清》，香港中文大学出版社，2017年。

一、从夷夏之辨到华夷秩序

（一）夷夏之辨的出现

与所有理念一样，华夷秩序的构想也有其现实基础。现代考古学已经证明，中国古代文明的起源"不似一支蜡烛，而像满天星斗"，史前文化并非由一个文明中心首先发轫再向周边扩散传播，而是在多个区域中演化出各具特色的类型，呈现出多元多样的形态。[①]在多个区域文明的汇聚与交流中，公元前2500年左右中原龙山文化才脱颖而出，在政治文明的演进中取得领先地位，但其他区域文化在很长时间内仍然与之并存。[②]从万国林立的史前时代，到商周以下的封建体系，再到秦汉帝制国家的出现，政治体在不断聚合中升级演变。政治体的聚合伴随着文化的融合，以中原文明为核心的主流文化会在一定程度上从中心向边缘、从上层向下层传播，但在同时，来自边缘、下层的文化既接收前者的影响，又不会完全被同化，有时还会对前者进行反向影响，大传统对小传统只有叠压而不会完全覆盖。文化多元性始终存在，在文化意义上绝对的"大一统"并未实现。华夏与非华夏族群的并存是一个长期存在的事实，但不同时代的夷夏观念则发生过很大的变化。

古今所有文明人群，都有着区分我群与他者的意识，而具体到以华夏为中心的"夷夏之辨"，则只能与"华夏"这一人群集团相

---

① 参看苏秉琦《中国文明起源新探》，生活·读书·新知三联书店，2019年。
② 赵辉《以中原为中心的历史趋势的形成》，《文物》2000年第1期。赵辉《中国的史前基础——再论以中原为中心的历史趋势》，《文物》2006年第8期。

伴而生。"华夏"一词出现较晚，一般认为"华"是"夏"的音转，最初出现的是"有夏""诸夏"等以夏为中心的概念。由于夏代的历史很大程度尚处于迷雾之中，殷人也未见有自称夏的记录，以"有夏"自称目前只能追到周人。周人自称"夏"的原因，自司马迁以来，都以为是周人自居夏后氏后裔，但这可能是一种误解。周初以杞国分封禹的后裔，而在西周中期的史密簋铭文上，却称之为"杞夷"，这说明周人与夏禹的后裔有相当距离，周人称"夏"当另有原因。"夏"在先秦有一义可与"西"互训，按照这个理解，周初的"区夏"即"西土"，"有夏"则等同于"西土之人"，这样《尚书》中常见的殷周之际周人的两个自称就能统一起来。有趣的是，清华大学收藏的战国竹简《尹诰》中写道"尹念天之败西邑夏"。《尹诰》被认为是《尚书》的佚篇，记载的是商朝初年伊尹与商汤的对话，若它并非全无历史依据，那么商人就称呼被其取代的夏为"西邑夏"。商人已有自居天下中心的观念，并将周边称为"四土"或"四方"，称呼其西边的夏为西邑，合情合理。夏成为西的同义词，最初大概就出于商人的他称命名，借助商王廷的权威和商文化的影响力，这一称呼逐渐被西土之人所接受，故而以周人为中心的西土灭商联盟自称"有夏"。

原本僻处西土的"有夏"，在灭商之后，接管了商人认定的"天下中心"地区，并通过封建体系不断向东开疆拓土。西土认同渐被放弃，"有夏"一词为"周人"所取代。"周人"强调与姬姓王室的宗法关系，与后来说的华夏差别很大。东周王室衰落，"周人"的号召力也随之减弱。春秋时期最先崛起的是齐国，在西土时代姬姜二姓曾共同构成了有夏的核心，但在西周宗法体系下，姜姓齐国处于"异姓为后"的不利地位。于是齐人重新举起"有夏"的大旗，建立起一套有别于姬周宗法体系的新政治秩序，因为要指代一群并立的诸侯国，"有夏"更多地被称为"诸夏"。诸夏团结在齐、晋等霸主的周围，以"尊王攘夷"为宗旨，与中原及周边尚大量存在的戎、狄、蛮、夷展开激烈的争夺。正是在这一时期，"夷夏之辨"得到了空前的强调。

在春秋战国时期，夷狄与诸夏之间存在一套行用已久的分类体系，某些姓氏、邦国、人群属于夷狄，是不言自明的常识，或约定俗成的事实，当时人恐怕不需要逐一去判别。此时"夷夏之辨"的意义，并不是去重新分辨孰夏孰夷，而是在于让这一既存的分类体系更加强化，同时又得到合理化和规范化。夷夏之辨既然强调夷夏之间的界限，那么就要回答这个问题：夷狄和诸夏到底有什么不同？零星的答案很多，而《国语·周语》所记的一段言论颇有代表性。东周襄王与郑国起了冲突，襄王引狄人伐郑，又要纳狄女为后，对这两件事大夫富辰都极力劝谏，虽最终未被采纳，颇可从中窥见春秋时期的夷夏观念。富辰将狄与郑进行一系列对比：郑国始封君是周宣王的弟弟，与王室有兄弟之亲，而狄为"外"；郑为周王册封的伯，历代国君对周室立有大功，而"狄无列于王室"；郑"未失周典"，即在礼仪和制度上仍奉行周的典范，而狄的德行如"封豕豺狼"，贪得无厌；就立王后而言，立狄女而不立世代通婚的姜姓、任姓之女，是为"以新间旧"或"弃旧"。从这段论说中，可以发现夷狄和诸夏有这样几个区别：第一，是亲与外的差别，也就是血缘远近不同，蛮夷戎狄诸国在宗法关系和婚姻关系上，与周王室以及诸夏各国相对疏远。虽然如周襄王与狄人联姻那样的事例也不罕见，但夷夏之间的联姻是个案性的，难以如姜、任等姓那样与姬姓建立稳定的世婚关系，即便偶尔联姻也仍有新旧之别。《国语·郑语》中还有西周末年史伯的一段话，他列举了成周（雒邑）南、北、西、各方的数十个邦国，最后总结说"是非王之支子母弟甥舅也,则皆蛮夷戎狄之人也",表达的也是同一观念。第二,在政治上诸夏同属于周的分封政治体系,互相之间有世代积累的政治联系,而夷狄不在此体系之内,"无列于王室"。这其实是更为根本的原因。诸侯征伐四夷,打了胜仗要向王室献捷,但诸侯国之间开战,获胜者则不能向周王献其功,因为这样有损诸夏的"亲昵"。①第三,在礼仪、风俗等方面,诸夏之间遵循周礼,夷狄则无礼或奉行各不相同的夷礼。诸夏常用"被发左衽""椎髻箕踞""断发文身"等词语对夷狄加以描述,着意强调夷狄与华夏在外观上显著的不同。戎子驹支曾说"我诸戎饮食衣服不与华同",②这一支姜姓之戎臣属于晋已历数世,大大小小的战役都参与其中,但仍然保持独特的饮食、衣服,其他关系更疏远的戎狄可想而知。鲁僖公二十七年春杞桓公来朝,因为"用夷礼",被《春秋》书为"杞子",至该年秋天鲁发兵攻入杞国,责其无礼。③虽然难以知道杞所用的"夷礼"究竟如何,但它肯定与周礼大相径庭。第四,基于以上三点的差别,在夷夏之间竞争和对抗加剧的形势下,诸夏对夷狄的指斥越来越严厉,以至于将他们定位为道德低下、人性恶劣,不惮于用"封豕豺狼"这样的词汇去比喻。类似的例子很多,如"戎狄豺狼,不可厌也"(管仲语,《左传》闵公元年);又如"夫戎、狄,冒没轻儳,贪而不让。其血气不治,若禽兽焉"(《国语·周语中》)。在这几种区别之中,最根本的其实是第二点,诸夏原本也是一个政治关系联合而成的集团,而政治上的对立与冲突让夷夏之间的界限得到强调,于是带来了文化上的刻意排斥,进而是道德上的诋毁。

---

① 《左传》庄公三十一年。
② 《左传》襄公十四年。
③ 《左传》僖公二十七年。

（二）两种华夷秩序结构：畿服圈层与四夷五方

经过春秋数百年的战争，中原地区的夷狄和诸夏小国都被兼并殆尽，剩下的大国包括楚在内都已号称冠带之国，诸侯国内部的殷周文野之别也几乎泯灭。春秋初年那种夷夏列国交错杂处、南蛮与北狄交侵的局面不复存在，中原地区的诸夏连成一片，夷狄的主体只活跃在中原周边的地带。因应这种新的形势，诸夏知识精英也对夷夏之间的"应然"的关系进行了新的规划。规划大体朝着两个方向进行，其一是建构出越来越复杂的圈层结构，以"五服"和"九服"为代表；另一个方向则注重蛮夷之间的区别，最终构建了"中国—四夷"的五方框架。两种规划的共同出发点，都在于将诸夏置于天下中心的位置，但对夷狄的安排则有很大的区别。

对"畿服"的最系统表述，主要见于《国语·周语》《尚书·禹贡》和《周礼·夏官·职方氏》。三者相比，时代愈后，则圈层愈复杂，想象和规划的性质越强。在《国语·周语》开篇，祭公谋父劝谏周穆王征犬戎时说：

> 先王之制，邦内甸服，邦外侯服，侯卫宾服，蛮夷要服，戎狄荒服。甸服者祭，侯服者祀，宾服者享，要服者贡，荒服者王。日祭，月祀，时享，岁贡，终王。……刑不祭，伐不祀，征不享，让不贡，告不王。

且不论一些词汇解释上的分歧，这段话的要义在于描绘一个由内向外逐级扩大的圈层结构，规定了各圈层中人向周王承担的政治义务及其频率，最后还设计了对于未能完成其应有义务者的惩罚手段。虽曰五服，实际上可以归为三层，即王畿（甸服）—诸侯（侯服、宾服）—夷狄（要服、荒服）。对蛮夷和戎狄的划分值得注意，顾颉刚认为蛮夷久处中原之内，文化程度较高，与王室关系虽相较诸夏疏远，仍能服从约束，故称"要服"，"要"即"约"的意思；戎狄为"未受中原文化陶冶之外族"，不时侵寇，故曰"荒服"，"荒"等于"远"。这与后世对蛮夷进行远近、生熟的区分异曲同工。要服蛮夷的义务是"贡"，其频率为"岁贡"，即按年为单位纳贡，古注以为是六年一贡；而荒服戎狄的义务是"王"，其频率是"终王"，即终身前往王庭朝见一次即可。对于他们的惩戒措施，也依次减轻，对于要服不贡的惩罚是"让"，对于荒服不"来王"的惩罚是"告"，套用今日的外交术语，"让"相当于"强烈谴责"，"告"则只不过是"严正声明"而已了。这一设计已然呈现出机械的一面，但脱离现实之处尚有迹可循。到了《禹贡》仍然是划分五服，但每一服被整整齐齐地定为五百里，五百里内又进行拆分，如"要服"被拆解为"三百里夷，二百里蔡"，"荒服"被拆解为"三百里蛮，二百里流"。夷和蛮何以分属二服？戎和狄去哪里了？蔡和流又是什么？古代注家有各种巧妙的解释，比如说夷、蛮可以包括戎、狄，又如蔡被释为"放"，与"流"都是对罪犯的处置等等，但怎么看都有点不和谐。这几点都让《禹贡》的五服显得既呆板又古怪，其纸上谈兵的性质更为显著。将想象力发挥到极致的还是《周礼》的"九服"说，其中王畿方千里，从王畿向外每五百里为一"服"，共有侯服、甸服、男服、采服、卫服、蛮服、夷服、镇服、藩服。九服加上王畿则为十个圈层，合在一起就是"方万里"的天下，其中的"中国"方六千里，而《禹贡》中天下只有"方五千里"，"中国"方三千里，无论中国还是天下，都经历了一次膨胀。《禹贡》是战国时期的文献，而《周礼》的成书大概已是西汉初期，两者构想的天下有大小之别，并不是什么夏制与周制的区别，而是反映了战国至西汉"天下"观念的新动向。[1]

另一个方向的规划可以称为构建"四夷"与"五方"。第一步是让夷、蛮、戎、狄这四个名词成为指代周边异族的通称。原本诸夏之外的异族称谓是很杂乱的,并不只有夷蛮戎狄四种,还有诸如貊、濮、荆、巴、蜀、越、闽等等名称。何以夷蛮戎狄脱颖而出成为通称呢?这个问题不易回答,"夷"很可能原本就是商人或周人惯用的对异族的他称,"蛮""戎"大约也类似,它们是借助统治者的语言而成为通称的;而"狄"最初更像是来自本族自称的音译,可能因为其分布范围广大而成为通称。在西周与春秋的时代,这四个名词已然远比其他异族称呼出现频率更高,但尚未形成与东南西北方位的固定搭配,诸如东边的戎、北边的蛮、西边的夷都能找到很多例子。[2]接下来到第二步,夷蛮戎狄与东南西北形成固定搭配。目前所见较早的文献证据如《墨子·节葬下》《礼记·曲礼》《管子·小匡》等,时代都不早于战国。在这一批文献中,四者的排序还是混乱的。演变的第三步,四夷并举时逐渐凝成固定的顺序,即东夷—南蛮—西戎—北狄。曾经有一些文献中采用了东夷—西戎—南蛮—北狄的排序,两种排序似乎存在过竞争。后一种排序常用于描述地理疆界的"四至",可称为"四至之序",前一种则与五行学说中的"五方之序"相符。四夷的方位顺序最终定型在五方之序,与五行说的流行颇有关系,五行学说为"四夷"提供的还

---

[1] 参看顾颉刚《史林杂识初编》"畿服"条,中华书局,2005年,第1—19页。关于《周礼》的成书年代有诸多学说,可参看彭林《〈周礼〉主体思想与成书年代研究》第一章,中国社会科学出版社,1991年,第4—8页。彭林在该书的结论中认为《周礼》成书于汉初。

[2] 参看童书业《夷蛮戎狄与东南西北》,收入童教英整理《童书业历史地理论集》,中华书局,2004年,第169—176页。

不只是排序。在第四步演进中，四夷按照地理方位获得其特有的属性，它们就从一种外在的分类，升级成了拥有内在"族群性"的人群。《礼记·王制》中的这段话可谓前四步构建的集大成总结：

> 广谷大川异制，民生其间者异俗。刚柔、轻重、迟速异齐，五味异和，器械异制，衣服异宜。……中国戎夷，五方之民，皆有性也，不可推移。东方曰夷，被发文身，有不火食者矣。南方曰蛮，雕题交趾，有不火食者矣。西方曰戎，被发衣皮，有不粒食者矣。北方曰狄，衣羽毛穴居，有不粒食者矣。中国、夷、蛮、戎、狄……五方之民，言语不通，嗜欲不同。

因为各方的地理环境不同，导致物质文化和生活方式不同，造成嗜欲不同，相对的隔绝又带来言语不通，一代代积累下来成就了不可推移的"性"。这一论述逻辑颇为严谨，对夷蛮戎狄风俗的描述如"披发"、"雕题"（额头刺青）、"文身"（即纹身）、穿皮衣还是穿羽毛、不吃熟食（火食）还是不吃谷物（粒食）等，又融入了最新的经验观察，很大程度能为现实所验证，加上《王制》在汉代今文经学中地位重要，这段话成为后世理解华夏与夷狄关系的奠基性文本之一。在《王制》相对平和的论述之外，将方位与"族群性"的联系发挥到夸张程度的，当推《淮南子·墬形训》，比如其中写北方的一段："北方幽晦不明，天之所闭也，寒水之所积也，蛰虫之所伏也，其人翕形短颈，大肩下尻，窍通于阴，骨干属焉，黑色主肾，其人蠢愚，禽兽而寿。"从自然环境关联至人的生理结构，再到人的智力和品德，进而是其寿命长短，构成一连串的关联，具有强烈的"五行决定论"色彩。在描述完四方之地及其居民的种种不堪之后，这段文字以中央作为结束："中央四达，风气之所通，雨露之所会也，其人大面短颐，美须恶肥，窍通于口，肤肉属焉，黄色主胃，慧圣而好治。"无论是气候风土还是人的外貌与德行,都与四方构成了强烈对比。或许是这套论说过于绝对和夸张,与《王制》相比,并未成为主流的观念。

到《礼记·王制》为止,中国与四夷的五方格局就算定型了。往后的发展,还包括让夷蛮戎狄分别与固定的数字搭配,出现过九夷、八蛮、六戎、五狄和九夷、八蛮、七戎、六狄两套说法,前一种较为主流,为《礼记·明堂位》《白虎通·礼乐篇》等权威文本所采用,但后一种也并未消失,在影响颇大的《尔雅·释地》中顽强存在下来,古代注疏家曾为调和不同经典中的分歧绞尽脑汁。到东汉末,甚至有人为这些数字一一填上了"别国之名",来让它们显得更加权威,但那显然只能靠穿凿附会了。东汉的学者还进行了另一项工作,即试图通过训诂的方法,找到蛮、夷、戎、狄的来历,同时也印证其命名与特性合若符契。一类训释通过音近求解,比如东夷虽蹲踞无礼,但"东方少阳易化",也就是说东夷比其他几个方向的异族更容易教化,故取名为"夷",这里利用了"夷"和"易"的音近(《白虎通·礼乐篇》)。类似的还有将"蛮"训为"慢",表示"用事简慢";将"戎"训为"凶",引申为强恶好杀之意;将"狄"训为"辟",意指其行为邪辟(应劭《风俗通义》)。另一类训释则专从字形出发,以《说文解字》为代表,其中"夷"字被拆解为"从大从弓",与善射关联起来,东汉时期已经称东北森林地带的挹娄、夫余等为东夷,正符合善射的特征。"蛮"和"狄"因其偏旁被定为"蛇种"和"犬种",而"羌"则是西戎牧羊人。

以上两个方向的规划看似分歧很大,其实共享了一个基本的出发点,那就是诸夏居中,夷狄居外,区别仅在于居外的夷狄是按四方来分类还是按圈层来分类。四夷分居四方,重在解释夷狄与华夏在文化乃至人性上的差异,最终仍然指向何以华夏优于夷狄,进而推出两者在政治上的主导与附从地位；畿服制中蛮夷分处要服、荒服，直接规定了他们与天子的政治关系，包括应尽的义务，以及天子可以动用的惩罚手段。两者相较，畿服圈层结构更具有政治上的指导意义。荀子说"诸夏之国同服同仪，蛮夷戎狄之国，同服不同制"，[①]便是以服制结构涵盖五方结构的意思。当夷夏之间的区分被结构化，形成核心与边缘、中央与四方、文明与野蛮、乃至依照距离远近承担不同政治义务的圈层式结构时，夷夏之辨就从一种探寻区分标准的学说，升级成为了对政治秩序的规划。这一过程，正好发生在从战国走向秦汉帝国的转变期，复数的诸夏列国合成为一，"诸夏"被"华夏"或"中国"所取代（此时已经没有多少人记得"有夏"最初正是与"中国"相对的西土之人），因而这种规划中的秩序，更适合称之为"华夷秩序"。

（三）用夏变夷

两种华夷秩序的结构性规划都以华夏与四夷的区分为前提，那么这样的结构之中是否存在流动？整个结构是否存在变化的可能？

在现实中，华夷的身份并非不可改变。诸夏的范围从春秋到战国在不断扩大，说明有大量蛮夷戎狄被吸纳了进来。对于贵族以外的平民而言，华夷首先是一种政治性身份。春秋时期的由余，"其先晋人也，亡入戎，能晋言"，但他作为戎王的使者来到秦国，便被视为戎人。在与秦缪公的对话中，由余也极力为"戎夷"的制度辩护。此后秦国用计招降了由余，又用由余去征伐戎王，"益

---

① 杨倞注："夷、狄遐远，又各在一方，虽同为要、荒之服，其制度不同也。"王先谦《荀子集解》卷一二《正论》，中华书局，1988年，第329页。

国十二,开地千里,遂霸西戎"。①由余的身份从戎人变为秦人,契机是仕宦关系的变动,而经他谋划被秦国吞并的千里之地的西戎之人,其身份也很快会变成秦人。春秋末年卫庄公登城望见一处名为"戎州"的聚落,说道"我,姬姓也,何戎之有焉",遂怒而下令"翦之"。然而尚未行动,卫庄公便被戎人攻击,逃入戎州而死。②这一事件说明当时诸夏各国中常有戎夷之人,有些还处于聚居状态,尚保持着"戎"的身份,而像卫庄公一样试图对之打击、拆散的行动一旦成功,"戎州"之名消失,这些戎人便加速转变为所在国之民了。从华夏向夷狄的转变同样存在,由余的先世便是一例,孔子也表达过"欲居九夷"的想法。不仅在列国时代,就算到了西汉元帝时,匈奴对汉已居于下风,单于多次入朝,议者仍言边人奴婢愁苦,"闻匈奴中乐",想要逃亡的人很多,一些犯法畏罪的人更想着向北逃入匈奴。在南方,苦于赋役而逃入深林远薮之中的编户始终不绝。不过从总体的趋势上看,夷狄转变为华夏的规模和数量远远大于相反的方向。

春秋战国时代的理论家,更愿意为华夷身份的转换披上一件文化的外衣。蛮夷若接受华夏文化尤其是儒家的"先王之道",便能转换为华夏,这就是孟子极力主张的"用夏变夷",很大程度上代表了战国时期夷夏观念的主流。孟子称赞为豪杰之士的陈良,本是楚人,"悦周公仲尼之道,北学于中国,北方之学者,未能或之先也"。这位陈良后来似乎定居在宋国。而同样来自楚国的许行,因为他所宣扬的治国方略违背先王之道,孟子便斥之为"南蛮鴃舌之人"。孟子不仅极力驳斥了许行的学说,还进一步总结道:"吾

①《史记·秦本纪》。
②《左传》哀公十七年。

闻用夏变夷者,未闻变于夷者也。"①显示出强烈的文化优越感。在另一次对话中,白圭提出要将税率降至"二十税一",孟子断然宣称"子之道,貉道也",因为貉人无城郭、宫室、宗庙、祭祀等礼仪,也没有百官有司,故而能够二十税一。②将治国之"道"贴上夷夏的标签,是春秋时期区别"周礼"和"夷礼"的进一步发展。一些原本的蛮夷之国,若转而采用华夏之"道",也就会被接纳为"冠带之国"。楚国、吴国,都经历过这样的转变。在公羊家的解说中,不行礼义的晋、郑、卫乃至鲁国都曾被《春秋》贬为夷狄,而楚国也曾被肯定为"君子"。③韩愈说"孔子之作《春秋》也,诸侯用夷礼则夷之,(夷而)进于中国则中国之",④梁启超进一步清晰总结:"后世之号彝狄,谓其地与其种族;《春秋》之号彝狄,谓其政俗与其行事。"⑤不论是否符合孔子或《春秋》的本意,这大体上可以概括春秋战国时期的夷夏转换原则。"礼"和"道",都是与国家治理直接相关的政治文化,因而此种文化的接受本身带有很强的政治属性。为了强调"王道"超越时空变迁、超越血缘和姓族之别,孟子还举出舜为东夷之人,周文王为西夷之人,因为奉行同样的王道,都能得志行乎中国,⑥这一点成为后代夷狄统治者寻求华夏化的重要依据。

　　既然夷狄可以通过主动学习华夏礼仪和治国之道而"进于中

---

① 《孟子·滕文公上》。

② 《孟子·告子下》。

③ 董仲舒《春秋繁露·楚庄王》《春秋繁露·竹林》。

④ 韩愈《原道》,见马其昶校注《韩昌黎文集校注》卷一,上海古籍出版社,1986年,第17页。

⑤ 梁启超《〈春秋中国夷狄辨〉序》,收入《饮冰室合集·文集之二》,中华书局,1985年,第48页。

⑥ 《孟子·离娄下》。

国"，那么中国的王者是否应该推动这一"进步"，主动地将四夷纳入中国，积极地用夏变夷呢？这一问题，要靠秦汉以下的历史实践来探寻答案。

二、秦汉魏晋华夷秩序政治文化的表达与实践

（一）"王者无外"：秦皇汉武的梦想

秦帝国的建立，证明了将一种精心设计的政治理念付诸实践所能产生的巨大能量。政治需要文化的指引，也需要文化的缘饰，自此更加成为毋庸置疑的准则，虽然选用何种文化尚有巨大的博弈空间。在诸多被选择来指导或缘饰国家政治实践的文化观念中，华夷秩序的理念也赫然在列。华夷秩序自此成为帝国政治文化中不可或缺的一部分。

秦汉时代，复数的诸夏合为一体，成为单数的华夏，并且与帝国合为一体。接受帝国的统治，"五政之所加，七赋之所养"（扬雄《法言·问道》），即被承认为"中国人"，而"中国人"又能与"华夏"等义互换，如许慎在《说文》中所宣称的，"夏，中国之人也"。这很能反映汉代人对华夏和中国人的观念。随着实际政治中华夷格局的变动，作为政治文化的华夷秩序也呈现出不同的面向。在"王者无外"和"不治夷狄"两个极端之间，对华夷秩序的表述被审时度势地不断调整。

秦并六国之后，在那次创制"皇帝"名号的重要廷议中，群臣上言："昔者五帝地方千里，其外侯服夷服，诸侯或朝或否，天子不能制。"而当今之世则是"海内为郡县，法令由一统"。在排斥封建

制的同时，也将服制圈层下的华夷关系定位成上古时代之事，秦朝既然超迈五帝，就不需要设定"侯服""夷服"了。因而秦在政治文化表述上尽量淡化夷狄的存在。秦始皇诏书与刻石之中，强调的是"人迹所至，无不臣者"、"匡饬异俗"（琅邪台刻石）、"远迩同度"（之罘东观刻石），不仅忽略在政治上未完全臣服的夷狄，而且宣称已经实现了风俗礼教的齐一。博士仆射周青臣当面奉承始皇帝"平定海内，放逐蛮夷，日月所照，莫不宾服"，始皇大悦。①这大约是秦始皇理想中的华夷秩序。事实上，秦朝不可能消灭所有的夷狄，北面的匈奴，南边的百越，虽然一时难以抵挡秦军的兵锋，但长城一线的对峙和五岭南北的僵持都让秦朝付出了巨大的代价，成为秦朝短命的原因之一。即便在郡县疆域之内，在实际行政制度和法律层面，秦朝也承认"蛮夷"的存在。秦朝设有"典属国"一职，负责掌管"蛮夷降者"。杂有蛮夷的县，则称为"道"。在汉初的《二年律令》中，还出现了"蛮夷大男子"毋忧引用"蛮夷律"为自己辩护的事例，"蛮夷"作为一种法律身份受到承认，这一律令也应继承自秦朝。在绝对统一的高调之下，秦朝在关于夷狄的政治实践中表现出柔软弹性的一面。

西汉前期，对于秦的极端政策多有反思和回撤，诸如重启分封之制等，表明汉制在继承秦制的框架之下，部分地向周制复归。在华夷秩序的层面也是如此。秦吏赵佗自行称王于岭南，汉高帝遣使立为南越王，与之剖符通使。汉高帝发给赵佗的诏书虽已不存，但此后赵佗在与汉朝的文告中，常以蛮夷、藩臣自称，可以推想汉朝正是利用了华夷秩序的话语对岭南的割据加以承认的——虽然赵佗本为"中国人"。当赵佗因高后"别异蛮夷"而发怒称帝，便

---

① 《史记·秦始皇本纪》。

无法再为华夷秩序的框架所容纳,双方转为完全敌对状态。文帝时陆贾再次出使而赵佗同意去帝号称臣,文帝为之大悦,可见汉朝最初并不以消灭南越、将之纳入郡县体系为目标,而只求它接受华夷圈层秩序中的"外臣"位置。对于北方的匈奴,汉朝更加不占上风,一边在边境防御匈奴的劫掠,一边用和亲与盟约来维持着大体的和平,在汉文帝与匈奴单于的来往书信中,双方都认可"兄弟之亲"的关系定位,同意以长城为界划分统治范围,两国之君地位相等。在这种形势下,皇帝至高无上的天下共主的身份如何维系?孝文帝后二年发布的一道诏令中,称匈奴为"方外之国",自责由于自己德薄,使得"四荒之外不安其生,封畿之内勤劳不处"。一方面因为匈奴是方外之国故而可以允许"不臣",另一方面天子之德仍然对四荒之外是否安生负有责任。在孝文帝临终的遗诏中又说"方内安宁,靡有兵革"。①方内、方外的区分无疑运用了华夷秩序中的圈层结构,圣王可以不臣不治方外夷狄,但夷狄仍未脱离以圣王为中心的天下秩序。在大多数时期,这是维系天下共主地位的必备话语。

汉武帝时期,汉朝国力上升,一改对四夷忍让求和的政策,转而采取进击姿态。然而师出不能无名,在实际政策转变的背后,需要有一种政治文化上的转变作为支持。如陈苏镇所指出的,这一转变就是《春秋》公羊学取代黄老学说成为国家的指导理论。《春秋公羊传》主张的"三世异辞"说被董仲舒发挥为"三世异治"说,在"衰乱"世"内其国而外诸夏","升平"世"内诸夏而外夷狄",到"太平"世则要让"远夷之君,内而不外","天下远近小大若一","不外夷狄"。汉初、文景二帝时期被分别比附为前面两个

---

① 《史记·孝文帝本纪》。

"世"，而汉武帝则要担负起"致太平"的历史使命。①普世王权的观念非常古老，如"溥天之下，莫非王土，率土之滨，莫非王臣"②那样的说法是华夏王权观念的底色，但普世王权与圈层结构或曰差序格局并不矛盾，因为普世王权可以是不均质的。圣王既是天下共主，又可以"不治夷狄"。秦代诏令和刻石中的表述带有普世均质王权的倾向，这在汉兴之后一度是被放弃的，但汉武帝则对此表示出很大的认同。早在元光元年策贤良的制中，就将"德泽洋溢，施乎方外，延及群生"列为政治理想，此时董仲舒尚未对策。元光五年又策问贤良文学：上古至治之世"舟车所至，人迹所及，跂行喙息，咸得其宜，朕甚嘉之，何何道而臻乎此"？③公羊家注重"大一统"，提倡"王者无外"，与汉武帝的理想颇为合拍。更重要的是，公羊家用三世的划分，非常高明地容纳了"不治夷狄"与"王者无外"的两种极端的华夷秩序，关键取决于如何界定所处时代的性质，这让公羊家在此后的辩论中立于不败之地。《公羊传》到汉景帝时期才形成书面文本，在其中能发现为汉"量身定制"的理论并不奇怪，董仲舒等人又针对汉武帝时期的局势做了进一步的阐发。

在对南越、西南夷、匈奴用兵的决策过程中，都不乏反对的意见，这些意见大多将圈层结构下对夷狄的羁縻不治奉为华夷秩序的理想状态，认为不应该疲敝中国之民去征伐要服和荒服，而反驳的一方则高举"王者无外"的大旗。如淮南王刘安上书谏伐闽越，

① 参看陈苏镇《〈春秋〉与"汉道"——两汉政治与政治文化研究》第三章《"霸王道杂之"——〈公羊〉学对西汉中期政治的影响》，中华书局，2011年，第221—250页。

②《诗经·小雅·北山》。这首诗的用意并不是论证普世王权，但以之作为背景更显示了一种共识。

③《汉书·公孙弘传》。

就认为越是方外之地,越人是文身之民,尧舜禹等圣王在位时,胡、越都不奉正朔,不是因为无力征服,而是不愿为了"不居之地""不牧之民"而烦扰中国;应该按照五服之制,以对待要服、荒服的原则去处置,用德惠怀柔而不是发兵征讨。他的建议未被采纳,当武帝发会稽兵,意外取得有征无战的胜利后,还专门遣使晓谕淮南王,特别提到"今王……明太平以弼朕失,称三代至盛,际天接地,人迹所及,咸尽宾服,藐然甚惭"。[1]虽然用了"甚惭"的谦辞,实际上表达了将"人迹所及,咸尽宾服"作为目标的真义,而这与淮南王的原意恰好相反。"太平"一语似乎显示了公羊学的影响。又如司马相如《难蜀父老》中替蜀父老表达的反对开通西南夷的意见,上来便说"盖闻天子之于夷狄也,其义羁縻勿绝而已",而使者的答复是:"六合之内,八方之外,浸浔衍溢,怀生之物有不浸润于泽者,贤君耻之。"如今封疆之内的冠带之伦都已经在享受王化,而遥远绝域的夷狄之类还政教未加,生活在苦难之中,他们"内向而怨,曰'盖闻中国有至仁焉,德洋而恩普,物靡不得其所,今独曷为遗己'。举踵思慕,若枯旱之望雨"。圣王不忍遗弃夷狄,只能去解救他们,为此中国百姓虽劳苦,又怎么能停止呢? [2]司马相如的这篇文章,预设的读者显然并不真的是蜀地父老,而是朝廷中的反对者以及汉武帝本人。

"不外夷狄"的方针既已确定,但究竟依靠文德还是武力,仍有分歧。在这点上董仲舒属于儒家主流的文德派,"夫德不足以亲近,而文不足以来远,而断断以战伐为之者,此固《春秋》之所甚疾已,皆非义也"。[3]而严助则更为激进地说:"自五帝三王禁暴止乱,

---

①《汉书·严助传》。
②《史记·司马相如列传》。
③《春秋繁露·竹林》。

非兵，未之闻也。"要想迅速地让夷狄臣服，大概只有使用武力一途。尚武派也不乏古典中的依据，诸如《诗经》中的"戎狄是膺，荆舒是惩"，^①仁德如周公尚且征伐戎狄，可见其正当性。汉武帝一朝，出兵征伐四夷获得极大的合法性。元封元年（前110），汉武帝亲率大军北进至河套地带，登单于台，临北河，并遣使告匈奴单于："南越王头已县于汉北阙矣。单于能战，天子自将待边。不能，亟来臣服。"^②这样直接宣战的表述在汉朝的王言文书中并不常见。北京大学收藏的汉简中有识字教材《苍颉篇》，大约抄写于汉武帝后期，其中《汉兼》一章对于华夷秩序的表述是："汉兼天下，海内并厕，胡无噍类，菹醢离异，戎翟给賨，百越贡织。"给賨和贡织都是缴纳贡物的意思，而"无噍类"则指全部消灭，"菹醢离异"更指身首异处剁成肉酱。这几句涉及四夷的话，不见于抄写时代更早的阜阳双古堆出土的《苍颉篇》中，虽有研究者推测这几句是秦代原本已有的文字，^③但从对"胡"完全诉诸暴力的表达来看，更像是武帝时代的话语。在三十余年征伐的末期，武帝改元征和，东汉应劭解释"征和"二字是"言征伐四夷而天下和平"，既肯定了征伐，也似乎表示征伐即将转为和平。到征和四年，汉武帝借否定屯田轮台动议颁布了"哀痛之诏"，激进的扩张告一段落。^④武帝时期的征战，的确让汉朝的版图扩大到前所未有的规模，但疆域扩张是有极限的，"四夷"是永远不可能被全部征服的，扩大后的边塞防线将更多殊俗人群圈入了版图之中，要让他们成为与内郡齐民完全无

---

① 《诗经·鲁颂·閟宫》。
② 《汉书·武帝纪》。
③ 朱凤瀚《北大汉简"苍颉篇"概述》，《文物》2011年第6期。
④ 田余庆《论轮台诏》，收入氏著《秦汉魏晋史探微（重订本）》，中华书局，2004年，第30—62页。

差别的编户,尚需很长一段过渡时间。即使在远离地图意义上边境线的内郡地区,深林远薮之中、崇山岩穴之下,仍有很多"椎髻鸟语""未霑王化"的人群。在各个方向上,半臣服的、不臣服的以及敌对的夷狄仍然存在,而汉朝自身已经出现海内虚耗、百姓流离、抗争蜂起的状况,部分边郡在几十年后不得不放弃或回撤。汉武帝的征伐既有成功的一面,也证明了完全靠武力不可能解决四夷问题。

(二)"施德行礼":西汉后期的探索

既然不能全靠武力解决,还是得回到"修文德"的路子上,这与西汉后期政治文化的全面儒家化步调一致。

汉宣帝时呼韩邪单于来朝一事,综合反映了此时期华夷秩序政治文化的新动向。昭宣时期,匈奴因战争、内乱和雪灾而衰落,呼韩邪和郅支各称单于,都向汉派遣了质子。甘露元年(前53)呼韩邪单于提出拟在明年正旦来朝见天子,汉廷围绕接待他的礼仪展开了争论。丞相黄霸、御史大夫于定国议曰:"圣王之制,施德行礼,先京师而后诸夏,先诸夏而后夷狄。……陛下圣德充塞天地,光被四表,匈奴单于乡风慕化,奉珍朝贺,自古未之有也。其礼仪宜如诸侯王,位次在下。"这仍然是按照公羊学的理论,以单于来朝作为皇帝圣德溢出华夏而覆盖四夷,也就是达到"不外夷狄"的证明。因此建议给予单于一个较高的礼遇,位居于诸侯王之下,亦即"外臣"的位置,符合"先诸夏而后夷狄"的原则。萧望之则提出一个全新的意见,他力主匈奴是"敌国",即地位平等之国,而将"敌国"变为"外臣"并不明智。虽然外夷主动来朝贡愿为藩臣,但中国可以"让而不臣",这才是羁縻外夷的正道。戎狄是荒服,顺逆无常,如果这次接受单于为外臣,以后匈奴拒绝朝贡,汉就不得不出兵讨伐，不如示以谦让，免得增加日后的政治负担。萧望之的意见最终得到了采纳。在单于实际来朝时，汉采取了一系列礼仪安排来体现"让而不臣"。在甘泉宫朝见时，使单于"位在诸侯王上，赞谒称臣而不名"，虽称臣而不称名，体现了不完整的君臣关系。而后在从甘泉宫前往长安的路程中，单于先行住宿于长平，皇帝在其后宿于池阳宫，第二日皇帝行进到长平之时，诏单于"毋谒"，避免了再一次确认君臣礼仪。①在这次事件的应对中，汉廷不仅全力避免未来的"征伐"，以德化为处理华夷关系的正途，更进而对慕德而来的外夷处以"不臣"之礼，不愿为此将"荒服"纳入更内的圈层，这与汉武帝亲率大军在边塞喊话匈奴单于"亟来臣服"形成鲜明对比。汉元帝时期，陈汤和甘延寿在未得朝廷命令的情况下，矫诏发屯田吏士和西域诸国兵，攻破康居国，并将长期与汉敌对的匈奴单于郅支的首级送到了长安。然而这一"奇功"并未得到一致认可，执政的石显、匡衡以为："延寿、汤擅兴师矫制，幸得不诛，如复加爵土，则后奉使者争欲乘危徼幸，生事于蛮夷，为国招难，渐不可开。"②这里当然有政争的因素，但也应看到，防止"生事于蛮夷，为国招难"已成为一条颇为正当的理由。支持甘、陈的一方也只能强调他们"不烦汉土，不费斗粮"而能"威震百蛮"，也就是说，疲敝中国来征伐四夷的路线在此时已经无可争议地失去了正当性。

重回"修文德"的路径，并不等于将四夷拒斥于帝国之外。无论在畿服圈层还是五方四夷的华夷理念中，夷狄都是以天子为中心的天下秩序的必要组成部分，他们应该根据距离远近、开化程度

① 参看《汉书》中的《宣帝纪》《萧望之传》《匈奴传》。
②《汉书·陈汤传》。

以及天子的德泽深浅等,做出恰当的行为。在天子升级为皇帝之后,这套理念得到了延续和强化。从武帝朝开始,疆土的扩张让大量的蛮夷人群进入到汉帝国的辖境之内,一套处理与四夷关系的官制、礼仪也逐渐完善起来。

就官制而言,一方面汉朝建立了以大鸿胪管理"归义蛮夷",以典属国管理"蛮夷降者"的制度,在边郡也设置了属国都尉或部都尉来管理归附的蛮夷,武帝时期还设置了护羌校尉,到东汉又继续发展出护乌桓校尉、使匈奴中郎将。这些武职针对特定区域和种类的蛮夷设置,集管理与监视功能于一身,"持节领护,理其怨结,岁时循行,问所疾苦。又数遣使驿通动静,使塞外羌夷为吏耳目,州郡因此可得儆备"。[1]这一类官职在魏晋南北朝时期还将继续增加。另一方面,授予蛮夷君长的官爵和官印制度也建立起来。早在汉初,汉朝就给周边的外臣如南越王颁发玺印,到汉武帝后期,形成了区分内臣—外臣的玺印制,授予蛮夷外臣的印,在前面冠以"汉"字,钮式也与王侯及百官有明显区别。据官制文献,东汉时形成了"四夷国王、率众王、归义侯、邑君、邑长"的完整序列,在首领之下还有"丞"等属官,并且都比照郡、县在汉的官僚制中获得了等级。迄今已发现为数甚多的汉印及封泥,证明这一制度的确在实际运作。除了对匈奴颁发过"汉匈奴栗借温禺鞮""汉匈奴姑涂黑台耆"等刻有本族官号的印以外,对其他周边族群颁发的印一律以王、侯、君、长、仟长、佰长、邑君、邑长等官名结尾,往往还在之前冠以"率众、归义、守善、率善、亲汉、归汉"等词语。[2]由

---

[1] 《后汉书·西羌传》。
[2] 参看陈直《汉晋少数民族所用印文通考》,《秦汉史论丛》第1辑,陕西人民出版社,1981年,第338—364页;熊谷滋三《後漢の異民族統治における官爵授與について》,《東方學》第80輯,1990年。

于汉朝授予的官爵一般伴随着物质赏赐，必将增加受官爵者在本族群内的影响力，蛮夷首领们对汉的官爵名号是重视的。著名的例证是新莽遣使将汉朝赐给匈奴单于的"匈奴单于玺"换成"新匈奴单于章"，招致单于的怨恨。单于发现印文有变，遣人向使者说明"去'玺'加'新'"的不当，请求仍用故玺。王莽不予，匈奴竟至"寇边郡，杀掠吏民"。①可见匈奴上层不仅十分熟悉汉的玺印制度，而且对于这套制度中蕴含的等级秩序颇为认同。与匈奴一样，王莽改西南夷的句町王为侯，也引起句町王邯的"怨怒不附"。隗嚣奉汉讨莽，檄文中的拨乱之策，就有"驰使四夷，复其爵号"一项，说明爵号问题是造成当时四夷扰攘的原因之一，也说明四夷君长对汉的爵号颇为看重。大量获得官爵授予的蛮夷首领，其实生活在汉朝境域之内，参与着郡县日常统治秩序的维护。如东汉巴蜀某县的石刻《张禅等题名》中，在郡、县掾之外，出现了多位夷侯、邑长、邑君、夷民等身份开头的题名，还有"白虎夷王谢节""白虎夷王资伟"。②这些蛮夷首领，都带有帝国承认的正式身份。蛮夷首领层借由爵号和印绶被纳入王朝身份秩序的同时，华夷秩序的理念也得到了贯彻和推广。

　　既然进入了帝国的政治体系，就得承担相应的义务。根据圈层式的华夷秩序理念，蛮夷最主要的政治义务是"朝贡"或"贡职"。位于较远圈层的蛮夷，其贡物的财政意义远远低于象征臣服的政治意义。汉武帝后期创立了岁首朝会，此后成为集中展示王朝政治秩序的重要典礼，其参与者中就有前来朝贡的蛮夷君长。班固《两京赋》对岁首朝会做了如下描述："春王三朝，会同汉京。

① 参看《汉书·匈奴传下》《汉书·王莽传中》。
②《繁长张禅等题名》，见洪适《隶释》卷一六，中华书局影印本，1986年，第429—430页。

是日也，天子受四海之图籍，膺万国之贡珍，内抚诸夏，外接百蛮。"
汉宣帝神爵二年（前60），因与西羌的战事，发诏令"蛮夷王侯君长
当朝二年者，皆毋朝"，东汉时期应劭《汉官仪》中记载元旦日德阳
殿的大朝，也有"蛮、貊、胡、羌朝贡"。这说明班固赋中所写的万
国、百蛮并非虚言。让蛮夷参与朝会有很多经典依据，最为详细的
要数《礼记·明堂位》所记周公朝诸侯于明堂时的站位。忽略一
些词语解释上的分歧，可以确认两点：第一，这里的明堂是一个有
两重带门院墙的建筑，夷、蛮、戎、狄按照五方格局被分配在第一重
院墙的东西南北四门之外；第二，在八蛮背后是第二重院墙上的应
门，而应门之外还有"九采之国"，又有"四塞、世告"等更偏远的
异族。按照郑玄的解释，"九采"指九州之牧，诸侯已经被领入第
一重院落之内，应门外的是各诸侯国的随从人员。四塞是九服中
更加遥远的部分，他们在新君即位时才来朝贡，称为"世一见"或
"世告"。应门之外的这部分，《明堂位》的注疏解释起来都有些不
畅，而在与此有明显渊源关系而更早期的《逸周书·明堂解》中，
直接写作"四塞九采之国，世告至者，应门之外"，"采"在此被训
为"蕃"，这样应门外的"四塞九采"便都是较之夷蛮戎狄更为遥
远的异族。这两个文本及其解释的区别耐人寻味。《逸周书》设想
的朝会更为符合"天子—诸侯—较近的四夷—更远的异族"这一
由内而外的圈层结构，但郑玄等解读《礼记·明堂位》时将四夷
安排在诸侯和九州诸国的官僚之间，似乎也不是凭空构想的，其灵
感很可能来自汉代朝会中蛮夷的实际位置。《汉书·萧望之传》记
载，呼韩邪单于入朝前，丞相黄霸和御史大于定国主张"其礼仪
宜如诸侯王，位次在下"；但萧望之则力主"待以不臣之礼，位在诸
侯王上"。可以推测，蛮夷君长的常规位置，就是如诸侯王，而位次
在下，当然若非蛮夷君长而是使节的话朝位可能更靠后，但仍然不

会在汉朝所有官僚的最末。在应劭《汉官仪》的记载中，东汉正旦
朝会中，天子临轩，公、卿、大夫百官陪位朝贺，"蛮、貊、胡、羌朝贡
毕，见属郡计吏"，蛮夷朝贡被置于朝廷百官朝贺之后，上计吏陛见
之前，与郑玄阐释的《明堂位》有某种相通之处。无独有偶，《续汉
书·礼仪志上》记载的东汉上陵礼中，也有"外国朝者侍子"参与，
其位置也在诸王大夫与郡国计吏之间。

　　如果说蛮夷参加朝会大典以及在其中的站位，对于华夷秩序
的象征仍显得较为隐晦的话，在包括朝会、宴享、郊庙祭祀等场合
演唱的乐歌则更加直接。汉代的乐舞歌词已经不存，只能借助魏
晋以后的乐歌加以推想。如西晋荀勖所作《正旦大会行礼歌》，其
中一章颂扬司马昭的功德："既戡庸蜀，吴会是宾。肃慎率职，楛矢
来陈。韩濊进乐，均协清《钧》。西旅献獒，扶南效珍。蛮裔重译，
玄齿文身。"蜀和吴在此都是古今双关，既是写实，也将二国降格为
古典中的蛮夷。剩下的四夷纳职贡虽为老生常谈，亦包含了当时
的一些今典，可以想见这些远夷朝贡活动也会成为魏晋禅代的依
据之一；在另一章中写道："明明天子，临下有赫。四表宅心，惠浃
荒貊。柔远能迩，孔淑不逆。来格祁祁，邦家是若。"[1]非常直白地
颂扬了天子的德泽和四夷的顺服与归附。西晋正旦大会中有不少
"蛮夷胡客"在场，他们既是歌词的描述对象，也是听众。华夷秩序
就这样在仪式和仪式的内容中得到了双重的强调。直白的歌词之
外，在这些重大仪式场合的音乐中，还特别安排了四夷之乐。据说
春秋时鲁国已经将蛮夷之乐陈于太庙，《礼记·明堂位》言："纳夷
蛮之乐于大庙，言广鲁于天下也。"亦即这些乐曲被献于鲁，表明了
天下蛮夷对于鲁的敬意。到了东汉时代，班固《两京赋》写道："四

----

① 以上歌词，见于《宋书·乐志二》。

夷间奏，德广所及，《伶》《侏》《兜离》，罔不具集。"四夷之乐虽然依旧，但关于其性质却有了新的说法。新说认为，这些乐曲不是夷狄制作再被收集过来的，而是先圣王所作。《白虎通·礼乐篇》说，圣王的道德"覆被夷狄，故夷狄安乐，来朝中国，于是作乐乐之"。夷狄之人不能用礼去教导，但可以用音乐使之快乐。之所以有这样的说法，可能是四夷之乐进入宫廷雅乐之后继续传承发展，经过相当长的时间后其原初的来历反而不明了。在华夷秩序的语境下，代表高级文明成就的乐应该从华夏流入蛮夷，而不是相反，才显得合理。事实上，历代都在不断吸收新的"夷乐"，以致到北朝和隋唐时，来自西域的乐曲占据了宫廷宴乐的主流，《白虎通》中极具华夏中心主义的说法并不符合事实。

（三）"百蛮率服"：从太平指标到现实主义

蛮夷拜服是圣王德泽和天下太平的必要指标，在新圣王证明天命转移于己身的场合，更加不可或缺。按照公羊学"先诸夏而后夷狄"的逻辑，"百蛮率服"是"致太平"的最后一步，也标志着太平境界的最终实现。既然有明确的指标，刻意营造"太平"的人就可以对标执行了。第一个最为突出的例子是王莽。汉平帝即位后，王莽重新辅政，第一个动作便是暗中指使益州的官员，令塞外蛮夷献来一只白雉（白色的野鸡），以模仿周公辅政时的越裳氏献白雉，在一番比附之下，他获得了"安汉公"的爵号。此后五年，王莽一直在奋力促成类似的事件：他遣使者带着金帛，重赂匈奴单于，使之上书主动将自己的名字从"囊知牙斯"改为"知"，理由是"闻中国讥二名……慕从圣制"。"讥二名"意指不宜用两字的名字，应该用单字，这在公羊家的学说中是太平之世才进行的工作，而且也要遵循先中国后夷狄的顺序。直接让匈奴单于改名，同样是一步到位的办法。后来又有交趾以南的黄支国遣使献来一头活犀牛，东夷王渡海而来贡献珍宝。东、南、北三面都有了，深具经学素养的王莽认为必须凑齐四夷，于是再次遣使带着金币利诱青海湖边的羌人，让他们主动献地内属，汉在此设立了西海郡。在"四夷慕义"的表演大功告成之后，王莽上奏太后，赞颂这种局面即便和当年的唐尧相比，也有过之无不及。王莽似乎很认真地在完成经学家的"太平"指标，最终这些都成为他改汉为新的有力论据。王莽的迅速败亡也让这些太平指标丧失了光环，但此后每逢改朝换代之际，在劝进表与禅位诏中，在郊天策和受禅策里，殊俗慕义、四夷率服仍然是必备的语句。比如曹丕登坛受汉禅位之时，"公卿、列侯、诸将、匈奴单于、四夷朝者数万人陪位"，向天帝报告的文书中写道："群公庶尹六事之人，外及将士，泊于蛮夷君长，佥曰：'天命不可以辞拒，神器不可以久旷，群臣不可以无主，万几不可以无统。'"①类似的句子在此后每一次禅让仪式中都能看到，但这些更加停留于文字，不再像王莽那样威逼利诱地让四夷采取行动了。

　　其中的转变，应该发生在东汉时期。在东汉一朝，华夷秩序的政治文化臻于稳定，同时又与政治实践之间出现了相当的背离。在政治文化的表述上，"修文德以来远人"已成为最正当的态度，四夷顺服仍被视作圣王德泽的表征，不过东汉诸帝对于四夷的慕义，普遍展示出一种"谦卑"的姿态。《后汉书·明帝纪》记载西南夷诸种先后前来朝贡，西域诸国派遣侍子来到洛阳，公卿百官赞颂皇帝"威德怀远"时，明帝下制答道："远人慕化，实由有德。朕以虚薄，何以享斯？唯高祖、光武圣德所被，不敢有辞。"既不否认这一

---

① 《三国志·魏书·文帝纪》裴注引《献帝传》。

表征，又将之归为祖宗的功劳。汉和帝时，窦宪等大破北匈奴，扫荡单于庭，勒铭燕然山，对这样的大功绩，和帝也说是"赖祖宗之灵"，"非朕小子眇身所能克堪"。此后几年取得对匈奴和西域的进一步胜利之后，皇帝前往长安向祖宗报告："北狄破灭，名王仍降，西域诸国，纳质内附，岂非祖宗迪哲重光之鸿烈欤？"[1]像这样归功于宗庙的做法，有助于阻止像王莽那样借助此等指标营造圣王出世假象进而篡夺皇位，同时也降低了统治者追求征服四夷的积极性。另一方面，在夷狄不顺服的情况下，皇帝在诏书中一般会引咎自责，然后颁行一些德政措施。夷狄的叛逆最多说明了现任皇帝或其执政大臣的过失，不能影响到"汉家"整体的统治合法性。这样正反两面的剥离，使得东汉王朝处理华夷关系时显示出鲜明的实用主义态度。班固在《汉书·匈奴传赞》中，明确地肯定了萧望之和侯应的对策，认为对匈奴应该"外而不内，疏而不戚，政教不及其人，正朔不加其国。来则惩而御之，去则备而守之。其慕义而贡献，则接之以礼让，羁縻不绝，使曲在彼"。也就是说，以保持距离和防备为主；如果匈奴主动来贡献，则以礼让接待之；如果他们来劫掠，则以武备防守。不必如汉武帝那样大举兴师征伐，也不追求将他们纳入政教之中。然而，当北匈奴衰落，南匈奴请兵北伐，汉朝仍然派出了窦宪率领的大军。班固是这场远征的参与者，还撰写了《北征颂》和著名的《燕然山铭》，对王师远征荒裔进行了热情的赞颂。当然，这些应景之作未必代表他个人的真实观点，但至少说明，不论"远征荒裔"还是"羁縻不绝"，在当时都不难做到圆融的论证。在此种情形下，关于华夷秩序的政治文化对于其实践，也就失去了指引方向的作用。

---

[1]《后汉书·和帝纪》。

东汉面临的华夷问题较之西汉更为复杂，也更为内部。北方塞外的许多部族，由于经济的、政治的原因，也出于气候干冷化带来的生存压力，陆续从其原居地向汉朝边塞地带迁移，在那里同华夏编户交错杂居，有些还进一步向内地移动。最具代表性的是南匈奴八部的入塞，而在此之后仍有大量的匈奴余部陆续归附。他们保持着自己的部落组织，在上层还有南单于庭，构成一支不容忽视的势力。从辽东到河套东部的广大地区广泛分布着附塞的乌桓人，在幽州地区尤其活跃。东汉在政治文化上宣扬维持圈层结构的华夷秩序，不汲汲追求"远人慕化"，但在实际行动中，却很欢迎这些附塞和内徙的部族。不仅主动内徙受到鼓励，还有大量的异族被强制徙入到汉的境域之内，比如在河湟地区，东汉与西羌陷入了持久的拉锯战争，而每次战争中都有为数不少的羌人被徙入到陕北高原甚至关中区域。强制迁徙能够切断这些蛮夷与其原居地域的联系，打散其部族组织，从而暂时解除叛乱之忧。内徙者大多成为"归义"蛮夷，在本族豪酋的率领下为汉征战，承担了相当大的边防负担，有些还逐渐被编户化，成为官府可以掌控的齐民。

东汉末的大乱之后，各政权在籍户口锐减，人力短缺的问题十分突出，于是更加迫切地执行内徙周边诸族的政策。在陈琳为曹操撰写的《檄吴将校部曲文》中，提到了曹军中有匈奴南单于、六郡乌桓、丁令、屠各、湟中羌、獹、武都氐羌，这虽有夸张但绝非凭空虚构。吴、蜀两国也在努力将境内的蛮夷编组到军队中。近年在洛阳发现的一批西晋泰始年间的官婢砖铭，大多标明其族属，而鲜卑、羌、虏占其中的绝大部分。[①]西晋官贵之家中多有来自鲜卑、

① 拓片见张永华、赵文成、赵君平编《秦晋豫新出墓志搜佚三编》，国家图书馆出版社，2020年。

羌、胡的奴婢，上层社会流行羌煮貊炙等食物，以及用毡装饰的衣
服，[1]这些物质文化正是以大量异族人口的存在为背景的。魏晋时
期多次被提出的"徙戎论"，反映了时人对于华夷杂处与冲突局面
的忧思。其中西晋武帝时期郭钦和江统的议论最为著名。郭钦指
出当时西北诸郡已都成为戎人的居所，上郡已完全没入羌胡，如果
朝廷出现动荡，胡骑从平阳、上党等地三天就可以到达洛阳附近，
那时太行以西、关中以北就都成为"狄庭"了。解决的办法是维持
一个以洛阳为中心向西北扩散的三圈结构，在最外圈，趁着平吴
的兵威，恢复上郡；在中圈，充实距离洛阳较远的冯翊、太原、西河
诸郡；在内圈，将距离洛阳较近的平阳、弘农等郡的杂胡渐渐徙到
较远的诸郡，以此达到"峻四夷出入之防，明先王荒服之制"的目
标。[2]江统的《徙戎论》篇幅更大，详细分析了关中和并州两个区
域戎狄羌胡进入的历史，也认为这样的局面将造成严重的危机，最
后给出的解决办法是要让氐、羌、匈奴等"反其旧土"，以达到"戎
晋不杂"。两种徙戎论虽不完全一致，共同的主旨都是要恢复五服
圈层式的华夷区隔。两汉以来，实际的"徙戎"都是从外向内，此
时却有人提出从内向外的徙戎，反映出华夷秩序理念出现了改变
的迹象。不过，"徙戎"的动议是完全脱离现实的，其背后主张的华
夷区隔论也并未成为西晋时期的主流政治文化，[3]直到永嘉之乱以
后，出于一种后见之明，才逐渐被重视起来，但那时现实中的华夷
格局已发生了根本性的改变，再也不可能回到徙戎论所设想的那

---

① 《晋书·五行志上》。
② 胡鸿《郭钦"徙戎论"发覆》，《中华文史论丛》2016年第3期。
③ 西晋武帝时代策问秀孝时就有如何应对"戎狄内侵"的题目，当时被选为上第的
　　回答，都是主张内修德政而反对用兵征伐，无一提到向外徙戎。参看《晋书》卷
　　五二所载郤诜、阮种、华谭等人的答策。

种理想状态了。

三、十六国北朝的华夷秩序难题及其应对

(一)五胡君主的难题

随着西晋的灭亡,南北重新陷入分裂和对抗之中。从十六国到北朝,大多数时期中原及北方的统治者都出于"五胡",而东晋南朝建国于原本被斥为蛮、越之地的南方,传统的华夷秩序理念,在两边都面临着深刻的危机,而北方尤甚。

如前文所述,华夷秩序的理念形成于战国诸夏对夷狄取得绝对优势之时,华夷之间被塑造成具有中心与边缘、高贵与卑下、文明与野蛮、统治与被统治等方面的区别。这一理念,随着秦汉时期华夏在政治与文化上优势的长期保持而变得更加难以动摇。在汉字书写的文献中,对蛮夷戎狄充满了负面的评价,他们唯一正确的行为就是"慕义"而来朝贡。然而,永嘉年间的巨变,让整个北中国第一次面对一位匈奴出身皇帝的统治。现实中的华夷格局被颠覆了,但政治文化上的华夷秩序并未随之逆转。刘渊、石勒等五胡统治者,面临着两个方向的选择,其一,完全抛弃于己不利的华夷秩序话语,另起炉灶;其二,接受并改造华夷秩序政治文化,重新定义华夏和夷狄,将自身置于华夏的位置。他们会如何取舍呢?

匈奴作为曾经与两汉并立争雄的草原帝国,无疑拥有最丰厚的内亚政治文化遗产。以匈奴正胤自居的刘渊,在建国之初曾对上述选择做过一番考量。当时左贤王刘宣建议"当兴我邦族,复呼韩邪之业",引鲜卑、乌桓为援,而以晋人为仇敌。也就是说,他主张刘渊以单于身份恢复匈奴国家,以匈奴制度来统治华北,抑或

撤回草原，无论如何所谓华夷秩序观念就自然被抛弃了。但刘渊却说：

> 当为崇冈峻阜，何能为培塿乎！夫帝王岂有常哉，大禹出于西戎，文王生于东夷，顾惟德所授耳。今见众十余万，皆一当晋十，鼓行而摧乱晋，犹拉枯耳。上可成汉高之业，下不失为魏氏。虽然，晋人未必同我。汉有天下世长，恩德结于人心……吾又汉氏之甥，约为兄弟，兄亡弟绍，不亦可乎？且可称汉，追尊后主，以怀人望。①

在刘渊心目中，成就秦汉式的帝业才是"崇冈峻阜"，而恢复"呼韩邪之业"不过是"培塿"（小土丘），两者高下迥然有别。他又接着论证"帝王"未必是华夏出身，大禹、文王都出于戎夷，只要有德就可以获得天命。刘渊相信凭借匈奴五部的兵力，足以推翻晋朝，但兵威不足以让晋人"同我"，亦即从心底认同于其统治。饱读华夏经典的刘渊，内心深受华夷秩序理念的影响，毫不犹豫地认同于中原帝业而不满于做一位匈奴单于。他很清楚在晋人眼里自己属于异族，但又希望获得晋人的支持而不是以之为仇敌。于是他打算利用其改姓的"刘氏"，接续汉朝之后，将国号定为"汉"，借此争取晋人的民心。刘渊的选择是颇具代表性的，建立十六国的"五胡"，大多已在汉晋帝国的边境地带生活了数代，其上层甚至获得了王朝授予的官爵名号，他们了解中原的富庶、文明以及其中蕴藏的巨大能量。另一方面，其故地早已被新崛起的族群所占据，返回已不可能。在汉晋帝国的旧壤重建帝

① 《晋书·刘元海载记》。参看侯旭东《天下秩序、八王之乱与刘渊起兵：一个"边缘人"的成长史》，《史学月刊》2021年第8期。

业，是他们唯一合理的选择。日渐稀薄的草原政治文化遗产不足以提供治理广大农耕地区的有效方案，如果要统治人口、财富和文化都占据优势的"晋人"，除了保持军事压制之外，在制度和政治文化上只能向汉晋旧制复归。那么，华夷秩序理念便成为不可回避的难题了。

（二）应对难题的旧方法

在旧的华夷秩序理念中，华夏居中统治四夷，故而"天子"被默认为出自华夏。天命会转移，但不会从华夏转入夷狄。在十六国初期，西晋遗臣刘琨曾写信给石勒，写道"自古以来，诚无戎人而为帝王者，至于名臣建功业者，则有之矣"，石勒没有正面反驳，而是说"君当逞节本朝，吾自夷，难为效"。两年后，石勒还用与刘琨同样的说辞诳惑了他的对手幽州刺史王浚，并趁机对幽州发动了成功的奇袭。[1]这两则事例说明，"胡人不能为天子"是当时人普遍接受的观念。现实中的胡人虽已在马上得到了半壁天下，成为事实上的君主，可谁不愿意做一个名正言顺、具有合法性的帝王？五胡君主与其手下的饱学之士需要设法调整甚至扭转于己不利的华夷秩序政治文化，其方法大概有以下几种：

第一种最为老套的办法就是宣扬天命。最常规的途径是通过两汉以来建立的祥瑞、符命等证明上天已经将统治权交给了自己。比如石勒称赵王之前，群臣劝进的上疏中写道："普天率土，莫不来苏，嘉瑞征祥，日月相继……今山川夷静，星辰不孛，夏海重译，天人系仰。"[2]每到这种时节，各地总是争相进献符瑞，有些还

---

[1]《晋书·石勒载记》。
[2]《晋书·石勒载记》。

带着非常直白的预言。在论证天命的一系列指标中，本就有"蛮夷率服"的部分，上文"夏海重译"便是此类，"夏海"是传说中极北方的"大冥"之地，这句话意指极北方的蛮夷重译而来朝贡。这一套在王莽代汉过程中发挥过至关重要作用的政治文化，被重复运用多次之后，已退化为一种自说自话的勉强表演，失去了原有的号召力。当人们都知道符瑞可以造作，再想以此证明天命在此，就不免让人半信半疑了。与之类似，五胡政权还通过宣扬得到所谓秦始皇制作的"传国玉玺"、甚至将传统星占术中与帝王相关的星象应验于己身等方式，来证明本国的应运受命，效果也与宣传祥瑞类似。获取天命的办法还有很多，比如占据前代王朝的都城，尤其是洛阳城。洛阳是东周、东汉、魏、西晋的都城，又戴着周公营建的光环，此时已是无可置疑的神圣之都。经过长期的经学建构，洛阳被认为是绝对意义上的"天下之中"，无论是五方四夷还是畿服圈层的华夷秩序，其预设的中心都是洛阳城。十六国政权积极争夺洛阳，东晋北伐也常以收复洛阳为战略目标。即便时势不允许在洛阳建都，仍可设法从那里获取神圣资源。[1]比如石勒在称赵王的第三年，便下令在襄国"拟洛阳之太极，起建德殿"。又"徙洛阳铜马、翁仲二于襄国，列之永丰门"；四年后再"命徙洛阳晷影于襄国，列之单于庭"；在正式称帝时，又仿照洛阳城南郊的礼制建筑，起明堂、辟雍、灵台于襄国城西；至此仍觉不够，甚至有移都洛阳之意，先命洛阳为南都，设置相应的官署。搬运洛阳的帝都旧物，似乎就分享了洛阳的正统性，这与秦始皇搬运九鼎异曲同工；对于无法搬运的宫殿、礼制建筑，就仿而造之；得陇望蜀，最终还是难以抵

---

[1] 参看胡鸿《天下之中的苦乐悲欢》，收入耿朔、仇鹿鸣主编《问彼嵩洛：中原访古行记》，中华书局，2019年，第84—112页。

御定都洛阳的诱惑。洛阳就像一块饱含正统性的磁石，时刻吸引着那些想要握紧天命的北族君主，直到北魏孝文帝迁都，才终于完成这一近二百年的集体夙愿。以上这些论证统治合法性的手段，虽然都能发挥一定作用，但它们适用于任何王朝，并未强调华夷之别，故而也不能正面回应"胡人能否为天子"的问题。

第二种论证方式是宣称古代圣王多有出于夷狄者，这是对"胡人不能为天子"的正面反驳。如上文刘渊所说的"大禹出于西戎，文王生于东夷"，便是此时十分流行的论据。在现有的十六国史料中，几乎同样的语句，西晋遗臣邵续投降石勒时说过，慕容廆劝降士族渤海高瞻时也说过。这样应景的学说是否是十六国时期才发明的？其实不然，稍往前追溯，在刘渊之前，此语已出于西晋时期的华谭之口。华谭原为孙吴人，晋灭吴之后到洛阳做官，他在秀孝对策中拔得头筹，却被博士王济嘲笑说是"吴楚之人，亡国之余"。华谭辨称珍贵的宝物都是出于方外而不是中土，人物也是一样，然后举"文王生于东夷，大禹生于西羌"作为证据。三国分立之时，在宣传当中，中原的魏晋政权常常将吴、蜀称为蛮夷，以此解决大一统尚未实现的尴尬。此前吴蜀人士对这一攻击的反驳，都是在证明本地名列东汉十三州，绝非王化禹域之外。唯华谭采取退步反击的策略，就算吴是蛮夷之地又如何，文王、大禹还不是出于东夷、西羌？这段对话在当时广为人知，正在洛阳当质子的刘渊很可能有所耳闻，并深表赞许。华谭此语也不是凭空捏造，再往前追溯，此说最早见于西汉初年陆贾的《新语·术事》："文王生于东夷，大禹出于西羌，世殊而地绝，法合而度同。"与其主旨完全一致的表述更早见于本文第一节引述过的《孟子》，但《孟子》所举的例证不同："舜……东夷之人，文王……西夷之人也。""文王生于东夷"，不符合绝大多数古文献的记载，甚至有学者猜想《新语》这句话中的"文王"可能是"大舜"的传抄讹误。①华谭所依据的显然不是《孟子》而是《新语》,②即使《新语》果真存在传抄讹误,则其讹误时间也早在汉魏时期。孟子和陆贾的重点在于强调"王道"的重要,不论什么出身,不论什么时代和地域,能行王道则可以成为中国的圣王,不过这里的确暗藏着夷狄可以成为中国帝王的推论。到华谭那里,语义重心进一步转到了蛮夷出身,加上前句所说的明珠美玉不出于中土的类比,似乎边裔在诞生圣人方面还更有优势,这句话受到刘渊、石勒、慕容廆等五胡君主的热情欢迎,也就合情合理了。

第三种策略,通过建立与华夏历史的联系,来淡化自身的夷狄身份。最直接的办法是宣称派生自黄帝或炎帝的祖先谱系。比如鲜卑慕容氏自言"其先有熊氏之苗裔,世居北夷,邑于紫蒙之野,号曰东胡"(《晋书·慕容廆载记》),有熊氏就是黄帝;氐人苻氏"其先盖有扈之苗裔,世为西戎酋长"(《晋书·苻洪载记》),在古史记载中,有扈氏是与夏同姓的诸侯,甚至被说成是大禹的庶子,③封地在关中平原中部的鄠县,为夏启所灭;羌人姚氏"其先有虞氏之苗裔,禹封舜少子于西戎,世为羌酋"(《晋书·姚弋仲载记》),有虞氏就是舜,传说舜生于姚墟,以姚为姓而封于虞;氐人吕氏,"其先吕文和,汉文帝初,自沛避难徙焉,世为酋豪"(《晋书·吕光载记》),显然将先祖追到了沛县的吕氏,暗指吕后的同族。赫连勃

---

① 王利器《新语校注》,中华书局,1986年,第43页。即使将"文王"改成"大舜",陆贾所举的舜、禹两例与孟子所举的舜、文王依然不能等同。
② 华谭在回答晋武帝的策问时还提到了陆贾,很可能也读过他的著作。参看《晋书·华谭传》。
③ 参看《史记·夏本纪》"太史公曰";《淮南子·齐俗训》高诱注。相关讨论,还可参看《尚书·甘誓》的注疏与研究文献。

勃为匈奴右贤王去卑之后，但"自以匈奴夏后氏之苗裔也，国称大夏"，并在都南刻石中明确宣称"我皇祖大禹"，这无疑借用了《史记》中关于匈奴族源的说法（《晋书·赫连勃勃载记》）。拓跋氏最终定型的祖先谱系追溯到黄帝少子昌意及其后裔始均，宇文氏原本自称是匈奴南单于远属，到北周以后则宣称"其先出自炎帝神农氏，为黄帝所灭，子孙遁居朔野"（《周书·文帝纪》）。只要在先秦两汉文献中能找到一点联系，五胡统治者都很乐于将祖先谱系嫁接到华夏圣王，然后用一种"英雄徙边记"的叙事来解释他们为何在后世成为了夷狄。[①]

在直接攀附祖源之外，还有更为含蓄的方法，其中之一是宣称自己具有与华夏古圣王相似的神异特质。有些十六国君主在出生时就具有与前代帝王相似的"诞载之异"，比如刘聪、慕容德出生前其母"梦日入怀"，与汉武帝母亲的梦相同；而李雄之母"梦大蛇绕身"又与刘邦出身的故事接近；石勒和苻坚出生时都有"赤光满室"，汉光武帝生时也同样如此。长大以后，他们的体貌特征往往有异于常人之处，比如身高过人、垂手过膝等，也都能在前代华夏帝王中找到精确相似的先例。十六国史料中类似的事例太多，很难用巧合去解释，更应该是一种刻意的历史书写。十六国史书中还有不少"模式化叙述"，即让十六国君主在相似的场景下说出与汉魏皇帝同样的话语，或者做出类似的反应，巧妙地将十六国历史与汉魏历史融合为一，并以此将五胡君主的形象"华夏化"。这

---

① 参看王明珂《英雄祖先与弟兄民族：根基历史的文本与情境》第五章，中华书局，2009年，第77—94页。在《史记·周本纪》中，周人的始祖为后稷，其母为帝喾的后妃。后稷在夏朝担任农官，但其子不窋因为夏后氏政衰而奔于戎狄，后来很多世代基本同于戎狄之俗，直到古公亶父时重新恢复农业和定居生活。这也应该看作是黄帝子孙徙边记的故事。

些史书最初史源都是各王朝的"国史",也就是十六国政权自我书写的文献,因此虽然其中存在不少建构和夸大的成分,仍可折射出十六国君主积极利用华夏历史资源来淡化夷狄身份,实现自我华夏化的真实努力。①

对于一些实在难以与华夏古史建立联系的统治者,比如羯胡石氏,以上方法难以实行,他们转而采取一种"禁忌"式的消极手段,避免其夷狄属性被人提及。石赵国内"讳胡尤峻",带有"胡"字的物品都被改了名称,"胡人"必须替换为"国人",提到"胡人""羯胡"便要被治罪。这一点与清朝修四库全书时将古书中可能与满洲有关的"夷狄"都删改成别的词语一样,都是一种消极的防御措施。从避讳的角度而言,只有与己有关的词语才需要避,那么这样无异于承认自己是"胡"或"夷狄"了。

第四种策略,利用华夷秩序的话语,将周边其他政权或人群定位为夷狄,从而凸显出自身"中国"的性质。十六国北朝在诏令文书和史书编纂中,都特别强调周边人群的族属,其实就是强调他们的夷狄属性。如前秦灭燕之后,苻融借星变建议要防备慕容氏,苻坚回答说:"黎元应抚,夷狄应和,方将混六合以一家,同有形于赤子。"②他称慕容氏为夷狄,是统治的对象,自己当然就不是夷狄,而是作为华夷共主的天子。又如在石虎时期,成汉有位降将李宏逃到了石赵,成汉主李寿致信石虎,请求将其送回,用词不敬。经过一番讨论,石虎决定用"书"而不是制诏,以免再引来更恶劣的措辞而"取消戎裔",更"赠以楛矢,使寿知我遐荒必臻也"。这一套

① 参看胡鸿《能夏则大与渐慕华风》第六章《十六国的华夏化:"史相"与"史实"之间》。
② 《晋书·苻坚载记》。《资治通鉴》卷一〇三将这句话改写为"朕方混六合为一家,视夷狄为赤子",更为直接地展现了苻坚的用意。

操作都是依据华夷秩序的标准而来，李寿被称为"戎裔"，而遥远东北方外肃慎氏所贡的楛矢足以证明石虎的威德无边。没想到李寿也深谙此道，李宏既至蜀汉，李寿借此夸示境内，下令云："羯使来庭，献其楛矢。"[①]通过将自家降将说成"羯使"，让楛矢成为了证明自己获得四夷拜服的信物。这一颇为戏剧化的事例，有助于我们理解各国纪传体王朝史的本纪部分数量众多的四夷朝贡记载。此类做法在北朝时期发挥到更高的水平，众所周知，《魏书》称东晋为"僭晋"，还说其统治的地域是《禹贡》中"岛夷卉服"的扬州之地，江东之人都被中原冠带称为"貉子"，"若狐貉类"，细分之则有"巴、蜀、蛮、獠、溪、俚、楚、越，鸟声禽呼，言语不同，猴蛇鱼鳖，嗜欲皆异"。[②]而东晋之后的南朝更被冠以"岛夷"之号。对待自居华夏正朔的东晋南朝尚且如此，此前与北魏并存的十六国在《魏书》中更是一个不少地被冠以夷狄之名，如"匈奴刘聪""羯胡石勒""铁弗刘虎""临渭氐苻健""羌姚苌""卢水胡沮渠蒙逊""徒何慕容廆"之类，就连北魏冯太后的家族，也不免被称为"海夷冯跋"。除了直接的称谓，在北朝的史书中还能看到体例空前完备的"四夷传"，今本《魏书》的相关部分残缺，仅存高句丽、百济、勿吉等传一卷，卷末"史臣曰"中有"东藩"之语，可以视为"东夷传"。在延续北朝修史传统的《周书》《隋书》《北史》中，都可以看到完整的按东夷、南蛮、西戎、北狄排序的四夷传。这些传记的存在，及其在纪传体史书中的位置安排，无疑可以凸显该王朝位于华夷秩序的中心，也就是华夏、中国的位置。除了纸上的书写，北魏还将

---

① 《晋书·石季龙载记》。
② 《魏书·僭晋司马叡传》。另可参看陈寅恪《魏书司马叡传江东民族条释证及推论》，收入《金明馆丛稿初编》，生活·读书·新知三联书店，2001年，第78—119页。

华夷秩序运用到更为实际的领域，都城规划是其中之一。在洛阳城的圜丘以北，伊洛之间，御道以东有"四夷馆"，名为金陵、燕然、扶桑、崦嵫；御道以西有"四夷里"，名为归正、归德、慕化、慕义。如有从南朝投附之人，初来时处之金陵馆，三年以后，赐宅于归正里。①由此可知，馆和里分别为临时安置的馆驿和集中定居的里坊，其设置和命名都透露出了接纳慕义而来的四夷之意，那么接纳者北魏自然就是"中国"了。

（三）超越华夷秩序的可能性

以上四种路径，都未真正跳出华夷秩序既有的语境，就连第二种也是利用华夏历史的古典来加以论证。只要尚在华夏政治文化传统语境之中，想摆脱华夷秩序就近乎无解。此时期还出现了第五种途径，也就是在儒家主导的华夏式君主观之外寻求合法性的来源，这样就能完全绕开华夷秩序的难题了，宗教正好能提供这样的选项。道教中曾出现不同于儒家设定的君主形象，发动黄巾起义的张角曾自称"大贤良师"，并设置"三十六方"以组织徒众，试图建立一种不同于汉朝的政体，但很快归于失败。此后张鲁在汉中短暂建立了政教合一的割据政权，自号"师君"，以祭酒—鬼卒的体系管理民众，维持了近三十年，不过张鲁仍然接受镇民中郎将、汉宁太守的官职，并未完全跳出帝国官僚制的框架，随着张鲁政权被曹操兼并，这一政治组织也消散了。一些道经还宣扬"李弘"出世的弥赛亚式预言，声称李弘是老君的化身，将转世下为人主，拯救苦难。从两晋之际到隋末，以"李弘"为名的起事分布在广大地

---

①《洛阳伽蓝记》卷三"城南·龙华寺"条。

域内，屡屡见于史书。①不过这些起事都很快遭到镇压，也未能真正建立一个较有规模的政治体，对上层政治文化几乎没有影响。道教徒还参与制作和传播"真人"有关的谶言和符瑞，慕容儁、石虎、拓跋珪都曾试图对号入座。影响更大的是"泰平真君"，经过寇谦之的精心运作，最终让本封泰平王的北魏太武帝接受了这一道教君主称号，②不仅更改了年号，还亲自登坛接受了符箓。所有这些神权的加持，都有助于北方统治者在儒家主导的政治文化之外寻求更多的合法性支持。不过，作为本土宗教，道教并未完全摆脱华夷秩序的话语，蛮夷戎狄之类的词汇屡见于中古道经之中，如晋宋之际的《太上洞渊神咒经》中就多次出现"六夷""胡"等词语，形象颇为负面，诸如"甲寅之旬年，有六十种病，六夷之鬼，中国多饥人、刀兵之灾……胡鬼三万来煞人，人死者十有七八"（《遣鬼品》）等等。③在与佛教徒的辩论中，道教徒往往强调华夏本位的立场，而以华夷之辨为攻击利器。所有这些，都使得道教不能提供真正超越华夷秩序的政治文化资源。

在这一点上，传自西域的佛教具有天然的优势。十六国前期，佛教在中国北方已经有相当程度的流行，石赵治下的百姓营造寺庙，竞相出家，虽然法令尚不允许。于是，石虎下令料简，拟将不合法的出家者变回国家编户，引起一场朝堂上的争论：其中书郎王度上奏曰"佛出西域，外国之神"，"非天子诸华所应祠奉"，主张

---

① 参看唐长孺《史籍与道经中所见的李弘》，收入《魏晋南北朝史论拾遗》，中华书局，2011年，第210—219页。
② 参看胡鸿《寇谦之的密码：一个宗教叙事的解读》，《文史哲》2021年第6期。
③ 参看张泽洪《魏晋南北朝时期少数民族与道教——以南蛮、氐、羌族群为中心》，《中南民族大学学报》2005年第6期。姜望来《中古史籍与道经中所见"六夷"与"中国"》，《魏晋南北朝隋唐史资料》第38辑，上海古籍出版社，2018年，第83—97页。

大赵应该使"华戎制异""外不同内",为了不让华夏祭祀杂错,必须严禁赵人和百官前往佛寺礼拜。当大臣祭出华夷内外之防,将佛作为"外国之神"加以反对时,石虎敏锐意识到其中的问题,下书曰:

> 度议云:佛是外国之神,非天子诸华所可宜奉。朕生自边壤,忝当期运,君临诸夏。至于缮祀,应兼从本俗。佛是戎神,正所应奉。……其夷赵百蛮(姓)有舍其淫祀,乐事佛者,悉听为道。[1]

石虎一反此前的态度,不仅承认自己"出自边壤"(《晋书》作"边戎"),而且肯定"佛是戎神,正所应奉",[2]从此夷、赵百姓事佛便成为合法行为了。若一切以华夏正统为标准,戎神不可信奉,胡人君主自然更不可接受。反之,百姓既然能够膜拜外国之神,也不难接受出自边戎的皇帝吧。历十六国南北朝至隋唐,佛教日渐兴盛,成为"征服中国"的第一信仰,佛教改变了中国人的宇宙观和人生观,也为世俗君主们提供了将统治神圣化的新理论。[3]北朝佛教徒在争取世俗政权支持的动机下,自觉参与到神化皇权的行动中。北魏沙门法果一反"沙门不敬王者"的原则,力主僧人应拜天子,其理由是北魏道武帝"明睿好道,即是当今如来",又对人

---

[1] 《高僧传》卷九《神异上·佛图澄传》。又见《晋书·石季龙载记》,字句略有不同。

[2] 《晋书·石季龙载记》作"所应兼奉",当时羯胡宫廷中还有祭祀祆神的"胡天","兼奉"于义为长。

[3] 康乐《转轮王观念与中国中古的佛教政治》,《"中研院"历史语言研究所集刊》第67本第1分;孙英刚《转轮王与皇帝:佛教对中古君主概念的影响》,《社会科学战线》2013年第11期。

说"能鸿道者人主也，我非拜天子，乃是礼佛耳"。[1]皇帝是"当今如来"的说法极具冲击力，有学者认为这是"转轮王即佛"观念的首次出现，[2]不过法果并未直接提到转轮王，看起来后面那句话是更严谨的表述，法果是为了让道武帝支持佛教才礼拜他，故曰"礼佛"。"当今如来"更像是面对宗教素养有限的听众的一种简易说法，但往往这样口号式的语句更具影响力。此后北魏文成帝下诏造石佛像，"令如帝身"，完成的佛像脸上和足下各有黑石，与皇帝的黑痣"冥同"；数年后又敕有司为太祖已下五帝铸造了五尊释迦立像。北魏本有铸金为己像以占卜的传统，僧徒为皇帝制作佛像，可能有意将此两者做了一种连接，达到视觉符号上皇帝与佛的合一。北魏后期皇室带头开凿石窟，建设宏伟的寺院和塔刹，积极支持佛教的传播。在龙门石窟和巩义石窟中，都出现了非常精美的帝后礼佛浮雕，皇帝礼拜佛祖，皇权也受到佛法的庇佑。每年四月八日，洛阳城里举行"行像仪式"，一千余尊已经提前集合在城南景明寺的佛像，从宣阳门入城，在阊阖门前接受皇帝散花致礼，"于时金花映日，宝盖浮云，幡幢若林，香烟似雾，梵乐法音，聒动天地"，名僧、信徒、大臣、百姓聚集围观，是一个极具景观性的仪式。[3]永宁寺是北魏皇家供养的第一大寺，其雄伟的高塔被火灾烧毁后，又有人声称见到它完好无损地出现在东海之上，这一瑞应后被解读为自称渤海高氏的高欢获得天命的征兆。佛塔成为天命转移的象征，充分说明佛教已参与到王权合法性的论证中了。到隋唐时代，转轮王等观念更加明显地参与到皇帝形象建构之中，武则天集

---

① 《魏书·释老志》。
② 康乐《转轮王观念与中国中古的佛教政治》。
③ 《洛阳伽蓝记》"景明寺"条。

其大成,在她的诸多尊号中,有"金轮""慈氏"等词汇,分别指代转轮王和弥勒。[1]

佛教虽然被引进到了皇权合法性的论证中,但佛教真正关注的是彼岸的问题,并没有一套用于世俗的经世治国学说。因此,在世俗的政治运作和制度设计中,佛教不可能取代汉晋以来的政治文化,华夷秩序的观念也并未被佛教完全动摇。相反,在需要反对佛教的场合,华夷秩序还能成为最重要的武器,如北周武帝解释废佛理由的诏书写道:"佛生西域,寄传东夏。原其风教,殊乖中国。汉魏晋世,似有若无,五胡乱治,风化方盛。朕非五胡,心无敬事。既非正教,所以废之。"[2]北周的皇帝宣称自己"非五胡",显然运用了上述第三种和第四种策略,在确认了自身的华夏身份后,就能借华夷秩序来排斥佛教了。

在介入皇权合法性论证之外,佛教的世界观、文化观给华夷秩序带来了更加深刻的冲击。从夷夏之辨到华夷秩序,都建立在华夏中心论的基础之上,而华夏作为中心的依据则是其从政治到文化的全面优势。十六国北朝时代,华夏在政治上的优势地位已被颠覆,其文化优势则受到佛教的极大挑战。南北朝时期围绕佛教的"夷夏论争"一度非常激烈,当时反对佛教的华夏士人和道教徒,曾持华夷之辨的立场拒斥佛教,南朝隐士顾欢的《夷夏论》最为著名。顾欢秉持道教本位的思想,认为道教与佛教的教义即"道"本无不同,只是因应华夏与戎狄不同的风俗和人性,而设立不同的"教迹"。"戎俗鄙陋,夷人性恶",故而佛教要用出家苦行

---

[1] 参看前引康乐《转轮王观念与中古的佛教政治》;孙英刚《转轮王与皇帝:佛教对中古君主概念的影响》;吕博《明堂建设与武周的皇帝像——从"圣母神皇"到"转轮王"》,《世界宗教研究》2015年第1期。

[2]《广弘明集》卷一〇《叙任道林辨周武帝除佛法诏》。

的"破恶之方"来引导他们,而华夏性善俗美,应该用道教的"兴善之术"来修行。①顾欢观点的基础之一就是传统华夷秩序中的文化高下之别,但此论一经提出,便引起很大的争论,仅在《南齐书》和《弘明集》中收录的驳论就达到八篇之多。反驳者谢镇之指出,戎夏之礼俗虽有差异,但人性没有差别,佛法"在鸟而鸟鸣,在兽而兽吼",对不同的信众有不同的教导,不会因为夷夏之别而受阻。僧愍则撰写《戎华论》来反驳顾欢,他依据佛教世界观,认为"佛据天地之中","天竺之土是中国",所谓夷夏之别不过是在边地一隅的中心与边缘,执着于此无异于井底之蛙,不见江湖之大。②佛教有自己的"中国",即五印度甚至中印度,在此之外的地方是"边地",佛与菩萨只会生于"中国",不在"边地","边地"的人们被称作是"弥梨车",意即野蛮未开化之民。③这非常类似于华夷秩序,只是中心换成了印度。在佛教信仰大行其道时,东亚的佛教徒亦不能不受此种观念影响,从晋宋时代的法显到南齐的僧愍,再到唐初的道宣,许多僧人都留下了深具"边地情结"的文字,尤其以道宣的《释迦方志·中边篇》最为系统。《中边篇》以佛教更为宏大的世界观为基础,针锋相对地批评了"此土诸儒,滞于孔教,以此为中,余为边摄,别指雒阳,以为中国",认为这种偏居天下一隅得出的观念,不是"通方之巨观"。中国的僧人逐渐摆脱边地情结,建立以

---

①《南齐书·高逸·顾欢传》。
②《弘明集》卷六、卷七。
③ 吉川忠夫《六朝精神史研究》第十二章《中土边土的论争》、第十三章《夷夏论争》,王启发译,江苏人民出版社,2012年,第353—390页。王邦维《佛教观念中的"众生"与"民族"》,《法音》2009年第9期。陈金华《东亚佛教中的"边地情结":论圣地及祖谱的建构》,收入氏著《佛教与中外交流》,中西书局,2016年,第1—26页。

中国为佛教中心的世界观，要到盛唐以后了。[①]以印度为中心的佛教世界图景，有力地冲击了中国原有的华夷秩序观念，至少让后者大为相对化了。

四、结语

从朴素的我群他者之别，到有一定标准的夷夏之辨，再到条理井然的华夷秩序，经历了一个漫长的发展过程。这一套观念的建构者和运用者，主要是诸夏、华夏。如果说春秋时代的夷夏之辨还带有一定的"防卫性"，战国及秦汉时期的华夷秩序理念则带有占据优势后的"霸权性"。在华夷秩序的理念中，华夷之间有着中心与边缘、先进与落后，乃至文明与野蛮的区分，四夷不仅按照圈层的远近获得不同的政治地位和政治义务，还由相对于华夏中心的地理方位被赋予了不同的习俗和性情。对于普世王权的宣称，必须要取华夷秩序作为补充。在一些基本的共同理念之上，华夷秩序更像是一个开放的重要论题，不仅没有完全定论，而且永远充满争议。从"不治夷狄"到"王者无外"，从"修其教不变其俗"到"匡饬异俗""远迩同度"，从五方四夷之性不可推移到"用夏变夷"，从修德以来远人到征伐以服夷狄，都能找到非常权威的论证，这使得作为一种政治文化的"华夷秩序"具有很大的包容性，能够适应时势的变迁。因此，讨论华夷秩序，不应将它视作一种静态、僵化的理念，而应界定为一种由多个选项构成的政治文化，可以组合成不同样式的话语。不过选项间的组合也不是完全随意的，在

---

① 参看陈金华《东亚佛教中的"边地情结"：论圣地及祖谱的建构》。

一个特定的时期和环境中，某一类华夷秩序的话语样式会占据主导，既影响决策的制定，也可为政治和军事活动提供合法性论证。当它被实践证明为无效或误导时，被压制的另一些话语样式便有可能起而代之，与现实中的政策转变互为表里。

华夷秩序是一套"华夏中心主义"的政治文化，在现实中华夷政治关系被颠覆的时代，比如十六国北朝，这套政治话语一度成为维持统治的障碍。如果没有其他政治文化资源的引入，出自"夷狄"的统治者难以抛弃或者否定"华夷秩序"，要么在其体系之中寻找辩护的可能，要么只能选择将自身界定为"华夏"，这构成十六国北朝时期的主流策略。不过，也正是在此时代，佛教信仰的流行与佛教王权观念的传播，让华夷秩序的理念及其背后的华夏中心主义受到了冲击。唐朝以下，一方面中国与亚洲其他区域的交流交往范围扩大，对外界的了解更加深入，唯我独尊的"自我中心主义"进一步受到冲击；另一方面，距离中国较近的"蛮夷戎狄"人群，也在与周边多种文明的交往中获益，发展到了更高的文明阶段。从8世纪以降，中原周边的突厥、吐蕃、契丹、西夏、女真等陆续创制了自己的文字，就是一个显著标志。随着不再追求全方位华夏化的诸北族王朝的兴起，华夏文化的普世性被部分消解，华夏也就更多地变成诸多族群之一的"汉人"了——尽管仍然是较为特殊的一个。华夷秩序话语的兴衰嬗变，见证着中国走出自我中心的古代文明，走向美美与共的现代世界。

修史

聂溦萌（首都师范大学历史学院）

史书不能凭空"创作"，需要言而有据。传统史学中，史书的"据"更集中于文本的范围内，理想的、典范的史学作品主要来自对文献的搜集、整合、裁剪，正所谓"述故事，整齐其世传，非所谓作也"。①《史记》"太史公曰"屡屡提到司马迁游访的经历，②现代学者因而往往把游访调查视为司马迁撰史取材来源之一，这种解读其实有以今度古的问题。我们以《史记》第一篇《五帝本纪》为例。《五帝本纪》"太史公曰"在感叹五帝年代久远，文献资料有疑后，讲述了他周游天下的见闻："余尝西至空桐，北过涿鹿，东渐于海，南浮江淮矣，至长老皆各往往称黄帝、尧、舜之处。"但这些见闻，实际上并没有写进《五帝本纪》正文，他只是由此得出"总之不离古文者近是"的判断，回应上文对五帝文献的怀疑。司马迁以游历见闻和《春秋》《国语》等记载证明"儒家或不传"的《五帝德》《帝系姓》两篇文献言有所据，从而"并论次，择其言尤雅者，故著为本纪书首"。尽管司马迁著史不乏现实切身的经历为依托，不乏思想理念的动力为指引，但他的具体工作主要是论次文献，可以说，《史记》的编纂是一项规模宏大的文本处理工作。由《史记》所开宗的中古史部文献，以及两千年来传统史学的工作方法，实际上也具有这样的特点。因此当现代史学的冲击来临时，作为对这种传统的强烈反抗，傅斯年甚至向史语所和学界同仁喊出："我们不

①《史记·太史公自序》。
② "太史公曰"主要用以评论历史事件、人物，以及说明材料处理方法。参见逯耀东《史传论赞与"太史公曰"》，收入《抑郁与超越：司马迁与汉武帝时代》，生活·读书·新知三联书店，2008年，第265—294页。

是读书的人,我们只是上穷碧落下黄泉,动手动脚找东西。"①

　　既然是一种文字处理工作的成果,史部的发展脱离不开它所处时代的文献环境。《史记》是对先秦文献的整合,"厥协六经异传,整齐百家杂语",它所蕴含的辨章学术的取向也与先秦文献的总体状况互为表里。②但随着汉魏以后书写工具更便利、知识传播更普及,文本与知识的体量剧增,参综整理一代之文献势必会变得越来越不可能。汉代以后的王朝史,由以文献著述为编纂基础,逐渐转向倚靠档案资料为编纂基础。实际上,当《史记》开始处理汉代史时,已经流露出这种端倪。赵翼注意到《史记》的曹参、樊哙、郦商等高祖功臣传记(世家)"叙功处绝似有司所造册籍","纤悉不遗,另成一格,盖本分封时所据功册,而迁料简存之者也",③并把这称作"《史记》变体"。而《史记·三王世家》收录的文书,成就了现代学者有关汉代公文书程式的重要研究。④史书要受到它所取材的文字资料的特性的制约,因此在"文书行政的汉帝国"(富谷至语)以及此后的各个帝国里,尤其是当文书的运作、保管、整理机制越来越完善后,文书档案就会越来越深刻地影响历史的呈现形式,史家也必须学会面对难以逾越的档案文献体系。

　　对于《史记》到《汉书》的变化,学者从史学与政治互动关系

① 傅斯年《历史语言研究所工作之旨趣》,《"中研院"历史语言研究所集刊》第1本第1分,1928年10月。
② 参见逯耀东《太史公自序的"拾遗补艺"》,收入《抑郁与超越：司马迁与汉武帝时代》,第35—90页。
③ 赵翼著,王树民校证《廿二史札记校证》卷一"《史记》变体"条,中华书局,1984年,第11页。
④ 大庭脩《秦汉法制史研究》第三篇第四章《〈史记·三王世家〉与汉代的公文书》,中西书局,2017年,第198—215页。案,此文最初题《关于〈史记·三王世家〉——从汉代公文书所见的记录》,发表于《史泉》第23、24合并号,1962年3月。

的角度做出深入解读。吕世浩认为，面对以《史记》开端的史学所造成的挑战与冲击，汉王朝至东汉明帝时才真正找到解决之道："撰述一部代表朝廷立场，又足以取代《太史公》影响之史书……而《汉书》便是这种要求下的产物。"①他描述了《史记》成书到《汉书》成书之间各方力量围绕史学舞台的竞逐，这些历史过程中具体的书、人、事或有一定偶然性，但这种以朝廷立场取私人史学而代之的发展方向，应该说具有必然性。不过，这个必然性的成功实现，只是由于史学无法抗拒政治权力吗？如果意识到文书档案、行政运作体系对于汉代以后王朝史编纂的影响，就会发现在此发生的不仅是权力与史学的对抗，还有一种更为客观的、技术意义上的变化。《汉书》的出现，既是这种变化的初步结果，也为一个新机制的开启带来了可能，这就是作为行政运作与档案整理之延长线的官修史体制。

官修史体制是"政务运作与修撰运作的联结"。汉魏以来，中央机构的官修史体制逐渐将政务运作、文书与历史编纂的关联性变得制度化、惯常化，其运转、发展极具延续性，并带给后世长远影响。这里的"修撰运作"概念，与制度史研究中较为常见的"政务运作"相对。刘后滨界定"政务"是国家或官府事务的总称，政务等同于国家和官府事务；"政务文书"是指皇帝和各级官府处理各种事务的文书以及围绕官府事务的处理而产生的百姓呈于官府的文书。②如果细分，"政务"中还有"行政运作"与"事务运作"的区别，即围绕文书的流程性工作与实践性工作之分。由于修史依托于文本，因此与上述"行政运作"关系最直接，借由文书再与具

---

① 吕世浩《从〈史记〉到〈汉书〉——转折过程与历史意义》，台大出版中心，2009年，第234页。

② 刘后滨《汉唐政治制度史中政务运行机制研究述评》，《史学月刊》2012年第8期。

体事务运作产生关联。政务运作支撑了国家实施其统治，是国家政治体制最核心的机能，而史书修撰的相关环节，姑且称之为"修撰运作"，是一种从文本到文本的工作。政务运作虽然也涉及文本（即文书），但其最终目标是某件具体事务的完成，而修撰运作则始终以文本为主角，也更加受到文献编纂规律的控制。

官修史体制下政务与修撰运作相联结的具体形态，可以从横向和纵向两方面把握。横向而言，纪传体的各类内容逐渐与一些特定政务挂钩，相关文书档案被有意搜集整理，成为编纂史书的基础，这里称之为"政务—修撰运作联动机制"。纵向而言，文书档案需要定期经过一系列整理、筛选、编纂步骤，才能成为纪传体史书。由此，官修史体制最终达成以下效果：使体制内部的资料源能够为史书的编成提供基本保障。而这也造成了一个史学（历史编纂学）上的后果：一个颇具系统性的资料源，必将一定程度上重塑史书体裁的面貌。尽管史家可以自行收集资料、自由发挥，但建立在政务运作、档案文书之上的体系化资料源，已经为他们的工作设置了起点和标尺，他们的发挥以此为参照，也很难说是真正自由的。

不能忘记，体制裹挟下的官修史发展，实际上是一种制度的发展，而非学术文化的发展。雷家骥认为中古史学是论述的史学，以刘知幾为转折，近古史学乃为叙述的史学，"日渐沉耽于网罗史料，考实行事，然后属辞叙述，编纂成书"，乃至产生"崇拜事实以及于崇拜史料之倾向"，史学的目标与性质由"著书立说"变为"记典制、述故事"。[①]所谓日趋崇拜史料的倾向，不是史学意识的主动丧失，而是体制膨胀发展湮没了史学意识。这里的变化远非史学内

---

① 雷家骥《中国古代史学观念史》，北京师范大学出版社，2018年，第3—4页。

部,而主要是由文书行政体系和官修史体制在推动。在制度的框架下讨论这种官修史的变化,是为了理解它自有其机制,为了人的头脑和思维能与之共存,而不是被它的逻辑所吞噬。一方面,历代史家对这种洪流的批判,是使那些无愧于"史学"的作品得以萌发的养分。另一方面,记录、整理、追求更精细的事实也有其意义,史学毕竟不是理念先行的东西。任由体制裹挟生命、任由思想支配事实,哪一方都有其危险。

一、横向观察：政务—修撰运作联动机制

下面将以纪传史的三个板块为例说明政务—修撰运作联动机制：一是一般的臣僚列传与赐谥助葬的联动，二是孝义类传与旌表孝节、封赠忠烈的联动，三是四夷列国传与蕃夷朝贡的联动。每一组讨论都是以史传体裁体例上的变化为切入点，探究不同时期的史料来源、编纂方式，及其背后的制度成因。

（一）常规列传

（1）《史》《汉》列传编纂的变化

纪传体始于《史记》，司马迁父子为什么会开创出这样一种体裁形式来成其一家之言呢？当春秋战国的百家争鸣之后，学术界出现了整理统一战国思想和著述的风向。[①]《史记》也是继承与总结先秦时代的学术与典籍的产物，因此呈现出复合型的体裁。本纪、表、书、世家、列传五体各袭先秦旧文，过去已经有很多讨论，近人程金造的总结颇具代表性：

> 古有《禹本纪》之书，太史公故仿之以为十二本纪。古有谱牒之书，太史公故仿之以为十表。……八书为类次之叙述。太史公衍《尚书》文体而名之曰书。……太史公故仿古世家之体，以为三十世家之篇。……古有记人之传，太史公仿之以为七十列传。……盖前世之书，为数千百，体例众多。太史公

---

① 内藤湖南《中国史学史》，上海古籍出版社，2008年，第76—77页。

择其可取者,用以成《史记》五体之制。然而五体之制,本各
自为书。①

先秦古书传于后世者寥寥,很多文献名实如何,聚讼纷纭,难
以确证,何况先秦也是一个漫长的时代,其文献源流、体裁本在变
动之中。程氏将《史记》五体与特定的某类古书一一对应可能过
于理想化,但可以认为,《史记》的体裁含括了先秦几种主要的文献
形式。

《史记》上承先秦文献的学术背景是它以后的纪传体史书所不
具备的,因此它的编纂体例相较后来的纪传体史书也有独特之处。
民国学者刘咸炘描述《史记》列传是"一事为一篇",尽管传中记
人,但指归在事;其意味"传乃纬体之称",即本纪、列传之间具有
类似经文、传文的关系,列传作为本纪的补充,详细讲述具体的历
史事件或时代现象。②要之,以先秦学术与文献为依托的《史记》
还没有形成后世那样以人物为列传单位的编撰方法。

不意识到这一点,就没办法理解《史记》的篇章排序。较晚的
史书读者习惯了以人物为单位,根据人物时代、身份排列的列传,
对《史记》本纪、世家、列传的升降编次多有非议,到清代的史学考
据家,甚至提出《史记》编次并无意义,"盖成一篇即编入一篇,不
待撰成全书后,重为排比"。③我们固然不能像一些明清文章家那
样,对太史公字里行间的深意过分解读,但《史记》是一部自成体
系的作品,篇章排布是体现其思路理念的重要方面,在这一点上拿

---

① 程金造《〈史记〉体例溯源》,收入《史记管窥》,陕西人民出版社,1985年,第
31页。
② 刘咸炘《太史公书知意》,收入黄曙辉编校《刘咸炘学术论集·史学编》,广西师范
大学出版社,2007年,第21—22页。
③ 赵翼著,王树民校证《廿二史札记校证》卷一"《史记》编次"条,第6页。

"后史整齐之法"（刘咸炘语）去评判《史记》，也属方枘圆凿。后代治史者熟悉的其实是《汉书》改造出的一种更整齐规范、易于因循的历史记录框架。《史记》想要处理从古到今的通史，面对的是先秦以来到汉代的文献，在这里人物尚难构成组织文本的有效框架；《汉书》只处理西汉一代的历史，服膺大一统王朝的意识形态与统治逻辑，资料也密集得多，可以做到以人为中心记事和收录辞章。所以，《汉书》开始确立了一套人物界限明确、编次格局分明整齐、传记内容相对同质化的编写规范。

人物界限分明，是指从《史记》的以事为篇转变为以人为单位。《史记》记载汉事到武帝前期，《汉书》这一部分的列传以《史记》列传为基础，虽然不能真正脱离《史记》以事为篇的宗旨，但在形式上明显更强调人与传的对应，有意通过题目和正文的标志性句式来明确"传主"的概念。比如《史记》的《张丞相列传》，篇题张丞相即张苍，但这篇传记"始叙张苍，次周昌、赵尧、任敖，其后苍复为御史大夫，迁丞相，则详叙其终，末乃终之以申屠嘉"，[①]并非张苍一人之传，传中几人相次担任御史大夫。《汉书》在沿用这篇传记时，把标题改作《张周赵任申屠传》，显示本篇有五位传主。正文尽管难以对《史记》的叙事结构有根本调整，但是对每位传主出场的语句（因行文关系，除赵尧外）作了改写。如《史记》的"张丞相苍者，阳武人也"，《汉书》改作"张苍，阳武人也"；《史记》"任敖者，故沛狱吏"，改作"任敖，沛人也。少为狱吏"，形成了固定的开篇句式。《史记》对人物的称呼都随当时习惯而然，即便篇题也是如此，《汉书》则放弃习称，以姓或姓名为准。

---

① 泷川资言《史记会注考证》卷八一《廉颇蔺相如列传》传目下注引卢文弨云，新世界出版社，2008年，第3766页。

　　有意区分传记开篇句式，《汉书·窦田灌韩传》是个明显的例子。这篇的前半部分来自《史记·魏其武安侯列传》，魏其侯即窦婴，武安侯即田蚡，《史记》这一篇讲述魏其武安之间的政争，还涉及另一个重要角色灌夫，而《汉书》的标题明确把窦、田、灌三人视为传主。《史记》前两段（以中华点校本为准）的第一句话，分别是"魏其侯窦婴者，孝文后从兄子也"和"梁孝王者，孝景弟也"，句式没有区别。但梁孝王在这个故事里只是支线人物，他本人也另有传记，所以《汉书》把相应的两句话改作"窦婴字王孙，孝文皇后从兄子也"和"帝弟梁孝王"，对传主和非传主的出场做了明显区分。

　　沿用《史记》的列传，如果《史记》原本就是多人交织叙述，《汉书》也难以在整体结构上进行真正调整。但《汉书》新作的传记，一卷里每个人物有明确的起讫界限，再配合每传开篇的句式以及标题，突显出"传主"的概念。"传主"使列传与人物紧密挂钩，而人是比事更整齐的记录单位，也就促成了一套更整齐的列传格局。

　　《汉书》的列传格局，大致是首先根据时代，其次根据人物的官位高下、文武、事迹、德行等多方面标准来组织结构，在这多方面标准中，政治地位因素的影响更大，而且越往后代发展这种倾向越严重。这些在篇幅上占据列传的主体。此后是"类传"。类传是以某种名目而非人物姓名作为篇题的传记，传中收录的人物数量通常较多，而且常有前序阐发主题。从身份上说，收入类传的人大多没有太高的政治地位，甚至只是一介平民。类传之后是四夷外国传，其记载单位不是人，而是部族或国家。最后，有时还有僭逆性质的传记。

　　《史记》记载汉武帝时期的历史，外攘夷狄是时代主题之一。所以汉武帝时代的传记里，有好几篇以部族或外国命名的传记夹杂在以人物命名的传记之间。实际上,《韩长孺列传》《李将军列传》《匈奴列传》《卫将军骠骑列传》《平津侯主父列传》几篇,共同的主题都是征讨匈奴,而此下的《南越列传》《东越列传》等传则是向其他地区开拓。再往后的《儒林列传》《酷吏列传》《游侠列传》《佞幸列传》等分别反映当时几个重大问题,所以会与《大宛列传》杂错。①到《汉书》里把以人、以主题、以部族国家命名的传记分门别类依次编排,打破了叙事的整体性。不过《汉书》也不是直接调换各卷排列顺序了事,比如在《酷吏列传》的基础上生发出《张汤》《杜周》两传,把《大宛列传》改编为《张骞李广利传》,在类传和四夷传的板块内则另作《酷吏传》和《西域传》,这样实际上还是在常规列传中保持了对这些历史问题的讲述,但也规范了传记的篇名和形式。总之,《汉书》把《史记》的体裁引向了整齐化。

在班彪、班固父子那里,列传不仅以人为中心,也已经与人物身份等级产生关联。对此班彪有明确表述:"司马迁序帝王则曰本纪,公侯传国则曰世家,卿士特起则曰列传。"②其实这不是司马迁的本意,而是班彪自己对纪传体的理解。这种史学意识,在东汉及其后历代官方修史环境中生根发芽,越来越强化了纪传史列传编纂的政治与制度因素。东汉、曹魏的国史修纂皆有成效,分别形成百余卷的《东观汉记》和近五十卷的王沈《魏书》。这两部书都已经亡佚,但陈寿《三国志·魏书》与王沈书时代接近,史源关系也比较紧密,我们从中能够看到东汉曹魏官修史演进的表征。陈寿《魏书》列传相比《汉书》的时代,政治因素的影响明显加强。一方面是在数量上,绝大多数列传以政治地位编排,与《汉书》的整

① 可参逯耀东《〈匈奴列传〉的次第问题》,收入《抑郁与超越:司马迁与汉武帝时代》,第167—206页。
②《后汉书·班彪传》。

体情况已有很大不同。另一方面，一些卷末的"评"语中直接出现了官名，即明确表达那些人物是由于共同担任过某种级别或类型的官职而被收入该卷，如卷一三评语称"三司"，卷一五评语称"刺史"，卷一六称"名守"，卷一七称"良将"，卷二二称"八座尚书"，卷二四称"公辅"，卷二七称"掌统方任"。

就二十四史的范围来看，列传编次原则的定型化约在南朝前期。沈约《宋书》列传大略可见是以时期、政治地位编排，唐初所修五史，列传的政治因素也十分鲜明。这几部史书不仅以官修国史为蓝本，且本身也是受诏编纂，成于众史官之手，更能直接反映官修史体制的影响。而与列传编纂相关的政务——修撰运作联动机制，也是到了南北朝时期的历史材料中逐渐清晰起来。

（2）列传编纂与丧葬事务运作

国史列传越来越关乎政治身份，乃至成为官员们身后的又一栖身地，它的编纂势必与政府人事管理制度相联系。《宋书·百官志》说"晋制：著作佐郎始到职，必撰名臣传一人"，但没有说明撰写的依据。到南北朝时期，可以有比较确切的证据说明史传与请谥时使用的行状谥议、营葬所需的碑志文之间往往具有史源关系，人事管理与丧葬吊恤政务运作中产生的文本为列传编纂提供了基础性保障。①

南北朝墓碑墓志的大量出土，已经使人们注意到一些碑志与史传内容相近。不过史传不可能根据骈体的碑志文改撰，如果说它们之间确实存在制度化的关联，这种关联实际上是以丧葬事务中的文书为基点而发生的。朝廷对去世的王公大臣（及少数没有

---

① 唐代相关制度的研究可参：杜希德《唐代官修史籍考》，上海古籍出版社，2010年，第59—60页；唐雯《盖棺论未定：唐代官员身后的形象制作》，《复旦学报（社会科学版）》2012年第1期。

官位的特殊人物）的丧葬礼遇，主要包括赠官、赐谥、助葬几个方面。[1]盖棺定论，丧葬事务离不开对死者一生的回顾评述，其中最重要的就是给谥，将逝者平生功绩德行高度概括为一两字的谥号，而官方颁赐的谥号更是对一个人最具现实权威意义的评价。

在整个魏晋南北朝时代里，请谥赐谥的具体制度、涉及机构有所变化，但流程大体不出礼官议的框架。官员去世后，死者僚属（或家人、所属机构、中正等）将死者生平履历、事迹撰为行状，呈至尚书省，尚书省将相关文件资料下发太常议谥。太常官员根据行状所述，遵照谥法之义拟定谥号，并形成一份谥议，谥议也会概括、重申行状的内容。谥议发回尚书省审核并奏请皇帝批准，然后宣布赐谥。[2]"行状"一称可以在多种公私场合下使用，这里讨论的只是以请谥为直接政务功能的行状，其例如《竟陵文宣王行状》末云"易名之典，请遵前烈，谨状"，易名之典就是赐谥的别称。但这一时期的请谥行状与碑志文具有同样的问题，即使用骈体，直接据以改撰碑志文或国史列传似乎都不可能，而且政务处理通常要求提供翔实、精确的信息以供评判，完全以骈文为一项政务的基础材料似亦不便实际操作。推测骈文行状可能与一系列更基础性的证明或说明文件配合使用，并共同构成碑志文和史传的源头。

丧葬事务中另一类与死者生平相关的文本是碑志文。碑志文不像行状、谥议那样担负实际政务功能，就此意义而言，它们与史传在性质上同属撰述，是相关政务文书的两个并行的出口；但它们又与行状、谥议参与到同一场合中，从而更普遍地与后者保持一

---

① 参见吴丽娱《终极之典：中古丧葬制度研究》第九章第一节《诏葬含义的确定及前代诏葬回顾》，中华书局，2012年，第606—616页。
② 参见戴卫红《魏晋南北朝官员给谥程序——魏晋南北朝官员谥法、谥号研究（三）》，《南京晓庄学院学报》2011年第2期。

致,史传则更可能包含晚期史家的有意改写。北魏官员羊祉提供了一个实例,可以让我们看到从相关政务文书到碑志、史传两种撰作产品之间的因袭与变化。①

羊祉去世时,他的功过定位存在争议。太常最初的拟谥是"布德行刚曰'景'",门下省则认为"祉志性急酷,所在过威,布德罕闻,暴声屡发",拟谥过优,太后令驳回重议。经过几个部门(司徒、尚书)参与讨论,以维持原谥告终,谓"刚而能克,亦为德焉"。这个结论没有否定羊祉急酷的一面,但从效果上认为他依然是有功之臣。从《羊祉传》节录的往复文书里,可以了解到谥议的一些内容。巧合的是,六十年代在山东新泰出土了羊祉墓志,这篇墓志文与谥议表现出高度关联。

议谥案中,太常官员初议羊祉谥号时称"祉志存埋轮,不避强御,及赞戎律,熊武斯裁,仗节抚藩,边夷识德,化沾殊类,襁负怀仁"。在后来的辩论里,赞同太常的司徒右长史及主簿也说羊祉"历宦累朝,当官允称,委捍西南,边隅靖遏"。这些说法应是基于请谥行状的总结(详后),而羊祉墓志对讨襄樊、讨武兴氏、为益州刺史、梁秦二州刺史等经历的说法,也大体一致。如果说这种当官之绩的叙述只是老生常谈,容有巧合,那么还有一个更明显的证据。议谥案中太常官员用两份诏书证明对于羊祉的功过评定,一是因羊祉辞官所降手诏,二是羊祉死后赠官的册文,两份诏册都肯定了羊祉镇边对朝廷的贡献。墓志也恰好提到这两份文件,而且收录的赠官册文与史传所载可以对照。由此推测,羊祉的墓志与申请谥号的行状同源,那份更原始的资料记录中不仅包括羊祉的

① 本传以《北史·羊祉传》文本为准;墓志见罗新、叶炜《新出魏晋南北朝墓志疏证(修订本)》,中华书局,2016年,第125页。下文引用羊祉本传及墓志不再一一出注。

历官，还通过具体事迹以及太后手诏、赠官策文等权威文书塑造和证明其形象。不知道其形态是已被编纂串联成篇，还是以事迹行状为主附加其他证明文书。但无论如何，为议谥提交的资料记录代表着一个人的一生，具备了人物传记所要求的基本要素。

赠官、赐谥、墓志文，都集中在死者去世后营葬的一段时间内，羊祉行状谥议亦与墓志文相洽。而几十年后编纂的魏收《魏书》把羊祉收入《酷吏传》，① 采纳了当年议谥时被否决的看法。传记压缩了羊祉的履历，没有对他在官之绩的肯定，反而多次直接表达其酷虐，记录了他三次遭到弹劾或被问罪，还用相当篇幅记录议谥之争，最后总论其酷吏之行。这些内容仅凭行状不能完全获得。我们回到当时的政务运作情境中，在朝议中提出观点的各方，需要提供有效的证据支撑，否则会被追责。太常、司徒、尚书对羊祉给予肯定性评价，依据的文件就是行状。如果行状中有关于行事急酷的表述，太常官员不可能视而不见，他们在讨论时提出"若状与迹乖，应抑而不受"，也是说议定的谥号与行状相符，至于行状是否符合实迹，超出太常的职责范围。因此，《羊祉传》中三次被弹劾的经历肯定不出自行状，其来源恰恰极可能是这场辩论中门下官员的驳议文件。门下既称羊祉"布德罕闻，暴声屡发"，当时必列举明证，这给想要支持他们观点的史传作者提供了现成的素材，虽然也不完全排除史传作者舍近求远的可能。总之，《魏书·酷吏传》中的《羊祉传》应该是以羊祉行状所载生平为简要的大纲，再把说

---

① 今本《魏书·酷吏传》出于后人补写，与《北史·羊祉传》只有个别字词差异。而这篇传记内容与酷吏关联明显，而且李延寿自言编纂《北史·酷吏传》时抽出不少士族人物"各从其家传"，其中就包括羊祉（《北史·酷吏传》序言）。所以，从原本《魏书·酷吏传》里的《羊祉传》，到《北史》的《羊祉传》，再到今本《魏书·酷吏·羊祉传》，差距应该都不太大。

明羊祉急酷的证据（极大可能是在门下驳议中提出的）分插入羊祉履历之间，并摘录议谥档案附于传末。①

(3) 碑志文与史传的对比

除了羊祉的例子以外，我们在大多数情况下只能把碑志与史传进行对比。北朝出土或传世的碑志数量相对较多，但能够对应正史列传人物的范围就比较有限，南朝可资对比的碑志与史传更少。总体来看，史传与碑志的同源关系并非偶然，这个"源"，如上所述即是请谥所用行状及更原始的相关资料。尽管也存在史传撰作过程中大幅改写乃至另起炉灶的情况，但不影响我们认为为请谥准备的资料与行状为史传提供了一种结构化史源，成为修史的基本保障。

这种保障有其局限。出于现实事务需要（而且是丧葬礼仪这种并非机要的事务）而产生的资料，往往依例而为，流于常规。这既有人们的主观选择，也有当时只道是平常的必然性。因此这里不再列举比较简单的史传、碑志相近的例子，而想以北周尉迟运和南朝褚渊两人为例，展示史官在行状资料的基础上增删改编，构建起历史的叙述与解释。

褚渊是宋齐政坛最耀眼的人物之一，他"少有世誉"，在宋末至齐初复杂激烈的政治斗争中左右逢源，始终立于不败之地，也因此在当时就颇受非议。褚渊传见《南齐书》，王俭为他撰写的神道碑文，因收入《昭明文选》而流传至今。褚渊碑文和本传对其仕宦经历的记载非常接近，碑文中的史事记述也大致可与本传对应，应该可以认为碑、传具有同源关系。但本传也有比较明显的增补。

---

① 本文撰写过程中，发现拙著《中古官修史体制的运作与演进》第四章对羊祉案例的讨论颇有未尽之处，在此加以补充。

一是对褚渊丧葬一应礼遇的记载，因为褚渊是萧齐建国后第一位去世的重臣，其丧葬典礼受到朝廷特别的重视，也在后来成为典范故事。而本传更多增补则与褚渊在宋齐政局中的背景和选择有关。褚渊因与宋明帝有旧，明帝时"深相委寄，事皆见从"，并受遗辅政。而他又很早就与萧道成结交，在萧道成逐渐崛起以至代宋的过程中发挥了重要作用，尤其是在废苍梧王时坚定地站在萧道成一边。在陆续讲述了这些事实后，本传又记下"轻薄子颇以名节讥之，以渊眼多白精，谓之白虹贯日，言为宋氏亡征也"。褚渊因为身侍二朝，遭到时论非议，这种舆论不会影响碑文，但萧子显所作本传的"史臣曰"专门讨论这一话题，开篇即云："褚渊、袁粲，俱受宋明帝顾托，粲既死节于宋氏，而渊逢兴运，世之非责渊者众矣。"上述本传多出碑文的内容都和"史臣曰"讨论的问题密切相关，而有不少过于敏感或负面，显然不应出现在处理褚渊丧葬事务时的生平叙述文本中，应是史家所增。

上世纪八十年代在咸阳出土了尉迟运夫妇墓志。[1]尉迟运出身北周贵族，深受周武帝宇文邕信任。而武帝身边一众亲信大臣曾公开表达对太子不满，因此宣帝继立后对武帝旧臣展开清洗，尉迟运"以忧薨"。由于没有明确获罪，他还是获得了一场符合他身份的葬礼。尉迟运的墓志文相当详细，而且在任官履历之外还有不少史事记述。将墓志与《周书·尉迟运传》对比，周武帝崩以前，除了本传多出从杨忠攻齐以功别封次子和担任右宫正两事以外，官爵迁转都能对应，叙事也大体相合。前一处差异是容易被省略的内容，后者则比较有趣。由于担任右宫正，尉迟运开始被宣帝

---

[1]《大周使持节上柱国卢国公墓志》，收入罗新、叶炜《新出魏晋南北朝墓志疏证（修订本）》，第287—288页。

疑忌,本传所述原委甚明,墓志不载,不知是否有意回避。周武帝崩后,志与传的论调产生明显分歧:本传以尉迟运与宣帝的矛盾为主线,而这些政争内情在墓志中丝毫不见端倪。墓志透露武帝崩时,"公与薛国公览同受顾命",但本传于武帝崩后只说"秘未发丧,运总侍卫兵还京师",甚至整部《周书》都不见周武帝顾命的记载。[①]大成元年尉迟运出镇秦州,墓志称赞尉迟运在此任上"济宽持猛,远服迩安",对其卒官的表述是"方当坐槐论政"而"岱宗之魂先殁",都是最常见的说辞。但本传却透露尉迟运的出镇是因王轨被杀,"惧及于祸",至秦州后"犹惧不免","遂以忧薨于州"。总之,《尉迟运传》前半与墓志颇为符合,涉及宣帝后则言分两脉。

从墓志看尉迟运,只能看到他一生贵达;而《周书》本传,更准确地说是《周书》卷四〇整体则赋予相关人物和这段历史以鲜明的意义。与尉迟运同卷的宇文神举、宇文孝伯、王轨都是武帝旧臣,曾公开表达过对太子的不满,宣帝即位后陆续被杀;颜之仪是宣帝东宫旧人,但他的立场与王轨等基本一致,也因谏杀王轨险些被"致之以法";附传的乐运虽然地位不及上述诸人,但也曾对武帝说太子是中人之资,宣帝即位后数直言谏诤。《周书》合此诸人为一传,褒扬忠孝而反衬周宣帝之昏纵,又连及隋文帝为之平反的后事,暗示出以隋代周的正义性。[②]

以上讨论的都是墓志与史传同源的例子,但对于其中"同"的一面着墨不多。因为我们所说的"同"并不是文字内容的绝对一致,正面描述唯恐劳而少功,而在不同源案例的反衬下,"同"也就清晰可辨了。吴明彻的墓志与传记恰好构成这样一个反例。吴明

① 《隋书·长孙览传》亦无顾命事,《北史·长孙览传》有"受遗辅政"的记载,但未提及尉迟运。

② 可参《周书·宣帝纪》对宣帝的评价。

彻一度是陈朝最重要的将领，传记也见于《陈书》。但他晚年被北
周俘虏并投降，客死长安，作为北周高官葬于京兆万年县东郊。他
的墓志，由于是另一位流寓在北的南人，也是大文学家庾信撰写
的，有幸流传至今。[①]从中我们可以看到对于同一个人，一篇以陈
朝政府的档案资料为基础、站在陈朝立场上的史传，与一篇只能以
北方资料为基础、站在北周立场上的墓志之间，会是怎样的关系。

我们把吴明彻墓志、本传所有仕宦履历的记载摘录对比如下：

	墓志	《陈书·吴明彻传》
1	起家东宫直后，除左军。[②]	起家梁东宫直后。
2		承圣三年，授戎昭将军、安州刺史。
3		绍泰初……授使持节、散骑常侍、安东将军、南兖州刺史，封安吴县侯。
4		高祖受禅，拜安南将军。
5	为左卫将军，	世祖即位，诏以本官加右卫将军。
6		王琳败，授都督武沅二州诸军事、安西将军、武州刺史，余并如故。
7		天嘉三年，授安西将军。
8		及周迪反临川，诏以明彻为安南将军、江州刺史，领豫章太守，总督众军以讨迪。
9		寻授镇前将军。

---

① 庾信著，倪璠注，许逸民校点《庾子山集注》卷一五，中华书局，2006年，第970—976页；李昉等编《文苑英华》卷九四七，中华书局，1966年，第4982—4983页。
②《庾子山集注》此句作"起家东宫司直，后除左军"，此从《英华》。

	墓志	《陈书·吴明彻传》
10		五年,迁镇东将军、吴兴太守。
11		及世祖弗豫,征拜中领军。
12	寻迁镇军、丹阳尹。	废帝即位,授领军将军,寻迁丹阳尹,仍诏明彻以甲仗四十人出入殿省。
13	仍为平南将军,开府仪同三司、都督湘衡桂武四州刺史。	及湘州刺史华皎阴有异志,诏授明彻使持节、散骑常侍、都督湘桂武三州诸军事、安南将军、湘州刺史,给鼓吹一部,仍与征南大将军淳于量等率兵讨皎。
14		皎平,授开府仪同三司,进爵为公。
15		太建元年,授镇南将军。
16		四年,征为侍中、镇前将军,余并如故。
17		五年,诏加侍中、都督征讨诸军事,仍赐女乐一部。
18	为使持节、侍中、司空、车骑大将军、都督南北兖青谯五州诸军事、南兖州刺史、南平郡开国公,食邑八千户,鼓吹一部。	进克仁州,授征北大将军,进爵南平郡公,增邑并前二千五百户。
19		都督豫合建光朔北徐六州诸军事、车骑大将军、豫州刺史,增封并前三千五百户,余如故。
20		八年,进位司空,余如故。
21		寻授都督南北兖南北青谯五州诸军事、南兖州刺史。
22	(入周后)拜持节、大将军、怀德郡开国公,邑二千户。	

墓志记吴明彻历官非常简略，而且与本传总有些许不合。即便不考虑"左"与"右"、"镇军"与"领军"、"平南"与"安南"或"镇南"、"湘衡桂武四州"与"湘桂武三州"这些可能由于传讹造成的差异，墓志"为左卫将军，寻迁镇军、丹阳尹"一句，根据本传更加详细的历官记载，也可以知道这里使用"寻迁"是很不准确的。

墓志对吴明彻出镇南兖州时的官爵记录得非常完整，他也在这一任上被北周俘虏；墓志记载他出镇湘州时的官爵也相对完整，当时因华皎降周，吴明彻曾与接应的周军交战。对照《陈书》本传观察墓志里出镇南兖州的一系列职衔，会发现这些官、爵或待遇等是在很多个不同时间获得的。按南北朝晚期碑志通例，由于重视记载升迁过程，除了在标题中，很少会如此完整地列出全部职衔。吴明彻墓志文中如此列举官爵，恐怕由于北周难以获得也无必要强求他在陈的详细履历。而吴明彻两次与北周对战的情况，尤其是最后在吕梁一战被北周俘虏的具体过程，以及被俘时的官爵，周人在当时的作战汇报中应该已有详细记录，这些资料是北周政府所掌握的。吴明彻降周后，自然相当于在北周重新建立了一套人事档案，而这份档案对于他在南的履历，大概就以交战和俘虏他时的官爵为主了。吴明彻死后，周朝亦为其赠官、赐谥，此事只见于庾信的墓志，而不见于《陈书》本传。而从陈朝或者旁观者的角度来看，吴明彻一生最重要的战功无疑是为陈从北齐手中夺回淮南之地，陈废帝为他追封立嗣的诏书就提到"拓定淮肥，长驱彭汴"，[1]而这些事迹在墓志中一无所及。

吴明彻志、传差异的不寻常，与陈朝的另一位开国名将黄法㦃

①《陈书·吴明彻传》。

相比更为明显。如果只看《陈书》中两人传记,都以历官和征战叙事组成,模式相同;而黄法氍墓志与本传内容高度对应,和吴明彻的情况形成鲜明对比。《南史·吴明彻传》云:"后故吏盗其柩归。至德元年,诏追封邵陵侯,以其息慧觉嗣。"可以想象,如果追封时为吴明彻改葬、重新制作墓志,一定会与他在北周的那方墓志大不相同。

去世官员为请谥而准备的生平事迹资料是南北朝史官修撰国史列传时的第一道保障。由于正式的请谥行状、在官员葬礼中使用的碑志文也都依据这份资料而来,如果列传没有再经史家大幅增删,就应该与行状、碑志接近。以上几种文本,构成了一套以文书行政为基础的文本体系,也意味着丧葬吊恤事务与国史列传编纂的联动机制。在这组政务—修撰联动机制中,搜集资料的任务在政务运作范畴内已基本完成,著作官主要是资料的接收者而非提供者。这和我们想象的史官访问传主行迹——如刘知幾描述的"旧事,佐郎职知博采,正郎资以草传"[①]不太一样,至少在史官主动访问以前,官方修史机制已经提供了相当多素材作为保障。它们成为此后公私王朝史编纂的基础,虽然史家也可以增删改换,并融入对历史的解释和讨论,但综观纪传史列传的整体面貌,也很难再摆脱官方修史机制造成的底色。

(二) 孝义传

如上所述,常规列传之后、四夷列国传之前有一组各有主题的传记,称为"类传"。这里以孝义主题的类传为例进行讨论。现存

---

① 刘知幾著,浦起龙释《史通通释》卷一一《史官建置》,上海古籍出版社,2009年,第287页。

二十四史里，按所载朝代排序，自《晋书》以后固定出现孝义类传，具体名目有"孝感""忠义""诚节""孝义""忠孝"等，有时忠孝合一，有时分作两篇。如果追溯这类传记之滥觞，刘知幾提到华峤《后汉书》有"《刘平江革等传》，其序先言孝道，次述毛义养亲"，[①]以孝义为主题，有小序，除了还混排在常规列传之间外，已经近似后来的孝义类传。比孝义类传更早存在的是孝义事迹。范晔《后汉书·刘赵淳于江刘周赵列传》(此传基本沿袭华峤《后汉书》的《刘平江革等传》)中记载的很多事迹，如遇贼为父母兄弟争死、遇火守棺、抚养孤幼、推财亲族、受枉不争、赴故君丧等等，不仅是常见于后代正史的孝义事迹，在《后汉书》其他传记中也屡见不鲜。这些本是较常见的对人物德行的记载，主要来源于人事选拔、地方政绩考核等方面的文书，亦非专为某类人物而设。在官修史体制发展的过程中，孝义事迹和人物的记载逐渐与旌表孝节、封赠忠烈的政务运作相结合，使得"孝"与"义"的具体涵义产生了变化，也促使孝义传脱离常规列传，成为类传名目的一种。晋代以后，孝义类传逐渐成为纪传史的一个固定单元，内容、体例都与一般列传有了更明显的区隔。南北朝正史孝义类传中有一些传记只是将与孝义事迹相关的政务文书粗糙加工充数，读罢一传，我们还是对传主其人知之甚少。这种传记并不符合通常对于人物传记的期待，是制度保障与史学追求之间失衡的表现，突显了体制自有的动力趋向。

明显受文书影响的孝义传始见于《宋书》。《宋书·孝义传》多数传主只有一事一行被记载，严世期、张进之、范叔孙传内虽包含多项事迹，但都是典型的孝义之行，笔法简要。这些传记有些明

---

① 刘知幾著，浦起龙释《史通通释》卷四《序例》，第80—81页。

确提及了旌表、察举、刑狱等日常政务,有些未曾写明,但从文体文风也可以推测来自同类日常政务的文书。《南齐书·孝义传》除首篇《崔怀慎传》和最后乐颐以下四人传记外,中间近三十人的传记(包括附传)也明显是日常政务文书改编,绝大部分是旌表相关文书。尤其是建元三年遣使巡行天下,对公孙僧远等二十三人"诏并表门闾,蠲租税",其中至少十七人见于本篇。这些文书应属状、表一类,状是情况陈述,依附于表章向上呈报。很多政务处理过程中都需要对情况进行陈述,因此状的使用场合相当宽泛。上文提到为去世官员请谥的"行状"更近于一般意义的人物传记,而与孝义类传相联系的状是旌表、选举等可能涉及孝义事迹的日常政务中使用的文书,其目的在于眼下的政务而非描绘完整的人物象,也少有辞藻上的追求,语言风格以清晰、准确为主。

综合南北朝诸史来看,较早的《宋书》《南齐书》《魏书》《周书》孝义类传"文书风格"更为突出,较晚的史书在取材上则尽量回归传记。而对比唐初史馆所修五史(《北齐书》无孝义类传),回归传记的方向又有所不同:《梁书》孝义事迹所涉政务类型较为多样,亦有无关者,《陈书》的孝义事迹则基本与政务活动无关;而《周书》《隋书》孝行人物传记与旌表的关系相当明显,此后的《旧唐书》也是如此。

旌表—孝义类传的关联在周隋唐史书中得以延续,而且还相应出现了封赠与节义类传间的关联,从而使类传中"孝"与"义"产生出新的界限。《隋书·诚节传序》开篇云"士之立身成名,在乎仁义而已",而接下来就将话题引向"杀身而成仁","捐生而取义",卷中收录的应该都是死难者(陶模、敬钊应是《皇甫诞传》下附出的人物)。总之,《隋书·诚节传》有很明确的立传标准,即为国死难。《周书·孝义传》代表"义"的三人李棠、柳桧、杜叔毗分别被敌军萧㧑、安康叛民、陈人所杀，与《隋书·诚节传》的思路一样。这样，"诚节"就鲜明地被与"孝义"区别开来了。

在汉代以来的史传和文化传统中，节义并不以君王国家为特定对象，对师长、举主、亲朋甚至陌生人，都可以有义行，孝与义也经常不可分割。所以像遇贼争死这样的典型叙事，既有父子兄弟的版本，也有太守郡吏、陌生人之间的版本；说到孝养父母或为父母、家人下葬，也常常强调是通过勤恳劳作，不接受他人馈赠施舍。同时，这种孝义也不像后来史书那样与人物身份产生关系。《刘赵淳于江刘周赵列传》序言，无论在范晔还是华峤的版本里都没有把孝义与隐没不闻联系起来，反而还有"行信于心而感于人，以成名受禄致礼，斯可谓能以孝养也"的观点，传中所收的刘恺、刘茂、刘平、赵孝都位至公卿。《后汉书·独行列传》收录人物涉及节义之行尤多，其序云："中世偏行一介之夫，能成名立方者，盖亦众也。……措之则事或有遗，载之则贯序无统。以其名体虽殊，而操行俱绝，故总为独行篇焉。"强调传中人物的操行，而并未与个人身份等级挂钩。该篇绝大部分忠义之行的对象还是长官、友朋，只有温序是被俘后不屈节而死，可以说是死国。直到北朝晚期定稿的《魏书》，依然延续这样的孝义概念。我们可以把《魏书·节义传》所收人物按照《周》《隋》两书的标准进行分类：段进、刘渴侯、晁清、王荣世、胡小虎、孙道登等人在战争中为国死节，而石文德、汲固、马八龙、刘侯仁、石祖兴等人则是为刺史令长或友人料理丧事、抚养遗属，但他们在《魏书》中同归一篇，而且相互穿插排列。[1]

由此可见，《周书》《隋书》孝义人物的分类标准与此前正史不同，这应是政务运作对史书潜移默化的影响。旌表事务的档案

---

[1]《魏书》此卷亡，但目录见《北史·节义传序》。

资料被便利地用以编纂《孝义传》，致使此类传记逐渐打上乡里、隐没的烙印。《宋书·孝义传序》云"事隐闾阎，无闻视听，故可以昭被图篆，百不一焉"；《南齐书·孝义传序》云"色养尽力，行义致身，甘心垄亩，不求闻达"，又云"埋名韫节，鲜或昭著"。至如《梁书》与《陈书·孝行传》，取材和编纂方式已有所不同，但序言依然保持同样色彩。旌表的对象是埋没于乡里的人物，而战争中死难并获得封赠者往往已有丰富的仕宦经历，而且封赠本身就是为了显其功名，这与旌表对象亦即孝义人物形成了鲜明对比。在列传编排充满人物身份等级烙印的观念下，孝与义的分离顺理成章。《隋书》并立《诚节传》与《孝义传》，实则前者代表义，后者基本上只记载孝。唐修《晋书》和《旧唐书》皆分立《忠义传》与《孝友传》，更加名副其实。而且，为国尽忠守节替代了"孝义"之"义"，其他义行的出场也大为减少，整体上形成忠义类传主要与封赠或嘉赏对应、孝友类传主要与旌表对应的格局。虽然这两种类传不是严格以旌表或追赠作为入传标准，也不可能所有获得旌表或追赠者都进入类传，但这两种制度运作与两种类传之间形成了稳固的关联，并塑造了人们对这两种类传的主要印象。

（三）列国传

《史记》诸列传有以外夷族名或国名命名者，但编次位置和内容体例都未与其他列传清晰区分。从班固《汉书》开始，继常规列传、类传之后乃有四夷传记单元。一部分四夷传记以大量罗列诸国为特征，两《汉书·西域传》、《三国志·魏书·东夷传》的传承意味在各自序言中有明确表达。此后凡有四夷传记的史书，大抵也都有此类传记，如《宋书·夷蛮传》《南齐书·蛮东南夷传》《梁书·诸夷传》《魏书·西域传》等等。由于编纂机制的发展和史源的不同，这些传记在具体体例特点上有所变化，可以作为理解官修史体制"政务—修撰运作联动机制"形成的切入口。

尽管《史记》已经有《大宛列传》记载有关西域的历史，但此篇实近于通常的人物列传，《汉书·西域传》收录大量国家，重视对诸国自然、人文情况的记录而不专记事件，在内容和体例上具有开创性。与较晚的列国传不同，《汉书·西域传》以交通线为基本叙述线索，串联诸国，各国之间则无明确分界。《汉书·西域传》开篇讲述西域"南北有大山，中央有河"的地理形势，地形决定了"自玉门、阳关出西域有两道"。正文各国之间以"通某地若干里""当某道"相续，大体是由南道西出，至中亚由北道折回。

带有交通线的记录当来自使者或行人报告。张骞出使西域归来，曾向武帝汇报西域诸国情况。[①]此后出使西域蔚然成风，伴随着汉军事、政治力量西拓，"西北外国使更来更去"。[②]在这种情况下，汉朝廷自然会获得大量出使汇报，叙述沿途所经各地见闻，重点是皇帝关心的"奇怪利害"，即珍奇物产、风俗政治等情况。《汉书·西域传》利用了使者报告的交通线路框架，再于沿路各地填充官方簿籍和历史记载资料。

《汉书·西域传》末"最凡国五十"云云，与汉代官方簿籍皆于末尾合计各项数据如出一辙；传内记载各国"土地山川、王侯户数、道里远近"（本传序），正是汉晋时期郡县上计的基本内容，记载的具体形式与尹湾汉简、郴州晋简中的上计文书也很相似。由此可知本传采用了西域统治机构制成的上计文书或在其基础上由中央机构再编的簿籍。《汉书·西域传》记载的历史事件绝大部分

---

① 他的汇报已被《史记·大宛列传》引用，并被摘编入《汉书·西域传》。
②《史记·大宛列传》。

与汉相关，本来是作为汉朝历史的一部分而被记录、保存。这些记载被插入各国之间，但也不完全拘泥于国家的界限。例如作为汉开西域早期事件的浞野侯赵破奴攻楼兰姑师，仅见于鄯善国下，而不见于车师之后；王莽天凤年间（14—19）因焉耆反叛终致西域断绝，虽与车师无涉，却也置于车师之后。这样的安排不是关照事件与国家的匹配，而是关照了汉得西域而复失的总体时间顺序。

《汉书·西域传》依据了几种不同来源、不同体裁的资料，史家随宜整合，并不刻意抹平它们原本的特色。这种旨趣和方法也被东汉史官继承。现在能够看到的完整东汉史只有较晚的范晔《后汉书》，其中的《西域传》效仿《汉书》之迹甚明。这实际上反映了东汉史臣对《汉书》西域撰述的效仿。[①]

两汉史书皆向西方进取，曹魏史官则以东征高句丽作为回应。《三国志·魏书·东夷传》序言追溯汉通西域的历史及《汉书》具存西域之事，又讲到曹魏征讨东夷，东临大海，"长老说有异面之人，近日之所出"。这立刻令人想起《汉书·西域传》关于西方"近日所入"之处的传闻。《东夷传序》在追溯自身源流时并没有提及此前史书关于东夷的记载，而是在勤远略、致殊方的意义上比附了《汉书·西域传》。在内容体例上，《东夷传》与《汉书·西域传》一样列叙诸国，但已不再以交通线为线索，国与国之间有明确的界限，国家可以视为叙述的基本单位。魏晋时期的政治观念中，"九服混同、声教无二"[②]已经成为验证皇权正统性、合法性所必须

① 对比袁宏《后汉纪》、鱼豢《魏略》的相关记载可以基本确认，范晔《西域传》主要因袭《东观汉记》。见袁宏《后汉纪》卷一五《殇帝纪》延平元年"西域都护任尚请救"条，中华书局，2002年，第299—303页；《三国志·魏书·乌丸鲜卑东夷传》裴注引鱼豢《魏略·西戎传》。
② 《晋辟雍碑》，录文见福原启郎《魏晋政治社会史研究》，京都大学学术出版会，2012年，第121页。

的要求，因而用罗列诸国的形式将穷尽绝远、万国来朝的政治意象呈现于史传。

后代史官认同列国传是国史不可欠缺的一环，就要面临如何将其常规化的问题。开疆拓土不属于国家的常规职能，两汉西域记载来自使者报告及汉政府对西域的实际控制，曹魏记东夷依靠王颀东征军"周观诸国，采其法俗"。①根据这些资料编纂正史"列国传"具有偶然性。如果说两《汉书·西域传》是"根据史源素材编纂史传"，则后来史官需要解决的是如何"根据史传体裁制作素材"，这一转变正是官修史体制发展的关键，前者需要史家的匠心，后者需要体制的保障。

《宋书》没有为西域诸国立传，其《夷蛮传》所记诸国之于东晋南朝的角色，与西域诸国之于北方政权类似，此传末也追溯汉代开通西域，意义与体例上皆属"列国传"系统。而且，由于对象国家转换，具体文本全无受前代影响的可能，反而使其编纂上的变化更易显露。《宋书·夷蛮传》记述诸蛮夷，内容几乎仅限于以下几种类型：记事可分为与刘宋交战、刘宋策命、夷蛮朝贡三类，引录官方文书可分为上于宋廷或从宋廷发出的两类，少数的例外事项都是记载刘宋对该夷地区的统治。这些内容显然都来自刘宋官方资料，史官修撰此传的具体做法，就是将政务部门的日常记录即起居注一类的资料中与诸夷蛮相关的事项筛选拣出，分国排列，汇为一编。官方档案中没有关于诸国地理风俗方面的内容，史官就听之任之，由此导致成稿面貌与《汉书·西域传》以来的叙述传统差别颇大，尤其是对诸国风俗文化的漠视。《宋书·夷蛮传》仅仅依据文书档案，适应了官修史的环境，却牺牲了"史学

---

① 《三国志·魏书·乌丸鲜卑东夷传》。

传统"上的要求。

《梁书·西北诸戎传》与《隋书·西域传》分别以专门的"使图类"文献《梁职贡图》和《西域图记》为蓝本。这两种书都是带着对文献体裁的设想，按图索骥地访采夷人，成品自然整齐划一。因此无论是今存《梁职贡图》残卷题记，还是《梁书》《隋书》相关传记，都以诸国各自为叙述单位，且各国所记事项基本一致，包括历史、风俗物产、与中原王朝的交往尤其是朝贡等。《梁职贡图》和《西域图记》的编纂都出于因职务之便能够接触四夷使者的官员，[①]但没有史官参与，《梁书》《隋书》利用"使图类"文献也不是履行修史制度规定的结果，有一定偶然性。唐高宗显庆三年平定西域，随后向西域派遣各道置州县使，这些使者同时访采诸国"风俗物产及古今废置"，后又下诏"令史官撰《西域图志》六十卷，许敬宗监领之"。[②]由处理蕃夷事务的部门参照传统的史书要求收集资料，并转交修史部门编纂成书，在这时还是由下诏的方式达成，后来则成为制度规定。《唐六典》《新唐书·百官志》所记鸿胪寺职能，应在蕃客到京时勘问、记录该国山川、风土、人物容状、衣服，并绘为图奏进，副本上于尚书兵部。而据《唐会要》"诸司应送史馆事例"，鸿胪寺的记录与图绘的另一副本亦应上于史馆。当然，这一制度运作的实现首先需要鸿胪寺能够接待蕃夷来朝，并按照规定进行记录、上报，亦即需要唐王朝在国际关系中的强大实力及其政务机构的良好运转作为后盾。但至少在制度设计中，官修史的四夷传记既能够在官方体制中完成其编纂过程，正史传统也得到了一定兼顾。

---

① 《艺文类聚》卷五五引《梁职贡图序》，上海古籍出版社，1982年，第996—997页；《隋书·裴矩传》。
② 王溥《唐会要》卷三六《修撰》，上海古籍出版社，1991年，第765—766页。

（四）小结：唐"诸司应送史馆事例"

官修史运作想要稳定持续，只有以日常政务运作为史源资料基础，这些资料未必符合《史记》当初的体裁设计。自《汉书》以来，纪传体的修撰逐渐与政务运作相互磨合调适，形成一系列以政务文书支撑纪传体主要板块的对应关系。唐代"诸司应送史馆事例"的规定，正是将这种对应关系制度化、常规化于编纂流程中。其中与以上讨论的几个案例相关的，包括如下几条：

> 蕃国朝贡。（每使至，鸿胪勘问土地风俗、衣服贡献、道里远近，并其主名字报。）
>
> 蕃夷入寇及来降。（表状，中书录状报。露布，兵部录报。军还日，军将具录陷破城堡、伤杀吏人、掠掳畜产，并报。）
>
> 孝义旌表。（户部有即报。）
>
> 京诸司长官及刺史、都督都护、行军大总管、副总管除授。（并录制词，文官吏部送，武官兵部送。）
>
> 硕学异能，高人逸士，义夫节妇。（州县有此色，不限官品，勘知的实，每年录附考使送。）
>
> 京诸司长官薨卒。（本司责由历状迹送。）
>
> 刺史都督都护及行军副大总管已下薨。（本州本军责由历状，附便使送。）
>
> 公主百官定谥。（考绩录行状、谥议同送。）[1]

常规列传对应这份规定里由吏部及兵部报送的高官除授制

词、高官去世后本司本州本军报送的由历状、吏部考功呈送的公主百官行状谥议。列国传对应鸿胪报送的蕃国朝贡和中书、兵部、当事将领报送的蕃夷入寇及来降信息。孝义类传对应户部报送的孝义旌表和州县报送的义夫节妇。这份规定的其他条目也很容易与纪传体的各部分相联系。值得注意的是,尽管是一项与修史、史馆密切相关的规定,但这些条目不是根据纪传体各部分划分,而是根据事务类别划分。其排序,大抵礼部或礼部对接各卿寺所掌事务在先,"州县废置"至"地震流水泛滥"有关地方治理,"诸色封建"以下有关人事管理。这符合官修史体制由政务环节引入修撰环节的运作走向,也反映出政务运作之于修史的根本性影响。至于重具体事务而非机构,不知是否又显示出使职差遣兴起的趋势。

二、纵向观察：从编年到纪传的官修史编纂流程

官修史体制是一套修史保障机制,因此它不仅事关史书编纂的阶段,更是历史资料的生产者与维护者。行政运作中产生的档案被收藏、整理,逐步编纂加工,最终保障了纪传体国史的基础。这个流程必然意味着从编年到纪传体的转化。因为资料积累的天然顺序就是时间,在当时档案收藏、点检、查阅的实际操作中,时间应该是重要的编目依据。唐代各个机构逐月或逐季度上报资料,也意味着编年。因此官方记录的编纂物,最天然的体裁应是编年体,先秦诸国史记如此,汉魏以来的起居注也是如此。[①]

[①] 一个很传统的说法是起居注记人君动止,但我们现在看到的两晋南朝起居注佚文则大多是诏令。

官修史体制越发达，上游环节编年资料的处理规模就越庞大。而在学术文化领域，《史记》《汉书》两部经典作品出现后，纪传体成为最具权威意义的王朝史体裁。汉魏晋王朝相袭以纪传史为官修史编纂的最终目标，那么对于官修史体制的发展来说，如何承受消化资料生产环节的成长所带来的与最终的纪传体成果之间的隔阂，如何使二者顺利衔接，是一个不可避免的问题。

因此，编年与纪传二体的转换和相互影响也是认识官修史体制的重要课题。自《史》《汉》开创纪传体，由于纪传与编年是记载王朝史的两种最主要体裁，它们之间也始终保持着密切的相互影响。中古的编年体史书首推荀悦《汉纪》，它本来就是从纪传体的《汉书》改编而来，"约集旧书，撮序《表》《志》，总为《帝纪》，通比其事，列系年月"，"凡在《汉书》者，本末体殊，大略粗举"。[①]荀悦《汉纪》是将《汉书》中散在纪传表志的材料拣选汇总入帝纪，这使它必须处理一些纪传史中常见的时间无考的事件及更为丰富的人物、制度等内容，它确立了一套将这些内容置于一个编年系月的框架之内的方式。[②]就这一意义而言，说荀悦《汉纪》开启了中古时期的新编年体裁亦不为过。

荀悦以来的中古编年史大多是"编年附传"的体例，不仅以编年系月为主要叙述框架，通常也在其中混排人物小传，类似唐宋的实录体。我们知道中古纪传史必备的两部分是纪与传，中古编年史的"编年附传"实际上也不外乎这两个要素。当时史家常把"纪"比附为经，而"列传"也就是解经之传，纪传体与编年体的经与传位置不同。《史通·列传》云：

---

① 荀悦《汉纪序》，张烈点校《两汉纪》上册，中华书局，2002年，第1页。
② 参见尹达《中国史学发展史》，中州古籍出版社，1985年，第110、117页；瞿林东《中国史学史纲》，北京出版社，1999年，第216—217页。

> 夫纪传之兴,肇于《史》《汉》。盖纪者,编年也;传者,列事也。编年者,历帝王之岁月,犹《春秋》之经;列事者,录人臣之行状,犹《春秋》之传。《春秋》则传以解经,《史》《汉》则传以释纪。[1]

这种理论阐述反映了中古时期两种体裁史书编纂实践中的关系,即纪传体与编年体之间的转换,主要是调整配经而行的传文的位置。所以刘知幾讨论纪传史记事的方法,认为帝纪"唯叙天子一人","其书事委曲,付之列传";[2]而干宝议以编年体修史时,则说"臣下委曲,仍为谱注":[3]"委曲"别立于大事记之后,也就是纪传体的列传;而合入各个系时的条目之下,就成为编年体。

学者注意到编年体史书在魏晋南北朝时期颇为活跃,在官修史体制发展的问题意识下,又能看到一部分东晋十六国编年史更重要的意义。暂时抛开编年与纪传二体竞胜的思路,不如在汉唐官修史体制发展的延续脉络中看待编年史(广义的编年系日的文献)扮演越来越重要的角色,以及从编年到纪传的编纂流程渐趋严密成熟。

(一) 东晋南朝的国史编纂

勾稽史料,可以发现东晋官方的历次修史都能与某一编年体晋史相应,东晋存在一个编年体国史的序列。而晋末与宋初的官修史运作一脉相连,东晋编年体修史引出的是刘宋的纪传体国史。刘宋以后官修史运作的稳定化、官修纪传体裁的新特点,都有东晋一代官修史体制发展的基础。

---

① 刘知幾著,浦起龙释《史通通释》卷二《列传》,第43页。
② 刘知幾著,浦起龙释《史通通释》卷二《本纪》,第35页。
③ 刘知幾著,浦起龙释《史通通释》卷二《载言》,第31页。

（1）东晋编年体修史的经过

干宝是东晋第一次修史活动的主事者，他提出采用编年体修史的主张，并完成了编年体西晋史《晋纪》。过去的学者虽然也提到过干宝《晋纪》与官修的联系，但主要还是从史学、史家、史作的角度讨论其书其人，较少挖掘背后的制度意义。史书中有一些零散记载误导学者认为干宝在怀帝或愍帝时已担任著作官，实际上这些材料都可以有另外的解读。从干宝的父祖家世以及《晋书》本传所记履历来看，①他不可能在西晋朝廷担任著作官。建康政权的官修史事业从酝酿到实现，全部过程都与西晋中央政府无关，东晋初的著作机构以出身司马睿相府的旧部及东南士人为中心：干宝是实际修史工作的负责者，而秘书监华谭对著作机构的人员配置握有相当的话语权。两晋之间的官修史活动缺乏关联，也给因时制宜、改弦更张带来契机。《史通·载言》云："昔干宝议撰晋史，以为宜准丘明，其臣下委曲，仍为谱注。于时议者，莫不宗之。"②在修史活动展开伊始，朝臣要对史书的体例、内容等重要原则进行讨论。《史通》的记载应是基于当时群臣会议的表奏，干宝的意见是"宜准丘明"，即采用编年体，而"于时议者，莫不宗之"，说明这一意见得到了认可。这次修史活动的成果应该就是由"领国史"的干宝署名的编年体《晋纪》。

与干宝同时担任史官的诸人中，至少虞预、王隐、朱凤也留下了纪传体晋史作品，如果上述国史体裁之议被一直贯彻，那么他们的史书应属私人之作。事实上干宝之史与同时期其他几种晋史地位的差别，也可以在史料中发现端倪。如《晋书·王隐传》明言虞

---

① 《晋书·干宝传》。
② 刘知幾著，浦起龙释《史通通释》卷二《载言》，第31—32页。

预"私撰《晋书》",而王隐之史是他受黜归家后在庾亮的资助下完成。另外,受诏修撰的国史完成后照例应奏上,史书对干宝《晋纪》的记载与此相符,但对王隐书成称"诣阙上之",对虞预之书仅称"行于世"。①

作为东晋初次修史成果的干宝《晋纪》在体裁上不同于汉魏西晋的官修史书。但编年、纪传二体可以相互转换,也共享一些发展趋势。沿着这一思路来看干宝《晋纪》,就会发现它与南朝以后的官修纪传史有相通之处。干宝对于史书的体例,曾提出"五书",是五项史书内容的取舍标准。②"五书"中,"忠臣烈士孝子贞妇""才力技艺殊异"属人物类型标准,与南朝以来纪传体史书以类传的形式兼及忠义、孝行、列女、艺术等特殊人物类型的情况相应。"体国经野之言""用兵征伐之权""文诰专对之辞",是官员贵族列传中除人物基本履历外的主要填充内容,也可以对应南朝以来纪传史大量增加奏表、诏书等官方文件。

干宝以后,东晋又有数次修撰编年体国史之举。刘知幾颇讥东晋史之零散,姚振宗则注意到孙盛《晋阳秋》、徐广《晋纪》、王韶之《隆安纪》及檀道鸾《续晋阳秋》、郭季产《续晋纪》可以拼合为首尾完备的两晋编年史。③而同时应该注意到的是,徐广之史在其本传中明言属官修国史,④孙盛、王韶之的撰作也能够发现与官方的联系。晋末义熙二年尚书奏请修史时提及,东晋废帝、简文、孝

① 《晋书·干宝传》《王隐传》《虞预传》。
② 刘知幾著,浦起龙释《史通通释》卷八《书事》,第212页。
③ 姚振宗《隋书经籍志考证》卷一二"徐广《晋纪》"条,收入《二十五史补编》第4册,中华书局,1955年,第5263页。
④ 《晋书·徐广传》《宋书·徐广传》。

武三朝尚无国史。①也就是说，在干宝《晋纪》以后，东晋朝廷又撰有迄于哀帝的国史，这个断限正与孙盛《晋阳秋》相符。②孙盛是桓温拉拢依靠的荆州文士之一，而桓温恰好在哀帝前后有修史之请，③推测孙盛《晋阳秋》正是由此而撰。

义熙二年尚书奏请续修废帝以来国史，徐广受命，其后任官数经迁转而"领著作郎皆如故"，至义熙十二年撰成《晋纪》。徐广之后又有王韶之"私撰《晋安帝阳秋》，既成，时人谓宜居史职，即除著作佐郎，使续后事"。④虽然这里只说王韶之是由于撰史之才而被荐为史官，但他私撰的晋史恰能与当时官方修撰的国史前后相接。任命为史官后，王韶之将其史续写至义熙九年。

这样，孙盛《晋阳秋》、徐广《晋纪》、王韶之《晋纪》形成了前后相接的国史修撰序列，再加上晋初干宝修西晋编年史，则东晋一朝持续地分期纂修编年体国史。

（2）纪传体晋史的地位与晋宋官修史的关系

东晋朝廷即便不是有意推动，也是许可了史官以编年体修国史的要求。但这些原本处于晋史叙述核心的编年史，后来逐渐化作边缘，湮没无传，取而代之的是代表纪传体晋史传统的唐修《晋书》。

唐以前的旧晋史，《修〈晋书〉诏》称"十有八家"，⑤但其中唯

---

① 《宋书·徐广传》。
② 《晋阳秋》断限，见《隋书·经籍志二》。
③ 参见《晋书·孙盛传》《晋书·桓温传》。
④ 《宋书·王韶之传》。
⑤ 《册府元龟》卷五五六《国史部·采撰》，周勋初等校订，凤凰出版社，2006年，第6375页。

一完整包括东西两晋、完全成书、且属纪传体的晋史,只有臧荣绪《晋书》。唐代史官是以臧《书》为基础完成他们的工作的,《御览》引《唐书》云:"诏司空房玄龄等修《晋书》,以臧荣绪书为本,采摭诸家传记而益附之,爰及晋代文集,罔不毕举。"[1]从这段记载看来,唐代史臣参考补充所利用的文献不少。但参阅多少种书是一码事,实际改动了多少文字又是一码事,从臧荣绪《晋书》到唐修《晋书》,差别究竟有多大? 虽然臧书已经失传,幸好贞观初年的类书《群书治要》中还有两卷臧书的精编版,把这些片段与唐修《晋书》对比,可以发现修改的重点只是一小部分涉及特殊意义的纪传以及志。大体来说,两部书的内容文字是很相似的。因此尽管《修〈晋书〉诏》里列举了大量旧晋史,但若真正追溯唐修《晋书》的来源,它们并非都同等重要。尤其是编年体的旧晋史,由于体裁差异,若要在编纂中加以利用,不仅对比史文时需要前后查验,改写补入纪传体时也要重新组织篇章结构,在多人分工撰史的情况下更加不易协调。刘知幾批评唐修《晋书》的取材:"所采亦多是短部小书省功易阅者……如曹、干两氏《纪》,孙、檀二《阳秋》,则皆不之取。"[2]后半句指出的几种史书除了部头大以外,也都是编年体。

在纪传体的旧晋史里,除了臧荣绪《晋书》是唐修《晋书》的蓝本,臧书本身也有蓝本,那就是西晋史王隐《晋书》和东晋史何法盛《晋中兴书》。[3]王隐《晋书》的编纂始于隐父王铨。王铨本

---

① 《太平御览》卷六〇三,中华书局,1960年,第2716页上。

② 刘知幾著,浦起龙释《史通通释》卷一六《杂说上》,第427页。

③ 在臧荣绪以前,目前可知的纪传体东晋史只有《晋中兴书》。西晋史不止王隐一部,但从类书的引用、北魏宋绘"注王隐及《中兴书》"(《北齐书·宋显传》)的事实推测,王隐《晋书》在东晋南北朝时期更具流行和权威性。而且从记载来看,尽管对王隐有"文辞鄙拙,芜舛不伦"的批评(《晋书·王隐传》),但该书的史料价值、王隐生前在西晋史著述领域的地位,都是毋庸置疑的。

人官位不高，但与政治核心圈有一定交往，有条件接触到西晋朝廷的官方资料，又有著述之志，有心存录这些素材。[①]王隐在永嘉之乱渡江，当东晋朝廷想要编纂西晋史时，由于建康政府并不具备足够的资料条件，不得不延聘王隐入著作局。因此王隐《晋书》虽然是父子出于个人志趣的行为，但其取材、思路等方面，大概与官修史或者说东汉以来官修史体制发展推动下的纪传史潮流相对贴近。

不同于王隐《晋书》，《晋中兴书》是一部具有特色的纪传史。通常在纪传史中被称为纪、表、志、传的四个部分，在《晋中兴书》里分别改称为典、注、说、录。[②]其中对应于列传的"录"，盖取"谱录"之义，与谱牒家传有关。类书中引用的《晋中兴书》篇名，绝大部分"录"以地望姓氏为题，如"琅琊王录""陈留阮录""范阳祖录"等等。尽管门阀士族是魏晋南北朝时代重要的社会现象，但当时的纪传体史书，例如今日所见南朝诸史，并不以家族为列传编排的最重要因素。《晋中兴书》的特点来自私史杂传的影响，其影响也不限于编排方式而已。

唐修《晋书》列传尤其是在东晋部分，很多传主之下附列大量同族子弟，不难推测，这些家族传是经臧荣绪《晋书》延续下来的《晋中兴书》"某郡某氏录"的遗存。但东晋诸传的家族因素又不能一概论之。在卷七二以前，事类相从的意图也同样明显：卷六五以下四卷的侨姓士族、地方军阀、流民帅、江左名士，代表晋元帝司马睿得以立足江东的几大支柱；卷六九、七〇是在东晋前期几次兵乱中忠心王室者；再后两卷是谏臣和术士。因为王隐《晋书》下

---

① 《晋书·王隐传》《晋书·何劭传》。
② 参见姚振宗《隋书经籍志考证》卷一二"《晋中兴书》"条，收入《二十五史补编》第4册，第5247—5248页。

涉两晋之际及东晋初年,这一部分列传的编排应该受王隐《晋书》
影响。此后同卷或相邻卷次的各位传主,时代关系跳跃,在行事上
也缺乏紧密的联系,应该更接近《晋中兴书》诸录原本的状态。到
卷八一、八二,主题再次集中于武人和史家,卷八三后半和八四、
八五,分别是晋末政局几番风云变幻中登台又湮灭的人物,其中卷
八五的名单与刘宋旧国史中收录的"志在兴复,情非造宋"(沈约
《上〈宋书〉表》语)的人物名单基本相合。从沈约的《上〈宋书〉
表》和徐爰的《议国史限断表》可以推断,①刘宋旧国史中收入了一
批活动于东晋义熙至晋宋禅代的人物,他们的传记主要应由何承
天在刘宋元嘉年间编定,初稿则始于晋末史官。沈约修定《宋书》
时,认为这些人都应入晋史而非宋史,将这部分传记刊除,而看来
臧荣绪改纂晋史时,又把这部分传记编入了《晋书》。

　　这里需要说明东晋末与刘宋官修史的关系。东晋末徐广、王
韶之的修史是在刘裕兴起的背景下展开的,这既是东晋官修史的
尾声,也是刘宋官修史的源头。从人事上来说,在宋文帝元嘉年间
(424—453)修国史的何承天是徐广的外甥,且何承天五岁丧父,在
母亲徐氏的教养下长大。②从东晋义熙初年开始担任史官的徐广,
到晋宋之际徐广所举荐的荀伯子、王韶之,再到宋元嘉时期的徐广
之甥何承天,这些史官都出于同一群体。另一方面,东晋与刘宋虽
有国史体裁之异,但当时的编年体亦多附传,而且成史以前的人物
传稿的编纂肯定是东晋史官的任务之一,因此东晋与刘宋官修史
的运作及其产出实际上也是连续的。关于东晋史官编纂人物传,
有两个材料可以说明。一是《宋书·百官志》载"晋制:著作佐

---

① 两表分见《宋书·沈约传》和《宋书·佞幸·徐爰传》。原无标题,标题依严可均
　《全宋文》《全梁文》所拟。
②《宋书·何承天传》。

郎始到职，必撰名臣传一人"；二是荀伯子、王韶之等入著作，除了
"助撰晋史"外也要撰"桓玄等传"。①宋初实际上是根据晋末史臣
的工作，将东晋末年的历史编定为纪传体框架内的帝纪与列传，流
程相连，其具体做法下文将举例说明。这也是为什么如上文提到
的，东晋编年体国史作者干宝所提出的"五书"，会在南朝官修纪
传体史书中看到印证。也由于这些原因，唐修《晋书》东晋末的几
篇传记，虽经几重辗转，其实主要反映的是东晋末以来官修史发展
的状态。

再回到前面的话题，东晋初年、末年的列传编纂有多种史源
选择，而东晋中期若不依据《晋中兴书》，就需要改编者重头来过。
最终，改编者在东晋中期大体沿用了渊源、体例较为特殊的《晋中
兴书》，东晋初和晋末的几篇传记则参用其他贴近（或原本就属于）
官修史的史源。这两部分不仅在人物编次上，在具体的记事形式
上也存在差异。如果我们把私史家传视作人物传记生成的自然状
态，那么这种差异对比就很能够体现官修史体制带给纪传史、带给
列传以怎样的特点。

（3）历史书写方式的对比

刘宋政权兴起的历史过程由晋末史官记录，后来被刘宋国史
继承，其中一部分又在更晚时被划归晋史。我们以现存正史中刘
裕义军讨伐桓玄余党、护卫安帝归京反正的一系列事件记载为例，
说明晋末官修史编纂的做法。相关史事在唐修《晋书》的《桓玄
传》《刘毅传》《何无忌传》（三人皆在沈约所列剔除名单中），以及
《宋书》的《武帝纪》《刘道规传》《刘怀肃传》都有较多记载。把
这些记载区分为二十条事项进行对比，可以发现《桓玄传》最为全

---

① 《宋书·荀伯子传》。

面、详尽，其余纪传既多省事，一事之中又往往省文。同时，尽管涉及的史事、人物十分复杂，但各篇之间相似的文本很多，而且诸事排序毫无错乱；各篇之间也没有史实的矛盾（字词讹误所致除外），只是一些传记在少数事项中有关于传主的细节记载。可以推测，这些纪传都是在同一编年记事的底本基础上删改而来。刘宋的官修史也延续这种编纂方式，我们分析刘宋初的徐羡之等四位顾命大臣废少帝一事在《宋书·少帝纪》及相关大臣传记中的记载，也可以发现它们都同出一源。但与晋末一例有所不同的是，前者是在各传中不断重复相近文字，这里则集中于《徐羡之传》详加记载，可能由于四辅同在一卷，简单重复过于明显，而《徐羡之传》的记载文字与《少帝纪》则多有雷同。编纂列传时的种种迹象，可以说明相关记载最初就是以时间而非人物为纲目撰写，亦即其史源是一种编年记事的文献。

通过以上两组记载可以看出，晋末国史与刘宋国史的编纂过程几乎一样，都是以某种编年记录为基础，按纪传体的要求分入各篇。

在传统的求其真、求其是的史料观念中，往往认为记载不合，则必有一误，其实记载整齐划一反而是人为设计的结果。认知与记录的自然状态应该是多元的，比如，记同一场战争而具体经过、人物地点等颇有出入乃至胜负迥异的情况，在史书里屡见不鲜。因为对任何事件的观察，如何划分阶段，如何区分主次，本就带有主观性，身处不同立场，更会有不同滤镜。在这里我们用一个东晋中期的例子作为比较。

荆扬之争是东晋南朝政治史上的重要问题。晋穆帝永和年间，居中辅政的会稽王昱引褚裒、殷浩与荆州桓温相抗，时值石赵政权崩溃，北方陷入混乱，褚、殷本欲借北伐之功压制桓温，却接连失利，褚裒病卒，殷浩被废。这些事件使桓温开启了大权独揽、几倾晋祚之路，而《晋书·穆帝纪》及《桓温传》《褚裒传》《殷浩传》对这段历史的记载却极为分散。《桓温传》对于这场对抗，只从桓温的角度说明其选择的对策；《褚裒传》重在讲述褚裒与会稽王昱的关系、褚裒履历、所引荐之人；《殷浩传》讲述殷浩与褚裒、简文帝、荀羡、王羲之等人的交往与相互态度，并穿插殷浩履历。在对北伐的记载上，褚裒北伐仅见于《褚裒传》与《穆帝纪》，《褚裒传》所述极详，《穆帝纪》较简，双方虽无绝对矛盾，但史源显然不同。殷浩北伐除详见于《殷浩传》，亦见《穆帝纪》《王羲之传》《王彪之传》等，但文字和情节侧重也完全不同，甚至存在颠倒矛盾。

《桓温》《殷浩》《褚裒》三传的具体文本毫无关联，这些叙述分别建立在大量与传主相关的表奏书函及传主履历的基础上。读者除了能够大体感知会稽王昱为首的建康朝廷与桓温的上下游之争外，并无在"重大问题"上统一口径的历史叙述。即便褚裒北伐与殷浩北伐这样的重要史事，也只分别见于两人各自传内。三篇列传旁涉的其他人物，如荀羡、蔡谟、王胡之、顾和等，亦别有传，其中相关记载也是分散独立的。《晋书》对永和前期这段历史叙述的分散程度，不仅超过晋末宋初的两例，也超过两晋之际的例子。这些记载最初形成时就以各个人物为中心分别撰写，读者的困难在于将各自的记载还原为一段完全的史事。

如上文所述，唐修《晋书》在东晋部分主要来自《晋中兴书》，而《晋中兴书》又颇受杂史郡书家传等的影响，与东晋官修史的关系较为疏离。唐修《晋书》中关于桓温与殷浩之争的记载正反映出《晋中兴书》的这些特性。而原本东晋官修史系统的文本，有晋末的一小部分经过刘宋史臣的加工，曲折地保留在唐修《晋书》中。

从东晋末及刘宋国史的记载情况来看，一套编年系事、十分翔实的记录在官修史运作中发挥了巨大作用，以至于即使最后改编为纪传体，依然能看到原来编年叙事的史源痕迹。唐以后的官修史运作中《实录》是重要的一环，具有沟通编年系日文献与纪传体文献的作用，而东晋的编年体国史在性质、作用上已有与后代《实录》相似之处。纪传体能包罗多元化的叙事，编年体更趋突出主线，整齐划一。编年史逐渐成为纪传史编纂的前序环节，给官方引领历史叙事提供了有效手段。

（二）北魏的官修史体制发展

上一节讨论了东晋的编年体国史及其与刘宋纪传体国史的联系。同一时期，北方也经历了近似的过程，在体裁的变换中，官修史运作机制发展得更为严密。十六国诸霸史中编年体亦复不少，其中一部分可以确认为官修国史的性质。北魏早期的编年体国史是一种比较疏阔的制度，随着孝文帝时期的改革，北魏在太和以后一面将过去的编年史改撰为纪传史，一面建立了与南朝相仿的更严密的资料撰录与史书编纂机制。北齐时魏收掌撰《魏书》，或许是由于北魏前期及末期史料情况不尽如人意，或许由于魏收个人恃才不羁，其撰史颇有些大胆的尝试。北魏史的编纂浓缩了官修史体制中规范化的体裁转换以及后期史家个性化的改创，既体现出中古官修史体制的发展，又体现出在此背景下史家的进一步发挥。

（1）北魏前期的编年体《国记》

北魏国史的编纂始于道武帝初定中原，命邓渊撰《国记》十余卷。这时的北魏，实际上还是十六国时期淝水之战以后在北方涌现的大批割据政权中的一员。邓渊《国记》"惟次年月起居行事而已"，这种相对粗疏的编年史形式，符合十六国修史的时代环境。

我们知道，记录十六国最重要的一部史书《十六国春秋》是采取编年体形式分别记载各国历史，崔鸿选择编年而非纪传来统合诸国史，正是由于编年体本来就在十六国诸国史中占有优势。当然，崔鸿依据的诸国史官私性质不一，但即便只看诸国自身的官修之史，也会发现修撰编年史的例子明显多于纪传史。

直到西晋惠帝年间，也就是所谓五胡乱华开始以前，官修史依然以效法班马的纪传体为鲜明特征。十六国政权最早的本国史，汉赵领左国史公师彧所撰"《高祖本纪》及功臣传二十人"，[①]也以纪传体为标的。但随后不久，东晋史官干宝提出修史"宜准丘明"，得到当时朝议的普遍认同，并由此修成一部编年体的《晋纪》，记录西晋一代历史。北方的十六国诸政权也不断出现以编年体修史的现象：前赵有和苞《汉赵记》，[②]后赵有《上党国记》，前燕有杜辅全《燕纪》、著作郎崔逞《燕记》，前凉有索绥奉命作《凉国春秋》、刘庆专修国史著《凉记》。[③]

北魏最初的国史修撰也是在上述东晋十六国修史的总体背景下展开的。淝水之战后十年左右，道武帝于参合陂大胜后燕，很快平定并冀，进入中原。为了适应新的疆域和政权规模，需要文教制度的帮助。《魏书·邓渊传》云：

> 太祖定中原，擢为著作郎。……入为尚书吏部郎。渊明解制度，多识旧事，与尚书崔玄伯参定朝仪、律令、音乐，及军国文记诏策，多渊所为。……太祖诏渊撰《国记》，渊造十余

---

① 刘知幾著，浦起龙释《史通通释》卷一二《古今正史》，第332页。

② 刘知幾称和苞为前赵史官（刘知幾著，浦起龙释《史通通释》卷一一《史官建置》，第290页），不知此书是否即前赵之国史。

③ 崔逞《燕记》见《魏书》卷三二《崔逞传》，第757页。余皆见《史通通释》卷一二《古今正史》，第332—335页。

卷,惟次年月起居行事而已,未有体例。

邓渊是苻秦名将邓羌之孙,其父又仕于后燕,他既参与了朝廷制度的创立,又受命撰《国记》,应该都是借鉴前秦、后燕等十六国政权的经验。邓渊《国记》"次年月起居行事",属编年史,同期修撰编年史的政权至少还有南凉秃发乌孤以郭韶为"国纪祭酒"撰史,[1]及北凉宗钦撰《蒙逊记》。[2]

道武死后,明元帝时期未遑撰录国史,至太武帝神䴥二年(429),"诏集诸文人撰录国书,〔崔〕浩及弟览、高谠、邓颖、晁继、范亨、黄辅等共参著作,叙成国书三十卷"。[3]崔浩史也是编年体,这部史书的称法比较混乱,但《魏书》中称邓渊、崔浩所撰为"国记"之例甚多,其书的正式名称应是《国记》,各篇名为《某帝记》。其实"国记"不仅是北魏早期编年体国史的称谓,应该也是十六国诸国以编年体修撰本国史时采用的名称,所以南凉会有"国纪祭酒"的官名。时移世易,才要把这些不同国家的国记区分称作"赵记""燕记""凉记"等等。总之,邓渊、崔浩所撰的《国记》实即十六国时常见的编年体国史之一。

此后北魏又多次续修了编年体国史。太延五年(439)平北凉沮渠氏后,诏崔浩续修国史,高允、张伟助之,崔浩又引段承根、阴仲达等一时俊彦同撰。然而这部史书后来成为政治斗争的把柄,崔浩被诛死,大量人士受到牵连,史官亦废。到文成帝和平元年(460)六月,复置史官,以游雅任之。不幸游雅次年亡故,"不勤著

① 刘知幾著,浦起龙释《史通通释》卷一一《史官建置》,第289—290页。
②《魏书·宗钦传》。
③《魏书·崔浩传》。

述,竟无所成"。①继游雅之后,高允总修史之任,同时参与的还有程骏、程灵虬、江绍兴、刘模等人。高允在崔浩修史时已预其事,他主持修史也是"大较续崔浩故事,准《春秋》之体,而时有刊正"。他是参与北魏编年体国史修撰时间最长的人物,直到以老疾告归又被征还后,"犹心存旧职,披考史书"。②

北魏编年体国史的阶段,随着太和十一年(487)高允的亡故而结束,其史所记时代范围是"自成帝以来至于太和"。③太和是孝文帝的第三个年号,所以无论这个表述是否包括太和年间,都说明高允的编年史撰写到很晚近之时。至于成帝,是指北魏追尊的南迁大泽以前的第一个皇帝。由于崔浩史案的发生,前期国史被大规模删削,此后的史官在记事时恐怕也顾虑重重,导致这部编年史"遗落时事,三无一存"。④

(2)纪传体国史的改创与起居注之制的建立

在文成帝和平元年复置史官的时候,南朝刘宋的纪传体国史已经大规模修撰了两次。⑤太和十一年,亦即高允亡故的同年,新上任的秘书监高祐与秘书丞李彪一同奏请将成帝以来至于太和的编年体国史改为纪传体。巧合的是,沈约也是在这一年春天受齐武帝之命修撰《宋书》的,次年即告修成。⑥

改撰主要由李彪实际完成,这个工作,在当时的奏表中描述为

---

① 《魏书·游雅传》。
② 《魏书·高允传》。
③ 《魏书·李彪传》。
④ 《魏书·李彪传》。
⑤ 何承天撰宋武帝及其功臣纪传,苏宝生撰元嘉名臣传都在此前,这以后三年,徐爰又奉命续修《宋书》。参见《宋书·自序》。
⑥ 《宋书·自序》。

"宜依迁固大体,令事类相从,纪传区别,表志殊贯",①《魏书·李彪传》又使用了"区分书体"的说法。纪传史帝纪简记大事,列传以人物为纲目记载具体史事,首先要把编年体《国记》的这两类内容分门别类。表和志是专题记录,也要在《国记》的编年记事中拣出同主题记载,合为一编,使之"殊贯"。

由于崔浩、高允旧史"遗落时事,三无一存",李彪的改撰,除了体裁上的重组,还需要"鸠集遗文",加以补充,进度也比原先计划的"三年有成"迟缓得多。此后又逢迁都洛阳,军国务殷,史官多遇人事变动,到宣武帝景明二年李彪去世时,原本计划的纪传体国史并未完稿。②《李彪传》称"区分书体,皆彪之功",则这一时期的工作成果是确定了篇目与大要,而所谓"史业竟未及就"大概是"鸠集遗文"、折中润色一类的工作尚未完成。

从编年史改作纪传史,还有一个问题是纪传史的写作需要与被写作时代有一定间隔,因为人物传总要在传主去世后才可能撰写。因此,尽管高允的编年体国史已修至孝文帝的第三个年号太和年间,但李彪的纪传体国史不大可能包括孝文一朝,甚至可能只是截至文成帝以前。

继李彪而掌史任的是崔光。崔光从一开始就参与了改撰纪传体国史的工作,③也一度有专掌史任之名,但他真正承担起这项责任,应该是在李彪去世后。从崔光逝世于孝明帝正光四年(而且他在世时一直掌领国史)推测,至少他应该负责修撰孝文朝的国史,或许也涉及宣武朝,因为正光四年距离宣武帝去世已经有将近十

①《魏书·高祐传》。
②《魏书·李彪传》。
③《魏书·崔光传》云"转著作郎,与秘书丞李彪参撰国书",事在迁都前。

年时间。崔光临终前，向朝廷推荐自己的侄子，也就是前面提到的《十六国春秋》的作者崔鸿接替史任。而崔鸿也很快病逝，没有真正取得修史的进展。[①]此后代人掌权，把国史的编纂也揽入自己手中，但"守旧而已，初无述著"。这是北魏一朝纪传体国史的大致状况。

太和十一年把国史的体裁由编年体改为纪传体，太和十四年创立起居注之制，[②]这两件事标志着北魏的修史进入了环节更清晰、制度更严密、保障更稳定的阶段。而且，南北双方也终于都回到了以纪传体为国史最终体裁、国史与《起居注》并立的官修史体制。北魏的起居注与国史由不同机构负责，国史属秘书省下之著作省，起居注则属门下省之集书省。门下省是审核上奏文书、下发诏令的部门，《魏书》中的集书省屡次与"左史"相联系，左史记言，这个"言"放在中古语境里，通常是指皇帝的诏命。再加上孝文帝曾在批评集书省官员怠惰时有"致使王言遗滞，起居不修"之语，看来集书省的《起居注》很可能以集录、摘编诏令为主，与整个门下省在行政上的职能密切关联：既审核文书，则亦存档、编目、摘选整理，由档案自然向文献过渡。处在这一链条相对上游的初步集录整理，无疑是一项日常的、由众多人员参与的职能。《魏书》里看到的大部分修起居注的例子，应该是从事这一性质的工作。

日常随时集录的起居注，[③]会再定期编辑为更正式的《起居

---

① 《魏书·崔光传》《魏书·崔鸿传》。

② 《魏书·高祖纪下》，太和十四年二月"戊寅，初诏定起居注制"。

③ 限于资料，还很难确定北魏时日常的起居注究竟有多日常，是每日、每月、每季、每年编纂？抑或其中还将区分不同的整编层次？但与崔鸿、王遵业补续的《高祖世宗起居注》相比，它们肯定是更趋上游、更常规化的工作。

注》文献，修撰国史时，主要参考的应该是后者。所以尽管《魏书》或《北史》提到很多官员集注起居，但《北史·魏收传》记载魏收编纂《魏书》的文献基础，却只提到邢峦的《孝文起居注》和崔鸿、王遵业补续的《起居注》两种，后者又在《崔鸿传》中被称为《高祖世宗起居注》。邢峦追撰的《孝文起居注》书至太和十四年，孝文朝最后几年与宣武朝同属《起居注》的补续阶段，显然由于太和十四年是定立起居注制度的年份，这以前的《起居注》依靠现有资料追撰，这以后，则是更具计划性的两步走：从日常的起居注集录到删定一朝《起居注》。

（3）从事类相从到家族为传：魏收《魏书》对国史列传的改编

魏收修《魏书》时，纪传体国史主要由李彪、崔光相承编纂，史称其史"徒有卷目，初未考正，阙略尤多"。[1]"徒有卷目"按照字面理解是只有标题，实际上当然不是这样简单。史臣编纂列传，一个重要的工作是考虑收录哪些人物，谁与谁合为一传，各人、各传之间次序如何。编纂人物传的资料，前面已经提到，至少通过官员丧葬事务运作可以有基本的保障。但这些材料有明显的同质化倾向，一方面，官僚制的特性之一也是生产同质化的文本，另一方面，死者为大的基本伦理也使得请谥、丧葬方面的文辞以赞扬缅怀为主，乃至流为俗套。怎样把这样的材料转变为"历史"，前面举出的尉迟运墓志与其《周书》本传的对比就是一个很好的例子。列传增补的内容体现了历史解释，而这又与整卷主题、同卷其他人物传记的塑型方向息息相关。崔光的魏史已经搭建起架构，对各传主题、人物有所安排，但材料补充、考辨等工作尚不完备。实际上，

---

[1]《魏书·崔鸿传》。

我们能够看到在崔光死后不久的孝昌年间人们谈论魏史的合传,^①
元顺讽刺郑俨说:"卿是高门子弟,而为北宫幸臣,仆射李思冲尚与
王洛诚同传,以此度之,卿亦应继其卷下。"^②从李冲(字思冲)、王叡
(字洛诚)都卒于孝文朝可以判断,他们的传记应属崔光所修国史,
这一卷的标准是:高门子弟而为北宫幸臣。尽管高门也与家族有
关,但落脚点还是"北宫幸臣",而且李冲、王叡、郑俨之所以成为
幸臣,主要不是由他们的家族出身带来的。因此这种编排方式不
是简单的以门族系人,而是考虑个人之"事类相从"。

在魏收《魏书》里,还有一些迹象显示出北魏国史曾具有事类
相从、分期续修的编纂特征,这就是间隔出现的"降臣诸传",我们
把相关卷次的主题排比如下:

> 卷三二、三三:旧仕慕容燕、道武帝时归魏的河北大族
> 卷三七、三八:明元帝时由后秦入魏的东晋司马氏和高
> 门士族
> 卷四三:明元、太武、献文时入魏的武人
> 卷五二:太武帝灭夏、凉后入魏之文士
> 卷六一:献文、孝文朝自南方入魏者
> 卷七一:宣武朝自南方降魏者

上述各卷与其邻卷之间不一定具备编次的逻辑关系,例如卷
五二属太武朝事,其上一卷却是远在其后的文成、献文朝人物;卷
六一夹在两卷孝文朝史臣之间。但这几卷之间却显示出明显的联
系,分别是不同时代入魏的降臣,而且除了卷四三跨度较大,其余

---

① 崔光死于正光四年即公元523年,孝昌为公元525—527年的年号。
② 《北史·任城王云传》。这件事发生在孝昌年间胡太后反政以后。

各卷的时代区分都很鲜明。《魏书》列传若不计宗室、皇后诸传，是从卷二三开始，也就是说，每隔五卷或十卷就会出现一次降臣传。这很可能正体现了北魏纪传体国史原本具有的分期续修的框架特征，国史以入国降臣为每一朝之结束，在降臣传之后开启新一时代。

这种列传编排原则符合魏晋以来纪传体史书列传的一般做法，也符合官修史体制的规律。因为官修国史分期续修，与家族延绵数代的基本特性相悖，那么根据政治地位、行事作风编排列传也就成为当然的选择。而北齐时魏收主持删定《魏书》，明显重视家族谱牒，当时人已经批评魏收书"但恨论及诸家枝叶亲姻，过为繁碎，与旧史体例不同"，魏收则解释是因"人士谱牒遗逸略尽，是以具书其枝派"。[1]这与我们今天看《魏书》列传的直观感受相符，因此人们容易忽略魏收的家族传并非凭空而起，实际上是在事类相从的北魏国史列传基础上改编的。今天《魏书》列传的另一个特点是各传之间常缺乏逻辑，与南北朝至唐初的其他正史相比，《魏书》诸传的编次无论是时代还是事类，都显得较为杂乱，也给阅读造成很大不便。这正是由于魏收以新标准改造旧稿编次，新旧牵扯，导致混乱。

家族传本身就意味着打乱了其他列传分期续修、事类相从的规律，但还不仅如此。把同一家族的子孙附于其先祖传下，还会使这位先祖所属时期的家族传中实际包含了很多后代历史的内容，于是早期传记篇幅扩大，后期传记篇幅缩减，各卷所系人物需要进行调整。魏收的调整顾及了纪传体列传文臣武将的一般分类原则，人物大致只在自己所属类别的各传中上提下移。而家族传与

---

① 《北史·魏收传》。

不同类别人物的关系并不相同,亦即家族传的出现对于不同主题列传的影响并不均衡,遂造成列传整体呈现出混乱的时代顺序。

在官修史机制的运作流程中,列传素材以个人为单位收集,分期续修,不会导致长时段家族传的形成。南北朝诸史大多维持官修机制塑造的体裁面貌,但私人编纂的《晋中兴书》、李延寿《南史》《北史》则有明显的以家族为传的意图,魏收《魏书》也是如此。在官修史体制越来越发达、提供的史书蓝本规模越来越大的情况下,这些尝试也面临更大挑战。

三、结语

由于相关记载的不足、传世文献实例的稀少,要讲清官修史体制发展的具体过程非常困难,上面的讨论最主要的目的是提供一个对官修史体制的分析框架。官修史体制牵涉了多种机构、长时期的运作、丰富的文本。为了便于观察这个盘根错节又不断生长的体系,可以抓住两个切入点:一是在横截面中考虑这个体系如何根据体裁模板在政治体制内解决史源问题,二是沿着纵切面考虑编纂流程的细化。二者都把我们引向文书行政对修史的保障,也就是在本章一开始即强调的:官修史体制是政务运作与修撰运作的联结。

尽管官修史体制在利用文书档案上有天然优势,但并不意味着修史官员能够任意取用所有中央档案。常规流程下提供给修史机构的档案资料是特定的、有限的,即便史官有意主动索求,也要受制于各部门档案存储情况,未必能有求必应。在本章讨论的三种政务—修撰运作联动机制中,史传篇章都以某些特定政务运作提供的文书档案为骨干。官员主要依照规程、套路处理文书,逐步把它们加工为史传。与此相对,考史学者,尤其是今天的史学研究者通常是在自己的问题意识、故事构架下利用文书中的具体信息,而非文书本身。①虽然都是史学对文书档案的利用,实质颇为不同。官修史体制使史书成为文书档案收藏整理的一个终点,也可以说是国家文书行政体制的一种总结。

在考虑编纂流程的细化时,我们格外注意到编年资料的意义。西晋武帝泰始六年(270)七月诏:"自泰始以来大事皆撰录,秘书写副,后有其事,辄宜缀集以为常。"②虽然这一命令未必从此得到严密执行,但这无疑显示出档案记录积累制度化、常规化的大趋势,也就会导致官修史体制内有越来越多编年系日的资料成为未来修史的基本保障。东晋十六国时期,南北方几乎同步出现修纂编年体国史的现象,而《隋书·经籍志》史部著录了大量西晋以来以年号成书的《起居注》,都是上述趋势的结果和体现。

汉代以来官修史体制的发展到南朝前期初具规模。从修史活动及成果来说,刘宋一代官修国史持续展开,何承天、苏宝生、徐爰著述皆有成效,③徐爰《宋书》六十五卷在《隋书·经籍志》尚有著录。刘宋也尝试迈向修定前代史的领域,谢灵运《晋书》无疾而终,④裴松之《三国志注》退而求其次,以注的形式改造了三国史叙述。⑤刘宋灭亡后,南齐在很短的时间里修成《宋书》,这是"二十四史"中第一部完全在官修史体制内完成的著作。而《宋

① 尽管为了获取所需的信息,经常要对文书自身进行全面的研究分析。
② 《晋书·武帝纪》。
③ 《宋书·自序》引《上〈宋书〉表》。
④ 《宋书·谢灵运传》。
⑤ 裴松之《上〈三国志注〉表》(见点校本《三国志》附录)、《史通·古今正史》。

书》的文本面貌也明显体现出官修史体制的影响，本章对列国传、孝义传演变的分析，对宋初废少帝事件在《宋书》纪传中的记载方式的分析，都能够说明这一点。

　　本章开头已经说过，官修史体制的发展不是学术的发展，而是制度的发展。所以在最后，也想从制度的角度对它的意义作一点不成熟的阐发。官修纪传体史书不是文书档案整理编纂的唯一去向，刘宋末到南齐初，除了永明五、六年间沈约《宋书》纪传修成，[1]在其他多个领域也都出现了大规模集成性官方编纂。宋元徽二年（474），王珪之受命撰《齐职仪》，南齐受禅后，又遣太宰褚渊宣旨"使速洗正"，至齐永明九年（491）由其子进上。[2]永明二年，应伏曼容表请修五礼，不过其事几经挫折，直到梁代才最终完成上千卷的《五礼仪注》。[3]永明七年，敕仪曹令史陈淑等撰江左以来仪典。[4]同在永明七年，尚书删定郎王植纂集此前通行的张斐、杜预两种律注，草上律章，经详议裁正，于永明九年颁布。[5]永明年间"卫军王俭抄次《百家谱》，与（贾）渊参怀撰定"。[6]以上正史、职官、礼仪、法律、谱牒等几种官方编纂，一方面各有相对成熟的学术基础，与南朝以总集、汇抄为主的撰著风气相应，同时也与文书行政关系密切。

　　通过文书操控政务的运行、编纂成文的典章制度并使之成为处理决策的依据，是秦汉以来国家体制的重要特征，也是中央集权

---

① 诸志稍晚。见《宋书·自序》引《上〈宋书〉表》。
②《南齐书·文学传》。
③《梁书·徐勉传》。
④《南齐书·徐孝嗣传》。
⑤《南齐书·孔稚圭传》引《上齐律表》。
⑥《南齐书·贾渊传》。

不断强化的重要支撑。在制度史研究中，魏晋南北朝时代通常被认为是汉唐两个大一统王朝间的低谷，其中央官制也常被认为是尚书与三公九卿叠床架屋、重复混淆，处于一种过渡的、有待拨乱反正的阶段。然而尚书等三省在萌生之初，其性质已有别于围绕某类政务成立的三公九卿，大抵是文书处理的平台，这也预示着文书行政体制的成长是魏晋南北朝时代的一项重要课题。至南朝前期官修史体制趋于成熟、官方编纂百花齐放，正是文书行政体制成长到一定阶段的信号和表征。

典志

黄桢（复旦大学历史学系）

精细严密的官僚制度是中华文明的重要特质。围绕官制的记叙与考释，也是帝制中国一项活跃的学术活动。从历代书目对官制撰述的著录便可见一斑。梁代阮孝绪的《七录》在"记传录"下创立"职官部"，收书八十一种，共八百余卷，已堪称篇帙丰厚。《隋书·经籍志》在史部设"职官"之目，且谓汉末始有此类专著，至六朝时期"其书益繁"。是后职官类篇籍一直在官方和民间的藏书中占据重要位置，构成了被称为"典志"的一大门类。

　　典章制度向来是中国史学科内的热门领域，关于职官的条文书论被当作史料反复引用，对研究者来说不会陌生。不过，以官制撰述为本位的考察难称充实。从议题来看，学者往往就正史志书以及职官类书籍开展个案研究，跨时代、跨文本的探析尚不多见，官制撰述何以兴起这样的系统性问题鲜有讨论。而从方法看，绝大多数已有研究均可归入文献学的范畴，成绩主要体现在佚文的搜求、版本的梳理、文句的校勘等"史料分析"之上，直到近年才出现触及资料来源、内容编排与书写理念的论著。继续推进对官制撰述的探讨，一方面能帮助我们更准确地理解制度记载，为官制研究构筑扎实的基础。更重要的是，通过将书写、传播、阅读等多个层次纳入分析，挖掘职官著作在政治生活中的角色与价值，我们可以窥知当时的人们对于官制的认识和思考，而这正是制度得以运行、演进的文化土壤。

　　撰述官制的传统在两汉南北朝从萌发走向昌盛。通观这一历程，有两个阶段尤为关键。一是东汉后期。论叙职官在此时成为知识阶层的自觉追求，随着《汉官解诂》《汉官典职仪式选用》《汉官仪》等围绕当朝官制的著作问世，一片新的学术领域渐次开辟。

二是南朝的齐梁。受博学求知的风气影响，制度的撰述者在取材、考辨上取得拓展，政治权力亦对官制之学投入支持，遂有《齐职仪》《梁官》等大型官修政典的登场。下文就以这两个时段为重心，梳理职官著述兴起的经过。

一、官制之学的形成

(一)汉末以前的官制文献

东汉桓帝时期胡广所撰《汉官解诂》是掀起官制考述之风的学术著作。[①]书中有一段交代动因与旨趣的作者自述,是了解当时职官文献状况的重要材料。我们由此切入,综论汉代官制书写的发展。

《续汉书·百官志》刘昭注引《汉官解诂》曰(编号为笔者所加):

> (A)前安帝时,越骑校尉刘千秋校书东观,好事者樊长孙与书曰:"汉家礼仪,叔孙通等所草创,皆随律令在理官,藏于几阁,无记录者,久令二代之业,闇而不彰。诚宜撰次,依拟《周礼》,定位分职,各有条序,令人无愚智,入朝不惑。君以公族元老,正丁其任,焉可以已!"(B)刘君甚然其言,与邑子通人郎中张平子参议未定,而刘君迁为宗正、卫尉,平子为尚书郎、太史令,各务其职,未暇恤也。至顺帝时,平子为侍中典校书,方作《周官解说》,乃欲以渐次述汉事,会复迁河间相,遂莫能立也。述作之功,独不易矣。(C)既感斯言,顾见故新汲令王文山《小学》为《汉官篇》,略道公卿外内之职,旁及四夷,博物条畅,多所发明,足以知旧制仪品。盖法有成易,而道有因革,是以聊集所宜,为作诂解,各随其下,缀

---

①《汉官解诂》的撰成时间依据佐藤达郎《胡広〈漢官解詁〉の編纂:その経緯と構想》,《史林》(日本)第86卷第4号,2003年。

续后事，令世施行，庶明厥旨，广前后愦盈之念，增助来哲多
闻之览焉。

我们按文意将引文分为三个部分。胡广首先在A中引用了安帝时
人樊长孙致刘千秋（刘珍）的书信。樊氏于信中回顾了职官文献的
情况，他颇为遗憾地指出：截止到东汉中叶，有关汉家官制与礼制
的内容仅在律令中存在，此外便无人纂录。另可作为参照的是，稍
早的章帝时期，班固在谈及礼制文献时也有类似观察。《汉书·礼
乐志》"礼"的部分末尾叙述东汉光武、明帝朝礼制进程，其中有
言："今叔孙通所撰礼仪，与律令同录，臧于理官，法家又复不传。
汉典寝而不著，民臣莫有言者。"

我们对班固、樊长孙的语义稍作解说。首先，如二者所云，汉
代律令的确包含与职官设置、朝廷礼仪直接相关的内容。传世文
献曾提及的汉代《秩禄令》《品令》就属于"定位分职"方面的条
文。①汉初叔孙通曾制定朝仪，涉及朝觐、宗庙、舞乐等方面，按照
班、樊二人的论述，它们早已被吸纳为律令的一部分，具有法的性
质。而20世纪下半叶以来，秦汉简牍的大量出土，使律令的原貌见
知于世。睡虎地秦简的《秦律十八种》，是对多种秦律的摘录。据
其中留存的三条《置吏律》律文可知，该律以官吏任免为主要内
容。江陵张家山247号汉墓出土的《二年律令》，是西汉早期吕后
二年（前186）正在施行的法律。其中的《秩律》罗列了朝廷百官
及其禄秩，近两千字。张家山336号汉墓、荆州胡家草场汉墓出土
的《朝律》，规定了诸侯群臣朝见皇帝的程式，一般便被认为是叔

---

① 《汉书·文帝纪》颜师古注、《百官公卿表上》颜师古注。

孙通创设礼仪的成果。①

　　按照樊长孙的说法，针对汉廷官制的记录只存在于律令当中。樊氏因而批评道，这让汉王朝的制度"闇而不彰"。"与律令同录"为何会导致汉家制度"闇而不彰"？原因当与律令在政治生活中的角色相关。《汉书·刑法志》提到，汉武帝时的律令共有三百五十九章，"文书盈于几阁，典者不能遍睹"，其后虽有多次删修，至汉成帝时仍存在"律令烦多，百有余万言"的问题。律令专门由司法官员主持、保管，加之体量巨大、难以遍览，散落其间的与官制相关的部分故不易为普通吏民所熟悉。当然，在秦与西汉，由于统治者的推重，律令之学曾一度兴盛，为官为吏者多少有所涉猎。不过，这种风气在两汉之际发生了转折。进入东汉以后律学渐为世人所轻，此趋势在章帝、和帝以降更为强烈。②樊长孙于安帝时叹息律令被束之高阁，正是这一现象的反映。在卑视律令刑名的大环境下，附于律令的汉家制度自然难逃"寝而不著"的境遇。

　　就实际情形而言，在东汉中期以前，律令并非官制的唯一载体。在汉代的文书行政体制下，从中央到地方的各官署都须定期制作各类簿籍文档。吏员设置的情况是不可缺少的项目。出土简牍提供了相关实物。里耶秦简中有一枚题为"迁陵吏志"的木牍，记录了迁陵县吏的职位设置以及定员数、实际人数。在尹湾汉墓中发现的《集簿》列有西汉晚期东海郡府诸职官的员额，《东海郡吏员簿》则是对东海郡及下辖县、侯国吏员人数、秩级的详细统计。

---

① 参见张忠炜、张春龙《汉律体系新论——以益阳兔子山遗址所出汉律律名木牍为中心》，《历史研究》2020年第6期。

② 邢义田《秦汉的律令学——兼论曹魏律博士的出现》，《治国安邦：法制、行政与军事》，中华书局，2011年，第1—61页。

作为司马彪《续汉书·百官志》基础的东汉"官簿"，登载了从中央到地方各级职官的名称、员额与秩级，很可能就是朝廷根据各级官府上呈的簿籍所作的汇总。①职是之故，行政文书中当蕴藏有丰富、细致的关于汉代官制的内容。但应注意，这些资料毕竟是直接服务于行政运作的公牍档册，并不能自由传阅、流通。能够接触它们的，大概仅限于负责制作、审验、保管文书的官员。②通过行政文书了解汉家制度绝不可行，故樊长孙在梳理职官文献时，没有提及的必要。

撰成于光武帝朝的《汉旧仪》，③则是被忽视的著述。从现存佚文来看，是书搜罗广泛，西汉一朝的官制、礼制都是其纂录的对象。《汉旧仪》是目前已知最早的制度专书，不过自诞生至汉末魏初，它流传不广，未受重视。直到官制书写的风气兴起以后，该书才被蔡邕、应劭等擅长制度之学的学者重新发现。④另外，《汉书·百官公卿表》卷上是班固对西汉职官员额、秩级、职掌、沿革的介绍。但无论从篇幅还是撰作旨趣来看，关于西汉公卿迁转的表格才是《百官公卿表》的重心。《公卿表》与《汉书》其他"表"一样，焦点在于西汉历史中某一方面的人事变动。《公卿表》卷上的官制文本只是表格的附庸，它的出现在当时没有引发太大回响。汉末以降的纪传体史书用"百官志"取代"百官公卿表"，以及"舆服志""朝会志"的创立，反倒是受到汉末官制撰述的影响。

接下来看B部分。樊长孙的致书对象刘珍当时校书东观，且

① 徐冲《〈续汉书·百官志〉与汉晋间的官制撰述》，《观书辨音：历史书写与魏晋精英的政治文化》，北京大学出版社，2020年，第135—137页。
② 汪桂海《汉代官文书制度》，广西教育出版社，1999年，第198—200、216—232页。
③《后汉书·儒林下·卫宏传》。
④ 参见黄桢《东汉"汉官"文献再考》，《国学研究》第47卷，2022年。

主持国史编纂,无疑是安帝朝文史方面的领军人物。樊长孙投书,呼吁撰次汉家制度,应该是看重刘珍的地位。刘珍"甚然其言",遂与当世通人张衡筹划。《后汉书·张衡传》也提到,刘珍等史臣欲撰述汉朝制度,请张衡参论其事。这一系列动向显示,樊长孙关于制度文献现状的批判得到了知识精英的认可。

东汉中期学者进而对官制书写提出了全新要求。樊长孙将书写的目标设定为彰显两汉王朝官僚制度方面的成就,主张让天下吏民都能习得相关知识。樊氏还指陈,理想的书写形式是模仿《周礼》。过去依存在律令或簿籍中的官制文本,从性质上看,是服务于国家治理的公牍文书,源自行政需求。而按照樊长孙的构想,制度书写将上升为一种自觉的学术行为。张衡在顺帝朝的尝试,正是对樊氏观点的实践。据胡广所叙"平子为侍中典校书,方作《周官解说》,乃欲以渐次述汉事"可知,"汉事"是《周官解说》的续篇,张衡仿拟《周官》以述汉家制度的意图十分明显。因张衡出为外任,这项划时代的制度书写计划终究没能落实。

胡广在C部分尝试说明《汉官解诂》的撰写经过。他首先表达了对刘珍、张衡述作不成的惋惜。不过,樊长孙及刘、张的设想已经给胡广造成触动。胡氏在后文谈及《汉官解诂》的旨趣:传播关于官制礼仪的知识,让更多人了解汉家制度的内涵。这种取向无疑继承自樊长孙等人的撰述理念。

另一方面,发现《小学汉官篇》的价值,是胡广在官制书写上取得突破的重要因素。该书作者王隆(字文山)生活于两汉之际。[①]"《小学》为《汉官篇》"之语说明,《汉官篇》的用途是"小学",即童蒙教育。该书尽管以汉廷官制为内容,但毕竟是面向未受

---

① 《后汉书·文苑上·王隆传》。

教育者充当识字教材，一般很难将其与严肃的制度撰述联系起来。班固、樊长孙在回顾官制文献时，就没有纳入考虑。而胡广眼光独到，对《汉官篇》给予了很高评价。他认为，该书囊括了从"公卿外内之职"到"四夷"内容，搜罗广泛、体系完整，且"多所发明"，足以让读者明了"旧制仪品"。与先前的学者试图从零开始构建新的制度叙述以致计划难产不同，胡广尊重王隆奠定的框架，他一边收集材料为王隆原文添加注解，一边补叙光武帝朝以后的制度变动，成功推出全面考述汉代官制的专著——《汉官解诂》。

以上梳理说明了汉末以前官制文献的总体状况，同时让我们注意到催生汉制书写之风的思想土壤。胡广的序言已揭示，来自《周礼》以及《小学汉官篇》的启发，是东汉后期官制撰述意识得以萌芽、并最终走向实践的学术条件。下面就两者在官制书写兴起过程中扮演的角色做深入解析。

（二）经学和小学的启发

自西汉中期开始，经学在文化上占据了支配地位。此后，学术、思想方面的种种动向，往往与经学密切相关。两汉之际经学内部的转折是古文学的崛起。相对于今文学侧重微言大义，古文学在方法上强调训诂名物、疏释典章、考辨事实。这一学术取径随古文学的抬头而在知识阶层中渐具影响，也给经学以外的领域带来了刺激与启发。比如，史学走向独立和舆地之学的兴起，都跟古文经学在汉晋间成为学术主流息息相关。[1]

官制之学是将辨章与考镜的技艺运用到当代官制上的学问，

---

[1] 胡宝国《经史之学》，《汉唐间史学的发展》，北京大学出版社，2014年，第29—47页。辛德勇《〈后汉书〉对研究西汉以前政区地理的史料价值及相关文献学问题》，《中国历史地理论丛》2012年第4期。

它的形成亦离不开古文经学的滋养。两者的连结存在一个明显标志，即制度撰述的倡导者、实践者往往拥有古文学的背景。例如，著《汉旧仪》的卫宏恰以古文学者的身份列于《后汉书·儒林传》。刘珍因校书修史、好为文章，被学者认为通晓古文经学。①其本传称"撰《释名》三十篇，以辩万物之称号"，②亦可看出古文学训释名物的学风对刘珍的启发。胡广在经学方面的修养虽无明确记载，不过，他曾援引《周礼》《左传》来解说汉代典制，显示他对古文经典十分熟悉。蔡邕是汉末制度书写潮流中的代表性人物，他关于官制礼仪的专著《独断》亦数次征引《左传》，其《月令问答》一文更明确展现了对古文学说的维护和遵从。③

　　古文经学为官制之学成立提供的智识基础，还有以下两个具体的方面值得注意。首先，古文经典《周礼》在东汉趋于流行，一定程度上激发了学者撰述当代制度的意识。在服膺古文经的学者眼中，《周礼》乃周公所作，记录了周代官僚制度的构造，体系严明，囊括从卿士至小吏的员额与职掌。经学家关于《周礼》的疏释实际上也是一种针对制度的研究。它与所谓官制之学的不同在于，前者围绕被奉为先王圣法的周代体制，后者的重心置于当代。不过，由考订古代官制到撰述汉家制度，仅一步之遥。于是我们看到，樊长孙、张衡、胡广等学者迈出了这一步，倡导模拟《周礼》来撰述汉制。

　　其次，东汉古文经学家在注解经典时，时常引用汉代制度来辅助说明。东汉初年最早传《周礼》的杜子春已有此做法，比如针对

① 胡宝国《经史之学》，《汉唐间史学的发展》，第38—47页。
②《后汉书·文苑上·刘珍传》。
③ 蔡邕《蔡中郎文集》卷一〇，《四部丛刊》本，第7—9页。

《周礼·春官宗伯》"典瑞"之官，他就借当代以竹使符征郡守的规定来解说其职掌。[1]郑众注《周礼》时曾以当代官职比附周官，他认为宗伯相当于太常、小司寇相当于执金吾。[2]郑玄也是这种解经方式的继承者，其"三礼注"有大量称引今制的内容。比如郑氏注《周礼·天官冢宰》中"司会"一职云"主天下之大计，计官之长，若今尚书"；注《仪礼·士冠礼》"有司如主人服"云"有司，群吏有事者，谓主人之吏，所自辟除，府史以下，今时卒吏及假吏是也"；注《礼记·王制》"成狱辞，史以狱成告于正，正听之"云"正，于周乡师之属，今汉有平正丞，秦所置"。[3]在《毛诗》的"郑玄笺"中也可发现对汉代官制的援用。比如就《小雅·甫田》"田畯至喜"一句，郑玄笺曰："田畯，司啬，今之啬夫也。"[4]在经学至上的时代，经学家对汉家制度投入关注，自然也会牵动知识分子考察当代官制的兴趣。

胡广对《小学汉官篇》的看重以及为该书作注的举措，又提示了经学以外的思想资源。童蒙书籍中官制内容的意义，在思考官制之学崛起时不可忽视。

小学乃未受教育者发蒙的门径。字书的编纂与传授，是朝廷与知识分子推行教化的基础环节。单是秦与西汉就出现了多种字书。过去针对它们的研究，除了进行佚文搜集、文字校订，主要集中在常用字的数量、字体的演变、字书的适用对象以及文字的学习过程等问题。实际上，文字的去取和排列组合，蕴含着编纂者对基

---

① 《周礼注疏》卷二〇，阮元校刻《十三经注疏》，中华书局，1980年，第777页下。

② 《周礼注疏》卷一七、卷三五，第752中、874页中。

③ 《周礼注疏》卷一，第642页上。《仪礼注疏》卷一，阮元校刻《十三经注疏》，第946页上。《礼记正义》卷一三，阮元校刻《十三经注疏》，第1343页下。

④ 《毛诗正义》卷一四，阮元校刻《十三经注疏》，第475页中。

础教育的思考。借由分析小学书籍的内容，我们有机会了解到，在当时的知识分子眼中，哪些是最基本、必须首先向社会普及的知识。小学书籍可以成为政治文化史的素材。

先以秦汉之际形成的《苍颉篇》为例略作申说。北大藏汉简《苍颉篇》现存一千三百余字，是迄今所见保存文字最多的本子。在之、职合韵部有题为"汉兼"的一章，含以下文句："汉兼天下，海内并厕，胡无噍类，菹醢离异，戎翟给賨，百越贡织，饬端修法，变大制裁，男女蕃殖，六畜逐字。"[1]《苍颉篇》的文字排列方法，在多数篇章中是"罗列式"，即将字义相近或相联系的文字放在一起，意在强调各个字词的含义。而"汉兼"章罕见地采用"陈述式"，通过若干语义相连的句子来诉说一项主旨。[2]这段文字并非单纯地颂扬汉朝功业，而是试图向接触此识字教材的受教育者灌输一种基本的世界观：我们生活在什么时代，我们由谁统治。其中又寓有天下太平、生活美好的许诺。在编纂者看来，对学童或普通百姓的启蒙，绝不仅限于日用文字的教授，还必须使之明了身处的政治秩序。

前文引胡广自述提道："王文山《小学》为《汉官篇》。"这显示，时至两汉之际，像《苍颉篇》那样仅让庶民泛泛地了解统治者，已经无法令一些知识分子感到满足，王朝的典制也开始被视作基础知识，注入到初等教育。当然，这一局面并非王隆首创。西汉后期出现的《急就篇》中就已经存在与官僚制度相关的部分。

《急就篇》是唯一一部完整流传至今的西汉字书，有三十一章，

---

① 北京大学出土文献研究所编《北京大学藏西汉竹书（壹）》，上海古籍出版社，2015年，第77页。
② 朱凤瀚《北大藏汉简〈苍颉篇〉的新启示》，北京大学出土文献研究所编《北京大学藏西汉竹书（壹）》，第174—175页。

近两千字，用韵语写成。该书分为三部分：篇首罗列一百三十余个姓名；其次是"服器百物"，包括食品、衣履、鸟兽等；最后从日常生活抽离，以官制与法律为内容。直接涉及官制的段落为：

> 诸物尽讫五官出。宦学讽《诗》《孝经》《论》。《春秋》《尚书》律令文。治礼掌故砥厉身。智能通达多见闻。名显绝殊异等伦。抽擢推举白黑分。迹行上究为贵人。丞相御史郎中君。进近公卿傅仆勋。前后常侍诸将军。列侯封邑有土臣。积学所致非鬼神。冯翊京兆执治民。廉洁平端抚顺亲。奸邪并塞皆理驯。变化迷惑别故新。更卒归诚自诣因。司农少府国之渊。远取财物主平均。[①]

史游首先列举了一些中央职官，包括丞相、御史大夫、郎中令以及"公卿傅仆勋""常侍诸将军"等。因配合"七言"的格式，作者缩写了官名。"仆"指太仆，"勋"指光禄勋，"常侍"指中常侍，"傅"可能指太子太傅、太子少傅。接下来又对一些官爵做了详细介绍。其中提到列侯有封土与家臣。左冯翊、京兆尹是京畿守宰，被当作地方长吏的代表举出。"廉洁平端抚顺亲"以下四句都在讲述二千石的善政，塑造出地方官的良好形象。"远取财物主平均"是对司农、少府职掌的说明。后文叙述刑罚的部分也与官制存在交集，比如"廷尉正监承古先""亭长游徼共杂诊""啬夫假佐扶致牢"诸句。总的来看，《急就篇》所举职官，既包括朝中公卿，也有郡县小吏。它以浅显直白的笔调，讲述着关于官僚体制的基础知识。

王隆历仕王莽、光武两朝，以汉家制度为内容的《汉官篇》无疑应撰于新朝覆灭、汉室复兴以后。该书文字随胡广《汉官解诂》

---

① 张传官《急就篇校理》，中华书局，2017年，第417—430页。

的佚文而得以少许保留。^①比如，就司空一职，《汉官篇》曰"下理坤道，上和乾光，谓之司空"；关于大鸿胪，该书谓"赞通四门，抚柔远宾"；关于郡太守，该书谓"太守专郡，信理庶绩，劝农赈贫，决讼断辟，兴利除害，检察郡奸，举善黜恶，诛讨暴残"。王隆采取四字一句的格式，选用简单的字词，使全篇节奏规整、文意质朴，以方便初学者讽诵与理解。在编排上，《汉官篇》基本是每一官职构成一个独立单元，各单元的字数难以确论，但前引"郡太守"条佚文达八句三十二字，其他中央要职恐怕不会低于这个标准。而其内容，除官职名称之外，主要集中于对职掌的介绍。^②《汉官篇》虽为字书，但却是历史上第一部完整介绍朝廷百官的著述。作为《急就篇》的继承者，《汉官篇》承载的官制知识十分丰富且颇具体系，在传扬汉家制度方面，无疑更进一步。

《急就篇》《汉官篇》以外，两汉之际出现的大量字书几乎没有留下只言片语。对小学书籍中汉家制度的考察，只能到此。目前得到的结论是：西汉后期以来，部分知识分子开始认定，王朝制度是天下庶民必备的常识。他们把讲授汉家制度当作启迪蒙昧的一环，使此项知识随童蒙书籍的传播而得到一定普及。前文提到，班固、樊长孙、刘珍、张衡等人曾对汉家典制"闇而不彰"的局面忧心忡忡，希望借制度撰述令天下"人无愚智，入朝不惑"。可见，这两派知识分子的追求有相近之处。不过，小学书籍中的制度知识毕竟只是启蒙教育的一个板块，内容俗浅，尽管史游、王隆已做不少

---

① 见孙星衍等辑，周天游点校《汉官六种》，中华书局，1990年，第11—28页。以下所引《汉官解诂》《汉官典职仪式选用》《汉官仪》的文字均据此书，不再一一出注。
② 徐冲《王隆〈汉官篇〉小考》，《观书辨音：历史书写与魏晋精英的政治文化》，第174—202页。

工作，班、樊等都不将其看成制度书写的正途。而胡广充分吸收了双方的成果，既尊重王隆奠定的框架，又通过添加具有学术性的注解，赋予这部著作以深度。里程碑式的《汉官解诂》是两条脉络交汇的产物。

（三）《汉官解诂》的登场及影响

在"增助来哲多闻之览"的明确意识下，胡广写成《汉官解诂》，意味着官制撰述从构想转化为实践，这引发制度书写的潮流，官制之学的知识领域得以开辟。

我们先来细读《汉官解诂》，谈谈胡广怎样研究官制。按照胡氏自己的总结，他的工作是汇集官制材料，为王隆《汉官篇》"作诂解"，并"缀续后事"。也就是说，胡广将着力点置于训释文字与梳理沿革两个方面。

在列举官名后对职掌略作说明，是《汉官篇》原书的基本形式。胡广的注解，很大部分针对王隆的遣词用句。比如王隆在"博士"条下提到"讲论五始"，胡广即引《公羊传》所谓"元年春王正月公即位"对"五始"加以阐释。《汉官》"司农"条云"调均报度，输漕委输"，这里的"委输"是行政运作中的专业术语，胡广对此解释道："委，积也。郡国所积聚金帛货贿，随时输送诸司农，曰委输，以供国用。"《汉官》受限于小学书籍的性质及四字一句的格式，文字只得从简。经胡广发挥，王隆对于官僚制度的理解，终能完整、畅达地呈现出来。除了顺应王隆思路做出扩充，《汉官解诂》对官职名称的训释，体现出胡广自己的思考。比如该书就"执金吾"分析道"吾者御也，典执金革，以御非常也"，对"大鸿胪"的解释是："鸿，声也。胪，传也。所以传声赞导九宾也。"官职名称本是官僚制度的基础，《汉官解诂》问世以前，未见学者深究。两个例子涉及的都是沿袭已久的官号，在政治生活中司空见惯，而从胡广作注的行为可知，它们原初的意义其实并不为人所熟悉。胡广审视官僚制度的眼光全面而彻底，随着他将官号的语义与得名的缘由列为思考的对象，那些"日用而不知"的制度元素被带入学术研究的视域。在这种看似基本的文字训诂背后，制度之学的广度和深度开始升级。

官制的沿革，是《汉官解诂》的另一重心。胡广并不限于自叙所谓"缀续后事"，职官的源头及其在两汉的变迁，都属于他的考察范围。比如关于"前、后、左、右将军"，胡氏一方面袭取《汉书·百官公卿表》的材料，认为这类官职源自周、秦，进而考述诸将军在武帝朝与宣元以后的情况，为其演变提供了更丰富的情节。胡广对官制的溯源，还展现出新的思想倾向。《汉官解诂》之前，"汉表"曾对汉代职官的来历做过简单介绍，正如卷首序言所谓"秦兼天下，建皇帝之号，立百官之职，汉因循而不革，明简易，随时宜也"，班固将绝大部分官职的源头推至秦代。与此相异，胡广试图在汉官与三代之间构筑连结。如大鸿胪一职，"汉表"认为它来自秦代设置的典客，而《汉官解诂》将其与上古之制比附："昔唐虞宾于四门，此则礼宾之制，与鸿胪之任亦同。"解说光禄、谏议、太中、中散等大夫官时，胡广谓"此四等于古皆为天子之下大夫，视列国之上卿"，力争在先秦找到根源。东汉明帝以来，"每帝初即位，辄置太傅录尚书事"，胡广对此阐释道"犹古冢宰总己之义也"，无疑也是在粘合古今之制。西汉中期以来，人们的历史认识经历着一项巨大的转变，即秦政的合理性遭到否定，上古三代逐渐被看作优良的典范。[1]《汉官解诂》让这种观念也落实到官僚制度的研究中。上文

---

[1] 参见阎步克《士大夫政治演生史稿》，北京大学出版社，1996年，第324—333页；陈苏镇《〈春秋〉与"汉道"——两汉政治与政治文化研究》，中华书局，2011年，第133—306页。

提及，东汉的古文学家在解释周制时，常以汉制附会。胡广从上古为汉官寻求依据的做法，很可能受到了经学领域这一学术倾向的直接启发。

胡广将启蒙教材提升为学术著述的努力，其实没有止步于此。他还补充了不少通过亲身经历而积累的官场知识。比如在"卫尉"条下，他用一段近两百字的文句详细介绍了卫尉及其属官的执勤方式。其中涉及门籍的操作办法、"符"的规制，还提到卫士会以"谁！谁！"盘问来者，这些信息唯有经常出入宫禁的官员才能知晓。胡广常年供职殿庭，以上叙述应当源自他的体验。也就是说，任官经历对胡广汲取官制知识、开展相关研究极为关键。当然，明确的学术意识同样重要。如果不具备胡广那样对于制度的关切与敏感，即便日日趋走丹墀，恐怕也难以将获知的汉家典制加以记述。

《汉官解诂》的完成，让胡广的官制思考呈现于世。如同闸门开启一般，在东汉晚期的数十年间，《独断》《汉官典职仪式选用》《汉官仪》等围绕汉代典制的著述联翩而至。说官制之学由胡广正式创立，不只基于时间上的先后，他对后起学者造成的深刻影响才是主因。

汉末官制撰述的代表人物，如蔡邕、蔡质、应劭等，无一不从胡广那里汲取营养。胡氏曾将自己多年积累的汉制材料全部传授给弟子蔡邕，这成为后者撰写相关著作的基础。《独断》袭取胡广之说的证据已被研究者逐一发掘。[1]蔡邕叔父蔡质撰《汉官典职仪式选用》，收集了许多日常的细碎仪节。据此推测，作者在供职朝廷

---

① 福井重雅《蔡邕〈独断〉の研究》，《陆贾〈新語〉の研究》，汲古书院，2002年，第136—143页。

的过程中,曾用心观察、记录官场生活。蔡质这一治学方式与前文揭示的胡广之实践如出一辙。应劭是制度之学的另一重镇,他选择为《汉官》作注,[①]显然出于对《汉官解诂》的仿效。《汉官仪》中也有摘录自胡广著作的文字。[②]

通观汉魏之际官制类著述,很容易发现开风气者胡广打下的烙印。我们再举两件具体例证。

一是"舆服志"的出现。蔡邕为东汉国史撰写了"十志",[③]《律历志》《礼乐志》《郊祀志》等篇在《汉书》中已经确立,《车服志》《朝会志》则属于原创,反映出汉末学者新的关注点。车服是用以赏功劳、序尊卑的一种官场仪制。两汉时期,一套自天子达于百官的车服规定逐渐形成。而胡广是从学术角度加以综合考述的先行者。《汉官解诂》的佚文里有对"卤簿""毂下""鸾旗"等术语的阐释,《续汉书·舆服志》另外援用了一些胡广关于服制沿革的论说。在《独断》中,蔡邕花费大量笔墨辨析皇帝与百官的车驾、冠服,延展了胡氏的研究。刘昭注《续汉书·舆服志》,频频引用《独断》,说明该书关于汉代车服的考证颇具价值。蔡邕于国史设"志"来专门记叙车制与服制,是同一学术脉络的产物。稍晚的汉魏之际,谢承撰《后汉书》,继续设置《舆服志》,董巴则推出《大汉舆服志》一书。[④]另外,百官朝会仪式获得格外关注,以致蔡邕撰《朝会志》加以记录,也是受其师影响。建元二年(480),南齐群臣讨论国史编纂,檀超等主张效仿蔡邕立《朝会志》。王俭在驳议中

---

① 《隋书·经籍志二》。
② 参见佐藤達郎《応劭〈漢官儀〉の編纂》,《関西学院史学》第33号,2006年。
③ 参见吴树平《蔡邕撰修的〈东观汉记〉十志》,《秦汉文献研究》,齐鲁书社,1988年,第172—211页。
④ 《史通·书志》《隋书·经籍志二》。

谈到"朝会志"的来历："《朝会志》前史不书，蔡邕称先师胡广说汉旧仪，此乃伯喈一家之意，曲碎小仪，无烦录。"①这条材料明示，蔡邕重视朝会仪的态度继承自胡广。

第二个例证是，汉末以降的制度研究延续了胡广将当代制度溯源至上古三代的倾向。这一点在应劭的著述里有所体现。按照《汉书·百官公卿表》，九卿中的太常与大司农分别源自秦代设置的奉常与治粟内史。从《汉官仪》的佚文可知，应劭在更"光辉"的尧舜时代为二者发现了根柢。另一方面，先前的制度文献梳理官职源流，对象主要是三公九卿等高级别官僚。从《汉官仪》的佚文推测，应劭至少对六百石以上诸官的由来都做过考察，扩展了官职起源研究的范围。九卿的一些属官，比如太史令、虎贲中郎将、公车司马令等，因为应劭的建构而与古制具备了承接关系。进一步看，以今制比附上古圣王之制的做法，在魏晋以降的官制撰述中愈发强烈。此处用两晋之际由荀绰撰写的《晋百官表注》来说明。②关于"太尉"，《汉官仪》尚与"汉表"保持一致，视该职为秦制的产物。《晋百官表注》则称"太尉，古官也"。《汉官仪》考证尚书令源出秦官，而荀绰云："尚书令，唐虞官也。"在荀氏书中还有光禄大夫、太子太傅、太医令等职被认为起自上古。另外，《宋书·百官志》也对三公九卿等重要官职的来历做过交代，将其与"汉表"相关内容对比即可发现两者差异明显。沈约把绝大部分职位的根源都安排在上古三代，承接着汉末以来官制研究的趋势。可以看出，制度之学在汉魏之际兴起以后，人们的官制史认识发生了转折。

---

① 《南齐书·文学·檀超传》。
② 下引该书材料据黄奭辑《晋百官表注》，《黄氏逸书考》，《续修四库全书》第1211册，上海古籍出版社，1995年，第51—57页。

以上梳理说明,胡广的官制研究在知识界引发了剧烈反响:同类著作相继出现,他的视野、方法也被遵奉与拓展,制度之学由此走向兴盛。胡广何以具备如此强大的影响力?除了学术上的开创性,他的政治地位也不容忽视。胡广的仕宦生涯贯穿安帝、顺帝、冲帝、质帝、桓帝、灵帝六朝。自顺帝后期开始,胡氏长期占据三公之位。[①]又据本传所记"其所辟命,皆天下名士"可知,胡广门下网罗了大量当朝精英,凭借辟举制度获得了士林领袖一般的角色。因位极人臣、备受拥戴,他的学问与著作自然是官僚界、知识层的瞩目对象,其中合理、先进的部分因而容易得到发扬。

(四)官制撰述的经世性

东汉晚期开始出现的大量职官文献,往往只被后人用作说明当时制度的史料。这些著作以及背后的官制之学在政治生活中的意义,隐而不彰。观察官制撰述的角色与价值,能够帮助我们理解书写朝廷制度的行为何以长盛不衰。

首先应该明确,绝大多数官制著述所预设的受众,并非后世的读史者。在樊长孙眼中,制度书写的功用是"令人无愚智,入朝不惑"。此处的"人",既指向供职朝廷的官僚,也包括偶尔与政府交涉的庶民,官制撰述就是要使这些同时代的人们在面对相关事务时不至于陷入困惑。在撰述理念上与樊长孙一脉相承的胡广,用"令世施行,庶明厥旨"来表明《汉官解诂》的使命,他在意的也是让汉朝臣民理解当前施行的典制。应劭在建安元年(196)的上表中表达了对其所撰《汉仪》的期许:"虽未足纲纪国体,宣洽时雍,

---

① 《后汉书·胡广传》。

庶几观察，增阐圣听。惟因万机之余暇，游意省览焉。"①"未足"乃谦辞，应氏对《汉仪》的定位正是"纲纪国体，宣洽时雍"，他渴望这部制度著作能帮助献帝治国施政。如上所述，制度撰述在成立之初具有很强的实用目的。

回到当时的社会环境可以发现，官制文献的读者集中于官僚群体。汉代政治的日常运行，强调以律令和故事为依据。但汉代律令繁多，故事范围更广，随时间推移，其数量亦必庞大。要掌握两者并适当地加以运用，对官员来说绝非易事。职是之故，"明习故事"在官场成为一种颇受推崇的才能。②如《后汉书·樊准传》云："视事三年，以疾征，三转为尚书令，明习故事，遂见任用。"《黄香传》云："帝亦惜香干用，久习旧事，复留为尚书令，增秩二千石，赐钱三十万。"尽管引文提到的故事并不限于官僚制度，但不难推知，官员在参与这方面事务时，了解涉及职官设置与官场仪制的规定、习惯十分必要。官制撰述说到底，是学者从海量的律令、故事中提取相关信息，加以总结和阐释的结果。这样的专题著作为官员提供了方便，契合需要。

《汉官典职仪式选用》的"官场指南"性格尤为明显。根据佚文，蔡质对朝廷百官的沿革、职掌进行过简要梳理，这是关于汉代官制的基本资料。进一步，蔡质站在官员的角度，介绍了行事履职过程中应当了解的知识和遵守的准则，包括赏赐拜除、官员相见、出入宫阙、参与典礼等多种场合。这些信息有的来源于成文规定。比如书中列出的刺史监察郡国的"六条"，当引用自前代诏书。又如，蔡质完整记录了汉灵帝立宋贵人为皇后的过程，既直接

---

① 《后汉书·应劭传》。
② 邢义田《从"如故事"和"便宜从事"看汉代行政中的经常与权变》，《治国安邦：法制、行政与军事》，第380—412页。

抄取皇帝与群臣往复商议的文书,也采纳了太常等事先制定的"礼仪正处",也就是仪注。蔡质还收集了大量不成文的惯例。机构内部官员之间的称呼、礼敬方式即属此类。比如该书云:"(尚书)郎见左、右丞,对揖无敬,称曰左、右君。丞、郎见尚书,执板对揖,称曰明时。见令、仆射,执板拜,朝贺对揖。""门候见校尉,执板下拜。""五营司马见校尉,执板不拜。"这是军官间的礼敬规范,蔡质亦有留意。皇帝给予某些官员的特殊礼遇,也是在政治生活中逐渐形成的习惯。比如尚书郎"入直台中",可以享受食宿上的优待:"官供新青缣白绫被,或锦被,昼夜更宿,帷帐画,通中枕,卧旃蓐,冬夏随时改易。太官供食,五日一美食。"皇帝对掌管机要的尚书官员时常有额外赏赐,蔡质讲述道:"尚书令、仆射,给赤管大笔两枝。"又云:"尚书令、仆、丞、郎,月赐隃糜大墨一枚,小墨二枚。"蔡质的记录如一扇窗口,透露出汉代政治体制下数量巨大、内容细密的官场法则。在各职位间迁转的官员,需要不断面对和学习各类典职规范、处事仪节。《汉官典职仪式选用》作为专门汇集这方面材料的便捷读本,在前述背景下,其问世想必受到了官僚界的热烈欢迎。

此处再就不成文惯例稍作补充。惯例与成文的条品法式,实际上均为官僚群体日常行事的凭据。[1]但在汉末制度书写兴起以前,依赖口耳相传的惯例是流通范围有限、令官员难以充分掌握的知识。经过制度学者的搜集、整理,官制方面的习惯终于文本化,始能以较固定的形态广为传播。我们用一条有趣的材料来具体说明。应劭《汉官仪》载:

---

[1] 邢义田《从"如故事"和"便宜从事"看汉代行政中的经常与权变》,第380—394页。

> 桓帝时，侍中迺存年老口臭，上出鸡舌香与含之。鸡舌
> 香颇小，辛螫，不敢咀咽。自嫌有过，得赐毒药，归舍辞决，欲
> 就便宜。家人哀泣，不知其故。赖寮友诸贤闻其愆失，求视其
> 药，出在口香，咸嗤笑之，更为吞食，其意遂解。存鄙儒，蔽于
> 此耳。

据引文，侍中迺存不知桓帝所赐鸡舌香为何物，以为皇帝欲令其死，举家悲切，后赖同僚开示才解除误会。皇帝身边奏答应对的近臣须口含鸡舌香，其实是东汉政治生活中业已形成的习惯。《汉官典职仪式选用》云："省阁下大屏称曰丹屏，尚书郎含鸡舌香，伏其下奏事。"《汉官仪》也提到尚书郎"含香奏事"的故事："郎握兰含香，趋走丹墀奏事。"含香的原因，按照《宋书·百官志》的解释，是为了让皇帝面前的说话者"气息芬芳"。而从上引文的情况可见，含香的常规可能只在近臣间因循，不为外人熟悉。新上任的迺存才会因不知晓这项传统而闹出笑话。不过，随着蔡质、应劭等学者将"近臣含香"之类的旧例写入著作，不成文的习惯凝结为有据可查的守则，迺存式的误解渐成历史。与此同时，那些原本在各种"圈子"内部沿习的成规，也因制度撰述的传阅，转化为整个官僚界都能接触的共有知识。

除了协助官员的日常行政，为官制建设提供指导，也是制度书写的用武之地。汉廷在筹划或实施政治改革时，一般会从何处寻找根据？《后汉书·朱浮传》所载传主的论议涉及职官制度，我们以此为例。光武帝建武六年（30），朱浮针对守令有纤微之过即见斥罢的现象上书谏争，其中论据部分为："五典纪国家之政，《鸿范》别灾异之文，皆宣明天道，以征来事者也。……然以尧舜之盛，犹加三考，大汉之兴，亦累功效，吏皆积久，养老于官，至名子孙，因为

氏姓。当时吏职,何能悉理;论议之徒,岂不喧哗。"在经义之外,
被朱浮用来批评当前措施的理据,是西汉前期的吏制旧例。同年,
光武帝赋予刺史罢黜守令之权的举动,又引起了朱浮的不满:"窃
见陛下疾往者上威不行,下专国命,即位以来,不用旧典,信刺举之
官,黜鼎辅之任……《传》曰:'五年再闰,天道乃备。'夫以天地之
灵,犹五载以成其化,况人道哉!"朱浮认为当前措施亟待纠正,因
为它既违背圣贤的教诲,也不符合历来"旧典"。上述事例中,朱
浮数次提倡改善地方行政,其理据均采自经典与故事。而通观这
一时期各项政策的讨论、执行可以发现,以经义和成准作为依据,
实为汉代政治的常规。故对于官制建设的参与者来说,深入了解
这一领域内的"旧典"乃必要步骤。

这样的环境下,充分整理旧式仪品的官制著作,无疑富有参考
价值。为皇帝、朝臣提供知识资源,服务制度建设,也正是汉末学
者纂录官制时自觉的意识。应劭的系列著作将这一点展现得淋漓
尽致。

前文已经提及,应劭对《汉仪》的经世目的有明确定位,即"纲
纪国体,宣洽时雍"。该书何以具有如此效用?据《后汉书·应劭
传》,《汉仪》乃"删定律令"而成。此处"律令"应取广义,包含法
规、仪注、故事等各类品式章程。也就是说,《汉仪》是官制礼仪方
面"旧典"的汇编,自然会对相关政策的谋划商讨有所助益。另可
注意该书撰写时的政治背景。应劭献《汉仪》,时在建安元年。那
么,该书的编纂正值东汉政局最为混乱的时期。尤其是董卓挟帝
西迁,洛阳遭大肆破坏,图籍旧章亦纷乱亡失,用应劭自己的话说
就是"逆臣董卓,荡覆王室,典宪焚燎,靡有孑遗,开辟以来,莫或
兹酷"。至献帝都许,形势才稍微稳定,各项事业迎来重振的机遇。
应劭献上保存"典宪"的《汉仪》,可谓切合时宜。从司马彪《续汉

书》"朝廷制度，百官仪式，所以不亡者，由劭记之"的评价来看，[①]
应劭的官制礼仪之学对制度文明在汉末动乱中的延续发挥了重要
作用。

应劭的此项工作并未终止。《应劭传》载："时始迁都于许，
旧章堙没，书记罕存。劭慨然叹息，乃缀集所闻，著《汉官礼仪故
事》，凡朝廷制度，百官典式，多劭所立。"这部《汉官礼仪故事》的
上呈对献帝朝廷意义巨大，"朝廷制度""百官典式"的重建均从中
受益。实际上，应劭自建安元年直至去世，一直在专制河北的袁绍
府中任职。由是可知，在邺城与许都之间，存在一条供制度知识流
动的通道。另一方面，应劭搜集、保存汉代典制的努力，很可能来
自袁绍的驱动。[②]毕竟，职官设置方面的资料对"霸府建设"同样
极具帮助。

以上，我们在王朝的日常行政、制度建设中发掘出制度撰述的
意义。经世，不仅是官制撰述的目的，也是其实际功用。可以说，
汉末出现的制度之学在很大程度上是一种经世之学。魏晋以降，
官制撰述逐渐成为一项兴盛的学术传统，它在政治生活中的角色
与价值，是造就这一历史脉络的重要因素。

二、官制考述的南朝新风

汉末兴起的官制之学在南朝迎来了一股热潮。对《隋书·经
籍志》史部职官类书目略微一瞥即可有所领会：该时期的职官著

---

① 《三国志·魏书·应玚传》裴松之注。
② 佐藤達郎《応劭〈漢官儀〉の編纂》，《関西学院史学》第33号，2006年。

作不仅名目繁多,且动辄数十卷。进一步看,南朝学者关注的制度不再限于本朝的范围,陶藻《职官要录》、王秀道《百官春秋》等都是稽考历代的著作。①与此同时,制度书写也受到官方的极大重视。相继问世于齐梁的官制大典《齐职仪》《梁官》,即出自政治权力的推动。

不过,在众多围绕官制的著述里,只有《宋书》《南齐书》的"百官志"以及刘昭为《续汉书·百官志》所作注释完整保存至今。下面通过剖析《宋书·百官志》以及"刘昭注"的取材与编纂,揭示官制撰述在南朝的社会环境与学术氛围下形成的新特点。

首先应该注意,"百官志"在汉魏之际成为纪传体王朝史的固定配置,这本身也是受官制之学兴起的影响。班固于《汉书》立《百官公卿表》,卷上为职官概述,卷下以表格形式记录西汉一代公卿的迁转。东汉国史《东观汉记》中的《百官公卿表》完成于桓帝时期。②不过此后,"百官表"迅速淡出。孙吴治下谢承撰写的《后汉书》是《东观汉记》后第一部东汉王朝史。《史通·书志》指出该书设有题为"百官"的志书。西晋司马彪叙东汉史,继续使用"百官志"来讲述职官制度。《续汉书·百官志》与"百官表"区别明显:记录官员名字、迁转的表格不复存在,通篇以职官沿革、员额、职掌为内容。晚些问世的诸家"后汉书""晋书"以及南北朝正史,全都沿袭"百官志"的形式,③唯何法盛《晋中兴书》例外。"百官表"的重心是官场中的人事变动。虽然《汉书》《东观汉记》的《百

---

① 参见姚振宗撰,刘克东等整理《隋书经籍志考证》卷一七,《二十五史艺文经籍志考补萃编》第15卷,清华大学出版社,2014年,第723—726页。

②《史通·古今正史》。

③ 参见中村圭尔撰,付晨晨译《六朝官僚制的叙述》,《魏晋南北朝隋唐史资料》第26辑,2010年。

官公卿表》都有对官制的记述，但毕竟只是表格的附庸，内容也比较简略。例如，"汉表"关于职掌、沿革的介绍，基本上限于三公九卿及郡县首长。各府属官等更低级官吏的情况无法由此获知。东汉后期以来，随着胡广、应劭等学者的倡导与实践，知识群体对王朝设官分职的注重大胜以往，认知深度也得到提升。这种风气下，史书编纂者的焦点转移至官制本身。《隋书·经籍志》史部职官类的小序早已揭示两者间的关联："汉末，王隆、应劭等以《百官表》不具，乃作《汉官解诂》《汉官仪》等书。是后相因，正史表志，无复百僚在官之名矣。"引文将"百官志"的出现归因于汉末制度之学的认识，可称精准。这种新型志书登场后，正史包含的官制信息大为充实。

《宋书》诸志的记述不限于刘宋一代，而以接续司马彪"续汉志"为目标。那在《百官志》中，关于曹魏以降两百余年的官制沿革，作者从何处取材？沈约为"宋志"撰写的总序提道："百官置省，备有前说，寻源讨流，于事为易。"由是可知，前人在官制方面的研究已十分丰富，沈约多方采撷，较为轻松地完成了《百官志》的编纂。稍晚撰成的《南齐书》在其《百官志》卷首的序言中，罗列了官制领域的代表性文献，包括《汉书·百官公卿表》《续汉书·百官志》《晋令》以及刘宋以来问世的《选簿》《百官阶次》《齐职仪》等。[①]这份书单反映了齐梁时期学者了解职官历史的门径。"汉表"至《百官阶次》，很可能也是《宋书·百官志》的取材对象。沈约在志文中有时会标示资料的出处，可以证明该序言举出的"汉表""续汉志"以及应劭《汉官》、鱼豢《(魏略·)中外官》等的确

---

① 参见赵立新《〈南齐书·百官志·序〉所见中古职官文献与官制史的意义》，《台大历史学报》第62期，2018年。

被援用。此外,《宋书》还搜集经注类、文赋类的材料进行补充,既包括《尚书》《周礼》《礼记》及郑玄的《周礼注》、王肃的《尚书注》,亦吸收了司马相如《封禅书》、刘向《与子歆书》、皇甫规《与张奂书》、枣据《追远诗》的相关内容。

资料的多元化,正是《宋书·百官志》编纂上的首项特质。阮孝绪《七录》建立的图书分类法,①是南朝学者对书籍文献与知识领域的一种划分方式,我们以此展示《百官志》的取材规模。《七录》的第二大类名为“记传录”,相当于《隋书·经籍志》的“史部”,其下包含十二个子目。《百官志》的主体材料来自“记传录”中“国史部”“职官部”“法制部”等多个子目的书籍。比如《汉书》《续汉书》以及鱼豢《魏略》属于“国史部”,应劭《汉官》自然是“职官部”下的典籍,《晋令》等法制条文属于“法制部”。而《尚书》《周礼》《礼记》以及后人的注释,位列《七录》的“经典录”。被多次利用的汉晋间诗文材料当出自“文集录”。也就是说,《百官志》作者搜集材料的范围,绝不局限于史传。与早前成书的《续汉书·百官志》比较,更可凸显此点。《续汉书·百官志》的撰写体例是:源自东汉“官簿”的“正文”叙各职官的名称、员额与秩级,司马彪所作“注文”述职掌与沿革。②该志的取材对象当为官府档案以及与官制直接有关的法令规章、国史旧文,材料来源比较单一。

正史官制书写取材范围在两晋南朝间的变化,反映了史家视野的拓展。在《宋书》作者那里,建立针对职官的论述,不再满足于从旧史与律令中抄录材料。无论是经注还是诗赋,只要有涉及

① 阮孝绪《七录序》,《广弘明集》卷三,《四部丛刊》本,第14—18页。
② 徐冲《〈续汉书·百官志〉与汉晋间的官制撰述》,《观书辨音:历史书写与魏晋精英的政治文化》,第134—135页。

制度的内容,都被纳入了查考范围。于是我们看到,王肃对《尚书》的注解被灵活用于训释"录尚书事",司马相如《封禅书》的文句可解说导官令之得名,皇甫规与张奂的书信成为东汉置秘书监的证据,枣据《追远诗》被当作阐释刺史循行的材料。当然,这种对史料丰富性的追求,不是《宋书·百官志》编纂过程中的特有现象。广泛搜集素材、充分占有史实,是南朝史学领域的整体倾向。[①]它的形成,受到当时学术氛围的滋养。南朝堪称"知识至上"的时代,"博学多识"被大力推崇,《颜氏家训·勉学》所谓"夫学者贵能博闻也,郡国山川,官位姓族,衣服饮食,器皿制度,皆欲根寻,得其原本",即士人群体学术态度的写照。[②]沈约自己就是这股学风的代表人物。沈氏曾自述"少好百家之言,身为四代之史"。[③]《梁书·沈约传》云"好坟籍,聚书至二万卷,京师莫比",又称其"该悉旧章,博物洽闻,当世取则"。另外,《南齐书·崔慰祖传》《梁书·刘显传》都有沈约考问后辈学者经史故实的记载,这类事迹说明他在博学上的造诣得到了知识阶层的推重。正是经沈约之手,南朝贵博尚通的学术特点被注入制度撰述,正史志书因此呈现出史实丰富的面貌。

"刘昭注"也为深入了解南朝制度之学提供了一扇宝贵的窗口。依靠其"史注"的形式,我们能准确获知,萧梁时期的学者为了解某一断代的官制参阅过哪些文献。据统计,刘昭引用了五十余种著述来注释《续汉书·百官志》,得以在司马彪的原有记载外

<hr/>

① 胡宝国《知识至上的南朝学风》,《将无同：中古史研究论文集》,中华书局,2020年,第163—200页。
② 吉川忠夫《六朝精神史研究》,王启发译,江苏人民出版社,2012年,第258—260页。
③《梁书·王筠传》。

增补丰富史实。这些文献绝大部分不是职官专书。按照同时期阮孝绪的《七录》分类，有十余种可归入"经典录"，这包括《尚书》《周礼》《礼记》等原典和马融、卢植、郑玄、干宝等儒士所作笺注。《韩诗外传》《五经通义》《诗经草木疏》等经解、小学之书也属于此类。"记传录"下"国史部"的文献，比如《史记》、《汉书》（以及臣瓒等人所作注释）、《东观汉记》、《古史考》、《献帝春秋》、《魏氏春秋》，频繁出现在注文中。"注历部"书籍有《汉献帝起居注》，"杂传部"文献有《梁冀别传》，《雒阳宫阁簿》《晋太康地道记》属于"土地部"。《七录》"子兵录"收子书、兵书，该类图书在刘昭注中也为数不少，如《太公阴符》《盐铁论》《说苑》《新论》《风俗通义》《古今注》《博物记》等。刘昭还大量参考文赋材料，可以举出李尤所作东汉洛阳的城门铭、卫权所作《三都赋》注等。纬书《尚书中候》则为"术伎录"下文献。易言之，刘昭搜集材料的范围囊括了《七录》分类体系下除"佛法录""仙道录"的所有图籍。

　　不难想见，在落笔之前，刘氏一定经历了充实且漫长的资料收集阶段，翻检的篇籍应当比明确引用的文献还要超出许多。这种以广博的阅读为基础的官制疏释方式，在南朝以前不曾出现。汉末胡广为王隆《汉官》所作诂解，在疏通文字之外，也补充了不少有关职掌、沿革的信息。但《汉官解诂》旨在为读者提供理解汉代官制的清晰线索，没有采取广集异同、比较众说的注释方法。另外，经颜师古转引，服虔、应劭、张晏、如淳、臣瓒等汉晋间学者对《汉书·百官公卿表》的注释也得以部分留存。据内容判断，这些注家的工作均属于"训解式史注"，并未经过多方搜求材料的环节。在广泛披览、博采史料这一点上，"刘昭注"与《宋书·百官志》相近，深受南朝独特的文化气息影响。透过一些材料，我们也可以看出刘昭个人对博学多闻的推崇。在《后汉书注补志序》中，刘昭对"续汉志"提出过批评："既接继班书,通其流贯,体裁渊深虽难逾等,序致肤约有伤悬越,后之名史,弗能罢意。"刘氏特以"序致肤约有伤悬越"之语指出"续汉志"失在于略,说明丰厚的历史信息是其尤为看重的方面。序文后半部分又多次表达,"博"与"广"是作注过程中尽力达成的目标,如"狭见寡陋,匪同博远,及其所值,微得论列",以及"岁代逾邈,立言湮散,义存广求"。《集注后汉》推出后,世人的评价正集中在"博悉"这一点上。①另外,对子女的教育也可反映刘昭的学术取向。《颜氏家训·勉学》记南朝士大夫子弟的受学过程:"士大夫子弟,皆以博涉为贵,不肯专儒。……冠冕为此者,则有何胤、刘瓛、明山宾、周舍、朱异、周弘正、贺琛、贺革、萧子政、刘绍等,兼通文史,不徒讲说也。"刘绍即刘昭子。与不少梁代贵胄一样,刘绍从群经起步,进而"兼通文史"。这样的学业培养,显示了刘氏门风中"以博涉为贵"的一面。《续汉书·百官志》"刘昭注"的取材,展现出这种知识态度在官制领域的应用。

《宋书·百官志》的第二项特质表现在沈约对制度的讨论与考证上。该志当中,作者常常打断制度历史的描述,插入自己的判断。比如"博士"条云:"班固云,秦官。史臣案,六国时往往有博士,掌通古今。"这是沈约对前人说法的修正。关于太尉府掾属,志云:"案掾、属二十四人,自东西曹凡十二曹,然则曹各置掾、属一人,合二十四人也。"案语的目的在于分析掾属员额的内在缘由,结论颇为合理。还应注意的是,沈约的考证并未都用"案""史臣案"一一标明。最明显的例子是针对官职名称的解说。如"大司马"条云:"司,主也。马,武也。""廷尉"条曰:"凡狱必质之朝廷,与众共之之义。兵狱同制,故曰廷尉。"该志在述及光禄勋、少府、

①《梁书·文学上·刘昭传》。

大鸿胪、导官令、尚书仆射、尚书、度支尚书、给事黄门侍郎、长水校尉诸职的段落,均对其官名含义有所讨论。这类文字同样属于沈约个人的见解。在《汉书》《续汉书》相关表、志中,我们很难见到相似内容。面对制度变迁,班固、司马彪的身份近于旁观者,二人的工作主要限定在史料的搬运与转述。沈约却不满足于整理、记录历史现象,他频繁地与叙述对象展开对话,力图通过自己的研究为官制提供更深刻的解释,使得《宋书·百官志》呈现出浓烈的学术性。

刘昭注《续汉书·百官志》,亦在考订史实上投入心力,并非一味追求材料的繁复。比如"太尉条"注引关于该职起源的多种见解:"前书曰'秦官',郑玄注《月令》亦曰'秦官'。《尚书中候》云舜为太尉,束晰据非秦官,以此追难玄焉。"紧接着刘氏以"臣昭曰"的形式对《尚书中候》之说提出了批评,要点有二:一是纬候众书"动挟诞怪",难称可靠;二是"舜为太尉"乃后世追述,"非唐官之实号"。可见,刘昭不满足于简单地排列前说,材料的真实性也是其关注的问题。再如,关于越骑校尉之得名,如淳注《汉书》以"越"指越人,晋灼注《汉书》则谓"取其才力超越也",刘昭疏释该职时采掘出这组异说,并结合自己注意到的光武帝朝史事,判定晋灼的解释允当。又如,"百官受奉例"一段有注曰:"《古今注》曰:'永和三年(138),初与河南尹及雒阳员吏四百二十七人奉,月四十五斛。'臣昭曰:此言岂其妄乎? 若人人奉四十五斛,则四百石秩为太优而无品,若共进奉者人不过一斗,亦非义理。"刘昭提供了《古今注》的关联记载,旋即指出其中的可疑之处,该材料反映了刘氏在阅读中倾注的思辨。

正史官制书写的这一崭新面貌,与制度之学的持续进展密切相关。撰《汉官解诂》的胡广、撰《独断》的蔡邕、撰《汉官仪》的应劭等制度之学的初代学者，在搜求、编排相关资料的同时，已开始将自己的思考通过训释的方式注入。晋宋间涌现的官制著作同样不止步于罗列条文、描述沿革，由《晋公卿礼秩故事》《晋百官表注》《车服注》的佚文可以看出，傅畅、荀绰、徐广在制度考证方面多有尝试。齐梁之际问世的《齐职仪》作为官制通史，述历代分职，"凡在坟策，必尽详究"。作者王珪之眼界开阔，将等级掌司、黜陟迁补、章服冠佩这些素来被分别讨论的内容汇聚于一书。该书留存在唐宋类书中的不少段落，如关于"尚书八座""乘黄令"来历的辨析，[①]彰显了研究的深入。上文已指出，沈约、刘昭曾广泛参考汉宋间制度学者的专题著述。两部文献在分析探究方面的积极作为显示，除了材料和观点，官制撰述的学术态度也被继承，展示了官制之学在正史志书的框架内所能达到的高度。

《宋书·百官志》与《续汉书·百官志》的"刘昭注"得以充分融入制度之学的脉络，两位作者的现实关怀也是关键因素。王朝的设官分职本就受沈约注重，这可以从他对制度建设的深度介入看出。据《隋书·经籍志》史部职官类，沈约曾撰《新定官品》二十卷。萧梁初期，官方对官品位阶进行过两次大调整。萧衍称帝后不久，即命尚书删定郎蔡法度定九品。至天监七年（508），革选，十八班体系推出，官品也开始析分出正从上下。[②]《新定官品》应是围绕梁初制度变动的记录，以及对最终定制的颁布，这显示沈约是此进程的主导者之一。而从二十卷的篇幅来看，该书内容不限于刊载品阶规定，很可能包含作者的考释和解说。因此，撰写《宋书·百官志》期间，沈约不只站在正史编纂者的立场，他还具有

---

① 《艺文类聚》卷四八《职官部·尚书令》，《太平御览》卷二三〇《职官部·乘黄令》。
② 《隋书·百官志上》。参见阎步克《品位与职位：秦汉魏晋南北朝官阶制度研究》，中华书局，2009年，第378—397页。

官制制定者的身份。志中围绕汉魏南朝官制变迁的梳理和思考，亦应视作沈氏为参与制度修整所储备的智识资源。

"刘昭注"的经世指向更为明显。"刺史"条下有一则一千一百余字的长篇注释。这条以"臣昭曰"起始的史注，在梳理先秦至汉初的地方统治形式后，转入对历代刺史制度的评述。刘昭认为，西汉对刺史的管理颇为有效，世入东汉，刺史"渐得自重之路"。刘氏继而结合史实，分析了刺史权力扩张与汉晋之际动乱的因果关联。最后，注释在地方权力的问题上提出警告："后之圣王，必不久滞斯迹，灵长之终，当有神算。不然，则雄捍反拒之事，惧甚于此心，凭强作害之谋，方盛于后意。"可以看到，该史注涵盖了上古至魏晋的史事，目的是为今后的制度改革提供镜鉴。在接下来的"王国"条下，刘昭又加入了一则一千两百余字的长注，主题是分封同姓对政局的影响，同样针对地方统治模式的问题。这条注文首先回顾了王国制度在两汉的得失，并总结出"封建子弟"理想状态，后继续讨论魏晋二代的封建制度：曹魏打压宗亲，故国祚"不满数十年"，西晋又"矫枉太过"，"唯亲是贵，无愚智之辨"，终致八王之乱。结尾处刘昭提出，合理的封建制度是王朝安定的保障，"圣帝英君，欲反斯败，必当更开同姓之国，置不增之约，罢皇胤入宫之祸，守盟牲砺河之笃，乃可还崄坠之路，反乎全安之辙也"。魏晋以来，包括曹冏、段灼、刘颂、陆机、袁宏以及沈约在内的不少学者，在讨论时事时，都将中央与地方关系作为一项重点。[①]与他们一样，刘昭作出相关思考，也是受到政治形势的触动。如所周知，汉末乱世的造成，与刺史、州牧领导的地方割据势力紧密相关。两晋以

---

① 参见川合安《沈約の地方政治改革論—魏晉期の封建論と関連して—》，中国中世史研究会编《中國中世史研究・続編》，京都大学学术出版会，1995年，第252—277页。

降，宗王又常常成为威胁皇权的力量。宋齐时期的多次政治动荡，均可归因于地方统治政策的失效。刘昭经历过的齐梁鼎革，则肇自雍州刺史萧衍假借南康王萧宝融的旗号推翻中央。鉴于魏晋南朝不断上演中央与地方的纠纷与对抗，如何加强对州县的管控，如何将宗室塑造成拱卫朝廷的力量，一直是朝中君臣的关切所在。

对历代州制、封建制进行评价并为统治者提供建议的两条史注，实际上是刘昭围绕上述问题发表的政见。"臣昭曰"三字已经透露，《集注后汉》预设的读者以当朝帝王为首，所谓"圣王""圣帝英君"即对梁武帝的期待。刘昭的注释工作完成于作为皇帝近侍的通直散骑侍郎任上，随即奉呈，时间大约在天监十年（511）至十七年（518）之间。[①]通过细致的考述，刘昭希望让自己关于地方制度的观点理据坚实，最终借由《集注后汉》的传递，成为武帝施政的参照。

三、官修政典的出现

在中国古代的政制文献里，布列着一批由朝廷组织编纂的官制大典。《齐职仪》《梁官》开其端绪。官修政典为何出现？欲回答此问题，仍必须结合官制撰述在政治生活中的角色与价值。

汉末至两晋间，政局动荡成为历史主轴，官制之学却在这一过程中愈发凸显重要性，其现实功用得以在朝政舞台上充分展现。前文提到，应劭的官制作品多应政治需要而生，《汉官仪》等书的上呈对建安年间的制度重建助益极大。魏晋时期问世的制度著述

---

① 小林岳《後漢書劉昭注李賢注の研究》，汲古書院，2013年，第47—68頁。

往往具有同样的性质。比如《三国志·魏书·卫觊传》记卫觊撰有《魏官仪》一书。卫觊曾在汉献帝朝廷担任尚书,主持制度的整顿,王沈《魏书》云:"初,汉朝迁移,台阁旧事散乱。自都许之后,渐有纲纪,觊以古义多所正定。"①魏国建立后,卫觊被拜为魏侍中,"与王粲并典制度",曹丕称帝后,复为尚书。《魏官仪》应是其修复官制过程中形成的文字材料,用以规范曹魏的朝政运行。同时期另一位因擅长制度之学而获得朝廷倚重的人物王粲,与汉末制度学大家蔡邕具有学术继承关系。据《三国志·魏书·王粲传》,他获得了蔡邕绝大部分藏书,其中当不乏官制方面的资料。建安十八年(213),魏国建,王粲被拜为侍中,"时旧仪废弛,兴造制度,粲恒典之"。他在革新封爵制度、葺理宫廷雅乐方面也做出了贡献。②史家在回顾汉魏间制度变迁时都会提及卫、王的事迹,如《宋书·礼志》云"魏初则王粲、卫觊典定众仪",《南齐书·礼志》称"侍中王粲、尚书卫觊集创朝仪",可见二人在兴复制度上的确取得了成绩。

　　《隋书·经籍志》史部职官类下有傅畅所撰《晋公卿礼秩故事》九卷。傅畅出自西晋时期位望显赫的北地傅氏家族,青年时曾侍讲东宫、任秘书丞。永嘉之乱爆发,洛阳沦陷,傅畅被石赵政权吸收,《晋书·傅畅传》云:"寻没于石勒,勒以为大将军右司马。谙识朝仪,恒居机密,勒甚重之。"他受石勒重用,在政治上介入甚深,关键原因就是"谙识朝仪",这种能力对石赵政权建立、完善宪章仪轨极具帮助。以官制朝则为主要内容的《晋公卿礼秩故事》正是在这一过程中面世的。能够撰成此部制度专著,或许跟他早

①《三国志·魏书·卫觊传》裴松之注。
②景蜀慧《王粲典定朝仪与其家世学术背景考述》,《四川大学学报》2003年第4期。

年供职西晋秘书省，可以广泛披阅官藏文籍有关，但此时编纂《故事》的目的，是为石勒一朝的制度建设提供规范。另一位进入石赵政权的士人荀绰著有《晋百官表注》十六卷。荀绰在石勒帐下扮演着与傅畅相似的角色，这部《表注》同傅畅的《故事》一样，是石赵政权模拟汉晋以创设制度的参考材料。石赵崩溃后出现了自北而南的人、物流动，《故事》《表注》随之传入东晋。在江南另立的东晋政权，远离过去的政治中心，因"旧章多缺"，朝政运作常常无所依据，君臣深受困扰。两书保留了大量中朝的制度信息，可以想见，此时的南来对东晋政府来说也意义不凡。义熙年间徐广修订车服仪制，引《故事》为准则，这是傅畅的官制之学重新在江左施展效能的证据。[①]

《齐职仪》作者王珪之一家的位望延续，也跟晋宋朝廷对制度之学的需求有关。珪之出自琅邪王氏，父为王瑾之，祖父为王临之。[②]又据《世说新语·赏誉》刘孝标注引《王氏谱》，王临之乃东晋后期重臣王彪之之子。《宋书·王准之传》载："彪之博闻多识，练悉朝仪，自是家世相传，并谙江左旧事，缄之青箱，世人谓之'王氏青箱学'。"所谓"青箱学"，即围绕朝仪、旧事的学问，职官是其中重要方面。晋哀帝兴宁年间，主政者桓温"陈便宜七事"，建议大规模并官省职，王彪之据此上呈修改意见。他分析了行政运作的基本原理，重点针对六卿、宿卫官以及侍中等内官制订并省计划，且提出"令大官随才位所帖而领之"的"帖领"方案。这篇"省官并职议"是王彪之官制思考的集中表达，不少见解被东晋南朝统

---

① 对傅畅、荀绰及其著述的详细考证见黄桢《书籍的政治史——以〈晋公卿礼秩故事〉、〈晋百官表注〉为中心》，《中华文史论丛》2015年第2期。
② 骆鹏《南京出土南齐王珪之墓志考释》，《东南文化》2015年第3期。

治者采纳、继承。①《王准之传》提到，王彪之将制度之学纳入了家
庭文化，其子孙中又出现多位在官制礼仪建设过程里卓有贡献的
人物。至刘宋元嘉年间，与王珪之同为曾孙辈的王准之仍因此项
专长而负有盛名："准之究识旧仪，问无不对，时大将军彭城王义康
录尚书事，每叹曰：'何须高论玄虚，正得如王准之两三人，天下便
治矣。'"这支王氏在制度之学上的积淀，很可能是王珪之后来被
定为《齐职仪》修纂者的主因。

以上梳理显示，官制撰述对现实政治的重要性在汉晋历史的
演进中被反复验证。这样就不难理解，至重视制度兴创的南朝，统
治者会选择动用国家的力量去促成官制之学的拓展。

《齐职仪》的编纂始末主要依靠《南齐书·王逡之传》的一段
记载了解：

> 从弟珪之，有史学，撰《齐职仪》。永明九年(491)，其子
> 中军参军颢上启曰："臣亡父故长水校尉珪之，藉素为基，依儒
> 习性。以宋元徽二年(474)，被敕使纂集古设官历代分职，凡
> 在坟策，必尽详究。是以等级掌司，咸加编录。黜陟迁补，悉
> 该研记。述章服之差，兼冠佩之饰。属值启运，轨度惟新。故
> 太宰臣渊奉宣敕旨，使速洗正。刊定未毕，臣私门凶祸。不揆
> 庸微，谨冒启上，凡五十卷，谓之《齐职仪》。仰希永升天阁，
> 长铭秘府。"诏付秘阁。

该书由王珪之于宋齐之际奉敕撰成。关于王珪之生平的资料不
多。《南齐书·礼志》记载，齐初建元年间他担任负责礼制事务的

---

① 《晋书·王彪之传》。参见阎步克《仕途视角中的南朝西省》，《中国学术》第1
辑，商务印书馆，2000年；张荣强《从"并官省职"到"帖领"》，《文史》2003年第
1期。

祠部郎中，印证了其在制度之学上的造诣。2013年，王珪之墓于南京市栖霞区下庙社区被发现，墓志记其卒年为永明六年（488）七月。①结合王颢的上表可知，从宋后废帝元徽年间到齐武帝中期的十余年，王珪之持续推进《齐职仪》的修纂，但该书直到其去世仍然"刊定未毕"。王颢结束三年丧期后，于永明九年将已有的五十卷呈上。整个过程显示，《齐职仪》的编写费时耗力。

撰述不易与《齐职仪》的体例具有莫大关系。朝廷下达的敕旨是"纂集古设官历代分职，凡在坟策，必尽详究"。也就是说，王珪之必须穷尽文献，充分搜括，打造一部涵盖先秦至晋宋的官制通史。通过保存在唐宋类书中的佚文，比如《艺文类聚》卷四五所引《齐职仪》对太宰一职沿革的梳理，我们可略微窥见王珪之沟通历代的尝试。是书之前，不少学者已在职官书写上倾注心力，但都以疏释本朝制度为宗旨，包举古今的著作尚未出现。

除了沿革，王珪之对职官的展示还强调四个方面的兼备，分别为"等级""掌司""黜陟迁补"以及章服冠佩。四者原本属于政治制度的不同支脉。比如在作为国家法度的《晋令》之下，有专门规定等级的《官品令》，有为服饰而设的《服制令》，亦另有涉及选叙、职掌的专门条例。②而经王珪之的收集、编排，这些元素被整合进同一文本，信息容量大为攀升。关于"廪牺令"的两条佚文，能够很好地体现作者的此项设计："品第七，秩四百石"即"等级"；"掌六牲，阳祀用骍，阴祀用黝，取纯毛者"是在叙述职掌；"今用三品勋位"乃选官要求，属于"黜陟迁补"；"铜印墨绶，进贤一梁冠，绛朝

---

① 骆鹏《南京出土南齐王珪之墓志考释》，《东南文化》2015年第3期。
② 参见程树德《九朝律考》，中华书局，1963年，第277—306页；张鹏一编著，徐清廉校补《晋令辑存》，三秦出版社，1989年，第51—121页。

服"则为廪牺令的章服冠佩。①如此全面汇总资料的官制撰述,在齐梁以前不曾见到,正史的"百官表""百官志"仅以朝廷要职的置废、品级、职掌为主要内容,汉晋间的职官专著则在"黜陟迁补"方面少有着墨。综合来看,《齐职仪》在时代范围、栏目设置这一纵一横两个方向对官制书写传统实现了突破,令此类书籍也具备成为巨著的可能。在《隋书·经籍志》史部职官类中,《齐职仪》以五十卷的篇幅昂然挺立。

《齐职仪》的编纂,标志制度之学经汉晋以来的积累,进入新的境界。"官修"厥功甚著。在王珪之获得的财、力支持里,对宫廷图籍的自由利用当属最重要的方面。官制信息来源多样,包括国家颁布的律令、诏命,用于行政的文书、簿籍,以及奏议、故事、经注、史传等。这些资料最集中、完整的保存无疑是宫中秘阁。过去私撰官制的作者没有徜徉其间的特权,只能在官场生活里注重积累。所以他们往往具备"博闻多识"的品性,比如史称胡广"博物洽闻",应劭"博览多闻",著《晋百官表注》的荀绰"博学有才能",②但个人的记忆、记录毕竟存在限度。而官修体制下,王珪之坐拥书城,资源获取的方式彻底改变,视野、目标随之走向宏阔,职官大典应运而生。

"官修"之所以实现,除了前文揭示的官制之学自身的重要性外,这段时期的政治状况也需要纳入考虑。从大的历史走势来看,刘宋自建国开始便力图扭转偏安江左以来消沉低落的政治氛围,于是在制度上多有兴作,职官、礼制等方面都取得显著进展。③具

---

① 《唐六典》卷一四《太常寺》;《太平御览》卷二二九《职官部·廪牺令》。

② 《后汉书·胡广传》《应劭传》、《晋书·荀绰传》。

③ 参见阎步克《服周之冕——〈周礼〉六冕礼制的兴衰变异》,中华书局,2009年,第254—261页;户川贵行《東晉南朝における傳統の創造》,汲古書院,2015年,第137—200页。

体到王珪之奉敕的元徽初年，皇帝刘昱不过十岁左右，朝政由士族出身的袁粲、褚渊共同掌控。两人怀有清整制度的抱负，从《宋书·后废帝纪》所载元徽二年四月的诏书可以看出："顷列爵叙勋，铨荣酬义，条流积广，又各淹阙。岁往事留，理至遍壅，在所参差，多违甄饬。赏未均洽，每疚厥心。可悉依旧准，并下注职。"诏书针对的是封爵赏勋过程中出现的混乱。"条流积广，又各淹阙"等语透露出，相关规定的错综复杂是造成问题的原因之一。主政者的解决方案是依照某项"旧准"进行重置，这就需要对制度的来龙去脉具备比较清晰的了解。在同一年，王珪之接到朝廷的政治任务，命他提供一部梳理历代官制的政典，恐怕不是偶然。编纂过程很快遭遇宋齐鼎革，褚渊又带来了新朝皇帝的勉励，王珪之未完成的工作继续受到官方支持。最终，其子王颢将遗稿呈上，算是对朝廷的覆命。

《齐职仪》也因其官修性质染上了浓厚的政治色彩。政典承载着经官方认定的制度通史，当朝官制作为历史演进的结果，在叙述中无疑会被正当化、辉煌化。质言之，这部官制大典实际上是政权展示其正统性与制度合理性的窗口。由是才能理解王颢上表里"使速洗正"之语。褚渊在齐初宣达的敕旨，不单单是对书籍编纂的催促。王珪之的工作始自宋廷的推动，宗旨在于说明刘宋的设官分职及其承接的制度传统。易代后，这一立意所依附的政治基础瓦解，后续撰写则须配合萧齐的意志，服务于新政权的建设。所谓"洗正"，就是削除过去宣扬宋制的文辞，而改以齐制为尊，将后者塑造为历史发展的顶点。该书被命名为"齐职仪"，也是"洗正"的一个侧面。

《齐职仪》的成书揭开了官修政典的序幕。继齐而起的萧梁王朝，也沿袭了这一做法。《梁书·沈峻传》曰："时中书舍人贺琛奉敕撰《梁官》,乃启峻及孔子祛补西省学士,助撰录。"同卷《孔子祛传》又云:"中书舍人贺琛受敕撰《梁官》,启子祛为西省学士,助撰录。"两条材料显示,朝廷曾任命中书舍人贺琛修纂梁代的政典,沈峻、孔子祛乃其助手。据《梁书·贺琛传》,贺氏担任中书舍人的时间为梁武帝普通前期。也就是说,《梁官》的修撰始于此时。贺琛出自治礼世家,"殊有世业",制度之学乃其特长。他长期带有"参礼仪事"的职衔,"凡郊庙诸仪,多所创定",撰立了多篇仪注,是萧梁制度建设的得力干将。沈峻、孔子祛则为著名儒士,沈峻尤长于《周礼》,这可能是他们被招入西省、佐助撰录的原因。从朝廷为贺琛专门配备助理人员可以看出,《梁官》的修纂是颇受统治者看重的工程。沈峻和孔子祛的传记都提到,该书不久即告完成。但遗憾的是,这部政典很可能在梁末的战火中未能幸免,以致卷数和具体内容已无迹可寻。

四、余论

本章关于汉魏南朝间官制撰述的梳理即将结束。我们明确了这项学术活动兴起的背景及其早期发展过程中形成的特质和倾向。在此题目下继续研讨与细化无疑仍有极大空间,但如果不以中古前期自我设限,必须面对的问题是,先唐的官制之学为制度撰述传统奠定了何种底色?对其后续演进产生了何种影响?此处无法提供完满的答案,只能尝试以《唐六典》这部中国古代典志的"首席代表"作为切入点稍作思考。

该书是奉唐玄宗之命、耗时十余年才撰成的政典,包含三师三公以下众官吏在员额、品级、职掌方面的信息,同时展示着先秦两汉至南北朝隋唐的官制发展历程。围绕《唐六典》的研究颇为丰厚，对于其编修因由，历来学者的目光都集中在玄宗一朝的政治环境与文化追求，而未投向汉晋以来的官制撰述潮流。正如前文的揭示，朝廷组织人力编撰职官大典的行为在宋、齐、梁三代已成为惯例，通过"书写"整理制度知识、展现制度成就，被视作王朝建设的必备措施。南朝的这一政治文化遗产，实为隋唐典章制作的资源和镜鉴。进一步看，唐玄宗在下达《唐六典》的纂修任务后，一度令学士不知如何着墨，至韦述等人执笔，直接将《周官》作为模板，"以令式入六司，象《周礼》六官之制"。[1]这场体例的抉择以及后续的撰写，一定从此前的官制之学中吸取了经验。汉晋以来的官制著述，几乎都以职官为纲，统辖沿革、职掌、待遇等元素。"依拟《周礼》"一直是作者们坚持的标准，最初倡导官制书写的樊长孙、张衡等人便明确提出了此点，而萧梁的官修政典径以"梁官"为名，更直白地表露了用今制接续经典的期许。至于《唐六典》将制度的古今变迁以注文的形式纳入，打造出"亘百代以旁通，立一王之定制"的气魄，[2]这在《齐职仪》处早有显现。后者不仅是《唐六典》的重要史源，也是栏目设置、内容编排等具体操作的参照。总之，《唐六典》的问世固然与唐前期的政治形势有关，但其承续汉魏六朝官制撰述的一面绝对不容小视。

---

① 陈振孙撰，徐小蛮等点校《直斋书录解题》卷六"《唐六典》"条引韦述《集贤记注》，上海古籍出版社，1987年，第172页。

② 吕温《代郑相公请删定施行〈六典〉、〈开元礼〉状》，《文苑英华》卷六四四。

谱学

陈鹏（吉林大学文学院中国史系）

清人邵晋涵称："夫自奠系牒之官废，而后有专门之学；专门之学衰，而后有私家之谱：自古迄今，凡三变焉。"[①]先秦两汉"系世""历谱""世谱"和"皇族图谍"等，记叙帝王或公卿大夫世系，掌于小史或宗正等官，[②]尚称不上"谱学"；而"自五季以来，取士不问家世，婚姻不问阀阅"，[③]"私家之谱"虽盛，而谱学已衰。"谱学"作为"专门之学"，仅在晋唐时期（即魏晋南北朝隋唐时期）。

谱学是晋唐时代门阀制度与门第观念的产物。魏晋南北朝时期，谱系文献在选举和婚姻方面起到重要作用，[④]所谓"官有簿状，家有谱系，官之选举必由于簿状，家之婚姻必由于谱系"。[⑤]至唐代，因九品官人法废除，谱系文献不再作为选举必需参考的资料，但崇尚谱系阀阅之风犹盛，《通志·氏族略》甚至称"姓氏之学，最盛于唐"。中古时人注重门第阀阅，以至"家谱""家牒"与"国史"并称。例如南朝梁任昉《王文宪（俭）集序》称琅邪王氏"其先自秦至宋，国史家谍详焉"；[⑥]唐代吕才《东皋子（王绩）集后序》谓太原王氏"历宋、魏迄于周、隋，六世冠冕，国史家牒详焉"。[⑦]可见，

---

① 邵晋涵《南江诗文钞·文钞》卷六《余姚史氏宗谱序》，李嘉翼、祝鸿杰点校《邵晋涵集》，浙江古籍出版社，2016年，第1861页。
② 参见潘光旦《中国家谱学略史》，潘乃穆、潘乃和编《潘光旦文集》第8卷，北京大学出版社，2000年，第240—242页；李零《简帛古书与学术源流》，生活·读书·新知三联书店，2004年，第261—264页。
③《通志·氏族略一》，《通志二十略》，中华书局，1995年，第1页。
④ 本文所言"谱系文献"，较"谱牒"范围稍广，包括谱牒、《世本》、姓书等姓氏谱系文献，采用《隋书·经籍志》史部"谱系"篇这一更贴近晋唐时代的用语。
⑤《通志·氏族略一》，《通志二十略》，第1页。
⑥《文选》卷四六《序下》，上海古籍出版社，1986年，第2071页。
⑦《全唐文》卷一六〇，中华书局，1983年，第1639页。

对晋唐士大夫来讲，谱牒意义不在"国史"之下。

鉴于晋唐谱学、谱牒之重要性，中古史、史学史和家族史等领域学人给予了关注。研究者辑考中古谱牒佚文，整理谱系文献，考察谱学家生平和谱系著作的内容、体例，论述晋唐谱学发展脉络和特点，探讨谱学、谱牒的政治和社会功能。然更重要的是，由谱学入手，可探讨晋唐士族性质和门阀制度兴衰，进而一窥中古中国的历史进程。

士族是晋唐时代特有之政治—社会阶层，影响到中古中国诸多方面。士族身份更接近贵族抑或官僚，至今犹存争议；中古中国的政治形态，也存在"封建政治""门阀政治""贵族政治""寡头政治"等不同认识。谱学作为晋唐时代特有之学问和政治文化，实为认知中古士族乃至中古中国政治与社会的一把钥匙。不过，东晋南朝、北朝和唐朝的谱学风尚不尽相同，谱系文献也存在不同类型；不同时代或类型的谱系文献，功能存在差异。本文拟在前贤研究的基础上，梳理中古谱系知识的传习与撰述，阐明谱系文献的类型与层级，进而探索晋唐谱学与门阀制度的关系，以期为认识中古士族乃至中古历史进程提供一些新的见解。[1]

---

[1] 本文以拙作《必稽谱牒：中古谱系文献研究》（教育部人文社会科学重点研究基地重大成果"中国中古史籍与史料的整理与研究"[16JJD77004]项目成果）为基础，加以提炼、发挥而成。

一、谱系知识的传习与撰述

中国古代谱系文献编纂，源远流长，可追溯至《周礼·春官·小史》"小史掌邦国之志，奠系世，辨昭穆"，乃至殷商家谱刻辞。"谱牒"一词，管见所及，最早见于太史公《史记》，《三代世表》提及"谍记""历谱谍"，《十二诸侯年表》有云"谱谍独记世谥"。不过，"谱学"形成，则在魏晋南北朝。[①]

魏晋推行九品官人法，"以定门胄，品藻人物"，[②]注重士人门第阀阅。曹魏何晏撰《官族传》，西晋挚虞撰《族姓昭穆》，开始有意整理士人姓氏、谱系和门第等信息，为晋唐谱学之先声。不过，何、挚二氏作品，尚未成为一种学问被士大夫传习。至东晋南北朝，作为学问之"谱学"才真正流行开来。不过，东晋南朝与北朝谱学的创立并不一致。江左谱学，始自东晋太元（376—396）中贾弼之撰《姓氏簿状》，后为士大夫所好，多传习其书，渐成专门之学；而北朝则自北魏太和二十年（496）分定姓族和官修谱牒，北方士大夫渐讲习氏族之学。同时，在目录学上，从《七志·图谱志》到《七录·记传录》谱状部、《隋书·经籍志》史部谱系篇，谱系文献渐成一文献专类。

东晋南北朝，谱学流行，风尚延及唐代。既往学人论述晋唐谱

---

① 两汉子书不乏姓氏之篇，例如《白虎通·姓名篇》《风俗通·姓氏篇》《潜夫论·志氏姓》等，但基本不记述世系，可称"姓氏学"，而难称"谱学"。"谱学"一词，最早见于《南齐书·文学·贾渊传》"先是谱学未有名家，渊祖弼之广集百氏谱记，专心治业"云云。
②《新唐书·儒学中·柳冲传》。

学，多集中于谱学家和谱学著作。然而，谱学传习并不限于此，士大夫记诵谱系知识、抄录谱系文献等行为，亦为谱学传习的重要形式。南朝谱学世家平阳贾氏，贾弼之、贾匪之和贾渊祖孙"三世传学"，[①]而贾匪之却未撰有谱学著作，可见谱学传习不一定非要撰述著作。事实上，谱学堪称晋唐士大夫之必备素养，即如《通志·氏族略》所言"人尚谱系之学，家藏谱系之书"。

南朝梁元帝萧绎在《金楼子·戒子篇》中提到一份"必读书目"，谓"凡读书必以五经为本"，"五经之外，宜以正史为先"；而"正史"之次，则当读"谱牒"，因为"谱牒所以别贵贱、明是非，尤宜留意，或复中表亲疏，或复通塞升降，百世衣冠，不可不悉"。显然，在萧绎眼中，"谱牒"作为必读书，仅次于"五经"和"正史"，足见谱系知识对士大夫之重要性。

谱学成为晋唐士大夫必备素养，源自分辨士庶、校籍、选举、通婚、避讳等现实需求。士大夫需通晓士族姓望、世系、婚宦等谱系知识，才能保障政务运作和社会交往的顺畅。自魏晋以来，士族作为一个享有政治、经济特权的阶层登上历史舞台，历经南北朝，延及隋唐。分辨士庶受到朝廷和士族的关注，从根本上推动士大夫去丰富自己的谱系知识。上引《金楼子·戒子篇》称"谱牒所以别贵贱、明是非"，正是从这个意义上提倡士人应该通晓谱学。校籍、选举、通婚，可以说都是在分辨士庶基础上进行的。

户籍是士族身份在法律上的重要保障。近年，陈爽先生指出朝廷会依据大型谱牒"以谱注籍"，即把官方核准后的谱牒中世次、官爵等信息"以'谱注'的方式逐一注在每一人户的户籍中，作

---

①《南齐书·文学·贾渊传》。

为区别士庶族的标志"。①显然,谱学是校勘户籍所需的重要知识。梁武帝朝,沈约上书请求校籍,即谓"宜选史传学士谙究流品者,为左人郎、左人尚书,专共校勘"。②"谙究流品"即精通谱学,已被沈约视作选任管理户籍官员需具备的知识条件。

魏晋南北朝时期,九品官人法"保证士族在政治上的世袭特权",在政治制度层面促成士族形成;③而九品取士关注士人家世,则直接推动士大夫传习谱学。《新唐书·儒学列传·柳冲传》载柳芳《氏族论》称曹魏立九品官人法举士,"晋、宋因之,始尚姓已","有司选举,必稽谱籍,而考其真伪"。"官之选举必由于簿状",精通谱学已经成为任职吏部和中正者的必备条件。南朝宋王僧绰"徙尚书吏部郎,参掌大选。究识流品,谙悉人物,拔才举能,咸得其分";④梁代傅昭长期领本州中正,"尤善人物,魏晋以来,官宦簿伐,姻通内外,举而论之,无所遗失";⑤陈代姚察任吏部尚书,"尤善人物,至于姓氏所起,枝叶所分,官职姻娶,兴衰高下,举而论之,无所遗失";⑥北齐阳休之任吏部尚书,"多识故事,谙悉氏族,凡所选用,莫不才地俱允"。⑦缺乏谱系知识,则难以担任相关官职。南朝齐武帝欲以萧鸾代王晏领选,王晏即指出:"鸾清干有余,然不谙百氏,恐不可居此职。"⑧齐武帝乃停止任命萧鸾领选。这种风气甚至

① 陈爽《出土墓志所见中古谱牒研究》,学林出版社,2015年,第51页。
②《通典·食货三·乡党》。
③ 唐长孺《士族的形成和升降》,《魏晋南北朝史论拾遗》,中华书局,2011年,第54页。
④《宋书·王僧绰传》。
⑤《梁书·傅昭传》。
⑥《陈书·姚察传》。
⑦《北齐书·阳休之传》。
⑧《南齐书·王晏传》。

延至唐朝。《旧唐书·高士廉传》称贞观五年高士廉任吏部尚书，"奖鉴人伦，雅谙姓氏，凡所署用，莫不人地俱允"。当时，九品官人法已废除，但"奖鉴人伦，雅谙姓氏"仍在选举中有用武之地。

晋唐时代，门第婚姻盛行，士族婚配亦有赖谱系知识，所谓"家之婚姻必由于谱系"。唐代王颜《追树十八代祖晋司空太原王公神道碑铭》提到西晋王昶告诫子弟"不看客失婚无谱"。[1]西晋士族婚姻似已参考谱牒。唐代谱学家韦述"谙练士族，举朝共推。每商榷姻亲，咸就谘访"，[2]展现出谱系知识在通婚中的重要性。《玉海·艺文·谱牒》引《中兴书目》载李林甫等撰《天下郡望姓氏族谱》一卷"记郡望出处，凡三百九十八姓，天宝中颁下，非谱裔相承者，不许昏姻"。敦煌文书BD08679（北图位字79号）末尾所录奏抄曰："前件郡姓出处，许其通婚媾，结婚之始，非旧委悉。必须精加研究，知其襄〈曩〉谱相承不虚，然可为匹。"[3]二者亦表明"通婚媾"需要谱系知识。

校籍、选举和通婚，都是基于分辨士庶需要，推动士大夫传习谱学，而避讳有所不同。《颜氏家训·风操》曰："今人避讳，更急于古。"在中古士人交往中，出于礼节考虑，一般会尽量避免冒犯他人家讳；而当遭他人冒犯自己家讳时，也会予以反击。"不论是为了礼仪不犯人家讳，或是遭人故意犯己家讳而需反击时，都需对谱牒之学相当娴熟，方能与之往来。"[4]这也促使谱学成为士大夫的必

---

① 《全唐文》卷五四五，第5530页。
② 封演撰，赵贞信校注《封氏闻见记校注》卷一〇《讨论》，中华书局，2005年，第94—95页。
③ 郑炳林《敦煌地理文书汇辑校注》，甘肃教育出版社，1989年，第346页。
④ 郭永吉《六朝"博学"风气探源》，《燕京学报》新30期，北京大学出版社，2012年，第28—29页。

备知识。南朝王弘好贾弼之《姓氏簿状》，"日对千客，不犯一人之讳"；①徐勉"该综百氏，皆为避讳"。②更典型的是，南齐竟陵王萧子良使谱学家贾渊撰《见客谱》。《南齐书·武十七王列传·萧子良传》称萧子良"礼才好士，居不疑之地，倾意宾客，天下才学皆游集焉"。他令贾渊撰《见客谱》，当是为见客避讳服务。

除现实需求外，晋唐时代，尤其东晋南朝，博学之风推动士大夫扩张知识领域，亦涉及谱系知识。近年，胡宝国先生指出自东晋后期开始，追求渊博、崇拜知识风气兴起；至南朝形成"知识至上"的博学风尚，士大夫重视各个领域知识的掌握，注重书籍整理与学术总结。③这种博学风尚亦影响到谱系知识的传习。事实上，贾氏谱学诞生，源自贾弼之学术旨趣扩张到"簿状""谱记"，即可理解为博学风尚波及谱系知识的产物。降至南朝，谱系知识亦为士大夫博学领域之一。由南入北的颜之推说："夫学者贵能博闻也。郡国山川，官位姓族，衣服饮食，器皿制度，皆欲根寻，得其原本。"④"官位姓族"正是"博闻"内容之一。《南齐书·文学列传·贾渊传》记载了南朝谱学家贾渊一个故事：

〔宋〕孝武世，青州人发古冢，铭云"青州世子，东海女郎"。帝问学士鲍照、徐爰、苏宝生，并不能悉。渊对曰："此是司马越女，嫁苟晞儿。"检访果然。由是见遇。敕渊注

①《南史·王僧孺传》。
②《梁书·徐勉传》。
③ 胡宝国《知识至上的南朝学风》，《将无同：中古史研究论文集》，中华书局，2020年，第163—200页；《东晋南朝的书籍整理与学术总结》，同书，第251—278页；《南朝学风与社会》，同书，第320—331页。
④《颜氏家训·勉学》，王利器《颜氏家训集解》，中华书局，1993年，第222—223页。

《郭子》。[①]

据《晋书·荀晞传》，荀晞曾与东海王司马越交好，"引升堂，结为兄弟"，子女联姻或在此时。古冢铭云"青州世子"，表明其人亡于荀晞都督青州诸军事、领青州刺史时期，早于荀晞之死，故《荀晞传》称荀晞死后"无子"。贾渊仅就铭文，即推知此为荀晞儿和司马越女之冢，可见他精通谱系、婚宦知识。而宋孝武帝"问学士鲍照、徐爰、苏宝生"，则透露出历代人物谱系、婚宦知识，在南朝士大夫博学内容之列。[②]

另外，士大夫阅读文史典籍，也需具备一定谱系知识，不然无法了解其中人物关系。正是出于这一考虑，时人给书作注，常征引各种谱系文献，典型者即《三国志》裴松之注、《世说新语》敬胤注、刘孝标注和《文选》李善注。尤可注意的是，一些谱学家也给典籍作注，例如贾弼之注《山公（山涛）启事》（《山公表注》）、贾渊注《郭子》，皆侧重注释人物的名、字、谱系、官爵、婚配等信息。[③]而贾渊注《郭子》，如上引《南齐书·贾渊传》载，是宋孝武帝见其精通谱学，有意敕令他作注的。读者阅读文献注本，亦得以了解谱系知识。这也是时人获得谱系知识的一种途径。

在现实需求和博学风尚的双重推动下，谱系知识成为士大夫的必备素养。这促进了谱系知识的传习和撰述。在谱系知识传习中，最常见的方式就是记诵。近年，于溯考察中古文献记忆与

---

① 《南齐书·文学·贾渊传》。

② 参见何诗海《汉魏六朝文体与文化研究》，北京大学出版社，2011年，第258—259页。

③ 范子烨《贾氏谱学与〈郭子注〉》，《学术交流》1997年第5期；张蓓蓓《六朝史部文献编纂研究——以地理、谱牒、目录三类文献为中心》，中国政法大学出版社，2013年，第64—65，71—72页。

传播,指出"谱牒是中古时期一个有时代特色的记诵对象"。①上文提及诸多士大夫精通谱学的场景和案例,即多为凭借记忆实现的。毕竟谱系知识在士大夫政务运作和日常交往中起到作用,不可能随时查阅,记忆下来的知识更便于运用。博学风尚促使士大夫传习谱学,在士大夫隶事用典和清谈问答中,涉及谱系知识,更是需要凭记忆应机作答。因此,晋唐士大夫往往会记诵谱系知识。视谱牒仅次于五经、正史的梁元帝萧绎自称:"吾年十三,诵《百家谱》,虽略上口,遂感心气疾,当时奔走。"②可见,士族子弟少年即开始记诵谱系知识。从萧绎自述来看,谱系知识并不易记忆。这不仅是由于人的记忆力有限,亦因谱系文献"内容无逻辑可言,背诵难度大"。③大体来讲,一般士大夫记诵的往往为常用家族谱系或同一交往圈中的士族谱系。萧绎记诵的《百家谱》,为南朝最流行的谱牒,主要记述侨姓高门士族(详下文),可说是江左上层士人必须掌握的知识,大概记诵者也最多。

倘能记诵诸家谱牒,即便未撰谱系著作,也会被视作谱学名家,上文提及贾匪之即为其例。最典型的"记诵型"谱学名家,当属初唐时人李守素,号称"行谱""肉谱"。《太平御览·学部六·博学》征引《唐书》记载道:

> 李守素,尤为谱学,妙诣人物,自晋、宋以降四海士流及周、魏以来诸贵勋等,华戎阀阅,靡不详究,时号为"肉谱"。尝与虞世南等六人同直学馆,其夜七夕,内出珍馔,有教赋诗,

---

① 于溯《行走的书籍:中古时期的文献记忆与文献传播》,《文史哲》2020年第1期。
② 萧绎《金楼子》卷六《自序篇》,许逸民《金楼子校笺》,中华书局,2011年,第1351页。
③ 于溯《行走的书籍:中古时期的文献记忆与文献传播》,《文史哲》2020年第1期。

因共谈人物。初言江左、东南，犹相酬对。及言北台诸姓，次第如流，显其历叶，皆有据证。世南但抚掌而笑，不复能答。既而叹曰："肉谱定可畏。"许敬宗因谓世南曰："李仓曹以善人物，乃得此名，虽为美事，然非雅号。"曰："君既言成准的，宜有以改之。"答曰："卿言是也。昔任彦昇善谈经籍，梁代称为'五经笥'，今目仓曹为'人物志'，可乎？"杜如晦等咸以为佳。

两《唐书·李守素传》和《唐会要》《隋唐嘉话》《大唐新语》等文献，对此也有详略不同记载。李守素号称"肉谱""人物志"，对东晋南朝、北朝各地域士族阀阅"靡不详究"。他虽未撰有谱系著作，但被称作"尤为谱学，妙谙人物"。这正是谱系知识由士人记忆保存的典型案例。引文中提到虞世南等与李守素"共谈人物""初言江左、东南，犹相酬对"，①当亦精通某地域士族谱系。另外，《新唐书·褚亮传附李守素传》称："渭州刺史李淹亦明谱学，守素所论，惟淹能抗之。"李淹即唐初谱学家李公淹，显然也长于谱系知识记忆。不过，李公淹撰有谱系著作《类例》。就此来讲，谱学家虽未必要撰有谱系著作，但欲完成谱系著作，往往需对谱系知识极其谙熟。

谱系知识不易记诵，但存在一些辅助手段，以弥补人脑力之不足。学者指出："对于长期的信息记忆和积累，笔记是更常用的记忆辅助工具。"②抄录相关著作，即有利于记诵。晋唐时代不乏抄写书籍后即记诵之例，比如南朝王僧孺"家贫，常佣书以养母，所

---

① "江左、东南"，两《唐书·李守素传》作"江左、山东"。
② 安·布莱尔《工具书的诞生：近代以前的学术信息管理》，徐波译，商务印书馆，2014年，第106页。

写既毕，讽诵亦通"。[1]在写本时代，抄录不仅有助于记诵，还推动了文献流传，有助于谱系知识在士大夫间传习。尤其大型谱牒往往藏于朝廷秘阁，常人难以看到，但经过一些士人抄录，得以流传。《旧唐书·韦述传》称韦述"好谱学"，参与"于秘阁详录四部书"，"秘阁中见常侍柳冲先撰《姓族系录》二百卷，述于分课之外手自抄录，暮则怀归。如是周岁，写录皆毕，百氏源流，转益详悉。乃于《柳录》之中，别撰成《开元谱》二十卷"。

更重要的是，抄录往往是摘抄，对知识是有选择性的，"进而与'撰'相联系，成为一种知识创造的途径"。[2]此即史籍所言"抄撰"或"抄次"。晋唐谱系文献不乏是经"抄撰"或"抄次"而成的。上文提及韦述《开元谱》，即有抄撰的成分。《南齐书·贾渊传》称南齐"永明中，卫军王俭抄次《百家谱》，与〔贾〕渊参怀撰定"；梁王僧孺撰《百家谱集抄》十五卷、《东南谱集抄》十卷。这些都是抄撰成书。但就王俭与谱学家贾渊"参怀撰定"来看，他在抄次之前谱牒时，是有选择、有判断的。另外，"姓书"往往是抄录各种谱系文献而成，甚至按姓氏声韵编排，便于检索，近乎谱系知识的"工具书"。比如林宝《元和姓纂》曾参详"诸家图牒"，"自皇族之外，各依四声韵类集"。[3]

在谱学传习中，具有丰富谱系知识的士人被视作谱学家。一些谱学家对自己搜集、记诵、抄录的谱系知识进行整理和考辨，对士族门第等级进行评价，即撰成谱系著作。这既为世人提供了可阅读的文本，推动谱系知识传习；又促成谱学创新，反映士族升降

[1]《梁书·王僧孺传》。
[2] 陈昊《身分叙事与知识表述之间的医者之意——6—8世纪中国的书籍秩序、为医之体与医学身分的浮现》，上海古籍出版社，2019年，第102页。
[3]《元和姓纂·原序》。

和门阀兴衰，从而维持谱学兴盛不衰。尤其东晋南朝和唐朝，谱学名家辈出，私撰谱牒极多，甚至还形成一些"谱学世家"。谱学"家学化"正是晋唐谱学特点之一。

晋唐谱学世家，以东晋南朝贾、王谱学和唐代河东柳氏谱学为代表。钱穆指出："自东汉以来，因有累世经学，而有累世公卿，于是而有门第之产生。自有门第，于是而又有累世之学业。"① 而"所谓'家学渊源'者，亦可于谱学一端见之"。② "谱学世家"形成，不仅在于家族内部谱系知识的口耳传授，更与各家族谱系文献、资料的积累和传承有关。南朝贾氏谱学传承，即体现出这点。贾渊之父贾匪之，于元嘉三十年（453）受王僧绰牵连被杀；据《南齐书·贾渊传》，贾渊当时才十四岁，不大可能将自其祖贾弼之开创的贾氏谱学知识全部记诵下来。贾渊能够成为谱学名家，当非其父生前传授，而是从家传谱系文献或资料习得。不过，谱学作为一门学问，毕竟有一定专业性，又需要资料积累，非一般士族所具备。是故，谱学虽为士大夫必备素养，但谱学世家却并不多，较知名者仅东晋南朝平阳贾氏、琅邪王氏和唐代河东柳氏三家而已。

不同谱学世家的家学传承，也各有特点。平阳贾氏自贾弼之开江左谱学之端，即以谱学闻名。自贾弼之至贾冠，贾氏六代世传谱学，撰有多种谱系著作，③ 对江左谱学产生重要影响，是东晋南朝最著名、最专业的谱学世家。琅邪王氏谱学，本自贾氏，但王氏谱学亦有自己特点，即实用倾向突显，注重为选举提供参考。王氏谱

---

① 钱穆《略论魏晋南北朝学术文化与当时门第之关系》，《中国学术思想史论丛（三）》，生活·读书·新知三联书店，2009年，第184页。
② 潘光旦《中国家谱学略史》，《潘光旦文集》第8卷，第248页。
③ 贾氏谱学著作包括：贾弼之《姓氏簿状》、贾渊《氏族要状》《见客谱》《人名书》、贾执《百家谱》《姓氏英贤谱》、贾冠《梁国亲皇太子序亲簿》等。

学代表人物王俭撰《百家集谱》，即为其参掌选事服务。唐代河东柳氏谱学，主要指柳芳一支谱学。[①]柳芳撰《氏族论》和《永泰新谱》（又名《皇室新谱》），其孙柳璟撰《续皇室新谱》。从著述来看，柳芳一支以撰述皇族谱牒知名。另外，柳芳一支，三世传承史学，呈现出一种"史学世家之谱学"面貌。

因谱牒于分辨士庶、选举、校籍等政务运作上的重要性，谱学家修谱可能会得到朝廷支持，而朝廷也会主动定氏族、修谱牒，任命谱学家或博古通今之士为修谱官员。晋唐时代，官修谱牒长期存在，在谱系知识的生产和传习中，起到至关重要的作用，也是晋唐谱学一大特点。

东晋南朝和北朝隋唐，朝廷皆组织过官修谱牒，但南北朝谱牒"官修化"进程和形式却呈现出差异：东晋贾弼之修谱，朝廷给令史书吏，"撰定缮写"，[②]初具"官修"性质；至梁武帝时修谱，正式设置谱局，任命王僧孺为知撰谱事，官修谱牒"制度化"完成。而北朝官修谱牒，为朝廷定氏族的产物，由皇帝下诏修谱。北朝虽未设专局，但"官修化"进程却快于南朝，朝廷权威介入程度亦胜之，并影响到唐朝前期三次官修《氏族志》模式。

官修谱牒的出现，不仅是出于政治需要，亦与谱牒编撰的工作量有关。事实上，大型谱系文献多为官修，除朝廷有意介入士族评定外，亦因其篇幅巨大，个人精力和财力往往难以完成，至少需要官方提供场所、资料和抄写书吏。即便是谱学家主导编修的大型谱系文献，亦为谱学家个人学术能力与官方机制协力的成果。比

---

① 唐代河东柳氏谱学家包括柳冲、柳芳、柳璟、柳璨，但他们分属不同房支，其中柳芳—柳璟一支谱学呈现出"家学化"面貌。柳芳一支世次如下：柳芳二子柳登、柳冕，柳登子柳璟，柳冕子柳珵。
②《南齐书·文学·贾渊传》。

如贾弼之撰《姓氏簿状》七百余卷，篇幅巨大，而且除正本外，还要抄录副本；在修撰过程中，更需从各种谱牒、簿状、姓书、史传中抄录材料，单凭他一个人显然无法完成，所以"官给令史"助之缮写。官修谱牒还存在一个私人修谱不具备的优势，即搜集资料更容易，不仅可利用朝廷藏书和簿状等档案资料，还可由朝廷下令各士族上呈家谱，或令地方州郡搜集当地著姓谱系资料。就此而言，官修谱牒无疑更便于谱系知识的汇集和整理，促进了谱学的传习和发展。

综上，在现实需求和博学风尚推动下，谱系知识成为晋唐士大夫的必备素养，士大夫通过记诵和抄录等方式传习谱系知识。谱系文献撰述，则有赖于谱学家私撰或朝廷官修谱牒。东晋南朝和唐代谱学名家辈出，撰述丰硕，甚至出现"谱学世家"；而官修谱牒则有助于谱系知识汇集、整理和大型谱牒编撰。可以说，"家学化"和"官修化"，是晋唐谱学的两大特征，维持着谱系知识传习和撰述的兴盛不衰。

二、谱系文献的类型与层级

晋唐谱系文献，可分成不同类型。至晚在魏徵编撰《隋书·经籍志》史部谱系篇时，著录四十一部著作，已将同类谱牒置于相近位置，隐约存在分类观念，只是限于史志体例，未做出明确的分类方式。《旧唐书·经籍志》《新唐书·艺文志》等，也都采取类似做法。首次明确提出谱系文献分类方式的，是郑樵《通志·艺文略》。《艺文略四》将谱系文献分为六类——帝系、皇族、总谱、韵谱、郡谱、家谱。这一分类方式，对后世学者影响深远。但此说存在感观和臆测成分,未必有确凿证据——很多晋唐谱系文献时已亡佚,郑樵并未目及原书。

近代学人杨殿珣将魏晋南北朝谱牒分为家谱、总谱、郡谱、皇室谱四类,将唐代谱牒分为家谱、总谱、皇室谱三类;[①]日本学者多贺秋五郎将晋唐谱牒分为"总谱型"和"单谱型"两大类型,前者分"官谱"和"望族谱"两类,后者分"帝室谱"与"家谱"两类,四类之下又分成各小类;[②]徐扬杰在多贺氏基础上加以调整,将晋唐谱牒分成"单姓族谱"和"望族谱"两大类,"单姓族谱"又分"士族谱"和"皇族谱","望族谱"又分"天下望族谱"和"郡国望族谱";[③]仓修良分类方式与杨殿珣类似,将魏晋南北朝谱牒分为总谱、州郡谱、皇室谱、家谱四类。[④]

上述分类各有千秋,但也不无问题:首先,前贤分类往往未区分"总谱"和"姓书";其次,前贤分类未将汉魏以来《世本》整理本、注本单独成类;最后,各类谱牒的细类,也还可斟酌。其实,谱系文献,包括三大类别:

(1)**谱牒**:以谱系、姓望、婚宦、门第为主要内容的文献,是谱系文献的主干。

(2)**世本**:汉魏以来《世本》整理本、注本,例如《帝谱世本》《世本王侯大夫谱》等。

(3)**姓书**:以姓源、各姓名人为主要内容的文献,包括何承天《姓苑》、李利涉《编古命氏》等。部分著作兼具姓书和谱牒性质,例如林宝《元和姓纂》。

① 杨殿珣《中国家谱通论》,《图书季刊》新3卷第1、2期合刊,1941年。
② 多贺秋五郎《中国宗谱の研究》(上),日本学术振兴会,1981年,第78—79页。
③ 徐扬杰《家族制度与前期封建社会》,湖北人民出版社,1999年,第81页。
④ 仓修良《谱牒学通论》,华东师范大学出版社,2017年,第94页。

"谱牒"作为谱系文献的主干，内部分类还可细化。前贤分类大体依据三条标准，即谱牒囊括族姓数量、谱牒编纂形式和谱牒功能。在这三条标准中，囊括族姓数量可以说是划分谱牒类型的第一标准，是探讨谱牒形式和功能的基础，盖囊括族姓数量是单姓还是多姓，形式和功能都完全不同。就此而言，多贺氏和徐氏的分类较合理，对谱牒研究也较方便。本文也主张将"谱牒"分为两大类型——"单姓谱"和"诸姓谱"。"单姓谱"即著录单一族姓世系、婚宦的谱牒著作；"诸姓谱"指著录诸多族姓谱系的谱牒著作，所谓"诸姓"即相对"单姓"而言。

"单姓谱"和"诸姓谱"，依据形式和功能，可进一步划分。《通志·艺文略》对谱系文献的六类划分，"帝系""皇族"二类侧重功能，"总谱""郡谱""家谱"兼顾形式与功能，"韵谱"则侧重形式。参考前贤分类，本文将"单姓谱"分作"皇族谱"和"庶姓谱"两类，"诸姓谱"分作"氏族谱"和"州郡谱"两类，以下简要说明：

（1）**皇族谱**：指专门著录皇族谱系的谱牒。南北朝之皇族谱是汉魏宗室属籍和中古谱牒相结合的产物；至唐代，皇族谱编撰更加"制度化"，内容和形式也趋于"多样化"，至少包括帝系、皇族宗谱、玉牒以及各种皇亲谱（如皇后谱、皇孙谱、县主谱等）。①

（2）**庶姓谱**：指一般家族的家谱、族谱，以往多称作"家谱"或"私谱"。但"家谱"含义稍嫌宽泛；而"私谱"可指私家谱牒，亦可指私撰谱牒。徐扬杰将"士族谱"与"皇族谱"对称，颇可借鉴；不过，非士族家族亦可修谱，故今采用与"皇族"相对的"庶姓"一词。当然，在中古门第社会下，"士族私谱"为"庶姓谱"之主流。

依据著录亲属的范围，"庶姓谱"可做进一步划分。从文献征

---

① 陈鹏《从名籍到谱牒：中古中国的皇族档案》，《档案学通讯》2018年第1期。

引和目录著录来看，中古"庶姓谱"多为以"家谱""家牒"为名，但也存在《赵郡东祖李氏家谱》等明显为某一房分的谱牒，以及《吴郡陆氏宗系谱》《韦氏诸房略》等包含诸房的"宗谱"。按著录宗族成员范围，"庶族谱"大体可分为"家谱""房谱"和"宗谱"。陈爽考察《世说注》引《谢氏谱》，发现其中包括陈郡谢氏和会稽谢氏两支，提出南北朝通行的《谢氏谱》"所录不只陈郡谢氏一支，系谢氏通谱"。①如是，中古中国当存在包含同姓不同望家族的"通谱"或"联姓谱"。

（3）氏族谱：指著录王朝境内各士族或某一类型家族谱系、地望、门第的谱牒。依据著录家族的范围，"氏族谱"可分为"天下氏族谱"和"专类氏族谱"二种。前者是著录一朝某一时期境内士族的谱牒，包括东晋《姓氏簿状》、南齐《永明氏族状》、梁《十八州谱》、唐《贞观氏族志》等；后者则是著录某类特定家族群体的谱牒，比如南朝专门著录侨姓高门的《百家谱》、著录吴姓高门的《东南谱》，再如《大唐十四家贵族》《国朝宰相甲族》等。这二种谱牒容纳家族数量、范围虽然有别，但地域范围均为王朝全境，故有"总谱""统谱"之称。考虑到官修谱牒往往以"氏族"为名，唐代谱学家柳冲亦提及"氏族之谱"，②故本文以"氏族谱"名之。

"氏族谱"既包括官修谱牒，也包括谱学家私修谱牒，比如梁贾执《姓氏英贤谱》、北齐昙刚《类例》、唐路敬淳《衣冠谱》等。需说明的是，"氏族谱"，尤其是"天下氏族谱"，往往篇幅较大，与"姓书"形式和内容接近，甚至"混而不分"。③南北朝至唐前期，除何

① 陈爽《出土墓志所见中古谱牒研究》，第129页。
②《唐会要》卷三六《氏族》。
③ 陈爽《出土墓志所见中古谱牒研究》，第22页。

承天《姓苑》、王玄感《姓氏实论》这类明显属姓书的著作外，氏族谱与姓书很难分辨；但自唐代始，姓氏书逐渐增多。[①]

值得注意的是，《通志·氏族略》论中古谱牒、姓书的分类：

> 其书虽多，大概有三种，一种论地望，一种论声，一种论字。论字者则以偏旁为主，论声者则以四声为主，论地望者则以贵贱为主。

这是从编纂形式上给谱牒、姓书的分类，即按什么方式排列各姓族。《通志·艺文略》谱系类有"总谱""郡谱""韵谱"三类，后二者似即"论地望""论声"者，然"论字"与"总谱"并不对应。《艺文略》"总谱"类著录文献，包括一些今日尚存的宋代著作，可确定是按偏旁列述诸姓，比如邵思《姓解》，但晋唐谱牒似未见"论字"者。是故，就编纂形式而言，"氏族谱"包括"地望式氏族谱"和"声韵式氏族谱"。前者按郡望或门第列述诸姓，后者按声韵（四声）排列各姓族。除形式差异外，"声韵式氏族谱"（韵谱）在内容上侧重姓源、姓望、各姓名人，而不重在谱系、门第，更接近"姓书"，或者说处于"氏族谱"与"姓书"间的过渡形态，例如张九龄《姓源韵谱》、林宝《元和姓纂》。

另外，南北朝至唐代存在一种条列王朝境内各州郡著姓的简谱，但不载各姓族谱系、婚宦信息，例如南朝梁王僧孺《诸氏族谱》、北魏《太和姓族品》、唐代李林甫《天下郡望姓氏族谱》以及敦煌遗书中简谱。其形式一般如下："（某州）某郡出几姓：某、某、某。"兹引敦煌文书 S2052《新集天下姓望氏族谱》二条为证：

[①] 虞万里《先秦至唐宋姓氏书之产生与发展》，《社会科学》2010年第9期。

雍州　始平郡　出四姓：冯、庞、宣、阴。

雍州　武功郡　出四姓：苏、韩、是、殳。①

　　池田温将这种简谱称作"郡望表"，②本文以其简略称作"氏族简谱"。这类简谱不载世系，似不应视作谱牒，但多以"谱"为名，目录著作也归入谱系或谱牒类。《通志·艺文略》将一种简谱（《唐新定诸家谱录》）纳入"郡谱"。然"氏族简谱"与记叙一州一郡士族谱系的"州郡谱"不同，而与"天下氏族谱"存在联系（详下文），故可算"氏族谱"一个子类。

　　（4）州郡谱：指著录某一州、一郡或某一区域内著姓谱系、门第的谱牒，例如《隋书·经籍志》载《益州谱》《扬州谱钞》《关东关北谱》《冀州姓族谱》等。应指出的是，《通志·艺文略》将南朝齐《王司空新集诸州谱》、梁《十八州谱》置于"郡谱"类，但二者均以境内士族著姓为著录范围，应归入"氏族谱"（"天下望族谱"）。③这种"氏族谱"按州郡排列姓族，即"地望式氏族谱"。

　　简言之，中古谱系文献，分谱牒、世本、姓书三大种类。谱牒为谱系文献之主干，可分"单姓谱"和"诸姓谱"两种类型。"单姓谱"按著录对象，分"皇族谱"和"庶姓谱"两类；"诸姓谱"可按著录姓族范围或形式，分为"氏族谱"和"州郡谱"两类，是为晋唐谱牒之"二型四类"。当然，四类之下，还可按形式或内容进一步细分。

　　谱牒类型划分，给认识晋唐谱牒提供了一个框架，但辨别不同类型谱牒间的关系同样重要。鉴于类型是一种并列关系，在此我

---

① 郝春文等编著《英藏敦煌社会历史文献释录》第9卷，社会科学文献出版社，2012年，第150页。

② 池田温《唐代の郡望表—九·十世纪の敦煌寫本を中心として—》，《唐史論攷—氏族志と均田制—》，汲古书院，2014年，第5—64页。

③ 参见徐扬杰《家族制度与前期封建社会》，第81页。

们引入"层级"的维度。从编纂程序、取材方式和世系记叙来源角度，可揭示不同类型谱系文献间的关系，从而定位各类型谱系文献的层级。"世本"类文献较特别，姑且不论；"姓书"往往为各种谱系文献的汇集，基本处于谱系文献中最高层级。而"谱牒"分为"二型四类"，层级关系最为复杂。大略而言，"单姓谱"较"诸姓谱"，记叙世系无疑更原始，往往作为"诸姓谱"的材料来源，在层级上较低；但二者不是纯粹的单向关系，"诸姓谱"也可能成为"单姓谱"的依据。以下具体来看各类型谱牒的层级关系。

　　"庶姓谱"可以说是最基本的谱牒，往往是其他类型谱系文献编纂的基础，层级最低，本文也由此谈起。"庶姓谱"，作为各家族家谱、族谱，或称之"私谱"。这个"私"不仅指私撰，亦指家谱的"私"性质——"庶姓谱"属于今人所言私家档案性质的文本，往往不作为"书籍"发行和流传，大多也未得到目录文献著录。[①]"庶姓谱"中世系记录的材料来源，主要包括以下四类：家族旧谱、口传世系、零散谱系记录和同姓他族谱牒。"家族旧谱"，是指之前编撰的"成文谱牒"（Written genealogy）。唐于邵《河南于氏家谱后序》即提到于邵高叔祖唐初名臣于志宁曾"修集家谱"，至于邵又撰成新谱。[②]在理论上，家谱可不断重修，重修时，旧谱成为新谱的重要材料。"口传世系"，一般不超过五代，通过记忆保存一些近世家族成员世次、婚宦信息。"零散谱系记录"，是指一些不成体系的家族世系、婚宦记录。"口传世系"和"零散谱系记录"，同样可为家族修谱提供有价值的信息。至于"同姓他族谱牒"，主要用于完善姓源和建构早期世系，一般不涉及本族世系。此外，"诸姓谱"中各家

① 陈爽《出土墓志所见中古谱牒研究》，第45页。
②《全唐文》卷四二八，第4366页。

族世系记录，也能给此后各家族编撰"庶姓谱"提供材料，且因出于官修谱牒或谱学家撰述，内容相对精准。

"皇族谱"属于特殊"单姓谱"，在各种谱系文献的层级上，与"庶姓谱"层级相近。不过，"皇族谱"有其特殊性，晋唐皇朝上承汉代，存在宗正属籍编修制度，皇族谱系首先著录于"宗室属籍"，在此基础上编撰成各种"皇族谱"。①宗室各支修撰的"成文家谱""家状"，也构成"皇族谱"材料来源。唐宣宗朝，修图谱官李宏简奏请"宗子自常参官并诸州府及县官等，各具始封建诸王，及五代祖，及见在子孙，录一家状，送图谱院"，以供"磨勘"。②尤需注意的是，晋唐皇族在"变家为国"前的家族旧谱，也会成为"宗室属籍"和"皇族谱"的材料。而且，皇族也攀附伪托汉魏旧族或当世贵胄，甚至借助皇权令"攀附伪托"转变为"事实"，比如高齐之攀附渤海高氏、李唐攀附陇西李氏。出于制造"事实"的需要，被攀附的著姓谱系，往往也纳入"皇族谱"；甚至同姓不同望的家族谱系，也会成为"皇族谱"编撰的参考材料。尽管晋唐"皇族谱"散佚殆尽，但《新唐书·宗室世系表》保存的唐代皇室谱系信息，清楚地展现出李唐皇族不仅攀附陇西李氏，并将李姓各郡望均纳入陇西李氏的谱系房分，包括赵郡李氏、范阳李氏、顿丘李氏等，呈现出一份李姓"大宗谱"或"李姓通谱"面貌，无疑吸收了多份同姓家谱。就此而言，"皇族谱"层级较"庶姓谱"稍高。

"诸姓谱"，无论是"氏族谱"还是"州郡谱"，往往取材于"单姓谱"。《通志·氏族略一》谓"凡百官族姓之有家状者则上之，官为考定详实"，"若私书有滥，则纠之以官籍；官籍不及，则稽之

---

① 陈鹏《从名籍到谱牒：中古中国的皇族档案》，《档案学通讯》2018年第1期。
②《唐会要·氏族》。

以私书"。这虽是针对官、私谱牒的论述，但对"诸姓谱"与"庶姓谱"之关系也大抵适用。不过，此说稍嫌模糊，"官籍"与"私谱"间究竟如何运作呢？近年，陈爽借助近世家谱中保留的六朝"谱序""上谱表"，提出中古士族私谱存在一个"由私入官"过程：朝廷颁布诏令，征集诸家谱牒，各家族整理旧谱，"按照一定的格式和要求申报"，包括"姓族由来"和"婚宦职状"等内容。这种按"统一格式书写的谱牒"被称作"谱状"，呈报给"知谱事"的主管官吏。"知谱事"审核无误后，"写出判语，呈报皇帝批准，而后存档备案"。①

近世家谱保存的所谓六朝旧谱"谱序""上谱表"不无可疑，但朝廷征集诸家谱牒，诸家按统一格式呈报，大体符合事实。中古"氏族谱"无论是官修还是私修，往往依据诸家"庶姓谱"而成。作为东晋南朝谱学基石的贾弼之《姓氏簿状》，因朝廷给令史书吏助成，兼有官修与私修性质，即"广集百氏谱记"而成；②唐贞观朝修《氏族志》，也曾"普责天下谱谍"；③唐代《赵若丘墓志》也提到唐中宗朝柳冲编修《姓族系录》，"丕骘海内搢绅之阀阅"，获得赵氏"之谍"。④可见，"庶姓谱"是"氏族谱"的重要材料来源，"氏族谱"层级在"庶姓谱"之上。

"氏族谱"内部各类间，也存在层级差序。从内容范围上讲，"天下氏族谱"涵盖最广，"庶姓谱""皇族谱""州郡谱"和"专类氏族谱"都是其取材来源，层级无疑最高，与"姓书"形近。"专类氏族谱"，主要依据"成文家谱""庶姓谱"，唯较"天下氏族谱"收录

① 陈爽《出土墓志所见中古谱牒研究》，第40页。
②《南齐书·文学·贾渊传》。
③《旧唐书·高士廉传》。
④ 胡戟、荣新江主编《大唐西市博物馆藏墓志》，北京大学出版社，2012年，第455页。

家族范围要小,故层级也较"天下氏族谱"稍低。当然,部分"专类氏族谱"也取材于"天下氏族谱",比如南朝宋刘湛撰《百家谱》,即取材自贾弼之《姓氏簿状》。①至于"氏族简谱",自南北朝至唐代,存在一个性质变化:南北朝至唐前期重点在于评定士族,唐后期转变为以辨认郡望为主,并出现了民间私修本。在南北朝至唐前期,作为评定士族之简谱,往往是官修"天下氏族谱"的"简目本"或"节录本"。②

"州郡谱"也是依据各家族"庶姓谱"编成,只是编修者为地方政府或州郡著姓。官修"天下氏族谱",很可能存在一个"庶姓谱→州郡谱→天下氏族谱"的编撰次序。池田温曾提出唐朝官修"天下氏族谱",往往由各府州先搜集氏族谱系材料,编成本地"诸姓谱""名族志",再"上交中央的编纂机构",完成全国性质的"氏族谱"。③研究者考察隋代谱牒,也认为"开皇氏族"是据各州上呈"某州诸姓谱"编纂的。④隋唐二朝当已形成"庶姓谱→州郡谱→天下氏族谱"的编纂流程和谱系文本层级递进关系。这甚至可能是北朝官修"氏族谱"制度的延续。史称"魏太和时,诏诸郡中正,各列本土姓族次第为举选格,名曰'方司格'"。⑤《方司格》是

① 《南史·王僧孺传》。
② 郭锋《唐代士族个案研究——以吴郡、清河、范阳、敦煌张氏为中心》,厦门大学出版社,1999年,第181—186页;陈鹏《北朝官修谱牒的类型与发展脉络》,《史学理论与史学史学刊》2018年上卷(总第18卷),社会科学文献出版社,2018年,第35—36页。
③ 池田温《唐代氏族志研究——关于〈敦煌名族志〉残卷》,《唐研究论文选集》,中国社会科学出版社,1999年,第93—95页。
④ 陈鹏《隋代谱牒与郡姓评定》,《唐史论丛》第28辑,三秦出版社,2019年,第224页。
⑤ 《新唐书·儒学中·柳冲传》。

一种"氏族简谱"，但北魏很可能存在一份相应"天下氏族谱"，即据诸郡中正所上本地姓族谱系而编成。至于东晋南朝官修"氏族谱"，当以陈爽先生所论"由私入官"过程为主，未必存在编"州郡谱"的中间程序。①

综上，从世系记录来源角度，可将晋唐谱牒的层级归纳如下："庶姓谱"层级最低，"皇族谱"因部分吸收"庶姓谱"材料而层级稍高；"州郡谱"是"庶姓谱"的上级，"天下氏族谱"往往较"州郡谱"又高一级，"某类氏族谱"较"天下氏族谱"稍低。至于"氏族简谱"，因不载世系，暂不纳入谱系文献的层级中。

三、晋唐谱学与士族身份界定

晋唐谱学是门阀制度和门第观念的产物，但又影响到中古中国的政治和社会。潘光旦提出："中古谱学最注重之三大效用，曰辨流品，助选举，正婚姻。"②在各类型谱系文献中，"氏族谱"起到甄别士庶、界定士族身份的功能，最具时代特色，堪称晋唐谱学之核心。唐代谱学家柳芳称"不通历代之说，不可与言谱也"，③即就此而言。"庶姓谱"和"皇族谱"，存在彰显士族或皇族门第之目的；"州郡谱"，有着评定某地域著姓的功能。但它们在姓族等第和门阀制度上的价值，一般需经"氏族谱"认定才能最终实现。就此而言，考察"氏族谱"之编纂目的和功能，有助于认识晋唐门阀制度

---

① 不过，南齐《王司空新集诸州谱》、梁王僧孺《十八州谱》等，可能也集录了一些"州郡谱"内容。
② 潘光旦《章实斋之家谱学论》，《潘光旦文集》第8卷，第386页。
③《新唐书·儒学中·柳冲传》。

和士族性质。

"氏族谱"编纂,萌发于西晋挚虞撰《族姓昭穆》;而东晋贾弼之修谱和北魏官修谱牒,分别为东晋南朝和北朝"氏族谱"编纂之开端。东晋南朝与北朝"氏族谱"在内容和功能上不尽相同,体现了南、北谱学和门阀制度的差异。

东晋南朝"氏族谱",主要包括《十八州谱》、《百家谱》、《南族谱》(或《东南谱》)三种。《十八州谱》是著录东晋南朝境内各州郡士族之"天下氏族谱",以东晋贾弼之《姓氏簿状》(又名《十八州士族谱》)和南朝梁王僧孺《梁天监十八州谱》(又名《梁武帝总责境内十八州谱》)为代表。贾弼之修谱之际,东晋境内侨州、实州统计恰为十八州,故号称"十八州士族谱";后王僧孺修谱"沿袭旧名十八州,意为王朝所辖全境"。①《十八州谱》采用"州—郡—姓谱"模式编排,以州系郡、以郡系姓,在编纂形式上属于"地望式氏族谱"。宋人谈钥称"姓之有望,生于绪姓族之蕃而别其地也","晋贾弼撰《姓氏簿》,始附之州郡"。②《元和姓纂》卷八"路"姓条有云"东阳《梁天监十八州谱》'路氏'一卷",即指《梁天监十八州谱》之"扬州东阳郡路氏谱"。

《十八州谱》编撰,目的在于"甄析士庶"和"以谱注籍""校勘谱注",即"以编修官方谱牒的方式,在全国范围内严格审核甄别士庶";再将谱牒中人物官爵"以'谱注'的方式逐一注在每一人户的户籍中,作为区别士庶族的标志",或比对谱牒校勘户籍谱

① 周一良《〈中国大百科全书〉第一版〈中国历史(三卷本)〉中周一良先生所撰写词条》,《周一良全集》第1册《魏晋南北朝史论(上)》,高等教育出版社,2015年,第393页。
② 谈钥《嘉泰吴兴志》卷一六《著姓》,浙江古籍出版社,2018年,第231页。

注真伪。①《十八州谱》著录的各州郡著姓，皆为朝廷认可的真实可信的士族。是故，《十八州谱》实质上起到审核、认定王朝境内士族身份的功能。《十八州谱》审核、认定士族身份，主要依据先世阀阅、世次真伪、当代官爵和婚配门第等信息，尤重先世阀阅。其按"州—郡—姓谱"形式编排，反映了士族地理分布格局。《玉海·艺文·谱牒》引《中兴馆阁书目》载王僧孺《诸氏族谱》一卷，很可能是《十八州谱》"撮要而单独流行"的简易本，②亦即列述各州郡士族之"氏族简谱"。东晋南朝《十八州谱》和王僧孺《诸氏族谱》均已亡佚，但梁代贾执《姓氏英贤谱》（简称《姓氏谱》）佚文，可为东晋南朝州郡士族认定提供直观认识：

1. 郭：贾执《姓氏谱》定太原五姓。

2. 山：贾执《姓氏谱》：河内五姓，其一山氏。

3. 薛：贾执《姓氏谱》：刘、朱、周、武、薛为沛国五姓。

4. 皇甫：贾执《姓氏谱》谓之安定五姓。③

贾执出自江左谱学世家平阳贾氏，活动时间稍晚于王僧孺。上引《姓氏谱》载"某郡五姓"，当与王僧孺《诸氏族谱》形式相近，甚至即抄自后者，展现出东晋南朝各郡著姓士族的审核、认定情况。

不同于《十八州谱》著录王朝境内所有士族，《百家谱》和《南族谱》是分别著录南朝侨、吴士族的"专类氏族谱"。《百家谱》是南朝最流行的"氏族谱"，刘湛、王俭、王逡之、傅昭、王僧孺、贾执

---

① 陈爽《出土墓志所见中古谱牒研究》，第50—52页。

② 郭锋《唐代士族个案研究——以吴郡、清河、范阳、敦煌张氏为中心》，第182—183页。

③ 陈鹏《贾执〈姓氏英贤谱〉辑考》，《北京大学中国古文献研究中心集刊》第17辑，北京大学出版社，2018年，第115、117页。

等均撰有《百家谱》。《百家谱》编纂,主要是为选举提供参考,[①]例如南朝宋刘湛"为选曹,始撰百家以助铨序"。[②]南朝士大夫任吏部尚书、参选举者,多需谙悉"百氏","不谙百氏"者难以担任吏部尚书。[③]所谓"百氏",当即《百家谱》。

《百家谱》,顾名思义是汇集约百个家族谱系的谱牒。颜之推《观我生赋》自注曰:"中原冠带随晋渡江者百家,故江东有'百谱'。"[④]周一良先生指出:"百家之称主要指南渡侨姓大族,百家谱是他们的家谱,也不一定限于百家。"[⑤]王素先生也称:"'百家',是指北人南渡集团共有百家。"[⑥]可见,"百家"为东晋南朝之"侨姓"士族,但显然不可能包含所有侨姓士族,以"百家"为限,当仅收录"门第二品"之侨姓高门。值得注意的是,《百家谱》之"百家"先后有所变动。《南史·王僧孺传》称梁代王僧孺改定《百家谱》,"通范阳张等九族以代雁门解等九姓"。雁门解氏为中古著姓,然至南朝已不见高官或名士;而范阳张氏,系西晋名臣张华之后,本为寒庶,但张氏与兰陵萧氏联姻,又于梁朝立国有功,进入高门甲族之列。[⑦]王僧孺改定《百家谱》,替换"九姓",正是对齐梁之际侨姓士族内部升降之认可。

---

① 《通志·氏族略一》。
② 《南史·王僧孺传》。
③ 《南齐书·王晏传》。
④ 《北齐书·文苑·颜之推传》。
⑤ 周一良《魏晋南北朝史学发展的特点》,《周一良全集》第2册《魏晋南北朝史论(下)》,第90页。
⑥ 王素《试述东晋桓彝之功业》,《汉唐历史与出土文献》,故宫出版社,2011年,第32页。
⑦ 范阳张弘策第三子缵"起家秘书郎",《梁书·张缅传附弟缵传》称"秘书郎有四员,宋、齐以来,为甲族起家之选",可知张氏已成为"甲族"。

与《百家谱》相应，《南族谱》《东南谱》是著录"吴姓"高门之谱牒。南齐王俭撰《百家集谱》十卷，其族叔王逡之撰《续俭百家谱》四卷、《百家谱拾遗》一卷，而又撰《南族谱》二卷。南朝梁王僧孺撰《百家谱》三十卷、《百家谱集钞》十五卷，而"东南诸族别为一部，不在百家之数焉"，[1]另撰《东南谱集钞》十五卷。《百家谱》与《南族谱》《东南谱》分别编撰，实为江左"侨姓"和"吴姓"士族并立的反映。

东晋南朝的士族身份，不乏学人主张并非由朝廷法令或皇帝诏敕评定，而由社会舆论或士族乡论认定，与北朝官定姓族不同。然就东晋南朝《十八州谱》和《百家谱》《南族谱》编纂来看，东晋南朝虽未颁布诏令或法令界定士族身份，但借助不同类型的谱牒，朝廷足以认定士族及其门第高下。《十八州谱》"甄析士庶"，划分出士族阶层（含高门士族和次门士族）；而《百家谱》《南族谱》又划分出侨、吴士族高门。各类谱牒配合之下，南朝士庶阶层清晰起来，呈现出"高门""次门"和"役门"的阶层差异。当然，需承认的是，东晋南朝"氏族谱"虽为"官修"或得到朝廷认可，但界定士族身份主要依赖于谱学家（修谱者）对各族家世婚宦情况的掌握，尤重先世阀阅，而朝廷意志介入程度要低于北朝。

北朝"氏族谱"，则是官定姓族的产物。北魏太和分定姓族，评定代人姓族和汉人士族，即伴随着官修谱牒。北魏官修谱牒主要包括两类：一类是著录士族世系、官爵、门第等级等信息的"详谱"；另一类是条列各郡著姓的"氏族简谱"，包括《方司格》《太和姓族品》等，系前者之"节略本"。[2]北朝"氏族谱"重点在于评定

---

[1]《南史·王僧孺传》。
[2] 参见陈鹏《北朝官修谱牒的类型与发展脉络》，《史学理论与史学史学刊》2018年上卷，第27—32页。

各郡"郡姓"及其门第等级,而评定标准尤重三世官爵,充分体现了朝廷意志对士族身份及门第等级评定的介入。

北魏分定姓族,汉人士族称作"郡姓",包括"膏粱""华腴"和甲、乙、丙、丁四姓;而代人贵族,评定为"姓""族"二等,因迁洛代人更籍河南,也趋于"郡姓化"。所谓"郡姓",即一郡之著姓,往往由"郡名+姓氏"构成。《太和姓族品》佚文保存了北魏郡姓评定具体情形:

1.《太和姓族品》荥阳四姓:郑、皇甫、崔、毛。

2. 魏《太和姓族品》: 柳、裴、薛为河东三姓。[①]

北魏分定姓族和官修谱牒,影响到北朝后期乃至隋唐的谱学与门阀制度。首先,北魏确立以各郡"郡姓"为核心内容的门阀体制,可称"郡姓体制",延及隋唐;其次,北魏官修谱牒的两类形式,被周、隋、唐三朝定氏族和官修"氏族谱"继承、发展;最后,在官修谱牒影响下,北朝士大夫关注氏族之学,甚至出现私撰谱系文献,例如北魏甄琛《姓族废兴》、邢臧《文谱》、北齐昙刚《山东士大夫类例》等,私谱渐与官谱并行。

北朝分裂为东魏北齐和西魏北周,东、西政权的门阀体制和谱学走上不同道路。东魏北齐基本因仍北魏门阀体制,故未重新定氏族、修谱牒。然士大夫在门阀体制影响下,颇重氏族之学,比如阳休之"谙悉氏族,凡所选用,莫不才地俱允";[②]刁柔"氏族内外,多所谙悉"。[③]尤为关键的是,私修"氏族谱"在北齐发展起来。宋

---

① 邓名世《古今姓氏书辩证》卷五"崔"姓条,王力平点校,江西人民出版社,2006年,第78页;同书卷三八"薛"姓条,第592页。

②《北齐书·阳休之传》。

③《北齐书·儒林·刁柔传》。

绘撰《姓系谱录》五十篇，可惜"遭水漂失"，未能传世。[1]昙刚《山东士大夫类例》(简称《类例》)，则被唐代谱学家柳芳视作北齐谱学之代表作。《类例》以"山东士大夫"为名，主要著录活动于东魏北齐之士族谱系、门第。所谓"类例"，意为类别、体例，此指士族等级及其评定标准。郭锋先生据佚文指出《类例》"是一部私撰的反映并评价北魏太和定姓族迄于北齐80年间北方郡姓士族门第变动情况的谱志类著作"。[2]北齐未新定氏族，故私谱开始关注山东士族门第升降。《隋唐嘉话》称《类例》"其非士族及假冒者，不见录"，[3]可见此书注重分辨士族真伪，尤重北魏旧族。《类例》成书，意味着民间或者说士大夫自觉介入士族评定，与官定氏族渐呈现两条路线。

西魏北周门阀体制走上另一条道路，通过"赐复胡姓"认定"官族"，建立了一套以"戎秩"(勋官)为内核、以"虏姓"为外壳的姓族体制，[4]并撰述"谱录"连接勋臣诸将与鲜卑姓族的世系。[5]自魏晋→北魏→西魏北周之次序观之，士族身份界定标准颇有迹可循。魏晋士族门第，兼重家世与官爵；北魏分定姓族，以三世官爵为主要标准，兼顾先世阀阅和社会风评；而西魏北周认定"官族"复为一变，依据"戎秩"品秩评定姓族等级，门第等级与当朝官爵品级对应愈发明显，或者门阀体制"官僚化"倾向增强。这对后来

---

① 《北齐书·宋显传附从弟绘传》。

② 郭锋《〈山东士大夫类例〉与北朝郡姓评定若干问题考察》，《唐史与敦煌文献论稿》，中国社会科学出版社，2002年，第130页。

③ 刘𫗧《隋唐嘉话》，程毅中点校，中华书局，1979年，第44页。

④ 参见朴汉济《西魏北周的赐姓与乡兵的府兵化》，《历史研究》1993年第4期；熊伟《魏周"官族"资格认定的再讨论》，《广西社会科学》2011年第7期。

⑤ 参见陈鹏《嫁接世系与望托东海——北周隋唐虏姓于氏谱系建构之考察》，《民族史研究》第12辑，中央民族大学出版社，2015年，第178—187页。

唐朝定氏族"崇重当朝官爵"无疑起到直接影响。

周隋之际,朝廷定氏族、修谱牒,上承北魏旧制,编纂成《建德氏族谱》《开皇氏族谱》和相应"氏族简谱"。而且,隋朝修谱模式有所更新,除详、简两类"氏族谱"外,还编纂各州"州郡谱",包括《洪州诸姓谱》《吉州诸姓谱》等,作为编修"天下氏族谱"的材料基础,形成"单姓谱→州郡谱→全国性大型氏族谱"的编修程序,并差朝臣主持修谱。周隋之际定氏族、修谱牒,令"郡姓体制"回归和重建,甚至推广到江南。[①]

唐代"氏族谱"编纂,以玄肃之际为界,可分为两个阶段。唐前期,上承南北朝遗风,犹重士族评定。唐前期三次官修"氏族志",即《贞观氏族志》《显庆姓氏录》和《姓族系录》,侧重评定士族及其等第。唐修"氏族志",在隋朝基础上,更加"程序化",形成如下流程:皇帝下诏修谱或大臣表请修谱→诏重臣、宰相领衔修谱,选任修谱官员→征集天下士族谱系→百官呈报家谱/诸州辑录本州士族谱系→编修"氏族志"→颁行。在定士族标准上,《氏族志》和《姓氏录》,继承了北魏、北周注重官爵品秩的做法。《氏族志》"崇重当朝官爵",定士族九等,"以皇族为首,外戚次之",[②]各等级大体依据职事官和爵位评定;[③]《姓氏录》明确"皇朝得五品官者,皆升士流",甚至将"勋官"纳入定士族参考因素,以致"兵卒以军功致五品者,尽入书限"。[④]显然,二谱试图依据当朝官爵品秩

---

① 参见陈鹏《隋代谱牒与郡姓评定》,《唐史论丛》第28辑,第215—227页。

② 《资治通鉴》卷一九五《唐纪》太宗贞观十二年。

③ 参见堀井裕之《唐朝政権の形成と太宗の氏族政策——金劉若虚撰〈裴氏相公家譜之碑〉所引の唐裴滔撰〈裴氏家譜〉を手掛かりに》,《史林》第95卷第4号,2012年。

④ 《旧唐书·李义府传》。

来界定士族身份及其门第等级。至柳冲等编修《姓族系录》，标准有所不同，兼顾今朝官爵和旧族地望。而这实是对唐前期官私"氏族谱"标准的调和。

在唐朝官修《氏族志》《姓氏录》同时，私修"氏族谱"亦颇流行，以李公淹《类例》和路敬淳《著姓略记》《衣冠谱》为代表。他们定士族标准，与官谱并不一致。李公淹为武德、贞观朝人，所撰《类例》，从《古今姓氏书辩证》保存佚文来看，[1] 与北齐昙刚《类例》类似，是一部评定士族等第的谱系著作；然其评定者皆非唐朝人，而是魏齐山东士族。就此来讲，李公淹《类例》，很可能上承魏齐谱学，侧重山东旧族门第评定。路敬淳是贞观后期至则天朝人。据两《唐书》本传和柳芳《氏族论》，他被视作唐兴以来谱学之"宗"，"无及者"，后来柳冲、韦述、萧颖士、孔至等谱学名家著述"皆本之路氏"。路敬淳"尤明姓系，自魏、晋以降，推本其来，皆有条序"，[2] 撰有《著姓略记》和《衣冠谱》。柳芳《氏族论》称路氏《著姓略记》"以盛门为右姓"，与《氏族志》《姓氏录》崇重当朝官爵显然有别，仍重旧族盛门。

唐太宗指出山东旧族，尤其"崔、卢、李、郑四姓"，"虽累叶陵迟，犹恃其旧地，好自矜大，称为士大夫"。[3] 他下诏编撰《氏族志》，即有着以当朝冠冕重塑门阀秩序的考虑。《姓氏录》更发扬了这一意图，甚至有打破士庶之别的趋势。然从李公淹《类例》、路敬淳《著姓略记》《衣冠谱》定士族倾向来看，初唐谱学家犹重魏齐以来山东旧族，代表了旧族门第标准。至柳冲编撰《姓族系

---

① 邓名世《古今姓氏书辩证》卷五"崔"姓条，第79页。

②《新唐书·儒学中·路敬淳传》。

③ 吴兢《贞观政要》卷七《论礼乐》，谢保成《贞观政要集校》，中华书局，2009年，第396页。

录》，既上承《氏族志》，以期反映《氏族志》以来"门胄兴替"，①仍崇尚当朝官爵；但又受路氏谱学影响，注重旧族地望。史称《姓族系录》"取其高名盛德、素业门风、国籍相传、士林标准，次复勋庸克懋、荣绝当朝、中外相辉、誉兼时望者，各为等列"。②初唐官私"氏族谱"定士族标准在此合流。

《姓族系录》成书后，唐朝廷基本不再定氏族、修谱牒，而私撰"氏族谱"在玄宗朝达到鼎盛，韦述、萧颖士、孔至等各有撰述。尤其诸家《百家类例》，代替官修"氏族志"，主导士族评定。《新唐书·孔至传》称："时〔韦〕述及〔萧〕颖士、〔柳〕冲皆撰《类例》，而〔孔〕至书称工。"③四家《类例》显然各有异同，但皆本自路敬淳，当有相通之处，疑皆继承了路氏重旧族地望的倾向。这从《类例》书名近似北齐昙刚《山东士大夫类例》和唐初李公淹《类例》，亦可窥一斑。

据《封氏闻见记》，孔至撰《百家类例》"品第海内族姓，以燕公张说为近代新门，不入百家之数"。此举引起张说之子驸马张垍不满，孔"至惧，将追改之"，并将这一情况告知谱学名家韦述。韦述曰："孔至休矣！大丈夫奋笔将为千载楷则，奈何以一言而自动摇，有死而已，胡可改也！"孔至"遂不复改"。④孔至撰《百家类例》，不载张说家族，显然注重旧族，而排斥因官爵或贵戚而显的"近代新门"。这正是对李公淹、路敬淳以来私谱标准的继承。而张垍对孔至撰谱不收其家表示强烈不满，透露出《类例》颇具"公信力"。韦述言"大丈夫奋笔将为千载楷则"，反对孔至修改，亦展

①《新唐书·儒学中·柳冲传》。
②《册府元龟》卷五六〇《国史部七·谱牒》。
③《新唐书·儒学中·孔若思传附子至传》。
④ 封演撰，赵贞信校注《封氏闻见记校注》卷一〇《讨论》，第94—95页。

现出谱学家注重维持《类例》之"公信力"。可见，官修"氏族志"缺位的情形下，谱学名家撰述《类例》，接过了士族评定的工作。这是士族身份评定由朝廷走向士林的标志，也意味着士族不再是朝廷认定或评定的特殊政治阶层。

玄宗朝，大体与《类例》主导士族评定同时，"声韵式氏族谱"（韵谱）也渐流行，例如曹大宗《姓源韵谱》、张九龄《姓源韵谱》等。此类谱牒按四声（声韵）列述姓氏郡望，而不再以定士族为重点。至唐后期，不仅朝廷未新定氏族，私修谱牒也不再注重士族评定。而"韵谱"以《元和姓纂》成书为标志走向成熟，"姓书"也渐发达，唐代谱学呈现出从侧重士族评定向关注姓源、姓望等姓氏知识的转型。这正是唐后期门阀制度和门第观念衰落的反映。然晋唐谱学之特点，即在于服务门阀制度和门第社会；评定士族及其等第，是晋唐谱学的核心功能。这一功能丧失，也昭示着晋唐谱学即将衰亡。

纵观晋唐谱学发展和门阀制度兴衰，足见"氏族谱"在士族身份界定和塑造门阀体制上的重要性。晋唐时代，士族身份如何界定？学者观点不尽相同，从政治、经济、文化诸多方面予以界定。正如陈爽先生指出："作为一个综合性的概念，'士族'有着多方面的历史内涵：政治上的累世贵显，经济上的劳动占有，以及文化上的家学世传，是几个最基本的衡量界标。缺乏其中任何一个要素，都不能构成完整意义上的'士族'。"[①]然由于"士族"内涵复杂，士族性质颇存争议。鉴于士族在政治上依靠血缘、家世累世为官，在社会上凭借乡望、宗党享有崇高地位，在经济上通过占田、荫客建立近似封建领主经济，在文化上注重礼教、经史形成家学家风，不

---

① 陈爽《近20年中国大陆地区六朝士族研究概观》，《中国史学》第11卷，2001年。

乏研究者强调士族具有脱离皇权或朝廷权力的自立性、世袭性和贵族性；但也有学者指出，士族之政治、社会、经济特权或相对自立性，是世代任官的结果，受到皇权和王朝制度的制约，而士族内部、士庶之间往往因政治变迁有所兴衰升降，注重士族对于仕宦的依赖，强调士族的附庸性和官僚性。可以说，"贵族说"和"官僚说"为学界认识士族性质之两端。当然，也有学者着意调和这二种观点。然从谱学出发，回到晋唐时代朝廷和士大夫对士族身份的界定，将整个晋唐时代或魏晋南北朝士族身份一并归于"贵族说"或"官僚说"，可能都略嫌简单。

晋唐时代，历朝通过"氏族谱"认定或评定士族，表明"士族"身份及其范围对时人是基本明确的。但历代定士族标准不同，门阀制度有别；是故"士族"虽长期存在于晋唐时代，但性质却不尽相同。东晋南朝"氏族谱"，甄别士庶身份，尤重家世阀阅，侧重对士族身份真伪的审核和认定，实质是认可和保护士族的政治—社会地位；而北朝隋唐官修谱牒，评定士族等第，尤重当朝官爵，则展现出朝廷制定门阀秩序、规范社会层级的意图。就此而言，东晋南朝士族身份界定，皇权或朝廷介入程度较低，士族"贵族性"更突出；而北朝隋唐士族身份界定，皇权或朝廷介入更直接、更深入，士族"官僚性"更明显。不过，东晋南朝士族身份，既然需谱牒认定，绝非彻底自立或完全超越朝廷权威；相反，朝廷权威会影响到士族升降，《百家谱》之"百家"变化即为最明显例证。同样，北朝隋唐士族，亦非全然不具"贵族性"或"自立性"，尤其东魏北齐以来，以"五姓七家"为代表的山东士族，[1]"贵族化"倾向十分明显，即便

---

① "五姓"即清河崔氏、范阳卢氏、荥阳郑氏、太原王氏和陇西李氏，加上博陵崔氏和赵郡李氏，是为"五姓七家"。

"全无官宦，犹自云士大夫"。[1]纵观晋唐时代士族身份，究竟贵族性抑或官僚性更强，往往取决于皇权或朝廷权威介入士族身份界定的强弱，或者说受制于皇权与士族的博弈。总体来说，正式士族身份需经朝廷认可，士族的官僚性、附庸性更强；唐初山东旧族身份维系，实属特例，而且他们虽"旧望不减"，但已不享受制度上的政治、经济特权。

四、谱学视角下的中古中国

考察晋唐谱学和谱系文献，不仅在于丰富对谱学本身的认识，更可由此入手推进对中古中国政治和社会的认识。上文指出东晋南朝与北朝唐朝在谱学和门阀制度上的差异，实为皇权与士族博弈之反映。田余庆先生曾提出东晋门阀政治"是指士族与皇权的共治，是一种在特定条件下出现的皇权政治的变态。它的存在是暂时的。它来自皇权政治，又逐步回归于皇权政治"。[2]阎步克先生进一步提出中古时代存在"官品"和"门品"两种品位秩序来管理官员和士人的身份，而汉唐间历经"皇权政治→士族政治→皇权政治"的"变态—回归"，堪称上述两种秩序的更替。[3]二说从皇权与士族互动视角审视中古中国的历史进程，对我们以谱学为视角认识中古中国的历史进程颇有启发。

秦及西汉，皇权主导政治秩序，而大族为乡里社会代表；但通

---

① 吴兢《贞观政要》卷七《论礼乐》，谢保成《贞观政要集校》，第396页。
② 田余庆《东晋门阀政治》自序，北京大学出版社，2012年，第1—2页。
③ 参见阎步克《波峰与波谷：秦汉魏晋南北朝的政治文明》（第二版），北京大学出版社，2009年，尤其第194—203页。

过户籍制度、二十等爵制等制度，乡里社会基本处于朝廷可控范围之内。至东汉，大族在政治和社会领域的影响力逐渐增强。随着乡论、清议兴起，一种超越朝廷官爵的评价体系诞生，甚至影响到朝廷选举。魏晋立九品官人之法，原本意图将乡论、清议纳入朝廷体制之下，却反成为服务门阀士族的工具。[1]门阀制度确立，令中古中国出现阎步克先生所言"官品"和"门品"两种品位秩序。[2]这两种秩序分别代表着皇权和士族的利益。皇权或朝廷欲将政治秩序、社会秩序均置于皇权主导下，"门品"由"官品"主导，乃至"止取今日官品、人才作等级"；[3]而士族则有意维系两种秩序并行，甚至令"官品"取决于"门品"，以便"贵仕素资，皆由门庆，平流进取，坐至公卿"。[4]

魏晋时期，士族形成，但在晋室南渡前，皇权仍占据着政治主导权。唐长孺先生指出曹魏西晋士族评定最重"当代轩冕"，而非"冢中枯骨"，"显贵家族最有资格成为士族"；至东晋南朝，士族地位、中正品第才基本稳定，很少发生变化。[5]就此来讲，曹魏西晋士族实为官僚家族，至东晋南朝，士族才"贵族化"，出现"士庶之际，实自天隔"以及"贵仕素资，皆由门庆，平流进取，坐至公卿"之类的说法。这一变化出现，正源自东晋皇权衰落而门阀强盛。盖晋室南渡，为维持司马氏的江山社稷，不得不依赖侨、吴士族，承认他们的政治和社会地位；尤其侨姓门阀甚至"平行于皇权或超于皇

① 唐长孺《九品中正制度试释》，《魏晋南北朝史论丛》，中华书局，2011年，第81—95页。
② 阎步克《品位与职位：秦汉魏晋南北朝官阶制度研究》，中华书局，2009年，第365—366,666—667页。
③ 吴兢《贞观政要》卷七《论礼乐》，谢保成《贞观政要集校》，第396页。
④《南齐书·王俭列传》"史臣曰"。
⑤ 唐长孺《士族的形成和升降》，《魏晋南北朝史论拾遗》，第53—63页。

权"，形成"门阀政治"。[①]是故，东晋士族独立性和贵族性色彩突显，并延续至南朝。

东晋南朝《十八州谱》《百家谱》《南族谱》编撰，认可士族身份，强调士庶界限。血缘、谱系成为士族政治、社会地位的保障，以致"官有世胄，谱有世官"。[②]这正是中国古代政治"变态"的表现。不过，士族真伪毕竟需经《十八州谱》审核、认定，士族内部亦存在升降。可见，当时皇权虽然弱于其他时期，但仍具备一定权威，而士族身份亦未完全脱离朝廷而存在。南朝皇权重振，甚至出现"主威独运"和"寒人掌机要"现象。只不过，士族在政治和社会上影响力尤盛，限制了皇权和寒士、武将等阶层的进一步发展。其实，南朝谱学发达，"齐、梁之间，其书转广"，[③]也可理解为士族受到寒人冲击做出的反应，故注重修谱来维持士庶界限。

北朝较诸南朝，又有很大不同。北朝作为北方民族建立的政权，皇权和北族勋贵力量较强，而士族始终未能成为北朝政治主导力量。北魏、北周和隋朝，皆曾官定氏族、修谱牒，以朝廷权威评定士族身份及其等第。北魏分定姓族，以当朝三世官爵评定汉人士族和代人姓族，展现出士族身份对当代官爵品秩的依赖；而西魏北周认定"官族"，凭据"戎秩"品秩，更强化了"官族"等第与"门品秩序"间的对应。而魏、周定氏族模式，至唐朝得到进一步发展。唐朝官修《氏族志》《姓氏录》，欲以当朝官爵来界定士族身份，令"士族"无疑更接近官僚。当然，也必须注意到，自北魏分定姓族以来，山东士族门第渐趋于"固化"，他们以门第婚姻为依托，呈现出

---

① 详参田余庆《东晋门阀政治》，引文见该书第327页。
②《新唐书·儒学中·柳冲传》。
③《隋书·经籍志二》。

"贵族化"色彩。

晋唐皇权与士族于士族门第评定之争,即"官品秩序"和"门品秩序"之争。士族编纂家谱、家传,夸耀家世阀阅,鼓吹家族人物,力图证明门第取决于家世。在这点上,中古中国士族与西方中世纪贵族类似。贵族"立足之本是显赫的祖先和纯正的血统",①他们关注家族世系血统,重视家史编撰,一些新贵甚至不惜编造家族谱系。②不过,中古中国士族,虽极力鼓吹家世,强调流品阀阅,讲究门第婚姻,极具"贵族性";但士族终究不是依赖血统的"贵族",身份门第仍需借助官爵来维系,尤重清官显途,难以脱离官僚身份,尤其北朝士族官僚性十分明显。

晋唐时代,皇权弱于其他时代,门第观念流行,以致"门品秩序"与"官品秩序"长期共存。然对比东晋南朝与北朝之谱学和门阀制度,可发现南北朝显然存在不小差异。东晋南朝皇权相对较弱,介入士族身份认定的程度也不深,士族尤其高门士族的贵族性更强。"士族门阀的身份与门第一旦形成",皇帝也不能轻易改变,故有"士大夫故非天子所命"的说法。③而北朝皇权更强,直接干涉士族身份及其等级评定。北魏"孝文帝所建立的士族品位制度","具有清晰有序的'外在'形式";④西魏北周认定的"官族",更是军功家族,与南朝文化士族有别。而且,南朝皇族尚积极争取跻身高门士族之列,例如兰陵萧氏成为高门士族;而北魏、北周皇

① 乔纳森·德瓦尔德(Jonathan Dewald)《欧洲贵族1400—1800》,姜德福译,商务印书馆,2008年,第192页。
② 参见劳伦斯·斯通(Lawrence Stone)《贵族的危机:1558—1641年》,于民、王俊芳译,上海人民出版社,2010年,第18—19页。
③ 阎步克《中国古代官阶制度引论》,北京大学出版社,2021年,第413页。
④ 阎步克《品位与职位:秦汉魏晋南北朝官阶制度研究》,第586—587页。

族则致力成为当朝第一等门阀，态度迥然有别。大体言之，南朝士族"官品"往往受制于"门品"，而北朝士族"门品"则以"官品"为标准。

更关键的是，北朝门阀制度直接影响唐朝。至唐代，"门品"最终由"今日官爵"来决定，皇族更是列于其他一切士族之上。"官品秩序"压倒"门品秩序"，历经"北魏→北周→隋→唐"而实现，正与南北朝隋唐政权兴亡相吻合。钱穆先生曾提出"以南朝与北朝相比，北朝胜于南朝"，"南北相较，北进而南退，南朝终并于北"。[①]田余庆先生也指出："从宏观来看东晋南朝和十六国北朝全部历史运动的总体，其主流毕竟在北而不在南。"[②]阎步克先生从制度史、政治史角度，指出北朝在政治制度及其运作上更具优越性，进一步论证了南北朝历史出口在北朝。[③]南北朝谱学和门阀制度的差异，亦展现出北朝皇权强于东晋南朝，而"贵族化"程度则较弱，并直接影响到隋唐帝国。皇权和士族"贵族性"强弱，正是"北朝胜于南朝"的重要原因。

北朝优于南朝之处，还在于北朝门阀制度，更便于吸纳人才和社会势力。东晋南朝《十八州谱》认定州郡著姓，北朝分定姓族评定"郡姓"，二者颇具相似性。这从上引南朝贾执《姓氏英贤谱》和北魏《太和姓族品》载各郡著姓形式，即可窥一斑。不过，南北朝评定士族，承认地方大族的范围却不相同。《魏书·邢峦传》载北魏正始二年（梁天监四年，505）邢峦上宣武帝奏表，谈到南朝梁州巴境民豪的政治生态："彼土民望，严、蒲、何、杨，非唯五三。族

---

① 钱穆《国史大纲》，商务印书馆，1996年，第266—267页。

② 田余庆《东晋门阀政治》，第345页。

③ 阎步克《变态与融合——魏晋南北朝》，吴宗国主编《中国古代官僚政治制度研究》，北京大学出版社，2004年，第125—132页；《波峰与波谷：秦汉魏晋南北朝的政治文明》（第二版），第186—213页。

落虽在山居，而多有豪右。文学笺启，往往可观，冠带风流，亦为不少。但以去州既远，不能仕进，至于州纲，无由厕迹。"① 所谓"州纲"，指别驾和治中。梁州僚佐，在梁十八班中，别驾、治中在十八班内，属于士族之官；其余僚佐皆位于流外七班，由寒微士人为之。梁天监四年，十八班虽尚未颁行，但其渊源可上溯至宋齐。② 从梁十八班制来看，梁州僚佐唯"州纲"为士族之官。而巴境民豪，却"不能仕进"，无法担任梁州州纲，显然不被视作士族。③ 可知，南朝地方豪族，很多未被纳入士族之列。

北朝较诸南朝，"郡姓"吸纳地方大族范围更广。在"郡姓"之下，北朝还评定"县姓"和"民望"。前者处于士族与豪强之临界点，是低于"郡姓"的地方大族；④ 后者为地方中正评定的乡里大姓。⑤ 这意味着北朝官方认可的具备特殊身份的豪族更多，覆盖面更广，将更多的地方豪族纳入统治阶层（政治精英）。像巴境民豪，南朝视作地方豪族，而邢峦称作"民望"。就此而言，北朝门阀制度，不仅比南朝更"官僚化"，覆盖面和流动性也远胜南朝。这令北朝得以整合和利用更多的地方势力，甚至导致一些南土豪右弃南附北。鲁西奇即注意到，西魏北周"山南"之"方隅豪族"，弃南附北，得以变更豪酋身份为著姓望族。⑥ 南北朝门阀制度的差异，

①《魏书·邢峦传》。
② 参见柴芃《十八班的实质及意义》，《文史》2018年第3辑。
③ 巴境民豪"族落""在山居"，在南朝士大夫眼中，恐怕颇具"蛮獠"色彩。
④ 参见户川贵行《北魏孝文帝の姓族分定と民爵賜与について》，《東ジアと日本—交流と変容—》第2号，九州大学大学院比較社会文化研究院，2005年，第1—5页。
⑤ 陈鹏《北朝碑石所见"民望"与"平望"》，《文史》2021年第3辑。
⑥ 鲁西奇《西魏北周时代"山南"的"方隅豪族"》，《人群·聚落·地域社会：中古南方史地初探》，厦门大学出版社，2011年，第329—341页。

对待地方豪族的政策有别，令北朝更利于吸纳和整合地方势力，亦为北朝与南朝竞争中胜出的因素之一。

隋唐帝国上承魏、周，门阀制度渐趋衰落。尤其隋朝废九品官人法和"州郡辟署僚佐之制"，从制度上取消了士族累世仕宦的基础。①至唐朝官修《氏族志》《姓氏录》，欲以当朝官爵界定士族身份，所定"士族"无疑更接近官僚。然值得注意的是，贞观、显庆二朝官修《氏族志》《姓氏录》，实质是北朝后期以来士族"官僚性"与"贵族性"，或者说"门阀主义"和"贤才主义"的一次碰撞。

自北魏分定姓族，以"五姓七家"为首的山东士族逐渐"贵族化"。他们往往彼此通婚以维系门第。东魏北齐时期，山东士族在政治上并不占优势，但在婚姻上却展现出颇高的社会地位。北齐皇室即欲联姻高门士族，例如高澄为从弟高叡娶荥阳郑述祖女，"门阀甚高"；②娄太后为博陵王高济纳清河崔悛妹，"敕中使曰：'好作法用，勿使崔家笑人。'"③此皆山东士族尤其"五姓七家"在婚姻门第上受追捧之表现；甚至同为山东士族的渤海封述为子取陇西李氏之女，"大输财娉"，④已有日后"卖婚"之兆。较诸东魏北齐不同，西魏北周评定"官族"，以"戎秩"品秩为标准，尤重"官品秩序"，令八柱国、十二大将军家族成为"关陇贵族"之代表者，至唐"称门阀者，咸推八柱国家"。⑤北齐和北周，在门第标准上，明显呈现出"尚婚娅"与"尚冠冕"的分歧。

---

① 吴宗国《唐代政治制度的历史特点》，《中古社会变迁与隋唐史研究》，中华书局，2019年，第164页。

② 《北齐书·赵郡王琛传附子叡传》。

③ 《北齐书·崔悛传》。

④ 《北齐书·封述传》。

⑤ 《周书·赵贵独孤信侯莫陈崇列传》。

　　唐朝统治集团之核心，亦出自西魏北周形成之"关陇集团"。唐高祖李渊与外戚窦威论阀阅，就颇以先世于北周登柱国之位为荣。①贞观朝，唐太宗诏修《氏族志》，也是出于对山东"魏齐旧族""尚阀阅，后虽衰，子孙犹负世望"以及"嫁娶必多取赀"之"卖昏"现象的不满。②陈苏镇先生提出："关陇集团无法将自己的门第观念和门第尺度强加于山东社会，只好变换手法，逐渐抛弃自身的传统，接受山东社会的传统，同时运用手中的政治权力，挤入士族行列。唐太宗下令'刊正姓氏'，重修《氏族志》，便是一例。"③其实，《氏族志》《姓氏录》崇重今朝官爵，正是对北周"尚冠冕"的继承，而打压山东旧族。

　　然而，《氏族志》《姓氏录》界定士族身份和门第标准，并未得到普遍认可。《氏族志》成书，而朝廷重臣"魏徵、房玄龄、李勣家皆盛与（山东旧族）为婚，常左右之，由是旧望不减"；④《姓氏录》更是"搢绅士大夫多耻被甄叙，皆号此书为'勋格'"。⑤初唐谱学家李公淹、路敬淳等，亦重山东旧族。至柳冲编修《姓族系录》，当朝官爵和旧族地望两条标准才趋于合流，士族身份游走于官僚与贵族之间。然山东旧族在社会门第上，特别是婚姻领域，尤受士大夫追捧。"娶五姓女"甚至成为唐代士大夫的一种追求。唐高宗朝宰相薛元超"谓所亲曰：'吾不才，富贵过分，然平生有三恨：始不以进士擢第，不得娶五姓女，不得修国史。'"⑥唐文宗也说："民间修

①《旧唐书·窦威传》。
②《新唐书·高俭传》。
③ 陈苏镇《北周隋唐的散官与勋官》，《两汉魏晋南北朝史探幽》，北京大学出版社，2013年，第210页。
④《资治通鉴》卷二○○《唐纪》高宗显庆四年。
⑤《旧唐书·李义府传》。
⑥ 刘餗《隋唐嘉话》，第28页。

昏姻，不计官品，而上阀阅，我家二百年天子，顾不及崔、卢耶？"①可见，山东旧族尤其是"五姓七家"社会门第之高。

不过，如上所论，唐代山东旧族标榜的阀阅门第，已不具制度上的政治、经济特权。而且，经唐前期定氏族、修谱牒，士庶界限渐已打破，士庶趋于合流，"官品秩序"渐成为士大夫身份的主要秩序。可以说，士族门阀在制度上已近衰亡，唯在社会风尚和观念上尚有遗存罢了。

可补充的是，随着唐朝推行科举，科举词臣渐代替旧族，成为衣冠士族的代表，甚至出现科举家族。而著录进士科第之文献，例如"科目记""科第录""讳行录"等，往往著录登科进士的三代名讳、官爵。特别是《讳行录》，王应麟《困学纪闻·考史》曰：

> 杨文庄公徽之好言唐朝士族，阅《讳行录》，悉能记之。按《馆阁书目》：《讳行录》一卷，以四声编登科进士族系、名字、行第、官秩及父祖讳、主司名氏。

王应麟《玉海·选举·科举》记叙"科目记""科第录"，也有大体相同文字。《讳行录》显然已将谱系文本纳入其中，相当于进士谱系汇编了。②在《新唐书·艺文志》中，《讳行录》即被置于史部谱牒类。可以说，在科举社会下，"科第录""讳行录"实已可代替谱系文献（尤其"氏族谱"）的政治和社会功能了，而这背后正是政治精英从士族到科举士人的转变。

---

① 《新唐书·杜兼传》。
② 参见福岛繁次郎《科第赵家と官僚贵族の成立》，《中國南北朝史研究》（增订本），名著出版株式会社，1979年，第202—204页。

五、余论

晋唐时代,谱学作为士大夫之必备素养,在政治和社会上起到重要作用。通过考察晋唐谱学,既可明晰晋唐士族身份性质,亦可一窥中古中国的历史进程。唐代谱学家柳芳曾总结不同地域士族特点道:

> 山东之人质,故尚婚娅,其信可与也;江左之人文,故尚人物,其智可与也;关中之人雄,故尚冠冕,其达可与也;代北之人武,故尚贵戚,其泰可与也。[①]

此为柳芳在通历代谱学基础上,对南北朝门阀风尚的归纳。依据上文对晋唐谱学的论述,我们对柳芳之说或可作如下解读:山东"尚婚姻",指北朝隋唐山东士族以彼此通婚维系门第;江左"尚人物",指东晋南朝士族尤重人物才望;[②]关中"尚冠冕",指西魏北周定氏族崇重冠冕,尤其是"戎秩"等级;代北"尚贵戚",指代北虏姓以王朝贵戚为荣。就此而言,山东、江左士族贵族性、自立性更强,而关中、代北门阀官僚性、附庸性尤显。士族贵族性抑或官僚性更强,往往取决于皇权强弱和皇权与士族间的博弈。而皇权和政治精英官僚性更强,在南北朝之际,意味着王朝更具生机。这可能是北周政权及其继承者在竞争中胜出的原因。

谱学作为一种学问和政治文化,萌发于魏晋,兴盛于南北朝

---

① 《新唐书·儒学中·柳冲传》。

② 胡宝国先生曾提出魏晋和南朝"人物"一词的差异,魏晋人言"人物",指具体人物事迹,尤重名士;南朝人言"人物",指士人家族姓氏婚宦。参见胡宝国《杂传与人物品评》,《汉唐间史学的发展》,北京大学出版社,2014年,第144—145页。

至唐前期，中唐以降渐趋衰落。欧阳修曰："自唐末之乱，士族亡其家谱，今虽显族名家，多失其世次，谱学由是废绝。"①《通志·氏族略·序》曰："自五季以来，取士不问家世，婚姻不问阀阅，故其书散佚而其学不传。"

五代以降，谱学废绝，然姓氏书和私修家谱渐兴。晋唐谱学，侧重士族评定；而近世姓氏书关注姓氏知识，私修家谱旨在"尊祖、敬宗、收族"。不过，近世姓氏书、家谱，对晋唐谱系文献亦不无因袭。唐后期，姓书、韵谱即已兴起，直接影响到宋代以降的姓氏书。②近世家谱体例虽有所革新，形成以"欧、苏谱法"为代表的修谱标准，但于晋唐"庶姓谱"未必无因袭之处。欧阳修家藏"旧谱"，又颇见"唐之遗族""旧谱"，③"欧式谱法"创立，很可能受到唐代"旧谱"体例影响。另外，唐代"皇族谱"编撰制度，在宋、元、明、清四朝也得到不同程度的继承和发展。④

晋唐谱学流风余韵，更突出表现为：近世士大夫往往认为晋唐谱学、谱牒有助于维系宗法，十分予以推崇。宋人张载即称：

> 管摄天下人心，收宗族，厚风俗，使人不忘本，须是明谱系世族与立宗子法。宗法不立，则人不知统系来处。古人亦鲜有不知来处者，宗子法废，后世尚谱牒，犹有遗风。谱牒又废，人家不知来处，无百年之家，骨肉无统，虽至亲，恩亦薄。⑤

---

① 欧阳修著，洪本健校笺《欧阳修诗文集校笺·外集》卷二一《谱图·〔集本〕欧阳氏谱图序》，上海古籍出版社，2009年，第1881页。

② 参见虞万里《先秦至唐宋姓氏书之产生与发展》，《社会科学》2010年第9期。

③《欧阳修诗文集校笺·外集》卷二一《谱图·〔集本〕欧阳氏谱图序》，第1881页。

④ 参见杨冬荃《历代皇族谱牒述略》，《历史档案》1988年第1期。

⑤《张载集·经学理窟·宗法》，中华书局，1978年，第258—259页。

明人王袆说得更明白:"汉魏以降,宗法废而门地盛,于是谱谍之学兴焉,族之有谱,其犹宗法之遗意欤!"① 王云凤也说:"夫封建废而井田坠、宗法散,然自唐以前,犹重谱牒,有宗法遗意。"② 然晋唐谱学虽有敬宗收族之功,但维系宗法并非其首要任务,而是后世士大夫编修家谱、宗谱之目的。尤其南宋以来,随着宗法伦理"庶民化",民间宗族组织得到普遍发展,家谱、族谱亦编撰成风。③ 换言之,推崇晋唐谱学,实为近世士大夫将后世儒家社会理想、宗族理念投射到中古中国所致。

近世士大夫不仅推崇中古谱牒,对晋唐士族也印象颇佳。清人顾炎武《裴村记》曰:

> 盖近古氏族之盛,莫过于唐……自唐之亡而谱牒与之俱尽然,而裴枢辈六七人犹为全忠所忌,必待杀之白马驿而后篡唐,氏族之有关于人国也如此。

此为顾氏"历览山东、河北,自兵兴以来,州县之能不至于残破者,多得之豪家大姓之力",而感慨唐之兴亡系于士族,谓"无强宗是以无立国","宗法之存,非所以扶人纪而张国势者乎",又曰:"夫不能复封建之治,而欲藉士大夫之势以立其国者,其在重氏族哉,其在重氏族哉!"④ 顾氏重氏族、重谱牒,固有感于唐亡系于河

---

① 王袆《王忠文公集》卷二《金华俞氏家乘序》,《丛书集成初编》第2422册,商务印书馆,1936年,第52页。
② 王云凤《博趣斋稿》卷一六《序·马氏谱序》,《续修四库全书》第1331册,上海古籍出版社,2002年,第197页。
③ 参见郑振满《明清福建家族组织与社会变迁》,北京师范大学出版社,2020年,第201—214页。
④ 顾炎武《顾亭林诗文集·亭林文集》卷五《裴村记》,华忱之点校,中华书局,1983年,第100—102页。

东裴氏，实鉴于明末形势而推崇宗法氏族。其实，宋人张载已有类似看法，认为"宗法若立，则人人各知来处，朝廷大有所益"，并谓："公卿各保其家，忠义岂有不立？忠义既立，朝廷之本岂有不固？"[①]然六朝高门甲族往往"自保其家世，虽朝市革易，而我之门第如故"，[②]并不立忠义，甚至"将一家物与一家"。[③]张载、王祎、王云凤、顾炎武等人之说，实为后世士大夫出于推崇宗法，对晋唐士族和谱学的一种脱离时代的"新解"和美好想象。不过，这也透露出晋唐谱学与近世家谱间的差异——前者重门第，后者重宗法，有助于我们理解和认识晋唐谱学的性质与功能。

---

① 《张载集·经学理窟·宗法》，第259页。
② 赵翼著，王叔民校证《廿二史札记校证》卷一二"江左士族无功臣"条，中华书局，1984年，第254页。
③ 《南史·褚裕之传附从孙炤传》。

后 记

编写这本书的念头,产生于十年之前。由于我的拖沓,最终留给大家完稿的时间却不到一年,可以说非常紧张。幸运的是,陆续加入本书写作的朋友们都挤出宝贵的时间,贡献了力作。对于你们这样投入这项没有什么"工分"可挣的事业,我心中充满歉疚,也充满感激。

我想,小书能够编成,是因为作者们抱着共同的想法。我们认为,对近十年来的具体研究作一个小结,集中介绍到更多读者面前,具有超越学术生产的意义,也是一份理应担负的承上启下的责任。这本小书既是向前辈师长学习的一份阶段性的成果汇报,也包含着对他们创立的研究范式的反思与回应。相信他们会乐于见到学生并非亦步亦趋,而是追随他们的学术精神,直面新的时代与问题,力求有所发展。

在最早推动中国古代政治文化史研究的学人中,陈苏镇老师是用力尤为专勤者之一。他的专著《〈春秋〉与"汉道"》具有开创性和示范性,他主编的《中国古代政治文化研究》一书促进了时段和议题的扩展。他常年在"汉代政治与政治文化研究"课程上讲解研究政治文化的思路和进展，他还坚持为北大秦汉魏晋南北朝史专业新入学的研究生开《通鉴》读书课，润物无声，使学生们心中悄然滋长起对政治文化研究的兴趣。他鼓励学生自由探索，多元发展，让他们各有天地，又殊途同归。

本书的作者或在陈老师的指导下完成了学位论文，或是听他的课、读他的书、受他的熏陶而深受教益。我们商定，将本书献给陈苏镇老师。感谢他在政治文化史研究中的开拓和引领，感谢他数十年教书育人的付出，并祝贺他桃李满天下。祝愿陈老师未来享受更多研究的自得之乐，在政治文化史研究中继续开拓新境，树立典范！

上海古籍出版社副总编胡文波兄与我们共同策划了本书，责编乔颖丛老师精心编校，使成于众手的小书以整饬清雅的面貌送到读者手上。在此也向他们衷心致谢。

我们最为期待的是读者的阅读、批评和共同思考。我的电子邮箱是 ckl@pku.edu.cn，敬请随时赐教。

陈侃理

2023 年 3 月 17 日

图书在版编目（CIP）数据

变动的传统：中国古代政治文化史新论 / 陈侃理主编 . —上海：上海古籍出版社，2023.5（2024.6重印）
ISBN 978-7-5732-0660-2

Ⅰ.①变⋯　Ⅱ.①陈⋯　Ⅲ.①政治文化-文化史-研究-中国-古代　Ⅳ.①D691

中国国家版本馆CIP数据核字（2023）第054235号

变动的传统：中国古代政治文化史新论

陈侃理　主编

上海古籍出版社出版发行

（上海市闵行区号景路 159 弄 1-5 号 A 座 5F　邮政编码 201101）

（1）网址：www. guji. com. cn

（2）E-mail：guji1 @ guji. com. cn

（3）易文网网址：www. ewen. co

上海中华印刷有限公司印刷

开本 890×1240　1/32　印张 13　插页 2　字数 303,000

2023 年 5 月第 1 版　2024 年 6 月第 3 次印刷

ISBN 978-7-5732-0660-2

K·3352　定价：78.00 元

如有质量问题，请与承印公司联系